譯註

禮記補註

❽

祭統·經解·哀公問·仲尼燕居·孔子閒居·坊記·中庸
表記·緇衣·奔喪·問喪·服問·間傳·三年問·深衣·投壺

譯註

禮記補註

❽

祭統 · 經解 · 哀公問 · 仲尼燕居 · 孔子閒居 · 坊記 · 中庸
表記 · 緇衣 · 奔喪 · 問喪 · 服問 · 間傳 · 三年問 · 深衣 · 投壺

김재로金在魯 저
정병섭鄭秉燮 역

學古房

역자서문

본 역서는 조선 후기 때의 학자인 김재로(金在魯)의 『예기보주(禮記補註)』를 번역한 것이다. 역자는 2009년부터 『예기집설대전(禮記集說大全)』의 번역을 시작하였고, 2017년 구정연휴기간에 『예기집설대전』의 49번째 편인 「상복사제(喪服四制)」의 역서를 탈고하였다. 8년 이상 지속해온 작업을 마무리하고 나니 나도 모르는 사이 정신이 풀어지며 의욕이 생기지 않았다. 본래는 『예기』 번역을 마무리하고, 이어서 『의례정의』와 『주례정의』 번역에 착수하려고 계획했으나 좀처럼 몸이 움직이지 않았다. 고백하자면 이 책을 번역하기 시작한 것은 순전히 나태해진 몸과 마음을 일깨우기 위한 것이었다. 흐느적거리는 정신을 붙잡고 다시 책상에 앉아 번역의 즐거움을 만끽하기 위한 지극히도 사사로운 목적이었다. 본래의 계획은 삼례(三禮)의 번역을 마치고 한국 유학자들의 예학 관련 저서들을 번역하기로 계획했었으나 삼례 자체가 워낙 방대한 양이어서 막연한 기약만 했었는데, 사사롭기는 하지만 막상 책상 앞에 앉아 번역을 시작하니, 얼마 되지 않아 한 권 분량의 번역서가 완성되었다. 다시 열정이란 돌멩이가 뜨겁게 달궈지는 기분이다. 『의례정의』와 『주례정의』 번역의 병행으로 인해 『예기보주』의 번역에만 매진할 수 없는 상황이지만, 이왕 시작한 번역이니만큼 조만간 끝을 볼 계획이다. 지극히도 개인적이며 이기적인 목적으로 작성된 역서이지만, 이 책을 발판으로 더 좋은 번역이 나왔으면 하는 바람이다. 끝으로 『예기보주』를 출판할 수 있도록 허락해주신 도서출판 학고방의 하운근 사장님께도 감사를 전한다.

일러두기

- 본 책은 역주서(譯註書)로써, 『예기보주(禮記補註)』를 완역하고, 자세한 주석을 첨부했다.

- 『예기보주』는 『예기집설대전(禮記集說大全)』에 대한 주석서로, 『예기』의 경문(經文) 및 진호(陳澔)의 『집설(集說)』, 호광(胡廣)의 『대전(大全)』 기록 중에서 일부 표제어만 제시하고, 『보주(補註)』를 기록하고 있다. 표제어만 제시되어 있으므로, 『예기보주』의 본래 기록만 가지고는 관련 『보주』가 본래의 주석과 어떤 차이점이 있는지 확인하기 어렵다. 이러한 점을 해결하기 위해 표제어 앞에 관련 경문, 『집설』, 『대전』의 본문과 번역문을 함께 수록하였다.

- 『예기보주』에 기록된 표제어는 참고로 수록한 경문, 『집설』, 『대전』의 원문에 밑줄로 표시하고, 같은 문장에 여러 표제어를 제시했을 경우, ①·②·③ 등의 표시를 붙여 구분하였다.

- 『예기』 경문의 해석에 있어서 다양한 이견이 있는 경우가 있는데, 『예기보주』는 『예기집설대전』에 대한 주석서이므로, 진호의 『집설』에 따른 경문 번역을 수록하였다.

- 『예기보주』의 본래 목차는 『예기』 각 편에 대한 간략한 목차이므로, 『예기』 각 편의 장을 분류하여 별도의 목차를 수록하였다.

- 본 역서의 『예기보주(禮記補註)』 원문과 표점은 한국유경편찬센터의 자료를 사용하였다.(http://ygc.skku.edu)

- 『예기보주』의 주석 대상이 되는 『예기집설대전』의 저본은 다음과 같다. 『禮記』, 서울 : 保景文化社, 초판 1984 (5판 1995)

- **원문**으로 표시된 것은 『예기보주』에 기록된 본래의 기록이다.

- **補註**로 표시된 것은 『예기보주』에 기록된 주석의 기록이다.

- **참고-經文**으로 표시된 것은 『보주』의 내용이 『예기』 경문에 대한 것일 경우, 관련 경문을 수록해둔 것이다.

- **참고-集說**로 표시된 것은 『보주』의 내용이 진호의 『집설』에 대한 것일 경우, 관련 『집설』의 기록을 수록해둔 것이다.

- **참고-大全**으로 표시된 것은 『보주』의 내용이 호광의 『대전』에 대한 것일 경우, 관련 『대전』의 기록을 수록해둔 것이다.

- ① 등으로 표시된 것은 『예기보주』에 표시된 표제어에 해당한다. 관련 경문에 대한 첫 번째 표제어인 경우 ①로 표시하고, 두 번째 표제어인 경우 ② 등으로 표시했다.

- 원문 및 번역문 중 '▼'로 표시된 부분은 한글로 표기할 수 없는 한자를 기록한 부분이다. 예를 들어 '▼(囧/皿)'의 경우 맹(盟)자의 이체자인데, '明'자 대신 '囧'자가 들어간 한자를 프로그램상 삽입할 수가 없어서, '▼(囧/皿)'으로 표시한 것이다. 즉 '▼(A/B)'의 형식으로 기록된 경우, A에 해당하는 글자가 한 글자의 상단 부분에 해당하고, B에 해당하는 글자가 한 글자의 하단 부분에 해당한다는 표시이다. 또한 '▼(A+B)'의 형식으로 기록된 경우, A에 해당하는 글자가 한 글자의 좌측 부분에 해당하고, B에 해당하는 글자가 한 글자의 우측 부분에 해당한다는 표시이다. 또한 '▼((A-B)/C)'의 형식으로 기록된 경우, A에 해당하는 글자에서 B 부분을 뺀 글자가 한 글자의 상단 부분에 해당하고, C에 해당하는 글자가 한 글자의 하단 부분에 해당한다는 표시이다.

목차

禮記補註卷之二十三
『예기보주』 23권

「제통(祭統)」 제25편 • 16

「경해(經解)」 제26편 • 85

禮記補註卷之二十四
『예기보주』 24권

「애공문(哀公問)」 제27편 • 104

「중니연거(仲尼燕居)」 제28편 • 132

「공자한거(孔子閒居)」 제29편 • 164

禮記補註卷之二十五
『예기보주』 25권

禮記補註卷之二十六
『예기보주』 26권

「표기(表記)」 제32편 • 232

禮記補註卷之二十七
『예기보주』 27권

「치의(緇衣)」 제33편 • 318

「분상(奔喪)」 제34편 • 359

「문상(問喪)」 제35편 • 393

禮記補註卷之二十八
『예기보주』 28권

「삼년문(三年問)」 제38편 • 458

「심의(深衣)」 제39편 • 469

「투호(投壺)」 제40편 • 481

禮記補註卷之二十三

『예기보주』 23권

「제통(祭統)」 제25편

補註 按: 篇目下落"第二十五"四字.

번역 살펴보니, 편목 뒤에 '제이십오(第二十五)'라는 네 글자가 누락되었다.

補註 ○疏曰: 鄭云, "記祭祀之本也. 統, 猶本也."

번역 ○소에서 말하길, 정현은 "제사의 근본을 기록하였다. '통(統)'자는 근본을 뜻한다."라고 했다.

「제통」 1장

참고-經文

凡治人之道, 莫急於禮. ①<u>禮有五經, 莫重於祭</u>. 夫祭者, 非物自外至者也, 自中出生於心也. 心怵而奉之以禮, 是故唯賢者能盡祭之義.

번역 무릇 사람을 다스리는 도리 중에서 예보다 급선무인 것은 없다. 또 예에는 오경(五經)이 있지만 제사보다 중대한 것은 없다. 제사라는 것은 사물이 외부로부터 오는 것이 아니며, 내면으로부터 나타나니, 마음에서 생겨나는 것이다. 마음이 두렵고 슬퍼지게 되어 예법에 따라 받든다. 이러한 까닭으로 오직 현자만이 제사의 뜻을 다할 수 있다.

① 禮有五經莫重於祭.

補註 鄭註: 謂以吉禮爲首也.

번역 정현의 주에서 말하길, 길례를 우선으로 삼는다는 뜻이다.

「제통」 2장

참고-經文

賢者之祭也, 必受其福, 非世所謂福也. 福者, 備也, ①備者, 百順之名也. 無所不順者之謂備, 言內盡於己, 而外順於道也. 忠臣以事其君, 孝子以事其親, ②其本一也. 上則順於鬼神, 外則順於君長, 內則以孝於親, 如此之謂備. 唯賢者能備, 能備然後能祭. 是故賢者之祭也, 致其誠信與其忠敬, 奉之以物, ③道之以禮, ④安之以樂, 參之以時, ⑤明薦之而已矣. ⑥不求其爲, 此孝子之心也.

번역 현명한 자가 제사를 지낼 때에는 반드시 복을 받게 되는데, 이것은 세간에서 말하는 복이 아니다. 복(福)이라는 것은 비(備)라는 것이며, 비(備)라는 것은 모든 것을 따른다는 뜻이다. 즉 따르지 않음이 없는 것을 '비(備)'라고 부르는데, 이것은 내적으로 자신의 뜻을 다하고 외적으로 도리에 따르는 것을 의미한다. 충신은 이를 통해 군주를 섬기고, 자식은 이를 통해 부모를 섬기는데, 그 근본은 동일하다. 위로는 귀신에게 순종하고, 외적으로는 군주와 연장자에게 순종하며, 내적으로는 이를 통해 부모에게 효를 하니, 이처럼 하는 것을 비(備)라고 부른다. 오직 현자만이 비(備)를 할 수 있는데, 비(備)를 한 뒤에야 제사를 지낼 수 있다. 이러한 까닭으로 현자가 제사를 지내게 되면, 진실과 신의 및 충심과 공경을 다하고, 사물을 통해 받들고, 예를 통해 인도하며 음악을 통해 편안하게 하고 정해진 시기를 통해 간여하며, 청결하게 제수를 바칠 따름이다. 따라서 세속적인 복을 바라는 마음이 없는 것이 바로 효자의 마음이다.

① ○備者百順之名.

補註 鄭註: 世所謂福者, 謂受鬼神之祐助. 賢者之所謂福者, 謂受大順之顯名也.

번역 정현의 주에서 말하길, 세간에서 말하는 '복(福)'이라는 것은 귀신의 가호와 도움을 받는다는 뜻이다. 현자가 말하는 '복(福)'은 대순(大順)[1]이라는 현명(顯名)을 받는다는 뜻이다.

補註 ○按: 小註輔氏釋福字者, 恐是.

번역 ○살펴보니, 소주에서 보씨가 복(福)자를 풀이한 것이 있는데, 아마도 이 말이 옳은 것 같다.

참고-大全 慶源輔氏曰: 必受其福, 以理必之也. 世所謂福, 則不可必也. 鄭謂孝子受大順之顯名, 非是名猶名言之名, 猶言備者百順之謂而已. 內盡於己, 外順於道, 則仰不愧天, 俯不愧人, 內不愧心. 心安體胖, 是賢者之所謂福也. 不言外順於物, 物有不可順者也. 能備然後能祭, 則祭之必受福可知也. 經之所謂福, 具於未祭之前, 世之所謂福, 應於已祭之後. 前言心怵而奉之以禮者, 福寓於物也. 此云奉之以物, 道之以禮者, 物必將之以禮也. 不求其如此, 然後能盡祭之義, 一有所求, 義不盡矣. 奉之以物, 以物將其誠敬也. 道之以禮, 以禮行其誠敬也. 安之以樂, 以樂安其誠敬也. 參之以時, 以時參其誠敬也. 奉之以物, 則不爲虛拘, 行之以禮, 則輔以威儀, 安之以樂, 則不爲勉强, 參之以時, 則發必中節, 如此然後能盡其心.

번역 경원보씨가 말하길, "반드시 복을 받는다."는 것은 이치에 따라 반드시 그처럼 된다는 뜻이니, 세간에서 말하는 복이라는 것은 기필할 수가 없다. 정현은 자식이 대순(大順)이라는 현저히 드러나는 명(名)을 받는다고 했는데, 이때의 명(名)은 명칭을 정한다고 할 때의 명(名)이 아니며, "비(備)는 모든 것을 따른다는 뜻이다."라고 한 말과 같을 따름이다. 내적으로 자신의 뜻을 다하고 외적으로 도리에 따른다면, 위로는 천도에 대해 부끄럽지 않게 되고 밑으로는 인도에 대해 부끄럽지 않게 되며 내적으로는 마음에 부끄럽지 않게 된다. 마음이 편안하게 되어 몸이 펴지는 것이 바로 현자가 받는

---

1) 대순(大順)은 커다란 순리(順理)라는 뜻으로, 윤상(倫常)과 천도(天道)를 지칭한다. 또한 윤상과 천도에 순종한다는 의미도 되고, 자연스럽다는 뜻으로도 사용되며, '큰 법도[大法]'를 뜻하기도 한다.

복이라는 것이다. "외적으로 사물에 따른다."라고 말하지 않은 것은 사물에는 따를 수 없는 점이 포함되어 있기 때문이다. 잘 따를 수 있은 뒤에야 제사를 지낼 수 있으니, 제사를 지내면 반드시 복을 받게 됨을 알 수 있다. 경문에서 말히는 '복(福)'은 아직 제사를 지내기 이전에 갖춰지는 것이며, 세간에서 말하는 '복(福)'은 이미 제사를 지낸 이후에 호응하여 나타나는 것이다. 앞에서는 "마음이 두렵고 슬퍼져서 예법에 따라 받든다."[2]라고 했는데, 복은 사물에 깃들어 있기 때문이다. 이곳에서는 "받들기를 사물로써 하고, 인도하길 예법으로써 한다."라고 했는데, 사물은 반드시 예법에 따라 부려야 하기 때문이다. 이와 같은 것들을 바라지 않은 뒤에야 제사의 뜻을 다할 수 있는데, 혹여 바라는 점이 하나라도 있다면 그 뜻을 다할 수 없다. "받들기를 사물로써 한다."는 말은 사물을 통해 정성과 공경을 나타낸다는 뜻이다. "이끌기를 예법으로써 한다."는 말은 예를 통해서 정성과 공경을 실천한다는 뜻이다. "편안하게 하길 음악으로써 한다."는 말은 음악을 통해 정성과 공경의 뜻을 편안하게 나타낸다는 뜻이다. "참여하길 때로써 한다."는 말은 정해진 때를 통해 정성과 공경을 나타내도록 돕는다는 뜻이다. 사물로 받든다면 공허한 의례를 진행할 수 없고, 예를 통해 시행한다면 위엄스러운 의례 절차로 보완하게 되며, 음악으로 편안하게 한다면 억지로 하지 않고, 때에 따라 참여한다면 나타내는 것이 반드시 법도에 맞게 된다. 이처럼 한 뒤에야 그 마음을 다할 수 있다.

② 其本一也.

補註 鄭註: 言忠·孝俱由順出.

번역 정현의 주에서 말하길, 충심과 효는 모두 순종함을 통해 나타난다는 뜻이다.

---

2) 『예기』「제통」: 凡治人之道, 莫急於禮. 禮有五經, 莫重於祭. 夫祭者, 非物自外至者也, 自中出生於心也. 心怵而奉之以禮, 是故唯賢者能盡祭之義.

③ 道之以禮.

補註 陸云: 道音導.

번역 육덕명이 말하길, '道'자의 음은 '導(도)'이다.

④ 安之以樂.

補註 樂音岳.

번역 '樂'자의 음은 '岳(악)'이다.

⑤ 明薦.

補註 鄭註: 明, 猶潔也.

번역 정현의 주에서 말하길, '명(明)'자는 청결하다는 뜻이다.

⑥ 不求其爲.

補註 鄭註: 爲, 謂福祐爲己之報.

번역 정현의 주에서 말하길, '위(爲)'자는 복과 가호를 자신에 대한 보답으로 여긴다는 뜻이다.

「제통」 3장

참고-經文

祭者, 所以追養繼孝也. ①孝者畜也, 順於道, 不逆於倫, 是之謂畜.

번역 제사는 봉양의 도리를 미루어 시행하고 효의 뜻을 지속적으로 시행하는 것이다. 효는 봉양하는 것이니, 천도에 순응하고 인륜을 거스르지 않는 것을 '휵(畜)'이라고 부른다.

① ○**孝者畜也.**

補註 張子曰: 聚百順以事君親, 故曰孝者畜也.

번역 장자가 말하길, 모든 복을 모아 군주와 부모를 섬긴다. 그렇기 때문에 효는 봉양하는 것이라고 했다.

補註 ○按: 畜, 陸音許六反, 是.

번역 ○살펴보니, '畜'자에 대해서 육덕명의 『음의』에서는 '許(허)'자와 '六(륙)'자의 반절음이라고 했는데, 이 말이 옳다.

「제통」 4장

참고-經文

是故孝子之事親也, 有三道焉, 生則養, 沒則喪, 喪畢則祭. 養則觀其順也, 喪則觀其哀也, 祭則觀其①敬而時也. 盡此三道者, 孝子之行也.

번역 이러한 까닭으로 자식이 부모를 섬길 때에는 세 가지 도리가 있다. 부모가 살아계실 때에는 봉양의 도리를 다하고, 돌아가셨을 때에는 상장(喪葬)의 의례를 다하며, 상례가 끝나면 제례의 도리를 다한다. 봉양을 할 때에는 순종함을 살피고, 상례를 치를 때에는 애통함을 살피며, 제사를 치를 때에는 공경함과 때에 맞게 함을 살핀다. 이러한 세 가지 도리를 다하는 것이 효자의 행동이다.

① ○敬而時.

補註 楊梧曰: 不疏不數曰時.
번역 양오가 말하길, 너무 드물지도 않고 너무 빈번하지도 않은 것을 '시(時)'라고 부른다.

補註 ○按: 陳註以時思之, 雖出孝經, 於此, 恐不襯.
번역 ○살펴보니, 진호의 주에서 "때마다 부모를 생각한다."고 한 말이 비록 『효경』에서 나온 것이라 하더라도,[1] 이곳에서는 아마도 잘 맞지 않는 것 같다.

---

1) 『효경』「상친장(喪親章)」: 春秋祭祀, 以時思之.

「제통」 5장

참고–經文

既內自盡, 又外求助, 昏禮是也. 故國君取夫人之辭曰, "①請君之玉女, 與寡人共有敝邑, 事宗廟社稷." 此求助之本也. 夫祭也者, 必夫婦親之, 所以備外內之官也. ②官備則具備. 水草之菹, 陸産之醢, ③小物備矣. 三牲之俎, 八簋之實, 美物備矣. 昆蟲之異, 草木之實, 陰陽之物備矣. 凡天之所生, 地之所長, 苟可薦者, 莫不咸在, 示盡物也. 外則盡物, 內則盡志, 此祭之心也.

번역 이미 내적으로 스스로 그 마음을 다했지만 또한 외적으로 도움을 구하게 되니, 혼례가 바로 여기에 해당한다. 그러므로 군주가 부인을 얻을 때 전하는 말에 있어서는 "그대의 여식이 나와 함께 우리나라를 다스리고, 종묘와 사직의 제사를 섬길 수 있도록 청합니다."라고 말한다. 이것이 바로 도움을 구하는 근본에 해당한다. 무릇 제사를 지낼 때에는 반드시 부부가 직접 시행하니, 이것이 내외의 직분을 갖추는 것이다. 또 내외의 직분이 갖춰지면 모든 것들이 갖춰지게 된다. 수초 등의 절임이나 육지에서 생산된 산물로 담근 젓갈 등은 미미한 사물들을 갖추는 것이다. 세 희생물을 도마에 담고 여덟 개의 궤(簋)에 담은 음식 등은 맛있는 사물들을 갖추는 것이다. 곤충들 중 특별한 것과 초목의 과실 등은 음양에 해당하는 사물들을 갖추는 것이다. 무릇 하늘이 낳아준 것과 땅이 길러준 것들 중에서 바칠 수 있는 것들이라면 모두 갖추지 않는 것이 없으니, 이를 통해 사물들을 모두 갖췄음을 드러낸다. 외적으로 사물들을 모두 갖추고 내적으로 자신의 뜻을 다하는 것이 제사를 지내는 자의 마음이다.

① ○請君之玉女.

補註 鄭註: 言玉女者, 美言之也, 君子於玉比德焉.

번역 정현의 주에서 말하길, '옥녀(玉女)'라고 말한 것은 아름답게 표현한 것으로, 군자는 옥을 통해서 덕을 비견하기 때문이다.[1)]

② **官備則具備.**

補註 按: 諺讀官備下著吐, 恐誤.

번역 살펴보니, 『언독』에서는 '관비(官備)'라는 말 뒤에 토를 붙였는데, 아마도 잘못된 해석인 것 같다.

③ **小物備矣.**

補註 按: 此吐當爲是五, 諺讀誤.

번역 살펴보니, 이곳의 토는 마땅히 ᄒᆞ이오[爲是五]로 붙여야 하니, 『언독』의 토는 잘못되었다.

참고-大全

嚴陵方氏曰: 旣內自盡於己也, 又外求助於人, 求助之道, 莫大乎夫婦之際, 以夫婦而行祭祀之道, 則足以盡陰陽之義, 以夫婦而共祭祀之事, 則足以備外內之官, 故國君取夫人之辭, 以事宗廟社稷爲言也. 必曰玉女者, 言其有貞潔之德也. 所以事宗廟社稷, 亦在乎有貞潔之德而已. 觀卷耳之詩, 后妃則輔佐君子, 求賢審官, 雞鳴之詩, 則夫人夙夜警戒, 有相成之道. 然婦之助夫, 固不特在乎祭祀之時也. 此之所言, 亦以祭祀爲本, 故曰此求助之本也. 夫婦親之, 若君制祭, 夫人薦盎, 君割牲, 夫人薦酒. 卿大夫相君, 命婦相夫人, 此外內之官也. 官所以執事, 事所以具物, 故曰官備則具備. 菹以醢類也, 故周官屬醢人. 然以植物爲之則曰菹, 以動物爲之則曰醢. 水草之菹, 卽七

---

1) 『예기』「옥조(玉藻)」: 凡帶必有佩玉, 唯喪否. 佩玉有衝牙, 君子無故, 玉不去身, 君子於玉比德焉.

菹, 所謂茆菹芹菹之類. 陸產之醢, 卽七醢, 所謂兎醢鴈醢之類. 然七菹又有葵菹之類, 不必皆水草, 七醢又有蠃醢魚醢之類, 不必皆陸產. 俎者三牲, 則八簋者五穀也. 言八簋則俎爲三俎矣. 言實則①菹亦非虛矣. 俎所薦者天產, 故其數用三之奇, 簋所盛者地產, 故其數用八之耦. 於昆蟲草木, 言陰陽之物者, 蓋昆蟲以陰蟄以陽出, 草木以陰枯以陽榮故也. 然草木亦陰物也, 陸產亦陽物也, 三牲以陽物也, 八簋以陰物也, 止謂昆蟲草木爲陰陽之物者, 以用至於昆蟲之異草木之實, 而陰陽之物, 於是爲備故也. 以陰陽之物, 於是爲備, 故曰凡天之所生, 地之所長, 苟可薦者, 莫不咸在, 示盡物也. 徒盡物於外, 而不能盡志於內, 亦不足以盡祭之心矣, 故曰外則盡物, 內則盡志, 祭之心也.

번역 엄릉방씨가 말하길, 이미 내적으로 제 스스로 자신의 뜻을 다했는데도 재차 외적으로 남에게서 도움을 구하는데, 도움을 구하는 도리 중에는 부부 사이에서 구하는 것보다 큰 것이 없으니, 부부가 제사의 도리를 시행한다면 음양의 뜻을 다하기에 충분하고, 부부가 제사의 일을 시행한다면 내외의 관직을 갖추기에 충분하다. 그렇기 때문에 군주는 부인을 들이며 전하는 말에서 종묘와 사직을 섬긴다고 말하는 것이다. 기어코 '옥녀(玉女)'라고 말한 것은 정숙하고 고결한 덕을 갖추고 있음을 뜻한다. 종묘와 사직을 섬기는 방법 또한 정숙하고 고결한 덕을 갖추고 있는데 달려 있을 따름이다. 『시』「권이(卷耳)」편을 살펴보면 후비(后妃)는 남편을 보좌하여 현자를 찾고 관리들을 살펴야 하고,[2] 『시』「계명(雞鳴)」편에서는 부인은 밤낮으로 경계하여 서로 이루어주는 도가 있다고 했다.[3] 그러므로 부인이 남편을 돕는 것은 진실로 제사를 지낼 때에만 한정되지 않는다. 다만 이곳에서 언급한 내용은

---

2) 『시』「주남(周南) · 권이(卷耳)」편의 「모서(毛序)」: 卷耳, 后妃之志也. 又當輔佐君子, 求賢審官, 知臣下之勤勞, 內有進賢之志, 而無險詖私謁之心, 朝夕思念, 至於憂勤也.

3) 『시』「제풍(齊風) · 계명(雞鳴)」편의 「모서(毛序)」: 雞鳴, 思賢妃也. 哀公荒淫怠慢, 故陳賢妃貞女夙夜警戒相成之道焉.

또한 제사를 근본으로 삼고 있기 때문에, "이것은 도움을 구하는 근본이다."라고 말한 것이다. 부부가 직접 한다는 것은 마치 군주가 제제(制祭)[4]를 하고 부인이 앙제(盎齊)를 술잔에 따라서 바치며, 군주가 직접 희생물을 부위별로 해체하고 부인이 또한 술을 따라서 바치는 부류에 해당한다.[5] 또 경과 대부는 군주를 돕고, 경과 대부의 부인들은 군주의 부인을 도우니,[6] 이것은 내외의 관직에 해당한다. 관리는 일을 맡아보는 자들이고, 일은 사물들을 갖추는 것이다. 그렇기 때문에 "관직이 갖춰지면 사물들이 모두 갖춰진다."라고 했다. 절임[菹]은 젓갈[醢]의 부류이다. 그렇기 때문에 『주례』에서는 그 직무를 해인(醢人)이라는 관리에 배속시켰다. 그런데 식물로 만들게 되면 '저(菹)'라고 부르고 동물로 만들게 되면 '해(醢)'라고 부른다. 수초로 만든 절임은 곧 '칠저(七菹)'[7]에 해당하니, 순채절임[茆菹]이나 미나리절임[芹菹] 등을 뜻한다. 육지의 산물로 만든 젓갈은 곧 '칠해(七醢)'[8]에 해당하니, 토끼젓갈[兎醢]이나 기러기젓갈[鴈醢] 등을 뜻한다. 그런데 칠저에는 또한 아욱절임[葵菹] 등이 포함되어 있으니, 이 모두가 수초로 만든 것은 아니며, 칠해에도 또한 조개젓갈[蠯醢]이나 물고기젓갈[魚醢] 등이 포함되어 있으니, 이 모두가 육지의 동물로만 만든 것은 아니다. 도마에 세 가지 희생물의 고기를 담는다면, 8개의 궤(簋)에는 오곡(五穀)을 담는 것이다. 팔궤(八簋)라고 했다면 도마는 3개의 도마가 된다. 또 채운다고 했다면 도마 또한 비워두는 것이 아니다. 도마에 바치는 것은

---

4) 제제(制祭)는 울창주로 희생물의 간장을 씻어서 굽고, 이것을 신주 앞에서 손질을 하는 등의 절차를 뜻한다. 『예기』「예운(禮運)」편에는 "故玄酒在室, 醴醆在戶, 粢醍在堂, 澄酒在下, 陳其犧牲, 備其鼎俎, 列其琴瑟管磬鐘鼓, 脩其祝嘏, 以降上神與其先祖, 以正君臣, 以篤父子, 以睦兄弟, 以齊上下, 夫婦有所, 是謂承天之祜."라는 기록이 있는데, 이에 대한 공영달(孔穎達)의 소(疏)에서는 "王乃洗肝於鬱鬯而燔之, 以制於主前, 所謂制祭."라고 풀이했다.

5) 『예기』「예기(禮器)」: 大廟之內敬矣, 君親牽牲, 大夫贊幣而從; 君親制祭, 夫人薦盎; 君親割牲, 夫人薦酒.

6) 『예기』「제의(祭義)」: 唯聖人爲能饗帝, 孝子爲能饗親. 饗者, 鄕也, 鄕之然後能饗焉. 是故孝子臨尸而不怍. 君牽牲, 夫人奠盎; 君獻尸, 夫人薦豆; 卿大夫相君, 命婦相夫人. 齊齊乎其敬也, 愉愉乎其忠也, 勿勿諸其欲其饗之也.

7) 칠저(七菹)는 일곱 가지 절임을 뜻한다. 부추[韭]절임, 순무[菁]절임, 순채[茆]절임, 아욱[葵]절임, 미나리[芹]절임, 죽순[箈]절임을 가리킨다.

8) 칠해(七醢)는 일곱 가지 젓갈을 뜻한다. 뼈가 섞인 고기[臡]젓갈, 소라[蠃]젓갈, 조개[蠯]젓갈, 개미알[蚳]젓갈, 물고기[魚]젓갈, 토끼[兔]젓갈, 기러기[鴈]젓갈을 가리킨다.

하늘이 낳아준 산물이다. 그렇기 때문에 그 수를 3개라는 홀수에 맞추는 것이다. 또 궤(簋)에 바치는 것은 땅이 길러준 산물이다. 그렇기 때문에 그 수를 8개라는 짝수에 맞추는 것이다. 곤충이나 초목 등에 대해서는 음양의 산물이라고 했는데, 곤충은 음(陰)의 기운에 따라 칩거하고 양(陽)의 기운에 따라 나타나며, 초목은 음(陰)의 기운에 따라 마르고 양(陽)의 기운에 따라 꽃을 피우기 때문이다. 그런데 초목은 또한 음(陰)에 해당하는 사물이고, 육지에서 생산된 것은 또한 양(陽)에 해당하는 사물이며, 3개의 희생물은 양(陽)에 해당하는 사물을 사용하고, 8개의 궤(簋)에 담는 것은 음(陰)에 해당하는 사물을 사용하는데도, 단지 곤충과 초목을 음양의 사물이라고 부른 것은 이러한 사물들을 사용하는 것이 곤충 중 특별한 것과 초목의 과실을 사용하는 것에 이르러야, 음양의 사물들이 이때에 모두 갖춰지기 때문이다. 음양의 사물이 이때에 모두 갖춰지기 때문에, "무릇 하늘이 낳아준 것과 땅이 길러준 것들 중에서 바칠 수 있는 것들이라면 모두 갖추지 않는 것이 없으니, 이를 통해 사물들을 모두 갖췄음을 드러낸다."라고 말한 것이다. 단지 외적으로 사물들을 모두 갖추기만 하고 내적으로 그 뜻을 다할 수 없다면, 또한 제사를 지내는 마음을 다하기에 부족하다. 그렇기 때문에 "외적으로 사물들을 모두 갖추고 내적으로 자신의 뜻을 다하는 것이 제사를 지내는 자의 마음이다."라고 했다.

① 菹亦非虛.

補註 菹, 是俎之誤.

번역 '저(菹)'자는 조(俎)자의 오자이다.

「제통」 6장

참고-經文

是故天子親耕於南郊, ①以共齊盛; 王后蠶於北郊, 以共純服; 諸侯耕於東郊, 亦以共齊盛; 夫人蠶於北郊, 以共冕服. 天子·諸侯非莫耕也, 王后·夫人非莫蠶也, 身致其誠信, 誠信之謂盡, 盡之謂敬, 敬盡然後可以事神明, 此祭之道也.

번역 이러한 까닭으로 천자는 남쪽 교외에 마련된 자전(藉田)에서 직접 경작하여 자성(粢盛)을 공급하고, 왕후는 북쪽 교외에 마련된 잠실(蠶室)에서 직접 누에를 쳐서 천자의 제사복장을 만든다. 제후는 동쪽 교외에 마련된 자전에서 직접 경작하여 자성을 공급하고, 제후의 부인은 북쪽 교외에 마련된 잠실에서 직접 누에를 쳐서 제후의 제사복장을 만든다. 천자와 제후에게는 경작을 할 수 있는 아랫사람이 없는 것이 아니고, 왕후와 부인에게는 누에를 칠 수 있는 아랫사람이 없는 것이 아니지만, 직접 정성과 신의를 지극히 하니, 정성과 신의를 지극히 하는 것을 '진(盡)'이라고 부르고, 이처럼 다하는 것을 '경(敬)'이라고 부른다. 따라서 공경을 다하고 정성과 신의를 지극히 한 뒤에야 신명을 섬길 수 있으니, 이러한 것을 제사의 도라고 한다.

① 以共齊盛.

補註 共, 平聲.
번역 '共'자는 평성으로 읽는다.

補註 ○按: 陸云, "齊, 亦作齍, 與粢同." 已見上文.
번역 ○살펴보니, 육덕명은 "'齊'자는 판본에 따라서 또한 '齍'자로도 기록하는데, '粢'자와 동일하다."라고 했는데, 이 내용은 앞의 문장에 나온다.

참고-大全

嚴陵方氏曰: 東南陽地, 而耕爲陽事, 故於之以耕. 北者陰地, 而蠶爲陰事, 故於之以蠶. 而南又盛陽之地, 故天子①耕於南郊, 冕用朱紘者, 亦以此, 東者少陽之地, 故諸侯耕於東郊, 冕用靑紘者, 亦以此, 此又隆殺之別也. 夫有天下者, 四海之內, 皆臣妾耳, 有一國者, 百里之內, 皆臣妾耳, 則天子諸侯非莫與之耕, 王后夫人非莫與之蠶. 然且親耕親蠶焉, 則以身致其誠信而已. 以神明之所饗者, 在誠不在物故也.

번역 엄릉방씨가 말하길, 동쪽과 남쪽은 양(陽)에 해당하는 땅이고, 경작을 하는 것은 양(陽)에 해당하는 일이다. 그렇기 때문에 이러한 지역에서 경작을 한다. 북쪽은 음(陰)에 해당하는 땅이고, 양잠을 하는 것은 음(陰)에 해당하는 일이다. 그렇기 때문에 이 지역에서 양잠을 한다. 그런데 남쪽은 또한 양(陽)이 더욱 융성한 땅이기 때문에 천자는 남쪽 교외에서 경작을 하는 것이고, 면류관을 착용하고 주색의 끈을 다는 것 또한 이러한 이유 때문이다. 또 동쪽은 상대적으로 양(陽)이 적은 땅이기 때문에 제후는 동쪽 교외에서 경작을 하는 것이고, 면류관을 착용하고 청색의 끈을 다는 것 또한 이러한 이유 때문이다.[1] 그리고 이것은 또한 높이고 줄이는 것에 따른 구별이다. 무릇 천하를 소유한 자는 사해 이내의 사람들이 모두 그의 신하가 될 따름이며, 한 나라를 소유한 자는 사방 100리(里) 이내의 사람들이 모두 그의 신하가 될 따름이다. 따라서 천자와 제후에게는 경작을 대신해줄 사람이 없는 것이 아니고, 왕후와 제후의 부인에게도 양잠을 대신해줄 사람이 없는 것이 아니다. 그런데도 직접 경작을 하고 직접 양잠을 하니, 본인이 직접 시행하여 정성과 신의를 지극히 할 따름이다. 이것은 신명이 흠향하는 것이 정성에 달려 있고 제물에 달려 있는 것이 아니기 때문이다.

---

1) 『예기』「제의(祭義)」: 君子反古復始, 不忘其所由生也, 是以致其敬, 發其情, 竭力從事以報其親, 不敢弗盡也. 是故昔者天子爲藉千畝, 冕而朱紘, 躬秉耒; 諸侯爲藉百畝, 冕而靑紘, 躬秉耒. 以事天地・山川・社稷・先古, 以爲醴酪齊盛於是乎取之, 敬之至也.

① 耕於南郊.

補註 南, 是東之誤.

번역 '남(南)'자는 동(東)자의 오자이다.

「제통」 12장

참고-經文

及時將祭, 君子乃齊. ①齊之爲言齊也, 齊不齊以致齊者也. 是故君子非有大事也, 非有恭敬也, 則不齊; 不齊則於物無防也, 耆欲無止也. 及其將齊也, 防其邪物, 訖其耆欲, 耳不聽樂, 故記曰, "齊者不樂", 言不敢散其志也. 心不苟慮, 必依於道. 手足不苟動, 必依於禮. 是故君子之齊也, 專致其精明之德也, 故散齊七日以定之, 致齊三日以齊之. 定之之謂齊, 齊者精明之至也, 然後可以交於神明也.

번역 정해진 때가 되어 제사를 지내야 하면, 군자는 곧 재계를 한다. '제(齊)'자는 정돈한다는 뜻이니, 가지런하지 않은 것을 정돈하여 재계를 지극히 하는 것이다. 이러한 까닭으로 군자는 중대한 사안이 없다면 공경을 나타내야 할 대상이 없어서, 재계를 하지 않고, 재계를 하지 않는다면 외부 사안에 대해서 방비함이 없으며, 즐기고 바라는 것에 대해서도 금지함이 없다. 그러나 재계를 해야 할 때가 되면, 사사로운 사안에 대해 방비하고, 즐기고 바라는 것을 금하며, 귀로는 음악을 듣지 않는다. 그렇기 때문에 고대의 『기』에서는 "재계를 하는 자는 음악을 듣지 않는다."라고 한 것이니, 그 뜻을 감히 흐트러트리지 않는다는 의미이다. 마음으로는 구차한 생각을 하지 않고, 반드시 도에 따른다. 손과 발은 구차하게 움직이지 않고 반드시 예에 따른다. 이러한 까닭으로 군자가 재계를 할 때에는 전적으로 맑고 밝은 덕을 지극히 한다. 그래서 7일 동안 산제(散齊)를 하여 안정시키고, 3일 동안 치제(致齊)를 하여 가지런하게 만든다. 안정시키는 것을 '제(齊)'라고 부르니, 재계를 하는 것은 맑고 밝은 덕을 지극히 하는 것이다. 이처럼 한 뒤에야 신명과 교감할 수 있다.

① 齊之爲言[止]致齊.

補註 陸音: 齊也及齊不齊, 並如字, 下以齊之同.

번역 육덕명의 『음의』에서 말하길, '齊也'와 '齊不齊'에서의 '齊'자는 모두 글자대로 읽으며, 아래문장에서 '以齊之'라고 했을 때의 '齊'자도 이와 같다.

「제통」 13장

참고—經文

是故先期旬有一日, 宮宰宿夫人, 夫人亦散齊七日, 致齊三日. ①君致齊於外, 夫人致齊於內, 然後會於大廟. 君純冕立於阼, ②夫人副褘立於東房. 君執圭瓚祼尸, 大宗執璋瓚亞祼. 及迎牲, ③君執紖, 卿大夫從, 士執芻; 宗婦執盎從, 夫人薦涗水; 君執鸞刀羞嚌, 夫人薦豆. 此之謂夫婦親之.

번역 이러한 까닭으로 정해진 기한보다 11일 앞서, 궁재(宮宰)는 군주의 부인에게 재계를 해야 한다고 아뢰니, 부인 또한 7일 동안 산제(散齊)를 하고 3일 동안 치제(致齊)를 한다. 군주는 바깥채에서 치제를 하고, 부인은 안채에서 치제를 하는데, 치제가 끝나면 태묘에 모인다. 군주는 제복을 입고 동쪽 계단 위에 서 있게 되고, 부인은 머리장식과 위의(褘衣)를 입고 동쪽 방에 서 있게 된다. 군주는 규찬(圭瓚)을 들고 술을 따라 시동 앞에서 술을 땅에 뿌리고, 대종(大宗)은 부인을 대신하여 장찬(璋瓚)을 들고 술을 따라 군주 다음으로 땅에 술을 뿌린다. 희생물을 맞이할 때가 되면, 군주는 고삐를 잡고 경과 대부는 군주를 따르며 사는 짚을 들고 따른다. 종부는 앙제(盎齊)를 담은 술동이를 들고 부인을 따르고, 부인은 앙제를 맑게 거른 술을 바친다. 군주가 난도(鸞刀)를 들고 희생물을 갈라 폐와 간을 잘라 바치면, 부인은 두(豆)를 바친다. 이처럼 하는 것을 부부가 직접 시행한다고 부른다.

① ○君致齊[止]於內.

補註 疏曰: 外, 君之路寢, 內, 夫人正寢, 是致齊皆於正寢, 其實散齊亦然.

번역 소에서 말하길, '외(外)'자는 군주의 노침(路寢)을 뜻하고, '내(內)'자는 부인의 정침(正寢)을 뜻하니, 치제(致齊)는 모두 정침에서 치르게 되는데, 실제로 산제(散齊) 또한 이처럼 치른다.

② 夫人副褘立於東房.

補註 疏曰: 副及褘, 后之上服, 魯及二王之後夫人得服之, 侯·伯夫人揄狄, 子・男夫人屈狄, 而並立東房, 以俟行事. 尸旣入之後, 轉就西房.

번역 소에서 말하길, 머리장식인 부(副)와 위의(褘衣)는 왕후가 착용하는 복장 중에서도 상위의 복장인데, 노나라의 부인 및 두 왕조의 후손국 부인은 이 복식을 착용할 수 있다. 후작과 백작의 부인은 유적(揄狄)을 착용하고, 자작과 남작의 부인은 굴적(屈狄)을 착용하며, 모두 동쪽 방에 서 있으면서 다음 절차의 진행을 기다린다. 시동이 이미 묘실로 들어온 이후라면 방향을 돌려서 서쪽 방으로 나아간다.

③ *君執紖.*

補註 按: 紖, 陸音, 有直忍・以忍二反. 陳註赤軫反, 與直忍同, 而字彙只云以忍切, 當從之.

번역 살펴보니, '紖'자에 대해서 육덕명의 『음의』에서는 '直(직)'자와 '忍(인)'자의 반절음과 '以(이)'자와 '忍(인)'자의 반절음이라는 두 설명이 나온다. 진호의 주에서는 '赤(적)'자와 '軫(진)'자의 반절음이라고 했는데, 이것은 '直(직)'자와 '忍(인)'자의 반절음이라고 본 것과 동일하며, 『자휘』에서는 단지 '以(이)'자와 '忍(인)'자의 반절음이라고 했으니, 마땅히 이에 따라야 한다.

참고-集說

鄭氏曰: 大廟, 始祖廟也. 圭瓚璋瓚, 祼器也, 以圭璋爲柄. 酌鬱鬯曰祼, 大宗亞祼, ①容夫人有故攝焉. 紖, 所以牽牲. 芻, 藁也, 殺牲用以薦藉.

번역 정현이 말하길, '대묘(大廟)'는 시조의 묘(廟)를 뜻한다. 규찬(圭瓚)과 장찬(璋瓚)은 모두 땅에 술을 뿌릴 때 사용하는 기구들인데, 규(圭)와 장(璋)으로 자루를 만든다. 울창주를 따라서 땅에 뿌리는 것을 '관(祼)'이라고 부르는데, 대종(大宗)이 두 번째로 관(祼)을 하는 것은 부인에게 사정이 생겨서 대신하는 것까지를 수용하기 위해서이다. '진(紖)'은 희생물을 끌 때 사용하는 끈이다. '추(芻)'는 짚

[藁]이니, 희생물을 도축할 때 이것을 이용하여 깔개로 깐다.

① 容夫人有故攝焉.

補註 疏曰: 此下云夫人薦涚水薦豆, 則是夫人親行, 而云夫人有故者, 記者亂陳言大宗亞祼, 容夫人有故之時, 下云夫人薦涚·薦豆, 顯夫人親行其事, 各有所明, 不可一揆.

번역 소에서 말하길, 아래문장에서 "부인이 세수(涚水)와 음식을 담은 두(豆)를 바친다."고 한 말을 살펴보면, 이것은 부인이 직접 시행하는 것이다. 그런데 "부인에게 사정이 생겼다."라고 말한 것은 『예기』를 기록한 자가 혼란스럽게 진술하여, 대종이 아관을 한다고 기록한 것은 부인에게 특별한 사정이 생겼을 경우까지도 포괄적으로 말한 것이고, 아래문장에서 부인이 세수를 바치고 두를 바친다고 한 것은 부인이 직접 그 일을 시행한다는 사실을 나타내므로, 각각 드러내고 있는 점이 있으니, 일괄적으로 규정할 수 없다.

참고-集說

疏曰: 宗婦執盎從者, 謂同宗之婦, 執盎齊以從夫人也. 夫人薦涚水者, 涚卽盎齊, ①以濁用清酒以涚沛之. 涚水是明水, 宗婦執盎齊從夫人而來, 奠盎齊於位, 夫人乃就盎齊之尊, 酌此涚齊而薦之, 因盎齊有明水, 連言水耳. 君執鸞刀羞嚌者, 嚌, 肝肺也, 嚌有二時, 一是朝踐之時, 取肝以膋貫之, 入室燎於爐炭, 而出薦之主前; 二是饋熟之時, 君以鸞刀割制所羞嚌肺, 橫切之不使絶, 亦奠於俎上, 尸並嚌之, 故云羞嚌. 一云, 羞, 進也. 夫人薦豆者, 君羞嚌時, 夫人薦此饋食之豆也. 又曰: ②郊特牲云, "祭齊加明水", ③天子諸侯祭禮, 先有祼尸之事.

번역 소에서 말하길, '종부집앙종(宗婦執盎從)'이라는 말은 같은 종가의 부인들이 앙제(盎齊)를 들고서 부인(夫人)을 뒤따른다는 뜻이다. '부인천세수(夫人薦涚水)'라고 했는데, '세(涚)'는 곧 앙제를 뜻하니, 술이 탁하여 맑은 술을 이용해서 맑게 걸러내기 때문이다. '세수(涚水)'는 곧 명수(明水)를 뜻하는데, 종부는 앙제를 들고 부인을 뒤따라 와서, 자리 앞에 앙제를 담은 술동이를 진열하고, 부인은 곧 앙제를 담은 술동이로 다가가 맑게 거른 술을 따라서 바치는데, 앙제에 명수가 포함된 것에 따라서 연이어 '수(水)'를 언급한 것일 뿐이다. '군집란도수제(君執鸞刀羞嚌)'라고 했는데, '제(嚌)'자는 희생물의 간과 폐를 뜻하며, 제(嚌)를 하는 것에는 두 시기가 있으니, 첫 번째는 조천(朝踐)의 시기에 희생물의 간을 가져다가 지방을 두르고 묘실로 들어가서 화톳불 위에서 태우고, 밖으로 나와서 신주 앞에 바치는 것이다. 두 번째는 궤숙(饋孰)을 할 때, 군주가 난도(鸞刀)로 희생물을 가르고, 음식으로 바칠 폐를 잘라내어, 횡으로 저미되 끊어지지 않게 하고, 이것을 또한 도마 위에 올려서, 시동이 맛을 보게 된다. 그렇기 때문에 '수제(羞嚌)'라고 부른다. 한 편에서는 "수(羞)자는 '진설하다[進].'는 뜻이다."라고 했다. 부인이 두(豆)를 바친다는 것은 군주가 시동이 맛볼 제수를 바칠 때, 부인이 이러한 궤식(饋食)의 두(豆)를 바친다는 뜻이다. 또 말하길, 『예기』「교특생(郊特牲)」편에서는 "오제(五齊)를 가지고 제사를 지낼 때 명수(明水)를 첨가한다."[1]라고 했는데, 천자와 제후의 제례에서는 그보다 앞서 시동 앞에서 술을 땅에 뿌리는 절차가 있다.

① 以濁[止]之涚.

補註 按: 以濁爲一句, 用淸酒以涚泲之涚爲一句.

번역 살펴보니, '이탁(以濁)'이 하나의 구문이 되고, '용청주이세제지세(用淸酒以涚泲之涚)'가 하나의 구문이 된다.

② 郊特牲[止]明水.

補註 疏本文曰: 經夫人薦涚, 祇是薦盎, 不薦明水. 今薦涚之下, 別更言水, 此謂明水也. 以盎齊加明水, 故記者因盎而連言明水耳. 知盎齊加明

---

1) 『예기』「교특생(郊特牲)」: 血祭, 盛氣也. 祭肺肝心, 貴氣主也. 祭黍稷加肺, 祭齊加明水, 報陰也. 取膟膋燔燎升首, 報陽也. 明水涚齊, 貴新也. 凡涚, 新之也. 其謂之明水也, 由主人之潔著此水也.

水者, 郊特牲云, "祭齊加明水", 是也.

번역 소의 본문에서 말하길, 경문에서 부인이 세를 바친다고 했는데, 이것은 단지 앙제를 바친다는 뜻으로 명수를 바치는 것이 아니다. 현재 경문에는 '천세(薦涚)'라는 말 뒤에 별도로 수(水)를 언급했으니, 이것은 명수를 뜻한다. 앙제에 명수를 추가하기 때문에, 『예기』를 기록한 자는 앙제를 언급한 것에 따라서 명수까지도 연이어 언급한 것일 뿐이다. 앙제에 명수를 첨가한다는 사실을 알 수 있는 이유는 『예기』「교특생(郊特牲)」편에서 "오제(五齊)를 가지고 제사를 지낼 때 명수를 첨가한다."라고 했기 때문이다.

③ **天子諸侯[止]之事.**

補註 按: 此本鄭註, 而祼尸之事下有"乃後迎牲"四字, 疏曰: "云天子·諸侯祭禮, 先有祼尸之事, 乃後迎牲者, 以特牲·少牢無此禮. 今此經祼後有迎牲之文, 是天子·諸侯之事, 故鄭明之也."

번역 살펴보니, 이것은 정현의 주에 근거한 것인데, 정현의 주에는 '시동 앞에서 술을 땅에 뿌리는 사안'이라고 한 말 뒤에 "그런 뒤에 희생물을 맞이한다[乃後迎牲]."라는 네 글자가 포함되어 있다. 소에서는 "천자와 제후의 제례에서는 앞서 시동 앞에서 술을 땅에 뿌리는 절차가 포함되고, 그 일을 시행한 뒤에 희생물을 맞이한다고 했는데, 『의례』「특생궤식례(特牲饋食禮)」편과 「소뢰궤식례(少牢饋食禮)」편에는 이러한 의례 절차가 없다. 현제 이곳 경문에는 술을 땅에 뿌린 뒤에 희생물을 맞이한다는 기록이 있으니, 이것은 천자와 제후의 제사에 해당하므로, 정현이 그 사실을 명시한 것이다."라고 했다.

補註 ○又按: 上條及此條, 疏各有所明, 陳註引疏, 過加刪沒, 使人莫曉其義, 可欠.

번역 ○또 살펴보니, 앞의 조목과 이곳 조목에 대해서 소에서는 각각 분명하게 밝힌 점이 있는데, 진호의 주에서는 소를 인용하면서 지나치게 생략하여 사람들로 하여금 그 의미를 파악하지 못하게 만들었으니, 잘못되었다.

참고-大全

嚴陵方氏曰: 散齊七日, 致齊三日, 則及祭凡十日矣, 故先期旬有一日, 宮宰宿夫人, 而詔之齊也. 大宰言前期十日, 帥執事而卜日, 遂戒, 則於是日, 而遂散齊也. 聽外治者君也, 故致齊於外, 聽內職者夫人也, 故致齊於內, 與祭義所謂內外者異矣. 彼謂一身之內外, 齊於內外, 所以辨其位. 會於大廟, 所以聯其事. 君純冕立於阼, 夫人副褘立於東房, 與明堂所言同義. 於夫人言副褘, 則君純冕者, 袞冕也. 周官大宗伯, 凡大祭祀, 王后不與, 則攝而薦豆籩徹, 則大宗固有攝夫人亞祼之理矣. 大宗, 卽宗伯也. 君執紖, 則親牽之故也. 宗婦, 宗子之婦也. 齊有五, 而宗婦止執盎者, 據君牽牲之時也. 祭義言夫人奠盎, 正與此合, 然彼言夫人奠盎, 此言宗婦執盎者, 宗婦執之, 夫人奠之故也. 薦涚水, 則郊特牲所謂明水涚齊, 貴新是也. 酌齊, 則必用涚矣. 祭義不言者, 略也. ①齊者, 尸所嚌之肺也. 齊則嘗之也. 以尸之所齊, 故君執鸞刀而羞之也. 尸必嚌之, 君必羞之者, 以周人所貴故也. 夫人薦豆, 則與祭義所言同義. 以上題言夫祭也者, 必夫婦親之, 故此結言此之謂夫婦親之也.

번역 엄릉방씨가 말하길, 산제(散齊)는 7일 동안 시행하고 치제(致齊)는 3일 동안 시행하니, 제사를 지내는 당일에 이르기까지 총 10일이 소요된다. 그렇기 때문에 정해진 기일보다 11일 앞서 궁재(宮宰)가 군주의 부인에게 경계지침을 알려서, 재계를 하도록 아뢰는 것이다. 『주례』「대재(大宰)」편에서는 "정해진 기일보다 10일 앞서, 일을 맡아보는 자들을 이끌고서 날짜에 대해 점을 치고, 뒤이어 재계를 하도록 알린다."[2]라고 했으니, 이 시기에 산제를 시작하게 된다. 바깥일을 다스리는 자는 군주이기 때문에 바깥채에서 치제를 하고, 집안일을 다스리는 자는 군주의 부인이기 때문에 안채에서 치제를 하니, 『예기』「제의(祭義)」편에서 내외라고 한 말[3]과

---

2) 『주례』「천관(天官)·대재(大宰)」: 前期十日, 帥執事而卜日, 遂戒.

3) 『예기』「제의(祭義)」: 致齊於內, 散齊於外, 齊之日, 思其居處, 思其笑語, 思其志意, 思其所樂, 思其所嗜. 齊三日, 乃見其所爲齊者.

는 의미가 다르다. 「제의」편에서는 한 개인의 내적인 면과 외적인 면을 말한 것이며, 안채와 바깥채에서 재계를 한다는 것은 그들의 자리를 구별하기 위한 것이다. 태묘에 모이는 것은 그 절차들을 연속적으로 시행하기 위해서이다. 군주가 제복을 입고 동쪽 계단 위에 서 있고, 부인이 머리장식과 위의(褘衣)를 입고 동쪽 방에 서 있는 것은 『예기』「명당위(明堂位)」편에서 말한 내용과 동일한 의미이다.[4] 부인에 대해서 '부위(副褘)'라고 말했다면, 군주가 착용하는 '순면(純冕)'이라는 것은 곤면(袞冕)에 해당한다. 『주례』「대종백(大宗伯)」편에서는 "무릇 성대한 제사를 지낼 때, 왕후가 참여하지 않는다면, 왕후를 대신하여 두(豆)와 변(籩)을 바치고 그 일이 끝나면 치운다."[5]라고 했으니, 대종에게는 진실로 부인을 대신하여 군주에 뒤이어 술을 땅에 뿌리는 이치가 있다. '대종(大宗)'은 곧 종백(宗伯)에 해당한다. 군주가 고삐를 잡는 것은 직접 희생물을 끌기 때문이다. '종부(宗婦)'는 종자의 며느리이다. 오제(五齊)는 다섯 종류인데, 종부는 단지 앙제(盎齊)만을 든다고 한 것은 군주가 희생물을 끌고 오는 때에 기준을 두었기 때문이다. 「제의」편에서는 "부인은 앙제를 담은 술동이를 진설한다."[6]라고 했는데, 이것은 바로 이곳에서 말한 뜻과 부합한다. 다만 「제의」편에서는 "부인이 앙제를 담은 술동이를 진설한다."라고 했는데, 이곳에서는 "종부가 앙제를 담은 술동이를 든다."라고 하여 차이를 보인다. 그 이유는 종부가 술동이를 들고 따라가고 최종적으로 부인이 술동이를 받아서 진설하기 때문이다. "세수(涚水)를 바친다."라고 했는데, 『예기』「교특생(郊特牲)」편에서 "명수로 걸러낸 술을 바치니, 신선한 것을 존귀하게 여기기 때문이다."[7]라고 한 말에 해당한다. 오제의 술을 따를 때에는 반드시 맑은 술로 거른 것을 사용한다. 「제의」편에서 이 사실을 언급하지 않은 것은 문장을 간략히 기록했기 때문이다. '제(嚌)'는 시동이 맛보게 되는 희생물의 폐이다. 제(嚌)를 차려내면 맛보게 된다.

---

4) 『예기』「명당위(明堂位)」: 君卷冕立於阼, 夫人副褘立於房中. 君肉袒迎牲於門, 夫人薦豆籩, 卿大夫贊君, 命婦贊夫人, 各揚其職. 百官廢職, 服大刑, 而天下大服.

5) 『주례』「춘관(春官)·대종백(大宗伯)」: 凡大祭祀, 王后不與, 則攝而薦豆籩徹.

6) 『예기』「제의(祭義)」: 唯聖人爲能饗帝, 孝子爲能饗親. 饗者, 鄕也, 鄕之然後能饗焉. 是故孝子臨尸而不怍. 君牽牲, 夫人奠盎; 君獻尸, 夫人薦豆; 卿大夫相君, 命婦相夫人. 齊齊乎其敬也, 愉愉乎其忠也, 勿勿諸其欲其饗之也.

7) 『예기』「교특생(郊特牲)」: 血祭, 盛氣也. 祭肺肝心, 貴氣主也. 祭黍稷加肺, 祭齊加明水, 報陰也. 取膟膋燔燎升首, 報陽也. 明水涚齊, 貴新也. 凡涚, 新之也. 其謂之明水也, 由主人之潔著此水也.

시동이 맛보기 때문에 군주는 난도(鸞刀)를 들고 희생물을 갈라서 폐를 바친다. 시동이 반드시 그것을 맛보게 되고, 군주가 반드시 그것을 바치는 것은 주나라 때 존귀하게 여긴 것에 따랐기 때문이다.[8] 부인이 두(豆)를 바친다는 것은 「제의」편에서 말한 내용과 동일한 의미이다.[9] 앞에서 "제사라는 것은 반드시 부부가 직접 치르는 것이다."[10]라고 제시를 했기 때문에, 이곳에서는 결론을 맺으며, "이러한 것을 부부가 직접 한다고 부른다."라고 한 것이다.

① *齊者[止]尸之所齊.*

補註 齊者·齊則·所齊之齊, 皆當作嚌.

번역 '제자(齊者)'·'제즉(齊則)'·'소제(所齊)'의 제자는 모두 제(嚌)자로 기록해야 한다.

---

8) 『예기』「명당위(明堂位)」: 有虞氏祭首, 夏后氏祭心, 殷祭肝, 周祭肺.

9) 『예기』「제의(祭義)」: 唯聖人爲能饗帝, 孝子爲能饗親. 饗者, 鄕也, 鄕之然後能饗焉. 是故孝子臨尸而不怍. 君牽牲, 夫人奠盎; 君獻尸, 夫人薦豆; 卿大夫相君, 命婦相夫人. 齊齊乎其敬也, 愉愉乎其忠也, 勿勿諸其欲其饗之也.

10) 『예기』「제통」: 旣內自盡, 又外求助, 昏禮是也. 故國君取夫人之辭曰, "請君之玉女, 與寡人共有敝邑, 事宗廟社稷." 此求助之本也. 夫祭也者, 必夫婦親之, 所以備外內之官也. 官備則具備. 水草之菹, 陸產之醢, 小物備矣. 三牲之俎, 八簋之實, 美物備矣. 昆蟲之異, 草木之實, 陰陽之物備矣. 凡天之所生, 地之所長, 苟可薦者, 莫不咸在, 示盡物也. 外則盡物, 內則盡志, 此祭之心也.

「제통」 14장

참고-經文

及入舞, 君執干戚就舞位. 君爲東上, 冕而總干, 率其群臣以樂皇尸. 是故天子之祭也, 與天下樂之; 諸侯之祭也, 與竟內樂之. 冕而總干, 率其群臣以樂皇尸, ①此與竟內樂之之義也.

번역 종묘로 들어가서 춤을 출 때, 군주는 직접 무용도구인 방패와 도끼를 들고 무용수들의 대열로 나아간다. 군주는 동쪽 끝에 위치하며, 면복(冕服)을 착용하고 방패를 쥐며, 뭇 신하들을 통솔하여 황시를 즐겁게 만든다. 이러한 까닭으로 천자가 제사를 지내는 것은 천하의 백성들과 즐거워하는 것이고, 제후가 제사를 지내는 것은 자기 영토 안의 백성들과 즐거워하는 것이다. 면복을 착용하고 방패를 쥐며 뭇 신하들을 통솔하여 황시를 즐겁게 하니, 이것이 영토 안의 백성들과 즐거워 한다는 뜻이다.

① **此與竟內[止]義也.**

補註 楊梧曰: 言竟內, 便該得天下.

번역 양오가 말하길, 이곳에서 '경내(竟內)'라고 말한 것은 천하를 얻었음을 풀이한 말이다.

「제통」 15장

참고-經文

夫祭有三重焉. 獻之屬莫重於祼, 聲莫重於升歌, 舞莫重於① 武宿夜, 此周道也. 凡三道者, 所以假於外, 而以增君子之志也, 故與志進退. 志輕則亦輕, 志重則亦重. 輕其志而求外之重也, 雖聖人弗能得也, 是故君子之祭也, 必身自盡也, 所以明重也. 道之以禮, 以奉三重而薦諸皇尸, 此聖人之道也.

번역 무릇 제사에는 세 가지 중대한 절차가 있다. 술을 바치는 것 중에서 술을 땅에 부어 신을 강림시키는 것보다 중대한 것이 없고, 음악 중에는 당상에 올라가서 노래를 부르는 것보다 중대한 것이 없으며, 춤 중에는 무숙야(武宿夜)라는 악곡에 맞춰 무무(武舞)를 추는 것보다 중대한 것이 없으니, 이것은 주나라 때의 도리이다. 이러한 세 가지 도리는 외부 사물의 힘을 빌려서 군자의 뜻을 증진시키는 것이다. 그렇기 때문에 그 뜻과 함께 나아가거나 물러나게 된다. 따라서 내면의 뜻이 가벼우면 외부 사물 또한 가볍게 되고, 내면의 뜻이 무거우면 외부 사물 또한 무겁게 된다. 내면의 뜻을 가볍게 두면서도 외부 사물 중 중대한 것을 구한다면, 비록 성인일지라도 할 수 없다. 따라서 군자가 제사를 지낼 때에는 반드시 제 스스로 그 뜻을 다하니, 중대함을 드러내는 방법이다. 인도하길 예로써 하여, 세 가지 중대한 절차를 받들고, 황시에게 바치니, 이것은 성인이 따르는 도이다.

① ○武宿夜.

補註 疏曰: 皇氏云, "師說書傳, 武王伐紂, 至於商郊, 停止宿夜. 士卒皆歡樂歌舞以待朝, 仍名焉."

번역 소에서 말하길, 황간은 "『서전』에 대해 선사들이 말하길, 무왕이 주임금을 정벌하여 은나라 교외에 이르렀는데, 그곳에서 멈춰서 하루를 숙영하였다. 병사들은 모두 기쁜 마음으로 노래를 부르고 춤을 추며 아침이 될 때까지 기다렸으므로, 이에 따라 무숙야라는 명칭을 붙였다."라고 했다.

참고-集說

祼以降神, 於禮爲重, ①歌者在上, 貴人聲也. 武宿夜, 武舞之曲名也, 其義未聞. 假於外者, 祼則假於鬱鬯, 歌則假於聲音, 舞則假於干戚也. ②誠敬者, 物之未將者也, 誠敬之志存於內, 而假外物以將之, 故其輕重隨志進退, 若內志輕而求外物之重, 雖聖人不可得也. 聖人固無內輕而求外重之事, 此特③以明役志爲本耳.

번역 술을 땅에 부어서 신을 강림시키는 것은 예법 중에서도 중대하고, 노래를 부르는 자가 당상에 올라가서 부르는 것은 사람의 목소리를 귀하게 여기기 때문이다. '무숙야(武宿夜)'는 무무(武舞)를 출 때 연주하는 악곡의 이름인데, 그 뜻에 대해서는 들어보지 못했다. '가어외(假於外)'는 술을 땅에 붓게 되면 울창주의 힘을 빌리게 되고, 노래를 부르게 되면 사람의 소리를 빌리게 되며, 춤을 추게 되면 방패와 도끼의 힘을 빌리게 된다는 뜻이다. 정성과 공경은 사물을 전달하기 이전의 것으로, 정성과 공경의 뜻은 내면에 존재하여, 외부 사물을 빌려 그것을 끌어내기 때문에, 경중이 뜻에 따라 나아가고 물러나니, 만약 내면의 뜻이 가벼운데도 외부 사물 중 중대한 것을 구한다면, 비록 성인일지라도 할 수 없다. 성인은 진실로 내면의 뜻이 가벼운데도 외부 사물 중 중대한 것을 구하는 일이 없으니, 이것은 단지 뜻을 부리는 것이 근본이 됨을 나타낼 따름이다.

① 歌者在上.

補註 按: 在上, 謂升歌於堂上也.

번역 살펴보니, '재상(在上)'은 당상으로 올라가서 노래를 불렀다는 뜻이다.

② 誠敬者物之未將者.

補註 按: 此一句, 出於孟子"恭敬者, 幣之未將者."

번역 살펴보니, 이 구문은 『맹자』에서 "공경은 폐물을 받아들이기 이전에 있는 것이다."[1]라고 한 구문에서 도출된 것이다.

③ 以明役志爲本.

補註 按: 孟子曰, "儀不及物曰不享, 唯不役志于享", 役志二字, 恐本於此.

번역 살펴보니, 『맹자』에서는 "예의가 물건에 미치지 못하면 불향이라고 부르니, 향에 대해서 마음을 쓰지 않았기 때문이다."[2]라고 했는데, '역지(役志)'라는 두 글자는 아마도 이 문장에 근거한 말인 것 같다.

참고-大全

嚴陵方氏曰: 三者, 蓋周廟之所重, 故始言三重, 而終言周道也. 祼, 所以求陰而貴氣臭, 周人則先求諸陰而尚臭也, 故重祼. 經言升歌淸廟, 淸廟者, 文王之詩, 故重升歌, 大武者, 武王之舞也, 故重武宿夜, 象成而爲樂, 故謂之大武. ①獻有也, 而祼其一也, 故以屬言之. 於獻言屬, 則聲與舞可知矣. 君子之祭也, 內則盡志, 外則盡物, 然其輕重亦在志而已. 必自盡者, 所以明重也. 三重之本在志, 禮則達之於外, 以承其志於內, 故曰道之以禮, 以奉三重. 內旣盡志, 外又盡禮, 則聖人所以事皇尸之道, 如斯而已, 故曰此聖人之道也.

번역 엄릉방씨가 말하길, 세 가지는 주나라 종묘 제사에서 중시 여기던 것이다. 그렇기 때문에 처음에는 '삼중(三重)'이라고 말하고, 끝에서는 '주도(周道)'라고 말한 것이다. 관(祼)은 음(陰)에서 신을 찾으며 기운과 냄새를 중시 여기는 것인데, 주나라 때에는 우선적으로 음(陰)에서 신을 찾았고,[3] 냄새를 숭상했기 때문에,[4] 땅에

---

1) 『맹자』「진심상(盡心上)」: 孟子曰, "食而弗愛, 豕交之也, 愛而不敬, 獸畜之也. 恭敬者, 幣之未將者也. 恭敬而無實, 君子不可虛拘."

2) 『맹자』「고자하(告子下)」: 曰, "非也, 書曰, '享多儀, 儀不及物曰不享, 惟不役志于享.' 爲其不成享也."

3) 『예기』「교특생(郊特牲)」: 魂氣歸于天, 形魄歸于地, 故祭求諸陰陽之義也. 殷人

술을 뿌려 신을 강림시키는 것을 중시 여겼다. 경문에서는 "당상(堂上)에 올라가서 청묘(淸廟)라는 시를 노래로 부른다."[5]라고 했는데, '청묘(淸廟)'라는 것은 문왕에 대해 읊은 시이다. 그렇기 때문에 당상에 올라가서 노래 부르는 것을 중시 여긴다. 또 '대무(大武)'라는 것은 무왕의 업적을 표현한 춤이다. 그렇기 때문에 무숙야(武宿夜)라는 악곡을 중시 여긴다. 과업을 이룬 것을 본떠서 악무를 만들기 때문에[6] '대무(大武)'라고 부른다. 술을 따라서 바치는 것에는 아홉 종류가 있고, 관(祼)은 그 중의 하나일 뿐이기 때문에, '~의 부류[屬]'라고 말했다. 술을 따라서 바치는 것에 대해 '속(屬)'이라고 했다면, 음악[聲]과 춤[舞]에 대해서도 '~의 부류[屬]'라고 표현한 것임을 알 수 있다. 군자가 제사를 지낼 때, 내적으로는 뜻을 다하고 외적으로는 사물을 다하는데, 경중은 또한 내적인 뜻에 달려 있을 따름이다. 반드시 스스로 그 뜻을 다하는 것만이 중대함을 나타내는 방법이 된다. 세 가지 중대함의 근본은 뜻에 달려 있는데, 예는 그것을 외적으로 통하게 하고, 내적으로는 그 뜻을 받들게 된다. 그렇기 때문에 "인도하길 예로써 하고, 이를 통해 삼중을 받든다."라고 했다. 내적으로 이미 뜻을 다하고 외적으로도 예를 다한다면, 성인이 황시(皇尸)를 섬기는 도는 이와 같을 따름이다. 그렇기 때문에 "이것은 성인의 도이다."라고 했다.

① **獻有也.**

補註 也, 唐本作九.

번역 '야(也)'자를 『당본』에서는 구(九)자로 기록했다.

先求諸陽, 周人先求諸陰. 詔祝於室, 坐尸於堂, 用牲於庭, 升首於室. 直祭祝於主, 索祭祝於祊. 不知神之所在, 於彼乎, 於此乎? 或諸遠人乎? 祭于祊, 尙曰求諸遠者與.

4) 『예기』「교특생(郊特牲)」: 周人尙臭, 灌用鬯臭, 鬱合鬯, 臭陰達於淵泉. 灌以圭璋, 用玉氣也. 旣灌然後迎牲, 致陰氣也.

5) 『예기』「명당위(明堂位)」: 升歌淸廟, 下管象. 朱干玉戚, 冕而舞大武. 皮弁素積, 裼而舞大夏. 昧, 東夷之樂也. 任, 南蠻之樂也. 納夷蠻之樂於太廟, 言廣魯於天下也.

6) 『예기』「악기(樂記)」: 賓牟賈起, 免席而請曰, "夫武之備戒之已久, 則旣聞命矣, 敢問遲之, 遲而又久, 何也?" 子曰, "居! 吾語汝. 夫樂者, 象成者也. 總干而山立, 武王之事也. 發揚蹈厲, 太公之志也. 武亂皆坐, 周召之治也."

「제통」 17장

참고-經文

是故①尸謖, ②君與卿四人餕; 君起, 大夫六人餕, 臣餕君之餘也; 大夫起, 士八人餕, 賤餕貴之餘也; 士起, 各執其具以出, 陳于堂下, 百官③進, 徹之, 下餕上之餘也. 凡餕之道, 每變以衆, 所以別貴賤之等, 而④興施惠之象也. 是故以四簋黍, 見其修於廟中也. 廟中者, 竟內之象也.

번역 이러한 까닭으로 시동이 귀신이 남겨준 음식을 먹고 자리에서 일어나면, 군주는 3명의 경과 함께 시동이 남긴 음식을 먹는다. 군주와 경이 자리에서 일어나면, 6명의 대부가 군주가 남긴 음식을 먹는다. 이것은 신하가 군주가 남긴 음식을 먹는다는 뜻이다. 대부가 일어나면 8명의 사가 대부가 남긴 음식을 먹는다. 이것은 신분이 천한 자가 존귀한 자가 남긴 음식을 먹는다는 뜻이다. 사가 일어나서 각각 그릇을 잡고 밖으로 나가 당하에 놓아두면, 모든 관리들이 나아가서 사가 남긴 음식을 먹고 그릇을 치운다. 이것은 아랫사람이 윗사람이 남긴 음식을 먹는다는 뜻이다. 무릇 남긴 음식을 먹는 법도에 있어서 매번 변화가 생길 때마다 인원이 늘어나니, 이것은 귀천의 등급을 구별하고 은혜를 베푸는 형상을 흥기시키는 방법이다. 이러한 까닭으로 4개의 궤(簋)에 담긴 서직을 이용해서 남은 음식을 먹고, 그것을 종묘 안에서 시행함을 드러낸다. 종묘 안은 한 나라의 영역을 상징한다.

① 尸謖.

補註 按: 謖, 古經及儀禮, 皆云所六反. 字彙謖音速. 今陳註音縮, 而字彙縮所六切.

번역 살펴보니, '謖'자에 대해 『고경』과 『의례』에서는 모두 '所(소)'자와 '六(륙)'자의 반절음이라고 했다. 『자휘』에서는 '謖'자의 음은 '速(속)'이라고 했다. 현재 진호의 주에서는 그 음이 '縮'이라고 했는데, 『자휘』에서는 '縮'자는 '所(소)'자와 '六(륙)'자의 반절음이라고 했다.

② 君與卿四人.

補註 按: 疏有云君與三卿, 據此, 則此謂君與三卿共四人, 諺讀四人下著乙奴吐, 誤.

번역 살펴보니, 소에서는 '군주는 3명의 경과 함께'라는 말이 나오는데, 이를 근거해보면 이것은 군주와 3명의 경이 총 4명이 된다는 뜻이다. 그런데 『언독』에서는 '사인(四人)'이라는 말 뒤에 으로[乙奴]토를 붙였으니 잘못된 해석이다.

③ 進徹之.

補註 類編曰: 進如字, 不必作餕.

번역 『유편』에서 말하길, '진(進)'자는 글자대로 읽으니, 굳이 준(餕)자로 고칠 필요가 없다.

④ 與施惠之象.

補註 楊梧曰: 今日餕餘如此, 後日施惠于民, 其象已起於此矣.

번역 양오가 말하길, 오늘날 남긴 음식을 먹는 것이 이와 같고, 훗날 백성들에게 은혜를 베풀게 되는데, 그 형상은 이미 여기에서 일어나게 된다는 뜻이다.

「제통」 18장

참고-經文

祭者, 澤之大者也. 是故上有大澤, 則惠必及下, 顧上先下後耳, 非上積重而下有凍餒之民也. 是故上有大澤, 則①民夫人待于下流, 知惠之必將至也, 由餕見之矣. 故曰, "可以觀政矣." 夫祭之爲物大矣, 其興物備矣, 順以備者也, 其教之本與. 是故君子之教也, 外則教之以尊其君長, 內則教之以孝於其親, 是故明君在上, 則諸臣服從; ②崇事宗廟社稷, 則子孫順孝. 盡其道, ③端其義, 而教生焉.

번역 제사는 은택이 크게 베풀어지는 것이다. 이러한 까닭으로 윗사람에게 큰 은택이 내려지면, 그 은택은 반드시 아랫사람에게까지 미치니, 살펴보면 이것은 단지 윗사람에게 먼저 베풀고 아랫사람에게 이후에 베푸는 것일 뿐이며, 윗사람이 중대한 은택을 쌓아두기만 하여 아랫사람 중 굶어죽고 얼어 죽는 백성이 생긴다는 뜻이 아니다. 이러한 까닭으로 윗사람에게 큰 은택이 내려지면, 백성들은 은택이 밑으로 흐르기를 기다리니, 은택이 반드시 자신들에게까지 미치게 됨을 알기 때문이며, 이것은 남은 밥을 먹는 것을 통해 나타난다. 그러므로 "이로써 정치를 살필 수 있다." 라고 말한 것이다. 무릇 제사에서는 제물을 성대하게 갖추고, 그 제수들을 빠짐없이 갖추는데, 예법에 따름으로써 갖추는 것으로, 이것은 교화의 근본일 것이다. 이러한 까닭으로 군자의 교화는 외적으로는 백성들을 가르쳐서 그들의 군주와 연장자를 존경하게 만들고, 내적으로는 백성들을 가르쳐서 그들의 부모에게 효를 하도록 한다. 이러한 까닭으로 현명한 군주가 윗자리에 있다면 신하들이 복종하게 되고, 종묘와 사직을 존숭하며 섬긴다면, 자손들이 순응하고 효를 다하게 된다. 그 도를 다하고 그 의를 바르게 하여, 교화가 생기는 것이다.

① ○民夫人待于下流.

補註 楊梧曰: 夫人, 與考工記夫人能爲弓之夫人, 同言人人也.

번역 양오가 말하길, '부인(夫人)'은 『고공기』에서 "사람들이 활을 잘 만든다."[1]라고 할 때의 부인에 해당하니, 인인(人人)이라고 말하는 것과 같다.

② 崇事宗廟[止]順孝.

補註 楊梧曰: 社稷, 非內祭, 而文連宗廟者, 偶及之耳.

번역 양오가 말하길, 사직에 대한 제사는 내제(內祭)[2]가 아니다. 다만 문장이 종묘와 연결되어 있어서 짝하여 언급한 것일 뿐이다.

③ 端其義.

補註 按: 端, 正也.

번역 살펴보니, '단(端)'자는 바르게 한다는 뜻이다.

---

1) 『주례』「동관고공기(冬官考工記)」: 粵之無鎛也, 非無鎛也, 夫人而能爲鎛也; 燕之無函也, 非無函也, 夫人而能爲函也; 秦之無廬也, 非無廬也, 夫人而能爲廬也; 胡之無弓車也, 非無弓車也, 夫人而能爲弓車也.

2) 내제(內祭)는 외제(外祭)와 상대되는 말이다. 선조(先祖)에 대한 종묘(宗廟)의 제사를 뜻한다. 체(禘)제사 및 대상(大嘗) 등이 여기에 포함된다. 종묘에서는 각 시기와 목적에 따라 각종 제사들이 시행되었는데, 이것들을 통칭하여 '내제'라고 부른다. 『예기』「제통(祭統)」편에는 "內祭則大嘗禘是也."라는 기록이 있다.

「제통」 19장

참고-經文

夫祭有十倫焉. ①見事鬼神之道焉, 見君臣之義焉, 見父子之倫焉, 見貴賤之等焉, 見親疏之殺焉, 見爵賞之施焉, 見夫婦之別焉, 見政事之均焉, 見長幼之序焉, 見上下之際焉. 此之謂十倫.

번역 무릇 제사에는 10가지 도의가 포함된다. 첫 번째는 귀신을 섬기는 도가 나타난다. 두 번째는 군신관계에서 지켜야 하는 의가 나타난다. 세 번째는 부자관계에서 지켜야 하는 윤리가 나타난다. 네 번째는 신분의 귀천에 따른 등급이 나타난다. 다섯 번째는 친하고 소원한 관계에 따른 차등이 나타난다. 여섯 번째는 작위와 상을 하사하는 것이 나타난다. 일곱 번째는 부부의 유별함이 나타난다. 여덟 번째는 정치의 균등한 시행이 나타난다. 아홉 번째는 장유관계의 질서가 나타난다. 열 번째는 상하계층의 사귐이 나타난다. 이것을 바로 '십륜(十倫)'이라고 부른다.

① ○見事鬼神之道焉.

補註 類編曰: 見並如字, 註音現, 恐非.

번역 『유편』에서 말하길, '見'자는 모두 글자대로 읽는다. 주에서는 그 음이 '現(현)'이라고 했는데, 아마도 잘못된 풀이인 것 같다.

「제통」 21장

참고—經文

鋪筵設同几, 爲依神也. ①詔祝於室而出于祊, 此交神明之道也.

번역 십륜(十倫) 중 첫 번째는 다음과 같다. 자리를 깔고 공동으로 사용하는 한 개의 안석을 설치하는데, 이것은 신이 기대어 편안히 있도록 하기 위함이다. 묘실에서 축관이 시동에게 제사를 지낸다고 아뢰고, 다음날 묘문 밖 측면에서 역제(繹祭)를 지내니, 이것은 신명과 교감하는 도이다.

① ○詔祝於室.

補註 疏曰: 謂灌鬯·饋孰·酳尸之等, 祝官以祝辭告事于尸也.
번역 소에서 말하길, 울창주로 관례(灌禮)를 하고, 궤숙(饋孰)을 하며, 시동에게 입가심하는 술을 따라 주는 등의 절차를 시행할 때, 축관은 축사를 통해 그 사안들을 시동에게 아뢴다는 뜻이다.

補註 ○按: 以此觀之, 詔祝于室, 謂告祝辭于室中也. 陳註似以詔祝之祝爲祝官, 殊未瑩.
번역 ○살펴보니, 이를 통해 보면 '조축우실(詔祝于室)'은 방 안에서 축사를 아뢴다는 뜻이다. 진호의 주에서는 '조축(詔祝)'의 축자를 축관으로 여긴 것 같은데, 분명하지 못하다.

「제통」 24장

참고-大全

嚴陵方氏曰: 於尸言飮, 則主人酳之故也. 卿以下言獻, 則飮之可知. 君必獻臣者, 以賓禮隆助祭之人故也. 尸飮之后, 獻則間之者, 隆殺之別也. 間之以五以七以九者, 飮陽事, 故用數之奇焉. 凡觴, 皆謂之爵, 此言玉爵瑤爵, 正謂一升之爵爾, 言散爵, 卽五升之散也. 禮器曰, 宗廟之祭, 貴者獻以爵, 賤者獻以散, 則不特獻者然也, 雖受獻者亦然. 群有司則前言進徹之百官, 後言①煇胞翟閽者, 皆是也. 皆以齒者, 同爵則尙齒也. 前言貴賤之等, 此變言尊卑者, 其獻也, 以卿大夫士爲之等, 故以貴賤言之, 於卿大夫士之等, 又各以齒, 故以尊卑言之.

번역 엄릉방씨가 말하길, 시동에 대해서는 '음(飮)'이라고 했으니, 주인이 입가심하는 술을 따라주었기 때문이다. 경으로부터 그 이하의 계층에 대해서는 '헌(獻)'이라고 했으니, 그 술을 마시게 됨을 알 수 있다. 군주가 반드시 신하에게 술을 따라주는 것은 빈객의 예법에 따라 제사를 도왔던 자들을 융성하게 대하기 때문이다. 시동이 술을 마신 뒤에 헌(獻)을 하는 것에는 차이를 두었으니, 높이고 낮추는 것에 따른 구별이다. 다섯 차례 · 일곱 차례 · 아홉 차례로 차이를 둔 것은 술을 마시는 것은 양(陽)에 해당하는 일이기 때문에 홀수에 따른 것이다. 무릇 잔[觴]들에 대해서 모두 '작(爵)'이라고 불렀는데, 이곳에서 옥작(玉爵)과 요작(瑤爵)이라고 한 것은 바로 1승(升)의 용적을 가진 잔일 따름이며, '산작(散爵)'이라고 한 것은 6승의 술잔이다. 『예기』「예기(禮器)」편에서는 "종묘에서 지내는 제사에서는 신분이 존귀한 자는 작(爵)을 사용하여 술을 바치고, 신분이 낮은 자는 산(散)을 사용하여 술을 바친다."[1]라고 했으니, 단지 헌(獻)을 하는 자만 이처럼 하는 것이 아니라, 비록 헌(獻)한 것을 받는 자라도 또한 이처럼 한다. '군유사(群有司)'는 앞에서 "나아가

---

1) 『예기』「예기(禮器)」: 有以大爲貴者, 宮室之量, 器皿之度, 棺椁之厚, 丘封之大, 此以大爲貴也. 有以小爲貴者, 宗廟之祭, 貴者獻以爵, 賤者獻以散, 尊者擧觶, 卑者擧角. 五獻之尊, 門外缶, 門內壺. 君尊瓦甒. 此以小爲貴也.

서 먹고 치운다."라고 했을 때의 '백관(百官)'[2]이나 뒤에서 "가죽을 가공하고, 희생물을 도살하며, 음악을 담당하고, 문을 지키는 관리"[3]라고 했던 자들이 모두 여기에 해당한다. "모두 나이로써 한다."라는 말은 작위가 동일한 경우에는 나이를 숭상한다는 뜻이다. 앞에서는 '귀천지등(貴賤之等)'이라고 했는데, 이곳에서는 귀천(貴賤)이라는 말을 바꿔서 '존비(尊卑)'라고 했다. 그 이유는 헌(獻)을 할 때 경·대부·사는 각각의 동일한 등급으로 여겼기 때문에 '귀천(貴賤)'이라고 말한 것이고, 경·대부·사의 등급에 있어서 또한 그 안에서는 각각 나이에 따르기 때문에 '존비(尊卑)'라고 말한 것이다.

① ○燀胞翟閽.

補註 按: 燀, 是煇之誤, 見下.

번역 살펴보니, '천(燀)'자는 휘(煇)자의 오자이니, 아래문장에 나온다.

---

2) 『예기』「제통」: 是故尸謖, 君與卿四人餕; 君起, 大夫六人餕, 臣餕君之餘也; 大夫起, 士八人餕, 賤餕貴之餘也; 士起, 各執其具以出, 陳于堂下, 百官進, 徹之, 下餕上之餘也. 凡餕之道, 每變以衆,* 所以別貴賤之等, 而興施惠之象也. 是故以四簋黍, 見其修於廟中也. 廟中者, 竟內之象也.

3) 『예기』「제통」: 夫祭有畀煇·胞·翟·閽者, 惠下之道也. 唯有德之君爲能行此, 明足以見之, 仁足以與之. 畀之爲言與也, 能以其餘畀其下者也. 煇者, 甲吏之賤者也; 胞者, 肉吏之賤者也; 翟者, 樂吏之賤者也; 閽者, 守門之賤者也, 古者不使刑人守門. 此四守者, 吏之至賤者也. 尸又至尊, 以至尊旣祭之末而不忘至賤, 而以其餘畀之, 是故明君在上, 則竟內之民無凍餒者矣. 此之謂上下之際.

「제통」 25장

참고-經文

夫①<u>祭有昭穆</u>. 昭穆者, 所以別父子·遠近·長幼·親疏之序而無亂也. 是故有事於太廟, 則群昭群穆咸在而不失其倫. 此之謂親疏之殺也.

번역 십륜(十倫) 중 다섯 번째는 다음과 같다. 무릇 제사에는 소목(昭穆)의 항렬이 있다. 소목이라는 것은 부모와 자식·멀고 가까움·나이가 많고 어림·친근하고 소원한 질서를 구별하여 문란함이 없도록 하는 것이다. 이러한 까닭으로 태묘에서 제사를 지내게 되면 뭇 소목 항렬에 해당하는 시동과 신주가 모두 태묘 안에 모이지만, 각각의 질서를 어기지 않게 된다. 이것을 바로 친하고 소원한 관계에 따른 차등이라고 부른다.

① 祭有昭穆.

補註 按: 昭穆之義, 小註方說, 王制三昭三穆以下, 甚精切.

번역 살펴보니, '소목(昭穆)'의 뜻에 있어서는 소주에서 방씨가 "「왕제(王制)」편에서 3개의 소(昭)와 3개의 목(穆)이라고 한 것"이라고 한 말로부터 그 이하의 내용이 매우 정밀하고 적절하다.

참고-大全 嚴陵方氏曰: 昭穆, 固所以別父子, 而父子之行, 又各有遠近·長幼·親疏. 遠近以代言, 長幼以齒言, 親疏以情言, 然而代之遠近, 齒之長幼, 皆以情爲主爾, 故下總謂之親疏之殺也. 夫有隆然後有殺, 別親疏, 則親者隆而疏者殺矣. 幷言殺者, 言自隆降之以至於殺也. 王制三昭三穆, 神之昭穆也, 此群昭群穆, 人之昭穆也. 首言祭有昭穆, 則兼神人而言之, 然昭穆以神爲主, 故人於廟中乃稱之.

번역 엄릉방씨가 말하길, '소목(昭穆)'이라는 것은 진실로 부자관계를 구별하는 것인데, 부모와 자식 항렬에는 또한 각각 멀고 가까움·나이가 많고 어림 · 친근하고 소원한 차이가 있다. 원근(遠近)은 세대를 기준으로 한 말이며, 장유(長幼)는 나이를 기준으로 한 말이고, 친소(親疎)는 정감을 기준으로 한 말인데, 세대에 따른 원근과 나이에 따른 장유는 모두 정감을 위주로 할 따름이다. 그렇기 때문에 뒤에서는 총괄적으로 친소관계의 차등이라고 말한 것이다. 무릇 융성하게 높이는 것이 생긴 뒤에야 낮춤이 생기니, 친소관계를 구별하게 된다면 친근한 자에 대해서는 융성하게 높이고 소원한 자에 대해서는 낮추게 된다. 이 둘에 대해서 '쇄(殺)'라고 말한 것은 융성하게 높이는 것을 통해 낮춰서 줄이는 것에 이르기 때문이다. 『예기』「왕제」편에서 3개의 소(昭)와 3개의 목(穆)이라고 한 것[1]은 신주에 따른 소목을 뜻하며, 이곳에서 뭇 소(昭)와 뭇 목(穆)이라고 한 것은 사람에 따른 소목을 뜻한다. 앞에서 제사에는 소목이 있다고 했으니, 이것은 신주와 사람을 포괄해서 말한 것이지만, 소목은 본래 신주에 대한 것을 위주로 한다. 그렇기 때문에 사람에 대해서도 종묘 안에서는 소목이라고 지칭한 것이다.

1) 『예기』「왕제(王制)」: 天子七廟, 三昭三穆, 與大祖之廟而七, 諸侯五廟, 二昭二穆, 與大祖之廟而五, 大夫三廟, 一昭一穆, 與大祖之廟而三, 士一廟, 庶人祭於寢.

「제통」 26장

참고—經文

古者明君爵有德而祿有功, 必賜爵祿於太廟, 示不敢專也. 故①祭之日, 一獻, 君降立于阼階之南, 南鄕, 所命北面, 史由君右, 執策命之, 再拜稽首, 受書以歸, 而舍奠于其廟. 此爵賞之施也.

번역 십륜(十倫) 중 여섯 번째는 다음과 같다. 고대에 현명한 군주는 덕을 갖춘 자에게 작위를 하사했고, 공을 세운 자에게 녹봉을 내려주었는데, 반드시 태묘 안에서 작위와 녹봉을 하사하여, 감히 제멋대로 한 것이 아님을 드러내었다. 그러므로 제사를 지내는 날, 한 차례 술을 시동에게 바치면, 군주는 동쪽 계단으로 내려가서 계단의 남쪽에 서서 남쪽을 바라보고, 군주로부터 작위나 녹봉을 받는 자는 북쪽을 바라보게 된다. 사관은 군주의 우측에 위치하여 문서를 들고 작위나 녹봉을 받는 자에게 군주의 명령을 전달한다. 작위나 녹봉을 받는 자는 명령을 받은 뒤 재배를 하고 머리를 조아리고서 문서를 받고 자신의 집으로 되돌아가고, 자신의 종묘에 사전(舍奠)을 치르며 그 사실을 아뢴다. 이것이 작위와 상을 하사하는 것이다.

① ○祭之日一獻.

補註 疏曰: 一獻, 知非初祼及朝踐・饋食之一獻, 必爲一酳尸者, 以一酳尸之前, 皆承奉鬼神, 未暇策命也.

번역 소에서 말하길, '일헌(一獻)'이 최초 술을 땅에 부어서 신을 강림시키는 것이나 조천(朝踐)과 궤식(饋食) 때 한 차례 술을 따르는 것이 아니고, 반드시 시동에게 한 차례 입가심하는 술을 따라주는 것이 됨을 알 수 있는 이유는 시동에게 한 차례 입가심하는 술을 따라주기 이전의 절차들은 모두 귀신을 받들어 섬기는 것이므로 명령을 내릴 겨를이 없기 때문이다.

참고-集說

疏曰: 酳尸之前, 皆承奉鬼神, 未暇策命, 此一獻, 則上文尸飮五, 君獻卿之時也. ①若天子命群臣, 則不因常祭之日, 特假於廟. 釋奠, 告以受君之命也.

번역 소에서 말하길, 시동에게 입가심하는 술을 따르기 이전에는 모두 귀신을 받들어 섬기니, 기록을 적어 명령할 겨를이 없다. 따라서 이곳에서 한 차례 술을 따른다고 했다면, 이것은 앞 문장에서 시동이 다섯 차례 술을 마시면, 군주가 경에게 술을 따라서 준다고 했던 때에 해당한다.[1] 만약 천자가 뭇 신하들에게 명령하는 경우라면, 정규 제사를 지내는 날에 따르지 않고, 특별히 묘로 가서 치른다. 작위나 상을 받은 자는 석전(釋奠)을 지내서, 이를 통해 군주로부터 명령을 받았음을 아뢴다.

① 若天子[止]特假於廟.

補註 按: 假音格, 疏本文此下引周禮・大宗伯"王命諸侯則儐"之文, 以證之. 而今歸刪沒, 可欠.

번역 살펴보니, '假'자의 음은 '格(격)'으로, 소의 본문에서는 이러한 기록 뒤에 『주례』「대종백(大宗伯)」편에서 "천자가 제후에게 명령을 내리면, 제후를 도와서 나아가게 한다."[2]라고 했던 기록을 인용하여 증명하였다. 현재는 이것을 생략하였는데 분명하지 못하다.

補註 ○周禮・大宗伯: "王命諸侯則儐." 註: "儐, 進之也. 王將出命, 假祖廟, 立扆前, 南鄕. 儐者進當命者延之, 命使登. 內史由王右以策命之. 降, 再拜稽首. 登, 受策以出." 又曰: "諸侯爵祿其臣, 則於祭焉."

번역 ○『주례』「대종백(大宗伯)」편에서 말하길, "천자가 제후에게 명령을 내리면, 제후를 도와서 나아가게 한다."라고 했다. 주에서 말하길, "빈(儐)은

---

1) 『예기』「제통」: 尸飮五, 君洗玉爵獻卿; 尸飮七, 以瑤爵獻大夫; 尸飮九, 以散爵獻士及群有司. 皆以齒, 明尊卑之等也.

2) 『주례』「춘관(春官)・대종백(大宗伯)」: 王命諸侯, 則儐.

나아가게 한다는 뜻이다. 천자가 명령을 내리려고 하면, 조묘로 가서 병풍 앞에 서며 남쪽을 바라보게 된다. 부관을 명령을 받아야 할 자에게 나아가서 그를 인도하고, 명령을 하여 당상으로 오르게 한다. 내사는 천자의 우측에서 책을 통해 명령을 내린다. 내려가서 재배를 하고 머리를 조아린다. 올라가서 책을 받아서 밖으로 나간다."라고 했고, 또 "제후가 자신의 신하에게 작위와 녹봉을 주게 되면 제사를 지낼 때 시행한다."라고 했다.

「제통」 27장

참고-經文

君卷冕立于阼, 夫人副褘立于東房. 夫人薦豆執校, 執醴授之執鐙; 尸酢夫人執柄, 夫人受尸執足. 夫婦相授受, 不相襲處, 酢必易爵, ①明夫婦之別也.

번역 십륜(十倫) 중 일곱 번째는 다음과 같다. 군주는 곤면(袞冕)을 착용하고 동쪽 계단 위에 서 있고, 군주의 부인은 머리장식과 위의(褘衣)를 착용하고 동쪽 방에 서 있는다. 부인이 두(豆)를 바칠 때에는 두의 중앙 부분을 잡고, 예제(醴齊)를 전달하는 자는 두를 전달할 때 두의 발 부분을 잡는다. 시동이 부인에게 술잔을 돌릴 때에는 자루부분을 잡고, 부인이 시동에게서 술잔을 받을 때에는 다리부분을 잡는다. 부부가 서로 물건을 주고받을 때에는 서로 잡았던 부분을 잡지 않고, 술잔을 돌릴 때에는 반드시 술잔을 바꾸니, 이것은 부부의 유별함을 나타낸다.

① 明夫婦之別也.

補註 按: 凡言夫婦之別, 實兼男女之別.

번역 살펴보니, 부부의 유별함이라고 범범히 말했는데, 실제로는 남녀의 유별함까지도 포함하고 있다.

「제통」 28장

참고-經文

①凡爲俎者, 以骨爲主. 骨有貴賤. 殷人貴髀, 周人貴肩. 凡前貴於後. 俎者, 所以明祭之必有惠也. 是故貴者取貴骨, 賤者取賤骨, 貴者不重, 賤者不虛, 示均也. 惠均則政行, 政行則事成, 事成則功立. ②功之所以立者, 不可不知也. 俎者, 所以明惠之必均也. 善爲政者如此, 故曰, 見政事之均焉.

번역 십륜(十倫) 중 여덟 번째는 다음과 같다. 무릇 도마에 고기를 올릴 때에는 살점이 붙어 있는 뼈를 위주로 한다. 살점이 붙어 있는 뼈에는 귀천의 등급이 있다. 은나라 때에는 넓적다리 부위를 존귀하게 여겼고, 주나라 때에는 어깨 부위를 존귀하게 여겼다. 또 주나라 때에는 희생물의 앞부분을 뒷부분보다 존귀하게 여겼다. 도마에 올린 고기라는 것은 제사를 지낼 때 반드시 은혜가 베풀어짐을 나타내는 것이다. 이러한 까닭으로 존귀한 자는 살점이 붙어 있는 뼈 중에서도 존귀한 부분을 받고, 천한 자는 상대적으로 천한 부분을 받는다. 그러나 존귀한 자라고 하더라도 중복해서 받지 않고, 천한 자라고 하더라도 받지 못하는 경우가 없으니, 이것은 균등하게 돌아감을 나타낸다. 은혜가 균등하게 베풀어지면 정치가 시행되고, 정치가 시행되면 사업이 이루어지며, 사업이 이루어지면 공을 세우게 된다. 공을 세울 수 있는 방법은 이처럼 몰라서는 안 되는 것이다. 따라서 도마에 올린 고기라는 것은 은혜가 반드시 균등하게 베풀어짐을 나타내는 것이다. 이처럼 정치를 잘하기 때문에, "정치의 균등한 시행을 나타낸다."라고 했다.

① ○凡爲俎者.

補註 疏曰: 俎, 謂助祭者各將物於俎也.

번역 소에서 말하길, '조(俎)'는 제사를 돕는 자들이 각각 도마에 음식들을 차려주는 것을 뜻한다.

補註 ○按: 此段論賜俎, 非薦俎也. 續通解, 宗廟正屬之賜俎, 而陳註不釋其義, 未免疏漏.

번역 ○살펴보니, 이곳 단락은 하사받은 음식을 올리는 도마에 대해 논의하고 있으니, 단순히 음식을 바칠 때 사용하는 도마를 뜻하지 않는다. 『속통해』에서는 종묘 제사에서 시행되는 것을 사조라고 설명했는데, 진호의 주에서는 그 의미를 풀이하지 않았으니, 너무 간략하고 누락됨을 면치 못한다.

② 功之所以[止]知也.

補註 疏曰: 言人君不可不知分俎之事.

번역 소에서 말하길, 군주는 도마의 고기를 고르게 분배해야 할 일을 몰라서는 안 된다는 뜻이다.

「제통」 29장

참고-經文

凡賜爵, 昭爲一, 穆爲一, ①昭與昭齒, 穆與穆齒. 凡②群有司皆以齒. 此之謂長幼有序.

번역 십륜(十倫) 중 아홉 번째는 다음과 같다. 무릇 술잔을 하사할 때에는 형제들과 자손들 중 소(昭)항렬에 해당하는 자들은 한 무리를 이루고, 목(穆)항렬에 해당하는 자들은 한 무리를 이루며, 소항렬의 사람들은 소항렬의 사람들과 나이에 따라 서열을 정하고, 목항렬의 사람들은 목항렬의 사람들과 나이에 따라 서열을 정한다. 여러 유사(有司)들도 모두 나이에 따라 서열을 정한다. 이것을 장유관계에 질서가 있다고 부른다.

① ○昭與昭齒穆與穆齒.

補註 按: 諺讀上昭上穆下, 皆著吐, 今當移著於下昭下穆之下.

번역 살펴보니, 『언독』에서는 앞의 소(昭)자와 앞의 목(穆)자 뒤에 모두 토를 붙였는데, 마땅히 그 토는 뒤의 소자와 뒤의 목자 뒤로 옮겨야 한다.

② 群有司.

補註 鄭註: 群有司, 猶衆賓下及執事者.

번역 정현의 주에서 말하길, '군유사(群有司)'는 여러 빈객무리와 일을 맡아보았던 자들을 뜻한다.

참고-集說

方氏曰: 宗廟之中, ①授事則以爵, 至於賜爵則以齒, 何也? 蓋授事主義, 而行於旅酬之前; 賜爵主恩, 而行於旅酬之後, 以其主恩, 故皆以齒也. ②司士所謂"祭祀賜爵呼昭穆而進之", 是矣. 夫齒所以序長幼, 故曰, "此之謂長幼有序."

번역 방씨가 말하길, 종묘 안에서 임무를 전달할 때에는 작위의 등급에 따르는데,[1] 술잔을 하사할 때에 이르러 나이에 따르는 것은 어째서인가? 무릇 임무를 전달할 때에는 의(義)를 위주로 하고 여수(旅酬)를 시행하기 이전에 하지만, 술잔을 하사할 때에는 은혜를 위주로 하고 여수를 시행한 이후에 하니, 은혜를 위주로 하기 때문에 모든 경우에 나이에 따르는 것이다. 『주례』「사사(司士)」편에서 "제사를 지내며 술잔을 하사할 때에는 소(昭)항렬과 목(穆)항렬의 사람들을 불러서 나오도록 한다."[2]라고 한 말이 이러한 뜻을 나타낸다. 무릇 나이라는 것은 장유관계에 질서를 세우는 것이다. 그렇기 때문에 "이것을 장유관계에 질서가 있다고 부른다." 라고 했다.

① 授事則以爵.

補註 按: 爵, 謂爵秩也.

번역 살펴보니, '작(爵)'자는 작위와 녹봉을 뜻한다.

② 司士.

補註 周禮 · 夏官之屬.

번역 『주례』「하관(夏官)」에 속한 관리이다.

---

1) 『예기』「문왕세자(文王世子)」: 其在宗廟之中, 則如外朝之位. 宗人授事, 以爵以官.

2) 『주례』「하관(夏官) · 사사(司士)」: 凡祭祀, 掌士之戒令, 詔相其法事; 及賜爵, 呼昭穆而進之.

「제통」 30장

참고-經文

夫祭有畀①煇·胞·翟·閽者, 惠下之道也. 唯有德之君爲能行此, 明足以見之, 仁足以與之. 畀之爲言與也, 能以其餘畀其下者也. 煇者, 甲吏之賤者也; 胞者, 肉吏之賤者也; 翟者, 樂吏之賤者也; 閽者, 守門之賤者也, ②古者不使刑人守門. 此四守者, 吏之至賤者也. 尸又至尊, 以至尊旣祭之末而不忘至賤, 而以其餘畀之, 是故③明君在上, 則竟內之民無凍餒者矣. 此之謂上下之際.

번역 십륜(十倫) 중 열 번째는 다음과 같다. 무릇 제사에서는 휘(煇)·포(胞)·적(翟)·혼(閽)과 같은 자들에게도 나눠줌이 있으니, 이것은 아랫사람에게도 은혜를 베푸는 도이다. 오직 덕을 갖춘 군주여야만 이처럼 시행할 수 있어서, 밝게 그들의 사정을 살피고, 인자하게 그들에게 줄 수 있는 것이다. '비(畀)'라는 말은 남에게 준다는 뜻이니, 자신에게 남는 것을 아랫사람에게 줄 수 있다는 뜻이다. '휘(煇)'는 가죽을 다루는 미천한 관리이다. '포(胞)'는 고기를 담당하는 미천한 관리이다. '적(翟)'은 음악을 담당하는 미천한 관리이다. '혼(閽)'은 문을 지키는 미천한 관리이다. 고대에는 형벌을 받은 자로 하여금 문을 지키도록 하지 않았다. 이처럼 네 가지 일을 담당하고 있는 자들은 하급관리들 중에서도 매우 미천한 자이다. 시동은 또한 지극히 존귀한 자인데, 지극히 존귀한 자임에도 제사의 말미에 이르면, 매우 미천한 자들까지도 잊지 않고, 남은 것들을 그들에게 주니, 이러한 까닭으로 현명한 군주가 위정자의 자리에 있어야만, 그 나라의 백성들 중 얼어 죽거나 굶어죽는 자가 없게 된다. 이것은 상하계층의 사귐이라고 부른다.

① 煇胞翟閽.

補註 鄭註: "煇, 周禮作韗, 謂韗磔皮革之官. 翟, 敎羽舞者也." 疏曰: "周禮·考工記有韗人. 翟, 謂敎羽舞者, 羽, 翟羽, 邶風云, '右手秉翟.'"

번역 정현의 주에서 말하길, "'휘(煇)'자를 『주례』에서는 운(韗)자로 기록했는데, 가죽을 다루고 다듬는 관리이다. '적(翟)'은 깃털을 들고 추는 춤을 가르치는 자이다."라고 했다. 소에서 말하길, "『주례』「고공기(考工記)」에는 운인(韗人)이라는 관리가 있다. '적(翟)'은 깃털을 들고 추는 춤을 가르치는 자라고 했는데, '우(羽)'는 꿩의 깃털을 뜻하니, 『시』「패풍(邶風)」편에서는 '우측 손으로는 꿩의 깃털을 잡는다.'[1]"라고 했다.

② **古者不使刑人守門.**

補註 疏曰: 此作記之人以見周刑人守門, 於祭末又何恩賜與刑人, 故明之, 云古者夏·殷之時, 不使刑人守門. 雖是賤人, 所以得恩賜.

번역 소에서 말하길, 『예기』를 기록한 자는 주나라 때 형벌을 받은 자로 하여금 문을 지키게 했던 것을 보고, 제사 말미에 또한 어찌 형벌을 받은 자들에게까지 은혜를 베풀 수 있느냐는 의문이 들 것을 예상하여, 그 사실을 나타낸 것이다. 즉 고대 하나라와 은나라 때에는 형벌을 받은 자로 하여금 문을 지키게 하지 않았다고 한 것이다. 비록 형벌을 받은 미천한 자들일지라도 이러한 은혜를 받을 수 있었다.

③ **明君在上[止]凍餒者矣.**

補註 按: 此蓋言明君制民之産厚民之生, 非指此畀煇胞翟閽一事.

번역 살펴보니, 이것은 아마도 현명한 군주는 백성들이 먹고 살 방안을 마련하고 백성들의 삶을 풍요롭게 만든다는 뜻으로, 휘(煇)·포(胞)·적(翟)·혼(閽)에게도 나눠준다는 한 가지 사안을 가리키는 것이 아니다.

1) 『시』「패풍(邶風)·간혜(簡兮)」: 有力如虎, 執轡如組. 左手執籥, 右手秉翟. 赫如渥赭, 公言錫爵.

참고-集說

不使刑人守門, 恐是周以前如此, 周則①墨者使守門也. 際, 接也, 言尊者與賤者恩意相接也.

번역 "형벌을 받은 자로 하여금 문을 지키게 하지 않는다."는 말은 아마도 주나라 이전에 이와 같이 했다는 뜻이니, 주나라 때에는 묵형(墨刑)을 받은 자로 하여금 문을 지키게 했다.[2] '제(際)'자는 "접한다[接]."는 뜻이니, 존귀한 자 및 미천한 자의 은혜와 뜻이 서로 접하게 된다는 의미이다.

① 墨者使守門.

補註 見周禮 · 天官 · 閽人

번역 『주례』「천관(天官) · 혼인(閽人)」편에 나온다.[3]

---

2) 『주례』「추관(秋官) · 장륙(掌戮)」: 墨者使守門.

3) 『주례』「천관(天官) · 혼인(閽人)」: 閽人掌守王宮之中門之禁.

「제통」 31장

참고-經文

凡祭有四時, ①春祭曰礿, 夏祭曰禘, 秋祭曰嘗, 冬祭曰烝.

번역 무릇 제사에는 고정적으로 정해진 네 시기가 있으니, 봄에 지내는 제사를 약(礿)이라 부르고, 여름에 지내는 제사를 체(禘)라 부르며, 가을에 지내는 제사를 상(嘗)이라 부르고, 겨울에 지내는 제사를 증(烝)이라 부른다.

① 春祭曰礿[止]曰烝.

補註 按: 此四時祭名, 與王制同.

번역 살펴보니, 여기에 나온 사계절의 제사 명칭은 『예기』「왕제(王制)」편의 기록과 동일하다.[1)]

---

1) 『예기』「왕제(王制)」: 天子諸侯宗廟之祭, 春曰礿, 夏曰禘, 秋曰嘗, 冬曰烝.

「제통」 32~33장

참고-經文

礿·禘, ①陽義也; 嘗·烝, ①陰義也. 禘者, 陽之盛也; 嘗者, 陰之盛也. 故曰, "莫重於禘嘗." 古者於禘也, 發爵賜服, 順陽義也; 於嘗也, 出田邑, 發秋政, 順陰義也. 故記曰, "嘗之日, 發公室, 示賞也." ②草艾則墨, 未發秋政, 則民弗敢草也.

번역 봄에 지내는 약(礿)제사와 여름에 지내는 체(禘)제사는 양(陽)의 뜻에 해당한다. 가을에 지내는 상(嘗)제사와 겨울에 지내는 증(烝)제사는 음(陰)의 뜻에 해당한다. 체제사는 양(陽) 중에서도 왕성한 것이고, 상제사는 음(陰) 중에서도 왕성한 것이다. 그렇기 때문에 "체제사와 상제사보다 중요한 것이 없다."라고 했다. 고대에 여름의 체(禘)제사를 지낼 때에는 작위를 내리고 의복을 하사하였으니, 양(陽)의 뜻에 따르는 것이다. 또 가을의 상(嘗)제사를 지낼 때에는 채읍을 나눠주고 형벌을 시행했으니, 음(陰)의 뜻에 따르는 것이다. 그러므로 고대의 『기』에서는 "상제사를 지내는 날 국가의 창고를 열어 재물을 하사하는 것은 상의 시행을 나타낸다."라고 말한 것이다. 풀을 벨 수 있게 되면 묵형(墨刑)을 시행하는데, 아직 형벌을 시행하지 않았다면, 백성들은 감히 초목을 베지 않는다.

① ○陽義也[又]陰義也.

補註 楊梧曰: 陽義·陰義, 當與祭義首節叅看.

번역 양오가 말하길, '양의(陽義)'와 '음의(陰義)'에 대해서는 마땅히 『예기』 「제의(祭義)」편의 첫 문단과 함께 살펴보아야 한다.

② 草艾則墨.

補註 楊梧曰: "刑有五, 墨最輕, 以始刑, 故用輕者." 又曰: "草艾以下反覆之詞, 乃記全文也."

번역 양오가 말하길, "형벌에는 다섯 종류가 있는데, 묵형은 가장 경미한 처벌이다. 형벌을 시작하기 때문에 가장 가벼운 것을 사용한다."라고 했고, 또 "'초애(草艾)'라는 말로부터 그 이하는 내용을 되풀이하고 있는 말들이니, 전체적인 내용을 기록한 것이다."라고 했다.

「제통」 34장

참고-經文

故曰, "禘嘗之義大矣, 治國之本也, 不可不知也. 明其義者君也, 能其事者臣也. 不明其義, ①君人不全; 不能其事, ①爲臣不全." 夫義者, 所以濟志也, 諸德之發也. 是故其德盛者其志厚, 其志厚者其義章, 其義章者其祭也敬; 祭敬, 則②竟內之子孫莫敢不敬矣. 是故君子之祭也, 必身親涖之, 有故, 則使人可也. 雖使人也, 君不失其義者, 君明其義故也. 其德薄者其志輕, ③疑於其義而④求祭使之必敬也, 弗可得已. 祭而不敬, 何以爲民父母矣?

번역 그러므로 "여름에 지내는 체(禘)제사와 가을에 지내는 상(嘗)제사의 뜻이 크니, 나라를 다스리는 근본이 되므로, 몰라서는 안 된다. 그 뜻에 밝은 자는 군주이며, 그 일을 잘하는 자는 신하이다. 그 뜻에 밝지 못하면 남을 다스리는 온전한 군주라 할 수 없고, 그 일을 잘하지 못하면 온전한 신하라 할 수 없다."라고 했다. 무릇 제사의 뜻이라는 것은 이루고자 하는 것을 완성시키는 방법이며, 덕성을 드러내는 것이다. 그러므로 덕이 융성한 자는 그 뜻도 두터우며, 그 뜻이 두터운 자는 그 뜻이 밝게 드러나고, 그 뜻이 밝게 드러나는 자는 제사를 지낼 때에도 공경스럽다. 제사를 공경스럽게 시행한다면, 나라 안의 백성들 중 감히 공경하지 않는 자가 없게 된다. 이러한 까닭으로 군자가 제사를 지낼 때에는 반드시 직접 그 일에 임하게 되는데, 특별한 사정이 생기면 남을 시켜 제사를 지내도 괜찮다. 비록 남을 시켜 제사를 지내더라도, 군주는 그 뜻을 잃지 않으니, 군주 본인이 그 뜻을 밝게 알고 있기 때문이다. 덕이 옅은 자는 그 뜻도 가볍고, 제사의 뜻에 의혹을 품어 제대로 알지 못한다면, 비록 제사에 대해서 남들로 하여금 반드시 공경스럽게 치르게 시킨다 하더라도 할 수 없다. 제사를 지내더라도 공경스럽게 하지 않는다면, 어떻게 백성의 부모 된 자라 하겠는가?

① ○君人不全[又]爲臣不全.

補註 鄭註: 全, 猶具也.

번역 정현의 주에서 말하길, '전(全)'자는 갖춘다는 뜻이다.

② 竟內之子孫[止]敬矣.

補註 鄭註: "竟內之子孫, 萬人爲子孫." 疏曰: "竟內民之子孫."

번역 정현의 주에서 말하길, "'경내지자손(竟內之子孫)'이라고 했는데, 백성들을 자신의 자손으로 여기기 때문이다."라고 했다. 소에서 말하길, "경내에 있는 백성들의 자손이다."라고 했다.

補註 ○楊梧曰: 報反人心所同, 則四境之爲子孫者, 皆服從聽速, 春秋祭祀, 莫敢不敬矣.

번역 ○양오가 말하길, 보답하고 돌이키는 것을 사람들이 마음으로 동일하게 여기는 것이라면 사방의 자손된 자들은 모두 복종하며 신속히 따르게 되어, 사계절의 제사에 대해서도 감히 공경하지 않는 일이 없게 된다.

③ 疑於其義.

補註 按: 疑於其義, 與上明其義相反.

번역 살펴보니, '의어기의(疑於其義)'는 앞에 나온 명기의(明其義)라는 것과 상반된다.

④ 求祭使之必敬也.

補註 按: 以文勢觀之, 且以古疏所解叅之, 則此七字當爲一句, 諺讀恐誤.

번역 살펴보니, 문맥의 흐름으로 보고 또 옛 소에서 해석한 것을 참고해보면, 이 일곱 글자는 하나의 구문이 되어야 한다. 따라서 『언독』의 해석은 아마도 잘못된 것 같다.

「제통」 35장

참고-經文

①夫鼎有銘, 銘者②自名也, 自名以稱揚其先祖之美, 而明著之後世者也. 爲先祖者, 莫不有美焉, 莫不有惡焉. 銘之義, 稱美而不稱惡, 此孝子孝孫之心也. 唯賢者能之.

번역 무릇 솥에는 명(銘)이 새겨져 있다. 명(銘)이라는 것은 스스로 명성을 이루어 기록한 것이니, 스스로 자신의 명성을 이루어서, 자기 선조의 아름다운 점을 드날리고, 후세에 드러내는 것이다. 선조에게는 아름다운 일이 없을 수 없고, 반면 나쁜 점도 없을 수 없다. 그러나 명(銘)의 뜻은 아름다운 점은 드러내되 나쁜 점은 드러내지 않는 것이니, 이것은 효자와 효손의 마음이다. 오직 현명한 자여야만 이처럼 할 수 있다.

① ○夫鼎有銘.

補註 鄭註: 銘, 謂書之刻之以識事者也.

번역 정현의 주에서 말하길, '명(銘)'은 쓰고 새겨서 그 사안을 기록하는 것이다.

② 自名.

補註 鄭註: 自名, 謂稱揚其祖之德, 著己名於下.

번역 정현의 주에서 말하길, '자명(自名)'은 선조의 덕을 선양하고 자신의 명성을 후세에 드러낸다는 뜻이다.

「제통」 36장

참고-經文

銘者, 論譔其先祖之有德善 · 功烈 · 勳勞 · 慶賞 · 聲名, 列於天下, 而①酌之祭器, ②自成其名焉, ③以祀其先祖者也. 顯揚先祖, 所以崇孝也. 身比焉, 順也. 明示後世, 敎也.

번역 명(銘)이라는 것은 선조가 갖췄던 덕과 선함, 공과 업적 · 훈로(勳勞) · 하사와 상 · 명성 등을 서술하고 기록하여 천하에 드러내는데, 그것의 경중과 대소를 헤아려서 제기에 새기고, 스스로 그 명성을 이루고, 이를 통해 선조의 제사를 지내는 것이다. 선조의 명성을 선양하는 것은 효를 숭상하는 방법이다. 자신의 이름을 그 다음에 새기는 것은 순종함에 해당한다. 이를 통해 후세의 자손들에게 밝게 드러내는 것은 가르침이 된다.

① ○酌之祭器.

補註 鄭註: "言斟酌其美, 傳著於鍾鼎也." 疏曰: "鍾鼎, 君之鍾鼎也."
번역 정현의 주에서 말하길, "아름다움에 대해 헤아려서 종이나 솥에 새긴다는 뜻이다."라고 했다. 소에서 말하길, "종과 솥은 군주의 종과 솥을 뜻한다."라고 했다.

② 自成其名.

補註 疏曰: 先著先祖於器上, 又自成己名於先祖銘下也.
번역 소에서 말하길, 우선적으로 제기에 선조의 덕을 기술하고, 또 선조에 대한 명(銘) 밑에 자신의 이름을 새긴다는 뜻이다.

③ 以祀其先祖.

補註 疏曰: 禮, 功臣旣得銘鼎, 則得預君大祫.

번역 소에서 말하길, 예법에 따르면 공적을 세운 신하가 이미 솥에 명(銘)을 새길 수 있다면 군주가 지내는 성대한 협(祫)제사 때 참여할 수 있다.

「제통」 37장

참고-經文

夫銘者, 壹稱而上下皆得焉耳矣. 是故君子之觀於銘也, 旣美其所稱, 又①美其所爲. ②爲之者, 明足以見之, 仁足以與之, ③知足以利之, 可謂賢矣. 賢而勿伐, 可謂恭矣.

번역 무릇 명(銘)이라는 것은 한 차례 읽게 되면 선조와 본인 모두 후세에 그 명성을 기릴 수 있다. 이러한 까닭으로 군자가 명(銘)을 보게 되면, 명(銘)에서 일컫는 내용을 아름답게 칭찬하고, 또 그의 행적을 아름답고 칭송한다. 명(銘)을 만든 자가 그 밝음이 선조의 선행을 드러낼 수 있고, 인자함이 군주가 명(銘)을 칭송하도록 할 수 있으며, 지혜가 자신의 이름을 선조 밑에 새길 수 있음을 이롭게 여길 수 있다면, 현명하다고 평할 수 있다. 또 현명하면서도 자랑하지 않는다면, 공손하다고 평할 수 있다.

① ○美其所爲.

補註 鄭註: 美此人爲此銘.

번역 정현의 주에서 말하길, 그 사람이 이러한 명(銘)을 지은 것에 대해서 아름답게 칭찬한다는 뜻이다.

② 爲之者.

補註 疏曰: 謂爲銘之人也.

번역 소에서 말하길, 명(銘)을 새긴 사람을 뜻한다.

③ 知足以利之.

補註 按, 此訓, 小註方說爲長.

번역 살펴보니, 이 구문에 대한 해석은 소주에 나온 방씨의 주장이 뛰어나다.

「제통」 38장

참고-經文

故衛孔悝之鼎銘曰, "六月丁亥, 公假于大廟, 公曰, '叔舅, 乃祖莊叔, 左右成公, 成公乃命莊叔隨難于①漢陽, 卽宮于宗周, 奔走無射.'"

번역 예전 위나라 공회에 대한 솥의 명(銘)에서는 "6월 정해(丁亥)일에, 장공(莊公)이 태묘에 가서 제사를 지내며, 공회에게 명(銘)을 새기도록 하사를 해주었는데, 장공은 '그대 공회여, 그대의 선조 장숙은 성공(成公)을 보좌하였고, 성공은 장숙에게 명하여, 결국 초(楚)나라 땅인 한양까지 난리를 피해 따라갔으며, 결국 주나라 수도에 있는 감옥에 갇혔는데, 신속히 명령을 수행하였음에도 싫어하는 기색이 없었다.'"라고 했다.

① ○漢陽.

補註 疏曰: 楚, 在漢水之北.

번역 소에서 말하길, 초나라 땅에 해당하며, 한수(漢水)의 북쪽에 있다.

참고-集說

孔悝, 衛大夫. ①周六月, 夏四月也. 公, 衛莊公蒯聵也. 假, 至也, 至廟禘祭也. 因祭而賜之銘, 蓋②德悝之立己, 故褒顯其先世也. 異姓大夫而年幼, 故稱叔舅. 莊叔, 悝七世祖孔達也. ③成公爲晉所伐而奔楚, 故云"隨難于漢陽". 後雖反國, 又③以殺弟叔武, 晉人執之歸于京師, 寘諸深室, 故云"卽宮于宗周"也. 射, 厭也.

번역 '공회(孔悝)'는 위나라 대부이다. 주(周)나라의 6월은 하(夏)나라 때의 4월에 해당한다. '공(公)'은 위나라 장공(莊公)인 괴외(蒯聵)이다. '가(假)'자는 "~에 이르다[至]."는 뜻이니, 종묘에 가서 체(禘)제사를 지냈다는 의미이다. 제사를 지내는 것에 따라서 명(銘)을 새기도록 하사해준 것인데, 아마도 공회가 자신의 명성을 수립할 정도로 덕을 지닌 것을 기렸기 때문에 그의 선조도 기려서 드날리게 한 것이다. 군주와 이성(異姓)인 대부이며 나이가 어리기 때문에, '숙구(叔舅)'라고 지칭한 것이다. '장숙(莊叔)'은 공회의 7대조 조상인 공달(孔達)이다. 성공(成公)은 진(晉)나라에 의해 정벌을 당해서 초(楚)나라로 달아났다. 그렇기 때문에 "초나라의 한양(漢陽)까지 어려움을 무릅쓰고 따라갔다."라고 말한 것이다. 이후 비록 본국으로 되돌아왔지만, 또한 동생인 숙무(叔武)를 죽여서, 진나라에 붙잡혀 주나라의 경사(京師)[1]로 끌려갔고 감옥에 갇혔다. 그렇기 때문에 "종주에 갇혔다."라고 말한 것이다. '역(射)'자는 "싫어하다[厭]."는 뜻이다.

① 周六月夏四月也.

補註 鄭註: 謂以夏之孟夏禘祭.
번역 정현의 주에서 말하길, 하나라 역법에 따라 맹하에 체(禘)제사를 지냈다는 뜻이다.

② 德悝之立己.

補註 疏曰: 案左傳哀十五年冬, 蒯聵得國, 十六年六月, 衛侯飮孔悝酒而逐之. 此得六月命之者, 蓋命後卽逐之也.
번역 소에서 말하길, 『좌전』을 살펴보면 애공 15년 겨울에 괴외가 나라를 얻었는데, 애공 16년 6월에는 위나라 후작이 공회에게서 술대접을 받았으나

---

1) 경사(京師)는 그 나라의 수도를 뜻한다. 『시』「대아(大雅) · 공유(公劉)」편에는 "京師之野, 于時處處."라는 기록이 있고, 이에 대해 마서신(馬瑞辰)의 『통석(通釋)』에서는 오두남(吳斗南)의 주석을 인용해서, "京者, 地名. 師者, 都邑之稱. 如洛邑, 亦稱洛師之類."라고 풀이했다. 즉 '경(京)'자는 단순한 지명이었고, '사(師)'자가 수도를 뜻하는 단어였다. 이후에는 '경사'라는 단어를 그 나라의 수도를 가리키는 용어로 사용하였다.

그를 쫓아냈다.[2] 이곳에서는 6월에 명령을 내렸다고 했으니, 아마도 명령을 내린 이후에 곧바로 쫓아낸 것이다.

③ **成公[止]奔楚[又]以殺弟[止]深室.**

補註 並見左傳僖二十八年.

번역 둘 모두 『좌전』「희공(僖公) 28년」 기사에 나온다.

2) 『춘추좌씨전』「애공(哀公) 16년」: 六月, 衛侯飮孔悝酒於平陽, 重酬之. 大夫皆有納焉. 醉而送之, 夜半而遣之.

「제통」 41장

참고-經文

"悝拜稽首曰, '①對揚以辟之勤大命施于烝彝鼎.'" ②此衛孔悝之鼎銘也.

번역 계속하여 예전 위나라 공회에 대한 솥의 명(銘)에서 "공회는 절을 하고 머리를 조아리며, '군주의 명령에 응하고 그 뜻을 드날려서, 제사에 사용하는 술동이와 솥에 군주께서 내려주신 깊고도 큰 명령을 새겨두겠습니다.'"라고 했다. 이것은 위나라 공회의 솥에 새겨진 명(銘)이다.

① 對揚以辟之勤大命.

補註 語類曰: 方馬二解, 合當參考, 不可以其新學而黜之. 如以辟之勤大命, 舊點以辟之爲句, 極無義. 辟, 乃君也. 以君之命銘彝鼎, 最是.

번역 『어류』에서 말하길, 방씨와 마씨의 두 해설은 참고하기에 합당하니, 새로 배운 것이 있다고 해서 그것들을 내쳐서는 안 된다. 예를 들어 '이벽지근대명(以辟之勤大命)'에 대해 옛날에는 이벽지(以辟之)에서 구문을 끊었는데, 매우 무의미한 일이다. '벽(辟)'은 곧 군주를 뜻한다. 따라서 군주의 명을 이정에 새겼다는 것이 가장 옳은 해석이다.

補註 ○按: 舊, 指鄭註. 鄭註曰, "對, 遂也. 辟, 明也. 言遂揚君命, 以明我先祖之德也."

번역 ○살펴보니, '구(舊)'는 정현의 주를 가리킨다. 정현의 주에서는 "'대(對)'자는 따른다는 뜻이다. '벽(辟)'자는 밝힌다는 뜻이다. 군주의 명령을 따르고 드날려서 우리 선조의 덕을 밝게 비추겠다는 의미이다.

② **此衛孔悝之鼎銘.**

補註 鄭註: 言銘之類衆多, 略取其一以言之.

번역 정현의 주에서 말하길, 명(銘)을 새기는 것들은 많은데 간략히 그 중의 하나만을 제시했다는 뜻이다.

「제통」 42장

참고-經文

古之君子, 論譔其先祖之美, 而明著之後世者也, ①以比其身, 以重其國家如此. 子孫之守宗廟社稷者, 其先祖無美而稱之, 是誣也; 有善而弗知, 不明也; 知而弗傳, 不仁也. 此三者, 君子之所恥也.

번역 고대의 군자는 선조들의 아름다운 미덕을 서술하고 기록하여 후세에 드러내는 자이다. 또한 이를 통해 선조의 행적 뒤에 자신의 이름을 새기니, 이처럼 국가의 중대한 보물로 여기게 된다. 자손들은 종묘와 사직을 지키는데, 그들의 선조에게 미덕이 없는데도 칭송하는 것은 거짓된 것이며, 선행이 있는데 알지 못하는 것은 밝지 못한 것이고, 알지만 전하지 못하는 것은 인자하지 못한 것이다. 이러한 세 가지 것들은 군자가 치욕으로 여기는 것이다.

① ○以比其身.

補註 按: 卽上文身比焉也.

번역 살펴보니, 이것은 앞에서 "자신의 이름을 그 다음에 새긴다."[1]고 한 말에 해당한다.

---

1) 『예기』「제통」: 銘者, 論譔其先祖之有德善·功烈·勳勞·慶賞·聲名, 列於天下, 而酌之祭器, 自成其名焉, 以祀其先祖者也. 顯揚先祖, 所以崇孝也. 身比焉, 順也. 明示後世, 敎也.

「제통」 43장

참고—經文

昔者周公旦有勳勞於天下, 周公旣沒, 成王·康王追念周公之所以勳勞者, 而欲尊魯, 故賜之以重祭, 外祭則郊·社, 是也, 內祭則大嘗·禘, 是也. 夫大嘗·禘, 升歌淸廟, 下而管象, 朱干玉戚以舞大武, ①八佾以舞大夏, 此天子之樂也. ②康周公, 故以賜魯也. 子孫纂之, 至于今不廢, 所以明周公之德, 而又以重其國也.

번역 옛날에 주공 단은 천하에 대해 공로를 세웠으므로, 주공이 죽자 성왕과 강왕은 주공이 세운 업적을 추념하여, 노나라를 높이고자 했다. 그렇기 때문에 중대한 제사를 지낼 수 있도록 하사를 해주었으니, 외제(外祭)로는 교(郊)제사와 사(社)제사가 여기에 해당하며, 내제(內祭)로는 성대한 가을제사와 체(禘)제사가 여기에 해당한다. 무릇 성대한 가을제사와 체(禘)제사에서는 악공이 당상에 올라가서 청묘(淸廟)라는 시가를 노래로 부르고, 당하에서는 악공들이 관악기로 상(象)이라는 시가를 연주하며, 무용수는 주색의 방패와 옥으로 장식한 도끼를 들고 대무(大武)라는 악무를 추고, 팔일무에 맞춰서 대하(大夏)라는 악무를 추는데, 이것은 본래 천자가 사용하는 음악이다. 그런데도 주공을 기리고자 했기 때문에 이러한 것들을 노나라에 하사한 것이다. 노나라의 자손들은 그것을 계승하여 지금까지도 폐지하지 않았으니, 주공의 덕을 밝히고, 또 이것을 국가의 중대한 보물로 여긴 것이다.

① ○八佾以舞大夏.

補註 鄭註: 大夏, 禹樂, 文舞也, 執羽籥. 文·武之舞, 皆八列, 互言之耳.

번역 정현의 주에서 말하길, '대하(大夏)'는 우임금에 대한 악무이니, 문무(文舞)에 해당하며, 깃털과 피리를 무용도구로 잡게 된다. 문무와 무무의 춤에서는 모두 8줄을 맞추게 되니, 상호 그 뜻을 보완적으로 드러내도록 기록한 것일 뿐이다.

② **康周公**.

補註 鄭註: 康, 褒大也. 易 · 晉卦"康侯用錫馬."

번역 정현의 주에서 말하길, '강(康)'자는 기리며 위대하게 여긴다는 뜻이니, 『역』「진괘(晉卦)」에서는 "편안하게 다스리는 제후이니, 말을 하사한다."[1]라고 했다.

補註 ○陽村曰: 夫非天子而祭以天子之禮, 周公之靈於心安乎? 成王之賜旣非, 而記者引而誇大之, 亦非也.

번역 ○양촌이 말하길, 천자가 아닌데도 천자의 예법으로 제사를 지낸다면, 주공의 혼령은 마음이 편안하겠는가? 성왕이 하사를 했던 것 자체가 잘못된 것인데, 『예기』를 기록한 자가 그러한 일화를 인용하며 크게 떠벌리는 것 또한 잘못된 일이다.

참고-集說

①**詩維淸, 奏象舞**. 嚴氏云, "文王之舞謂之象, 文舞也. 大武, 武舞也. 管象, 以管播其聲也." 餘見前.

번역 『시』「유청(維淸)」편에서는 상(象)이라는 악무에 연주한다고 했다.[2] 엄씨는 "문왕에 대한 악무를 '상(象)'이라고 부르니, 문무(文舞)에 해당한다. '대무(大武)'는 무무(武舞)이다. '관상(管象)'은 관악기로 소리를 연주한다는 뜻이다."라고 했다. 나머지 설명은 앞에 나온다.

---

1) 『역』「진괘(晉卦)」: 晉, 康侯用錫馬蕃庶, 晝日三接.

2) 『시』「주송(周頌) · 유청(維淸)」의 「모서(毛序)」: 維淸, 奏象舞也.

① 詩維清奏象舞.

補註 按: 此說詳辨, 在文王世子補註.

번역 살펴보니, 이것에 대한 자세한 논변은 『예기』「문왕세자(文王世子)」편의 보주에 수록하였다.

「경해(經解)」 제26편

補註 疏曰: 鄭云, "記六藝政教之得失."

번역 소에서 말하길, 정현은 "육예(六藝)에 따른 정치와 교화의 득실을 기록했다."라고 했다.

補註 ○類編曰: 第二章以下, 恐是他記之錯簡.

번역 ○『유편』에서 말하길, 2장부터 그 이하는 아마도 다른 기록이 착간된 것 같다.

「경해」 1장

참고-集說

①方氏曰: "六經之教善矣, 然務溫柔敦厚而溺其志, 則失於自用矣, 故詩之失愚; 務疏通知遠而趨於事, 則失於無實矣, 故書之失誣; 務廣博易良而徇其情, 則失於好大矣, 故樂之失奢; 務絜靜精微而蔽於道, 則失於毀則矣, 故易之失賊; 務恭儉莊敬而亡其體, 則失於過當矣, 故禮之失煩; 務屬辭比事而作其法, 則失於犯上矣, 故春秋之失亂. 夫六經之教, 先王所以載道也, 其教豈有失哉? 由其所得有淺深之異耳." ①應氏曰: "淳厚者未必深察情僞, 故失之愚; 通達者未必篤確誠實, 故失之誣; 寬厚者未必嚴立繩檢, 故失之奢; 沈潛思索, 多自耗蠹, 且或害道, 故失之賊; 品節未明, 德性未定, 無以飾貌正行[1], 故失之煩; 弄筆褒貶, 易紊是非, 且或召亂, 故失之亂. 惟得之深, 則養之固, 有以見天地之純全. 古人之大體, 而安有所謂失哉?"

번역 방씨가 말하길, "육경(六經)의 가르침은 좋은데, 온화하고 부드러우며 돈독하고 두터움에 힘쓰지만 그 뜻에 함몰된다면 자기 마음대로 하는 잘못을 범한다. 그렇기 때문에 『시』의 잘못은 어리석음이 된다. 소통하고 앎이 깊어지는데 힘쓰지만 일만을 좇는다면 실질이 없는 잘못을 범한다. 그렇기 때문에 『서』의 잘못은 속임이 된다. 광대하고 넓으며 평이하고 선량함에 힘쓰지만 정감에만 따른다면 크게 부풀리기만 좋아하는 잘못을 범한다. 그렇기 때문에 『악』의 잘못은 사치가 된다. 청결하고 정미함에 힘쓰지만 도에 어둡게 되면 법칙을 무너트리는 잘못을 범한다. 그렇기 때문에 『역』의 잘못은 그르침이 된다. 공손하고 검소하며 장엄하고 공경함에 힘쓰지만 본체를 잃으면 마땅함에 지나친 잘못을 범한다. 그렇기 때문에 『예』의 잘못은 번잡함이 된다. 말을 연결하고 비유를 드는 것에 힘쓰지만 법칙을 지어내면 윗

1) '품절(品節)'로부터 '정행(正行)'까지에 대하여. 『대전(大全)』에는 14글자가 궐문으로 표시되어 있으나, 『사고전서(四庫全書)』의 기록에 따라 글자를 보충하였다.

사람을 침범하는 잘못을 범한다. 그렇기 때문에 『춘추』의 잘못은 문란함이 된다. 육경의 가르침은 선왕이 도를 적재하는 것인데, 그 가르침에 어찌 이러한 잘못이 있겠는가? 그것을 터득하는 자에게 있어 얕고 깊은 차이가 있는 데에서 비롯된 것일 뿐이다."라고 했다. 응씨가 말하길, "돈독하고 두터운 자는 실정과 허위에 대해서 반드시 깊이 살피는 것은 아니기 때문에 어리석은 잘못에 빠지게 된다. 소통하고 두루 통한 자는 진실에 대해 반드시 독실하게 확신하는 것은 아니기 때문에 속이는 잘못에 빠지게 된다. 관대하고 두터운 자는 규제에 대해 반드시 엄격히 지키는 것은 아니기 때문에 사치하는 잘못에 빠지게 된다. 깊이 침잠하여 사색하는 자들은 제 스스로 기력을 소진하는 일이 많고 또한 간혹 도를 해치기 때문에 그르치는 잘못에 빠지게 된다. 등차에 따른 절제가 분명하지 않고 덕성이 확정되지 않다면 격식에 맞게 꾸며서 올바르게 행동할 수 없기 때문에 번잡한 잘못에 빠지게 된다. 글에 멋을 부려서 기리거나 깎아내리는 자들은 옳고 그름을 바꾸거나 문란하게 하고 또한 간혹 혼란을 초래하기 때문에 문란하게 되는 잘못에 빠지게 된다. 오직 터득한 것이 깊어야만 배양하는 것도 확고하여 천지의 완전함을 볼 수 있다. 이것이 고대인들이 터득한 큰 바탕인데, 어찌 잘못이라는 것이 있었겠는가?"라고 했다.

① **方氏曰[止]異耳[又]應氏曰[止]失哉.**

補註 陽村曰: 六經之失, 方氏之說不若應氏之切. 愚謂六經之敎, 聖人所以垂範百王以救後世之失者也. 今乃言所失有如此者何哉? 蓋非六經之失而學之者有所失也. 徒習其章句·聲音·度數之末, 而不能明其理故也. 詩之失愚者, 如咸丘蒙以率土莫非王臣, 而疑瞽瞍之不爲臣, 及高叟之爲詩, 是也. 書之失誣者, 如孟子所謂盡信書不如無書, 及漢儒以觀政爲觀兵, 復子明辟爲還政, 燕噲讓國而慕堯·舜, 王莽居攝而稱宰衡之類, 是也. 樂之失奢者, 如季氏八佾, 三家雍徹之類, 是也. 易之失賊者, 如京房言灾變, 郭璞占吉凶, 而皆自害其身之類, 是也. 禮之失煩者, 如書所謂黷于祭祀, 及漢諺所謂會禮之家名爲聚訟之類, 是也. 春秋之失亂者, 如崔浩作史暴揚國惡, 而致赤族, 是也.

번역 양촌이 말하길, 육경을 잘못 터득한 것에 대해서, 방씨의 주장은 응씨의 적절한 설명만 못하다. 내가 생각하기에, 육경에 따른 가르침은 성인이 모든 제왕들에게 규범을 내려주어 후세의 잘못을 구원하기 위한 것이다. 그런데 지금에서 잘못 터득한 것에 이와 같은 것들이 있다고 말한 것은 어째서인가? 이것은 육경 자체로 인한 잘못이 아니며 그것을 배우는 자가 잘못 터득한 점이 있다는 뜻이다. 단지 장구 · 성음 · 도수와 같은 말단의 것만 익히고 그 이치를 밝게 깨우칠 수 없기 때문이다. 『시』의 가르침을 잘못 터득하면 어리석게 된다고 했는데, 마치 함구몽이 모든 땅에 사는 사람들은 천자의 신하가 아닌 자가 없다는 것을 들어 고수를 신하로 삼지 않은 것에 의문을 느끼고,[2] 고수가 시를 해석한 것[3]과 같은 것들이 여기에 해당한다. 『서』의 가르침을 잘못 터득하면 속이게 된다고 했는데, 마치 『맹자』에서 "『서』를 모두 믿는다면 『서』가 없는 것만 못하다."[4]라고 말한 것과 한대 유학자들이 『서』에 나온 관정(觀政)을 관병(觀兵)으로 여기고, 복자명벽(復子明辟)을 환정(還政)으로 여긴 것이나 연왕 쾌가 나라를 양보하며 요순을 사모한 것이나 왕망이 섭정을 하며 재형(宰衡)이라 지칭했던 부류들이 여기에 해당한다. 『악』의 가르침을 잘못 터득하면 사치를 부린다고 했는데, 예를 들어 계씨가 팔일무를 추고[5] 세 가문에서 철상을 하며 옹장을 노래한[6] 부류들이 여기에 해당한다. 『역』의 가르침을 잘못 터득하면 무너트린다고 했는데, 예를 들어 경방이 재앙과 변고를 말한 것이나 곽박이 길흉을 점쳤던 것처럼 모두 스스로 자신을 해하게 된 부류들이 여기에 해당한다. 『예』의 가르침을 잘못 터득하면 번잡하게 된다고 했는데, 예를 들어 『서』에서 "제사에서 함부로 한

---

2) 『맹자』「만장상(萬章上)」: 咸丘蒙曰, "舜之不臣堯, 則吾旣得聞命矣. 詩云, '普天之下, 莫非王土, 率土之濱, 莫非王臣.' 而舜旣爲天子矣, 敢問瞽瞍之非臣, 如何?"

3) 『맹자』「고자하(告子下)」: 曰, "固哉! 高叟之爲詩也! 有人於此, 越人關弓而射之, 則己談笑而道之, 無他, 疏之也. 其兄關弓而射之, 則己垂涕泣而道之, 無他, 戚之也. 小弁之怨, 親親也. 親親, 仁也. 固矣夫, 高叟之爲詩也!"

4) 『맹자』「진심하(盡心下)」: 孟子曰, "盡信書, 則不如無書. 吾於武成, 取二三策而已矣. 仁人無敵於天下, 以至仁伐至不仁, 而何其血之流杵也?"

5) 『논어』「팔일(八佾)」: 孔子謂季氏, "八佾舞於庭, 是可忍也, 孰不可忍也?"

6) 『논어』「팔일(八佾)」: 三家者以雍徹. 子曰, "'相維辟公, 天子穆穆', 奚取於三家之堂?"

다."[7]라고 한 것이나 한나라의 속담에서 예를 따지려고 모인 자들을 취송(聚訟)이라고 부른 것들이 여기에 해당한다. 『춘추』의 가르침을 잘못 터득하면 문란하게 된다고 했는데, 예를 들어 최호가 역사서를 기록하며 국악을 폭로하여 족인들까지 몰살시키게 된 것이 여기에 해당한다.

참고-集說

石梁王氏曰: 孔子時, 春秋之筆削者未出. 又曰: 加我數年, 卒以學易, 性與天道, 不可得聞, 豈遽以此敎人哉? 所以敎者, 多言詩・書・禮・樂, 且有愚誣奢賊煩亂之失, ①豈詩・書・樂・易・禮・春秋使之然哉? 此決非孔子之言.

번역 석량왕씨가 말하길, 공자 당시에 『춘추』의 필법이라는 것은 아직 나타나지 않았다. 또 말하길, 공자는 "나에게 몇 년의 수명을 빌려주어 마침내 『역』을 배우게 한다면"[8]이라고 했고, 공자가 본성과 천도를 말한 것을 들어보지 못했다고 했는데,[9] 어떻게 갑작스럽게 이것을 통해 사람들을 가르쳤다고 할 수 있는가? 이른바 가르침이라는 것은 대체로 『시』・『서』・『예』・『악』을 뜻하는데, 어리석음・속임・사치・그르침・번잡함・문란함 등의 잘못이 생기는 것이 어찌 『시』・『서』・『악』・『역』・『예』・『춘추』가 그처럼 만든 것이겠는가? 이것은 결코 공자의 말이 아니다.

① 豈詩書[止]然哉.

補註 按: 石梁說過矣. 此非謂六經有此失也, 謂人之不善學者, 有此失

---

7) 『서』「상서(商書)・열명중(說命中)」: 黷于祭祀, 時謂弗欽, 禮煩則亂, 事神則難.

8) 『논어』「술이(述而)」: 子曰, "加我數年, 五十以學易, 可以無大過矣."

9) 『논어』「공야장(公冶長)」: 子貢曰, "夫子之文章, 可得而聞也, 夫子之言性與天道, 不可得而聞也."

耳. 鄭註, "失, 謂不能節其教者也." 此說良是.

번역 살펴보니, 석량의 주장은 지나치다. 이것은 육경에 이러한 잘못이 있다는 뜻이 아니며, 사람들 중 제대로 배우지 못한 자는 이러한 잘못을 범한다는 뜻일 뿐이다. 정현은 "'실(失)'자는 가르침을 조절할 수 없다는 뜻이다."라고 했는데, 이 주장이 참으로 옳다.

「경해」 2장

참고-經文

①天子者, 與天地參, 故德配天地, 兼利萬物, 與日月並明, 明照四海而不遺微小. 其在朝廷, 則②道仁聖禮義之序; 燕處, 則聽雅頌之音; 行步, 則有環佩之聲; 升車, 則有鸞和之音. 居處有禮, 進退有度, 百官得其宜, 萬事得其序. 詩云, "淑人君子, 其儀不忒, 其儀不忒, 正是四國", 此之謂也.

번역 천자는 천지와 더불어 참여하는 자이다. 그렇기 때문에 그의 덕은 천지에 짝하고, 만물을 모두 이롭게 하며, 해 및 달과 더불어서 함께 밝으니, 그의 밝음은 사해를 비춰주되 미물이라도 빠트리지 않는다. 그가 조정에 있게 되면 인함과 성스러움, 예(禮)와 의(義)의 질서를 말하고, 한가롭게 머물 때라면 아(雅)와 송(頌)의 음악을 들으며, 걸어 다닐 때에는 차고 있던 패옥의 소리가 들리고, 수레에 타게 되면 방울소리가 들린다. 따라서 그가 거처할 때에는 예가 있고 나아가고 물러남에는 법도가 있으니, 모든 관리들이 그것을 보고 합당함을 얻고, 모든 일들이 질서를 얻는다. 『시』에서 "선한 군자여, 그의 위엄스러운 행동이 어긋나지 않았으니, 위엄스러운 행동이 어긋나지 않아서 사방의 나라들을 바르게 하는구나."라고 했으니, 바로 이러한 뜻을 나타낸다.

① 天子者[止]不遺微小.

補註 楊梧曰: 與天地參, 與日月並明, 常說平對. 一云當以與天地參作冒德配二句, 與日月二句對, 亦有理.

번역 양오가 말하길, "천지와 더불어 참여한다."는 말이나 "해 및 달과 더불어서 함께 밝다."라는 말들은 일상적인 말이자 평범한 대구이다. 한편에서는 천지와 더불어 참여한다는 것을 덕을 짝한다는 것과 합쳐서 해 및 달과 더불어 한다는 두 구문과 대구가 된다고 하는데, 나름의 일리가 있다.

補註 ○按: 諺吐全無意味, 於楊梧兩說, 皆不合, 今宜改正.

번역 ○살펴보니, 『언독』의 토는 전혀 의미가 없고, 양오의 두 주장과도 모두 부합하지 않으니, 바르게 고쳐야만 한다.

② 道仁聖禮義之序.

補註 楊梧曰: 道字作由字看. 一云言也, 亦通. 序非四者之序, 亦非言之有次第, 謂仁聖等各自有序, 如親親而仁民·愛物, 仁之序, 窮理·盡性, 以至於命, 聖之序, 先忠信而後儀文, 禮之序, 由心之制, 而爲事之宜, 義之序也.

번역 양오가 말하길, '도(道)'자는 유(由)자로 보아야 한다. 일설에는 언(言)자의 뜻이라고 했는데 이 또한 통한다. '서(序)'는 네 가지의 차례를 뜻하는 말이 아니며, 또한 말에 질서가 있다는 뜻도 아니니, 인·성 등에 각각 그 자체로 질서가 있다는 뜻으로, 예를 들어 친근한 자를 친근하게 대하여 백성들에게 인자하게 대하며 만물을 사랑하게 되는 것은 인의 서이고, 이치를 연구하고 본성을 다하여 명에 이르는 것은 성의 서이며, 충과 신을 우선하고 그 이후에 예의와 격식을 갖추는 것은 예의 서이고, 마음을 제재하는 것으로부터 일의 마땅함으로 삼는 것은 의의 서이다.

참고─集說

鸞·和, 皆鈴也, ①鸞在衡, 和在軾前. 詩, 曹風鳲鳩篇.

번역 '난(鸞)'과 '화(和)'는 모두 방울이니, 난은 수레의 형(衡)에 달고, 화는 수레의 식(軾) 앞에 단다. 시는 『시』「조풍(曹風)·시구(鳲鳩)」편이다.[1]

---

1) 『시』「조풍(曹風)·시구(鳲鳩)」: 鳲鳩在桑, 其子在棘. 淑人君子, 其儀不忒. 其儀不忒, 正是四國.

① 鸞在衡.

補註 字彙: 衡, 車軛也.

번역 『자휘』에서 말하길, '형(衡)'은 수레의 멍에이다.

「경해」 3장

참고-集說

①馮氏曰: 論義·信·和·仁之道, 而以王霸並言之, 豈孔子之言?

번역 풍씨가 말하길, 의(義)·신(信)·화(和)·인(仁)의 도를 논하면서 패왕을 함께 언급했으니, 어찌 공자의 말이겠는가?

① ○馮氏曰[止]之言.

補註 按: 此篇自天子者以下, 自是別項, 文字不連, 篇首孔子之言, 而馮說如此, 恐未察也. 陳註以是, 故隆禮以下, 爲記者之言, 蓋以章內有孔子曰, 故不得不云然, 而亦不知自天子者以下, 已爲記者之言也.

번역 살펴보니, 「경해」편은 '천자자(天子者)'로부터 그 이하의 문장은 각각 별도의 항목이 되며 문장들이 연결되지 않는다. 그런데 편의 첫 부분에 공자의 말이 있어서 풍씨가 이와 같이 주장한 것 같지만, 아마도 자세히 살피지 못한 것 같다. 진호의 주에서는 이러한 이유로 '융례(隆禮)'라는 말부터 그 이하는 『예기』를 기록한 자의 말이라고 했는데, 문장 안에 '공자왈(孔子曰)'이라는 말이 있기 때문에 부득이하게 이처럼 설명한 것이다. 그러나 이 또한 '천자자(天子者)'로부터 그 이하의 문장 자체가 이미 『예기』를 기록한 자의 말이라는 것을 모른 것이다.

補註 ○又按: 霸王二字, 小註吳氏所謂總言天子·諸侯者, 恐通.

번역 ○또 살펴보니, 패왕(霸王)이라는 두 글자에 대해 소주에서 오씨는 천자와 제후를 총칭하는 말이라고 했는데, 아마도 그 뜻이 통하는 것 같다.

「경해」 4장

참고-經文

禮之於正國也, 猶衡之於輕重也, 繩墨之於曲直也, 規矩之於方圜也. 故①衡誠縣, 不可欺以輕重; 繩墨誠陳, 不可欺以曲直; 規矩誠設, 不可欺以方圜, 君子審禮, 不可誣以姦詐.

번역 예(禮)가 나라를 바르게 하는 것은 저울이 경중을 헤아리고, 먹줄이 굽은 것과 곧은 것을 정하며, 원형자와 굽은자가 사각형과 원형을 가려내는 것과 같다. 그러므로 저울이 분명하다면 경중을 가지고 속일 수가 없으며, 먹줄이 분명하다면 굽은 것과 곧은 것으로 속일 수가 없고, 원형자와 굽은자가 분명하다면 사각형과 원형으로 속일 수가 없으니, 군자가 예를 잘 살피면, 간사함으로 속일 수가 없다.

① 衡誠縣.

補註 鄭註: 誠, 猶審也.
번역 정현의 주에서 말하길, '성(誠)'자는 살핀다는 뜻이다.

補註 ○按: 鄭解誠以審, 蓋欲依下文審禮也, 而愚意誠字, 當以苟字之義看.
번역 ○살펴보니, 정현은 성(誠)자를 살핀다는 뜻으로 풀이했는데, 뒤의 문장에 '심례(審禮)'라는 말이 있기 때문에 이처럼 풀이하고자 한 것 같다. 그런데 내가 생각하기에 성(誠)자는 본래 글자의 뜻으로 보아야 한다.

참고-集說

方氏曰: 輕者禮之小, 重者禮之大, 若大者不可損, 小者不可益, 是矣. 曲者, 禮之煩, 直者, 禮之簡, 若①易則易, 于則于,

是矣. 方者, 禮之常, 圜者, 禮之變, 若以禮爲體者, 禮之常也; 以義起禮者, 禮之變也. 禮之用如是, 故君子審禮, 不可誣以姦詐也.

번역 방씨가 말하길, '경(輕)'은 예(禮) 중에서도 작은 것이고, '중(重)'은 예 중에서도 큰 것이니, "본래부터 커야 하는 것은 덜어내서는 안 되고, 본래부터 작아야 하는 것은 보태서는 안 된다."[1]는 말이 바로 이러한 뜻에 해당한다. '곡(曲)'은 예 중에서도 번잡한 것이고, '직(直)'은 예 중에서도 간략한 것이니, "그 사안이 간이한 경우라면, 간이한 예법을 시행하게 되고, 군주께서 찾아오셔서 그 사안이 커진 경우라면, 융성한 예법을 시행하게 된다."는 말이 바로 이러한 뜻에 해당한다. '방(方)'은 예 중에서도 상례(常禮)에 해당하고, '환(圜)'은 예 중에서도 변례(變禮)에 해당하는 것이니, 예를 본체로 삼는 것은 예 중에서도 상례가 되고, 의(義)에 따라 예를 일으킨 것은 예 중에서도 변례가 되는 것과 같다. 예의 운용이 이와 같기 때문에 군자가 예를 잘 살피면, 간사함으로 속일 수가 없다.

① 易則易于則于.

補註 檀弓下文.

번역 『예기』「단궁하(檀弓下)」편의 기록이다.[2]

---

1) 『예기』「예기(禮器)」: 禮也者, 猶體也. 體不備, 君子謂之不成人. 設之不當, 猶不備也. 禮有大有小, 有顯有微. 大者不可損, 小者不可益, 顯者不可揜, 微者不可大也. 故經禮三百, 曲禮三千, 其致一也. 未有入室而不由戶者.

2) 『예기』「단궁하(檀弓下)」: 有司曰: "諸侯之來辱敝邑者, 易則易, 于則于, 易于雜者, 未之有也."

「경해」 5장

참고-經文

是故①隆禮由禮, 謂之有方之士; 不隆禮不由禮, 謂之無方之民, ②敬讓之道也. 故以奉宗廟則敬; 以入朝廷則貴賤有位; 以處室家則父子親兄弟和; 以處鄕里則長幼有序. 孔子曰, "安上治民, 莫善於禮", 此之謂也.

번역 이러한 까닭으로 예(禮)를 융성하게 높이고 예에 따르는 자를 도를 갖춘 사라 부르고, 예를 융성하게 높이지 않고 예에 따르지 않는 자를 도가 없는 백성이라 부르니, 공경히 처신하며 겸양하는 도를 뜻한다. 그러므로 이를 통해 종묘의 제사를 받들게 되면 공경하게 되고, 이를 통해 조정에 들어가서 행동하게 되면 귀천의 등급에 합당한 지위가 생기며, 이를 통해 집에서 처신하게 되면 부자관계에서 친애하게 되며 형제관계에서 화목하게 되고, 이를 통해 마을에서 처신하게 되면 장유관계에 질서가 생긴다. 공자는 "위정자를 편안하게 만들고 백성들을 다스리는 것 중에서 예보다 좋은 것이 없다."라고 했으니, 바로 이러한 뜻을 나타낸다.

① 隆禮由禮.

補註 類編曰: 猶言尊禮行禮, 可以知行言. 方氏云高明中庸, 失之迂.

번역 『유편』에서 말하길, 이것은 예를 존숭하고 예를 시행한다는 말과 같으니, 아는 것과 행하는 것으로 말할 수 있다. 방씨는 이것을 두고 "높고 밝음을 지극히 하고 중용에 따르는 것이라고 풀이했는데, 너무 우활한 해석이다.

② 敬讓之道也.

補註 疏曰: 此言禮之爲用, 是敬讓之道也. 爲下文而起.

번역 소에서 말하길, 이 말은 예(禮)의 쓰임은 공경과 겸양의 도가 된다는 뜻이다. 아래문장의 내용 때문에 제시한 말이다.

참고-大全

臨川吳氏曰: 隆者, 其崇重之心, 由者, 其踐行之迹. 方, 猶法也. 有方之士, 謂持守理法之善人, 以其善, 故加以美稱而謂之士. 無方之民, 謂逾越理法之惡人, 以其惡, 故①濟於編氓而謂之民. 蓋禮者, 敬讓之道也. 人皆隆禮由禮, 則凡奉宗廟者皆敬先, 入朝廷者皆敬貴, 處室家者皆讓父兄, 處鄕里者皆讓長老. 敬讓之道, 達於宗廟朝廷室家鄕里, 故上爲下之所敬讓, 而居上者不危, 不危則安矣. 民知君之當敬讓, 而爲民者不亂, 不亂則治矣. 其安其治, 皆由有禮而然, 故曰莫善於禮. 記者推言禮之功用, 而引孔子之言, 以結之也.

번역 임천오씨가 말하길, '융(隆)'은 존숭하는 마음을 뜻하고, '유(由)'는 실천하는 행적을 뜻한다. '방(方)'자는 법도[法]를 뜻한다. '유방지사(有方之士)'는 이치와 법도를 지키는 선한 사람을 뜻하는데, 그는 선하기 때문에 아름다운 칭호를 붙여서 '사(士)'라고 부른 것이다. '무방지민(無方之民)'은 이치와 법도를 거스르는 악한 사람을 뜻하는데, 그는 악하기 때문에 평민들이라고 간주하여 '민(民)'이라고 부른 것이다. 무릇 예(禮)라는 것은 공경하고 겸양하는 도이다. 사람들이 모두 예를 융성하게 높이고 예에 따른다면 종묘의 제사를 모시는 자들은 모두 선조를 공경스럽게 대하고, 조정에 들어간 자들은 모두 존귀한 자를 공경스럽게 대하며, 집에 머무는 자들은 모두 부친과 형에게 겸양을 발휘하고, 마을에 머무는 자들은 모두 연장자와 노인에게 겸양을 발휘한다. 공경과 겸양의 도가 종묘 · 조정 · 집 · 마을에 두루 통하기 때문에 위정자는 백성들에게 공경과 겸양을 받아서 윗자리에 있는 자들이 위태롭지 않게 되고, 위태롭지 않다면 편안하게 된다. 백성들은 군주가 마땅히 공경과 겸양을 시행하고 있음을 알아서, 백성들은 혼란스럽지 않으니, 혼란스럽지 않다면 다스려지게 된다. 편안하고 다스려지는 것은 모두 예를 갖춘 것으로부터 이처럼 된다. 그렇기 때문에 "예보다 좋은 것이 없다."라고 한 것이다. 『예기』를 기록한 자는 효과와 쓰임을 자세히 밝히고 공자의 말을 인용하여 결론을 맺었다.

① 濟於編氓.

補註 濟, 是儕之誤.

번역 '제(濟)'자는 제(儕)자의 오자이다.

「경해」 7장

참고-經文

故昏姻之禮廢, 則①夫婦之道苦, 而淫辟之罪多矣; 鄕飮酒之禮廢, 則長幼之序失, 而爭鬪之獄繁矣; 喪祭之禮廢, 則臣子之恩薄, 而倍死忘生者衆矣; ②聘覲之禮廢, 則君臣之位失, 諸侯之行惡, 而倍畔侵陵之敗起矣. 故禮之敎化也微, 其止邪也於未形, 使人日徙善遠罪而不自知也, 是以先王隆之也. 易曰, "君子愼始. 差若豪氂, 繆以千里", 此之謂也.

번역 그러므로 혼인의 의례가 폐지되면 부부의 도리가 고달프게 되고 음란하고 사벽한 죄악들이 많아진다. 향음주례가 폐지되면 장유관계의 질서가 없어지고 서로 다투는 송사들이 많아진다. 상례와 제례가 폐지되면 신하와 자식의 은정이 옅어지고 죽은 자를 배반하고 살아있는 자들이 부모를 잊는 일이 많아진다. 빙문(聘問)과 조근(朝覲)의 의례가 폐지되면 군주와 신하의 지위가 어그러져서 제후는 나쁜 짓을 시행하고, 배반하고 침탈하며 업신여기는 폐단들이 발생한다. 그러므로 예(禮)의 교화는 은미하니, 아직 구체적으로 드러나지 않은 상태에서 사벽한 것을 금지하여, 사람들로 하여금 날마다 선으로 옮겨가고 죄를 멀리하도록 하면서도 스스로 그에 따르고 있는지도 알아차리지 못하게 한다. 이러한 까닭으로 선왕은 예를 융성하게 높였던 것이다. 『역』에서는 "군자는 시작을 신중히 한다. 그 차이가 처음에는 한 터럭 정도였지만, 결국 천리나 되는 차이로 뒤틀리게 된다."라고 했으니, 바로 이러한 뜻을 나타낸다.

① 夫婦之道苦.

補註 陽村曰: 苦, 謂艱苦而不易也. 昏姻之禮廢而不行, 則夫婦之道, 艱苦而不得, 遂必有過時不嫁, 踰墻鑽穴, 而相從者, 故淫辟之罪多也.

번역 양촌이 말하길, '고(苦)'자는 고생스럽고 쉽지 않다는 뜻이다. 혼인의 예가 폐지되어 시행되지 않으면 부부의 도는 고생스럽게 되어 얻을 수 없게 되니, 결국 시기가 지났는데도 시집을 가지 않고 담장에 구멍을 내서 서로 따르는 일이 발생한다. 그렇기 때문에 음란하고 사벽한 죄들이 많아지게 된다.

補註 ○類編曰: 苦, 如器不苦窳之苦, 言毁敗也.

번역 ○『유편』에서 말하길, '고(苦)'자는 "그릇이 보기 싫거나 삐뚤어지지 않았다."라고 했을 때의 고자와 같으니, 헐고 무너졌다는 의미이다.

② 聘覲之禮廢.

補註 按: 此合上文朝覲·聘問二條也. 不曰覲聘, 而曰聘覲者, 逆解上文故也.

번역 살펴보니, 이 문장은 앞에 나온 조근(朝覲)과 빙문(聘問)에 대한 두 조목과 합치된다. 그런데 '근빙(覲聘)'이라고 말하지 않고 빙근(聘覲)이라고 말한 것은 앞 문장의 뜻을 거슬러 해석하고자 했기 때문이다.

참고-集說

此又自昏姻覆說至聘問朝覲, 以明上文之義. ①所引易曰, 緯書之言也. 若, 如也.

번역 이 또한 혼인(昏姻)으로부터 재차 설명하여 빙문(聘問)과 조근(朝覲)에까지 이르렀으니, 이를 통해 앞 문장의 뜻을 나타낸 것이다. '역왈(易曰)'이라고 인용한 말은 위서(緯書)의 내용이다. '약(若)'자는 "~와 같다[如]."는 뜻이다.

① 所引易曰緯書之言.

補註 按: 疏以此謂易·繫辭文, 而古人多引易緯此語爲易曰者.

번역 살펴보니, 소에서는 여기에서 말한 것을 『역』「계사전(繫辭傳)」의 기록이라고 했는데, 옛 사람들은 대부분 『역』의 위서에 나온 이 말을 인용할 때 '역왈(易曰)'이라고 기록했다.

참고-集說

鄭氏曰: ①苦, 謂不至·不答之屬.

번역 정현이 말하길, '고(苦)'자는 여자가 찾아오지 않고 남자가 답례를 하지 않는 부류들을 뜻한다.

① 苦謂不至不答之屬.

補註 疏曰: 不至, 謂夫親迎而女不至. 若陳風云, "昏以爲期, 明星煌煌", 註云, "婦留他色, 不肯時行", 序云, "親迎, 女猶有不至者", 是也. 不答, 謂夫不答耦於婦, 邶風云, "日月, 莊姜傷己, 不見答於先君", 是也.

번역 소에서 말하길, '부지(不至)'는 남편이 직접 찾아가서 맞이하는데, 여자가 남편을 따라서 본가에 오지 않는다는 뜻이다. 『시』「진풍(陳風)」편에서 "어두울 때 만나기로 약속했는데, 계명성이 빛나고 빛나도다."[1]라고 했고, 주에서는 "여자가 다른 뜻을 품고 있어서 때에 맞게 가기를 수긍하지 않는 것이다."라고 했으며, 「모서」에서는 "친영(親迎)을 했는데 여자가 오히려 당도하지 않는 것이다."라고 한 말이 이러한 경우에 해당한다. '부답(不答)'은 남편이 부인에 대해서 답례를 하여 배우자로 여기지 않았다는 뜻으로, 『시』「패풍(邶風)」편에서 "「일월(日月)」이라는 시는 위나라 장강이 자신에 대해 서글프게 생각한 것이니, 선군에게 답례를 받지 못했기 때문이다."[2]라고 한 말이 이러한 경우에 해당한다.

---

1) 『시』「진풍(陳風)·동문지양(東門之楊)」: 東門之楊, 其葉牂牂. 昏以爲期, 明星煌煌.

2) 『시』「패풍(邶風)·일월(日月)」의 「모서(毛序)」: 日月, 衛莊姜, 傷己也. 遭州吁之難, 傷己不見答於先君, 以至困窮之詩也.

補註 ○按: 親迎, 女猶有不至者, 本坊記文. 不答, 如孟光裝飾入門, 而梁鴻七日不答之類.

번역 ○살펴보니, 친영을 했는데 여자가 오히려 도달하지 않는다고 한 말은 『예기』「방기(坊記)」편의 기록[3]에 근기한 것이다. '부답(不答)'은 맹광이 치장을 하고 문으로 들어섰으나 양홍이 7일 동안 답을 하지 않았다는 부류와 같다.

---

3) 『예기』「방기(坊記)」: 子云, "昏禮, 壻親迎, 見於舅姑, 舅姑承子以授壻, 恐事之違也. 以此坊民, 婦猶有不至者."

禮記補註卷之二十四

『예기보주』 24권

「애공문(哀公問)」 제27편

補註 疏曰: 鄭云, "善其問禮政." 所問有二事, 一者問禮在前, 二者問政在後."

번역 소에서 말하길, 정현은 "예와 정치에 대해 물어본 것을 좋게 여긴 것이다."라고 했다. 질문한 것은 두 가지 사안으로, 하나는 예에 대해 물어본 것으로 앞에 수록되어 있고, 다른 하나는 정치에 대해 물어본 것으로 뒤에 수록되어 있다.

「애공문」 2장

참고-經文

孔子曰, “丘聞之, 民之所由生, 禮爲大, 非禮無以節事天地之神也, 非禮無以辨君臣·上下·長幼之位也, 非禮無以別男女·父子·兄弟之親, ①昏姻·疏數之交也. 君子以此之爲尊敬然.”

번역 공자가 말하길, “제가 듣기로, 백성들은 예(禮)를 통해 삶을 영위하므로, 이러한 까닭으로 예는 성대한 것이 됩니다. 예가 아니라면 천지의 귀신을 섬기는 일에 있어서 절제할 수 없습니다. 예가 아니라면 군주와 신하, 상하계층, 장유관계의 지위를 변별할 수 없습니다. 예가 아니라면 남녀관계, 부자관계, 형제관계에서의 친함과 혼인관계, 소원하고 친한 관계에서의 사귐을 구별할 수 없습니다. 따라서 군자는 이러한 것들을 존경의 이유로 삼아 높이는 것입니다.”라고 했다.

① **昏姻疏數之交.**

補註 按: 疏數, 謂會接之疏數, 不連昏姻爲義.

번역 살펴보니, ‘소삭(疏數)’은 만나는 것이 드물거나 잦다는 뜻으로, 혼인과는 연결되지 않는 의미이다.

「애공문」 4장

참고-經文

①有成事, 然後②治其雕鏤・文章・黼黻以嗣.

번역 공자가 계속하여 말하길, "제사를 성사시킬 수 있은 뒤에라야 제기의 장식 및 제복의 장식들을 다스려서 예(禮)가 끊어지지 않도록 할 수 있습니다."라고 했다.

① ○有成事.

補註 鄭註: "上事行於民, 有成功." 疏曰: "事, 則上事天地・辨君臣・別男女等也."

번역 정현의 주에서 말하길, "앞서 언급한 일들을 백성들에게 시행하여 공을 이룰 수 있다."라고 했다. 소에서 말하길, "사(事)는 앞서 말한 천지의 신들을 섬기고, 군신관계를 변별하며, 남녀관계를 구별한다는 등의 일들에 해당한다."라고 했다.

② 治其雕鏤[止]以嗣.

補註 徐志修曰: 恐謂敎事有成, 然後治文飾以繼之, 古註之意, 似亦如此. 陳註恐涉曲解.

번역 서지수가 말하길, 내가 생각하기에 교화가 성사된 이후에 문식을 꾸며서 그것을 연속할 수 있다는 뜻인 것 같고, 옛 주의 의미도 이와 같은 것 같다. 진호의 주는 아마도 곡해한 부분이 있는 것 같다.

「애공문」 5장

참고-經文

①其順之, 然後言其喪筭, 備其鼎俎, ②設其豕腊, ③脩其宗廟, 歲時以敬祭祀, ④以序宗族, ⑤卽安其居, 節醜其衣服, 卑其宮室, 車不雕幾, 器不刻鏤, 食不貳味, 以與民同利. 昔之君子之行禮者如此.

번역 공자가 계속하여 말하길, "상하 계층이 모두 순종한 뒤에야 상장례의 기한을 드러내고, 솥이나 도마 등의 제기들을 갖추며, 돼지고기나 육포 등을 준비하고, 종묘 건물을 보수하여, 각 시기마다 이를 통해 제사를 공경스럽게 시행하고, 종족에 대해서는 서열에 따라 질서를 정하며, 처한 곳에 따라 편안하게 여기고, 의복을 검소하게 하며, 궁실의 건물을 낮게 하고, 수레에는 조각 장식을 하지 않으며, 음식을 먹을 때 사용하는 기물들에도 조각을 새기지 않고, 음식에 대해서는 맛을 두 가지 이상으로 내지 않음으로써 백성들과 이로움을 함께 나눕니다. 예전의 군자가 예(禮)를 시행했던 것은 이와 같습니다."라고 했다.

① ○其順之.

補註 楊梧曰: 順之, 比成事, 進一步.

번역 양오가 말하길, '순지(順之)'를 성사(成事)와 비교해보면, 한 발 더 나아간 것이다.

② 設其豕腊.

補註 疏曰: 謂喪中之奠, 有豕有腊也.

번역 소에서 말하길, 상중에 지내는 전제사에는 돼지고기를 올리고 육포를 올린다는 뜻이다.

③ 脩其[止]祭祀.

補註 疏曰: 謂除服之後, 又教爲之宗廟, 以鬼享之.
번역 소에서 말하길, 상복을 제거한 이후에는 또한 종묘를 세우도록 가르쳐서, 귀신에 대한 도리로써 흠향을 시키도록 한다는 뜻이다.

④ 以序宗族.

補註 疏曰: 又教祭末, 留同姓燕飮, 序會宗族也.
번역 소에서 말하길, 또한 제사의 말미에 동성인 자들을 머물게 하여 연회를 베풀고, 종족관계에서의 서열을 정해 회합하도록 가르친다.

⑤ 卽安[止]衣服.

補註 類編曰: 安, 猶定也, 居節, 居處之節也.
번역 『유편』에서 말하길, '안(安)'자는 정한다는 뜻이며, '거절(居節)'은 거처할 때의 예절을 뜻한다.

補註 ○按: 古註疏以節訓正, 以醜訓類, 曰"正其民衣服, 使得其類也."
번역 ○살펴보니, 옛 주와 소에서는 '절(節)'자를 바르게 한다는 뜻으로 풀이했고, 추(醜)자를 부류를 나눈다는 뜻으로 풀이해서, "백성들의 의복을 올바르게 제정하여, 그들로 하여금 자신의 부류에 따른 복장을 착용하도록 만든다."라고 했다.

「애공문」 6장

참고-經文

公曰, "今之君子胡莫之行也?" 孔子曰, "今之君子好實無厭, 淫德不倦, 荒怠敖慢, 固民是盡, 午其衆以伐有道, ①求得當欲, 不以其所. 昔之用民者②由前, 今之用民者②由後, 今之君子莫爲禮也."

번역 애공이 "오늘날의 군자들은 어찌하여 그러한 예(禮)를 시행하지 않는 것입니까?"라고 묻자, 공자는 "오늘날의 군자들은 재물을 좋아함에 끝이 없고, 방탕한 행실을 하면서도 싫증을 내지 않으며, 방만하고 나태하게 행동하고, 백성들의 재물을 모두 고갈시키며, 백성들의 뜻을 어겨서 도를 갖춘 자를 공격하고, 제 욕심 채우기만을 구하며, 도리를 따지지 않습니다. 예전에 백성들을 부리던 군주는 앞서 언급한 대로 따랐지만, 오늘날의 군주들은 후자에 해당합니다. 이러한 까닭으로 오늘날의 군자들은 예를 시행하지 않는 것입니다."라고 했다.

① ○求得當欲.

補註 按: 小註方氏以求其得而稱所欲爲解. 疏說亦如此, 勝似陳註.
번역 살펴보니, 소주에서 방씨는 얻는 것만을 구하여 바라는 것을 충당한다고 풀이했다. 소의 설명 또한 이와 같은데 진호의 주에서 해석한 것보다는 나은 것 같다.

② 由前[又]由後.

補註 按: 鄭註, "由前, 用上所言, 由後, 用下所言", 簡而明. 陳註欠瑩.
번역 살펴보니, 정현의 주에서는 "'유전(由前)'은 앞서 언급한 대로 따른다는 뜻이며, '유후(由後)'는 뒤에서 언급한 대로 따른다는 뜻이다."라고 해서 간결하면서도 명료하다. 진호의 주는 다소 불명확한 것 같다.

「애공문」 8장

참고-經文

公曰, "敢問何謂爲政?" 孔子對曰, "政者, 正也. 君爲正, 則百姓從政矣. 君之所爲, 百姓之所從也. 君所不爲, 百姓何從?" 公曰, "敢問爲政如之何?" 孔子對曰, "夫婦別, 父子親, 君臣嚴, ①三者正, 則庶物從之矣." 公曰, "寡人雖無似也, 願聞所以行三言之道, 可得聞乎?"

번역 애공이 "감히 묻겠으니, 무엇을 두고 정치를 시행한다고 말합니까?"라고 묻자 공자는 "정치라는 것은 바르게 한다는 뜻입니다. 군주가 바름을 시행한다면 백성들은 정치를 따를 것입니다. 군주가 행동하는 바는 백성들이 따르는 대상입니다. 군주가 시행하지 않은 것을 백성들이 어떻게 따르겠습니까?"라고 대답했다. 애공은 "감히 묻겠으니, 정치를 시행하려면 어떻게 해야 합니까?"라고 묻자 공자는 "부부관계에 유별함이 있고, 부자관계에 친애함이 있으며, 군신관계에 엄격함이 있어야 하니, 이 세 가지 관계가 바르다면, 모든 사안이 그에 따를 것입니다."라고 대답했다. 애공은 "과인은 비록 부덕한 자이지만, 세 가지 말을 시행하는 도리에 대해서 듣고자 원하니, 들을 수 있겠습니까?"라고 물어보았다.

① ○三者正則庶物從.

補註 楊梧曰: 哀公十一年, 孔子自衛反魯, 時公年十四矣. 大昏未成, 其後立公子荊之母爲夫人, 而以荊爲太子, 國人惡之, 又患三桓之後, 欲以越伐魯而去之, 因遜于邾, 遂如越, 然則哀公之所以失國者, 非庶物也, 三綱不正而已. 孔子之答哀公, 與答齊景公義同.

번역 양오가 말하길, 애공 11년에 공자는 위나라로부터 노나라로 되돌아왔는데, 당시 애공의 나이는 14세였다. 혼사가 아직 성사되지 않은 상태였고, 그 이후 공자 형의 모친을 부인으로 삼았고, 형을 태자로 삼았는데 나라 사람들이 그것을 싫어했다. 또 삼환의 후환이 두려워서 월나라의 병력으로 노나라를 쳐서 그들을 제거하고자 했는데, 이로 인해 주나라로 달아나게 되었고 결국 월나라로 가게 되었다. 그렇다면 애공이 나라를 잃게 된 것은 서물에 해당하지 않으며, 삼강이 바르지 못한 것일 뿐이다. 공자가 애공에게 답변한 것은 제경공에게 답변했던 뜻과 같다.

「애공문」 9장

참고–經文

孔子對曰, "古之爲政, 愛人爲大. 所以治愛人, 禮爲大. ①所以治禮, 敬爲大. 敬之至矣, 大昏爲大, 大昏至矣. 大昏旣至, 冕而親迎, 親之也. 親之也者, 親之也. 是故君子興敬爲親, 舍敬②是遺親也. 弗愛不親, 弗敬不正. 愛與敬, 其政之本與."

번역 애공의 질문에 대해 공자는 "고대에 정치를 시행했을 때에는 사람을 사랑하는 것을 큼으로 삼았습니다. 사람을 사랑하는 일을 다스릴 때에는 예(禮)를 큼으로 삼았습니다. 예를 다스릴 때에는 공경함을 큼으로 삼았습니다. 공경함이 지극한 것 중에서는 성대한 혼례를 큼으로 삼았으니, 성대한 혼례는 지극한 것입니다. 성대한 혼례가 이미 지극한 것이므로, 천자나 제후도 면복(冕服)을 착용하고 친영(親迎)을 했으니, 친애하기 때문입니다. 친애한다는 것은 상대로 하여금 나를 친애하게 하는 것입니다. 그렇기 때문에 군자는 공경함을 일으켜서 친애함으로 삼았으니, 공경을 버린다는 것은 곧 친애함을 버리는 것입니다. 사랑하지 않는다면 친애하지 않고, 공경하지 않는다면 바르지 않게 됩니다. 따라서 사랑함과 공경함은 정치의 근본일 것입니다."라고 대답했다.

① ○所以治禮[止]旣至.

補註 按: 諺吐甚不精.

번역 살펴보니, 『언독』의 토는 매우 부정확하다.

補註 ○楊梧曰: 大昏至矣句, 是足上文者. 大昏旣至句, 是啓下文者.

번역 ○양오가 말하길, '대혼지의(大昏至矣)'라는 구문은 앞 문장의 뜻을 포괄하기에 충분하다. '대혼기지(大昏旣至)'라는 구문은 뒤의 내용을 열어주는 말이다.

② 是遺親也.

補註 疏曰: 是遺棄相親之道也.

번역 소에서 말하길, 서로 친애하는 도리를 버리는 꼴이다.

「애공문」 10장

참고-經文

公曰, "寡人願有言. 然冕而親迎, 不已重乎?" 孔子愀然作色而對曰, "合二姓之好, 以繼①先聖之後, 以爲②天地·宗廟·社稷之主, 君何謂已重乎?" 公曰, "③寡人固. 不固, 焉得聞此言也? 寡人欲問, 不得其辭, 請少進."

번역 애공이 "과인은 그에 대한 설명을 듣고자 원합니다. 그러나 면복(冕服)을 입고 친영(親迎)을 하는 것은 지나치게 중시 여기는 것이 아닙니까?"라고 묻자, 공자는 송구스럽게 생각하며 낯빛을 고치고 "두 성씨의 우호를 합하여, 선성의 후사를 잇고, 이를 통해 천지·종묘·사직의 제사를 지내는 주인으로 삼는 일인데, 군주께서는 어찌 지나치게 중시 여긴다고 하십니까?"라고 대답했다. 애공이 "과인은 고루한 사람입니다. 만약 고루하지 않았다면 어찌 이러한 말을 들을 수 있었겠습니까? 과인은 묻고자 했는데 아직 그 말을 이해하지 못했으니, 청컨대 나를 가르쳐서 조금이라도 진척이 되도록 해주시오."라고 했다.

① ○**先聖之後**.

補註 鄭註: 先聖, 周公也.
번역 정현의 주에서 말하길, '선성(先聖)'은 주공을 뜻한다.

② **天地宗廟**.

補註 疏曰: 魯得郊天, 故言天地.
번역 소에서 말하길, 노나라는 하늘에 대한 교제사를 지낼 수 있었기 때문에 천지라고 말한 것이다.

③ **寡人固[止]言也**.

補註 通解曰: 言由其鄙固, 故有不已重乎之問, 向使不固, 則不發此問,而不得聞此言也.

번역 『통해』에서 말하길, 고루함으로 인해서 "너무 중시하는 것이 아닙니까?"라는 질문을 하게 되었고, 이전에 고루하지 않았다면 이러한 질문을 하지 못해 이러한 말을 들을 수 없었다는 뜻이다.

참고-集說

①石梁王氏曰: 併言天地, 非止諸侯之禮也.

번역 석량왕씨가 말하길, '천지(天地)'에 대해서도 함께 언급을 했으니, 제후에게만 한정된 예법이 아니다.

① **石梁王氏曰[止]禮也.**

補註 按: 通解曰, "天地, 蓋通天子言之也." 陳註不載朱訓, 而載石梁說, 何也?

번역 살펴보니, 『통해』에서는 "천지라고 말한 것은 천자까지도 통괄해서 말했기 때문이다."라고 했다. 진호의 주에서는 주자의 풀이를 수록하지 않고 석량의 주장을 수록했는데 어째서란 말인가?

「애공문」 11장

참고-經文

孔子曰, "天地不合, 萬物不生. 大昏, 萬世之嗣也, 君何謂已重焉?" 孔子遂言曰, "內以治宗廟之禮, 足以配天地之神明. 出以治①直言之禮, 足以立上下之敬. ②物恥足以振之, 國恥足以興之, 爲政先禮, 禮其政之本與."

번역 애공의 질문에 대해 공자는 "천지가 합치되지 않으면 만물이 생겨나지 않습니다. 따라서 천지를 상징하는 남녀는 성대한 혼례를 치름으로써 만세를 잇는 일인데, 군주께서는 어찌하여 너무 중시 여긴다고 하십니까?"라고 대답했다. 그리고 공자는 "안으로 종묘의 예(禮)를 다스리면 천지의 신명과 짝할 수 있습니다. 또 밖으로 조정의 예를 다스리면 상하계층의 공경함을 세울 수 있습니다. 사물의 치욕은 이를 통해 진작시켜 없앨 수 있으며, 나라의 치욕은 이를 통해 흥기시켜 없앨 수 있으니, 정치를 시행할 때에는 예가 급선무입니다. 따라서 예는 정치의 근본일 것입니다."라고 말했다.

① 直言之禮.

補註 按: 通解載鄭註, "直猶正也. 正言謂出政教也." 今當從之.

번역 살펴보니, 『통해』에서는 정현의 주에서 "'직(直)'자는 바르다는 뜻이다. 바른 말은 정치와 교화를 창출한다는 의미이다."라고 한 말을 수록했는데, 이에 따라야 한다.

② 物恥[止]興之.

補註 楊梧曰: 物以紀綱法度言, 國以土地人民言. 國體之卑辱可恥, 每由竝后匹嫡溺愛私情太勝. 昏禮成則嫡庶明, 內治修則外治亦理, 綱常不倒置, 何至國體卑辱乎? 是時魯政事廢墜國勢衰弱, 故其激發魯君行昏禮, 正在恥字上, 所以把他歸束在後面.

번역 양오가 말하길, '물(物)'은 기강과 법도를 기준으로 말한 것이고, 국(國)은 땅과 백성을 기준으로 말한 것이다. 나라의 본체가 미천하고 치욕을 당하는 것은 부끄러워할 일인데, 이것들은 첩의 지위가 처와 같아지고 서자의 지위가 적자와 같아져 지나치게 사랑을 쏟고 사사로운 정감이 크게 날뛰는 것에서 비롯된다. 혼례가 성사되면 적서의 구별이 명확해지고, 내적인 면이 다스려지게 되면 외적인 다스림이 또한 이치대로 시행되고 강상의 윤리가 전도되지 않게 되는데, 어찌 나라의 본체가 미천하고 치욕을 당하는 지경에 이르겠는가? 이것은 당시 노나라의 정사가 무너지고 나라의 세력이 쇠락했기 때문에, 노나라 군주가 혼례를 시행하도록 격발시키는 것은 바로 치(恥)에 달려 있는 것이니, 다른 것들을 그 뒤에 귀속시킨 이유이다.

「애공문」 12장

참고-經文

孔子遂言曰, "昔三代明王之政, 必敬其妻子也, 有道. 妻也者, 親之主也, 敢不敬與? 子也者, 親之後也, 敢不敬與? 君子無不敬也, 敬身爲大. 身也者, 親之枝也, 敢不敬與? 不能敬其身, 是傷其親. 傷其親, 是傷其本. 傷其本, 枝從而亡. ①三者, 百姓之象也. 身以及身, 子以及子, 妃以及妃, 君行此三者, 則②愾乎天下矣, ③大王之道也. 如此, 則國家順矣."

번역 그리고 공자는 "예전 삼대(三代) 시대처럼 현명한 천자가 정치를 시행할 때에는 반드시 자신의 처와 자식을 공경함에도 도가 있었습니다. 처는 부모를 섬기는 집안의 주인이니, 감히 공경하지 않을 수 있겠습니까? 또 자식은 부모의 후손이 되니, 감히 공경하지 않을 수 있겠습니까? 군자는 공경하지 않는 대상이 없지만, 자신을 공경하는 것을 큰 것으로 삼습니다. 그 이유는 본인은 부모의 몸에서 나온 가지가 되는데, 감히 공경하지 않을 수 있겠습니까? 자신을 공경할 수 없다면, 이것은 부모에 대해서도 해를 끼치는 것입니다. 부모에게 해를 끼치는 것은 근본을 해치는 일입니다. 근본을 해치게 되면 그에게서 파생된 가지 또한 뒤따라 망하게 됩니다. 그리고 이 세 가지는 백성들의 상이 됩니다. 따라서 자신에게 공경스럽게 대하여 백성들까지도 공경스럽게 대하고, 자신의 자식에게 공경스럽게 대하여 백성들의 자식까지도 공경스럽게 대하며, 자신의 부인에게 공경스럽게 대하여 백성들의 부인까지도 공경스럽게 대해야 하니, 군자가 이러한 세 가지 도의를 시행한다면, 그 교화가 천하의 두루 퍼지게 될 것이니, 이것은 태왕이 실천했던 도입니다. 따라서 이처럼 하게 된다면, 국가의 모든 사람들이 순종하게 됩니다."라고 말했다.

① ○三者百姓之象也.

補註 通解曰: 王肅云, "言百姓所法而行."

번역 『통해』에서 말하길, 왕숙은 "백성들이 본받아서 시행하는 바라는 뜻이다."라고 했다.

② 愾乎天下.

補註 鄭註: “愾, 猶至也.” 疏曰: “愾, 音近憩, 憩爲息, 息是至之義, 故云愾猶至也.”

번역 정현의 주에서 말하길, “‘개(愾)’자는 ~에 이르다는 뜻이다.”라고 했다. 소에서 말하길, “‘愾’자의 음은 ‘憩(게)’에 가깝고, ‘게(憩)’자는 식(息)자가 되는데, ‘식(息)’자는 ~에 이른다는 뜻이다. 그렇기 때문에 개(愾)자는 지(至)자와 같다고 했다.”라고 했다.

補註 ○按: 字彙, “愾音忌, 同曁, 至也, 及也.” 又引哀公問此一句, 然則恐當音忌, 讀如曁.

번역 ○살펴보니, 『자휘』에서는 “‘愾’자의 음은 ‘忌(기)’이며 기(曁)자와 같고, ~에 이르다는 뜻이며 ~와라는 뜻이다.”라고 했다. 또 「애공문」편에 나온 이곳 구문을 인용하고 있는데, 그렇다면 이 글자는 아마도 그 음이 ‘忌(기)’가 되어야 할 것이니, 기(曁)자처럼 풀이해야 한다.

③ 大王之道也.

補註 通解曰: 鄭云, “大王居豳, 爲狄所伐, 乃曰土地所以養人也. 君子不以其所養害所養. 乃去之岐, 是言百姓之身, 猶吾身也, 百姓之妻・子, 猶吾妻・子也, 不忍以土地之故而害之. 去之岐, 而王迹興焉.” 王肅云, “大王出亦姜女, 入亦姜女, 國無鰥民. 愛其身以及人之身, 愛其子以及人之子, 愛其妃以及人之妃, 故曰大王之道.” 二說皆通. 今兩存之.

번역 『통해』에서 말하길, 정현은 “태왕이 빈(豳)땅에 살았을 때, 적인에게 침략을 당하자 ‘땅은 사람을 길러주는 것이다. 군자는 사람을 길러주는 것으로 기르는 대상을 해칠 수 없다.’라고 말하며, 기산(岐山)으로 떠났다고 했으니, 이것은 백성들의 몸을 자신처럼 여겼음을 뜻하며, 백성들의 처와 자식을 자신의 처와 자식처럼 여겼으므로, 토지 때문에 차마 해를 끼칠 수 없었다는 의미이다. 기산으로 떠나게 되어 결국 천자의 과업이 일어나게 되었다.”라고 했다. 왕숙은 “태왕이 나간 것 또한 강녀 때문이며, 들어간 것 또한 강녀 때문이니, 나라에 홀아비가 없어졌다. 자신을 사랑하여 남에게까지 미치고, 자신의 자식을 사랑하여 남의 자식에게까지 미치며, 자신의 처를 사랑하여 남의 처에게까지 미친다. 그렇기 때문에 '태왕의 도이다.'라고 했다." 라고 했다. 두 주장은 모두 통용되므로 여기에서는 두 주장을 함께 수록해 둔다.

「애공문」 14장

참고-經文

公曰, "敢問何謂成親?" 孔子對曰, "①君子也者, 人之成名也. ②百姓歸之名, 謂之君子之子, 是使其親爲君子也, 是爲成其親之名也已." 孔子遂言曰, "古之爲政, 愛人爲大. 不能愛人, ③不能有其身. 不能有其身, 不能安土. 不能安土, 不能樂天. 不能樂天, 不能成其身."

번역 애공이 "감히 묻겠으니, 무엇을 부모의 명성을 이룬다고 말합니까?"라고 묻자 공자가 대답하길, "'군자(君子)'라는 단어는 사람들이 만들어준 명칭입니다. 따라서 백성들이 그에게 명칭을 부여하며, '그는 군자의 자식이다.'라고 말한다면, 이것은 자신의 부모를 군자로 만드는 것이니, 바로 부모의 명성을 이루는 것일 따름입니다."라고 했다. 그리고 공자는 "고대에는 정치를 시행할 때 사람들을 사랑하는 것을 큼으로 삼았습니다. 따라서 남을 사랑할 수 없다면, 자신을 보존할 수 없습니다. 자신을 보존할 수 없다면, 국토를 편안하게 유지할 수 없습니다. 국토를 편안하게 유지할 수 없다면, 천명에 대해 즐거워할 수 없습니다. 천명에 대해 즐거워할 수 없다면, 자신을 이룰 수 없습니다."라고 했다.

① ○君子也者[止]成名.

補註 疏曰: 凡謂之君子者, 人之成就美名.

번역 소에서 말하길, '군자(君子)'라고 부르는 말은 사람들이 붙여준 아름다운 명칭이라는 뜻이다.

② 百姓歸之名.

補註 按: 諺讀歸之下句絶, 誤. 名下當句. 疏曰, "己若能敬身, 則百姓歸己善名, 謂己爲君子所生之子, 是己之修身, 使其親有君子之名也." 觀此, 則名下句, 明矣.

번역 살펴보니, 『언독』에서는 '귀지(歸之)' 뒤에서 구문을 끊었는데 잘못된 해석이다. 명(名)자 뒤에서 구문을 끊어야 한다. 소에서는 "자신이 만약 본인을 공경할 수 있다면 백성들은 그에게 아름다운 명칭을 붙여주게 되니, 즉 본인은 군자가 낳은 자식으로 칭송된다는 뜻으로, 이것은 자신이 스스로를 수양하는 것이 곧 부모에게 군자의 명칭을 부여하게 만든다는 뜻이다."라고 했다. 이를 살펴보면 명(名)자에서 구문을 끊는 것이 명백해진다.

③ 不能有[止]樂天.

補註 通解曰: 不能有其身, 謂不能持守其身, 而陷於非僻. 安土, 謂安其所處之位, 而無求. 樂天, 謂樂循天理.

번역 『통해』에서 말하길, '불능유기신(不能有其身)'은 자신을 제대로 간수할 수 없어 잘못되고 비루한 곳에 빠진다는 뜻이다. '안토(安土)'는 처한 곳을 편안히 여겨서 다른 것을 요구함이 없다는 뜻이다. '낙천(樂天)'은 천리를 즐거운 마음으로 따른다는 뜻이다.

참고-集說

方氏曰: 不能愛人, 則①傷之者至矣, 故不能有其身. 不能有其身, 則一身無所容矣, 故不能安土. 安土, 則所居無所擇; 樂天, 則所遭無所怨. 俯能無所擇, 則仰亦無所怨矣. 故不能安土, 不能樂天. 能樂天, 則於理無所不順, 成身之道, 亦順其理而已.

번역 방씨가 말하길, 남을 사랑할 수 없다면 해침이 지극해진다. 그렇기 때문에 자신을 보존할 수 없다. 자신을 보존할 수 없다면 자기 한 몸에 대해 받아들이는 곳이 없게 된다. 그렇기 때문에 국토를 편안하게 유지할 수 없다. 국토를 편안하게 유지한다면 머무는 곳에 대해 가릴 것이 없고, 천명을 즐거워한다면 접하는 것에 대해 원망함이 없다. 밑으로 가릴 것이 없을 수 있다면 위로도 원망할 것이 없게 된다. 그렇기 때문에 국토를 편안하게 유지할 수 없다면 천명을 즐거워할 수 없다. 천명을 즐거워할 수 있다면 이치에 대해 순응하지 못하는 것이 없는데, 자신을 이루는 도는 또한 이치에 순응하는 것일 따름이다.

① 傷之者至矣.

補註 易 · 繫辭下傳曰: 無交而求, 則民不與也, 莫之與, 則傷之者至矣.

번역 『역』「계사하(繫辭下)」편에서 말하길, 사귐이 없이 구하면 백성들이 도와주지 않고, 도와줄 자가 없다면 해치는 자가 이른다.[1)]

---

1) 『역』「계사하(繫辭下)」: 子曰, "君子安其身而後動, 易其心而後語, 定其交而後求, 君子脩此三者, 故全也. 危以動, 則民不與也, 懼以語, 則民不應也, 无交而求, 則民不與也, 莫之與, 則傷之者至矣. 易曰, '莫益之, 或擊之, 立心勿恒, 凶.'"

「애공문」 15장

참고-經文

公曰, "敢問①何謂成身?" 孔子對曰, "②不過乎物."

번역 애공이 "감히 묻겠으니, 무엇을 두고 자신을 이룬다고 말합니까?"라고 묻자 공자가 대답하길, "사물의 마땅한 이치에서 벗어나지 않는 것입니다."라고 했다.

① **何謂成身.**

補註 楊梧曰: 成身, 比敬身不同. 蓋敬身, 方做工夫, 成身, 則造其極也.
번역 양오가 말하길, '성신(成身)'이라는 것은 경신(敬身)과 다르다. 경신이라는 것은 그 노력을 해가는 것이며, 성신이라는 것은 지극함을 이룬 것이다.

② **不過乎物.**

補註 家語孔子對曰: 夫其行己不過乎物, 謂之成身. 不過乎物, 合天道也.
번역 『가어』에서는 공자가 대답을 하며, 자신을 시행함에 사물의 이치에서 벗어나지 않는 것을 자신을 이룬다고 부른다. 사물의 이치에서 벗어나지 않는다면 천도에 합하게 된다.[1)]

補註 ○按: 通解依家語, 補入曰, "戴記惟有'不過乎物'四字, 以下文推之, 家語爲是."
번역 ○살펴보니, 『통해』의 해석은 『가어』의 기록에 따르고 있는데, 설명을

1) 『공자가어(孔子家語)』「대혼해(大婚解)」: 公曰, "敢問何能成身?" 孔子對曰, "夫其行已不過乎物, 謂之成身, 不過乎, 合天道也."

보충하며 "『예기』에는 오직 '불과호물(不過乎物)'이라는 네 글자만 기록되어 있는데, 아래문장을 통해 추론해보면 『가어』의 기록이 옳다."라고 했다.

補註 ○楊梧曰: 不曰理而曰物者, 理寓於物也.
번역 ○양오가 말하길, 이(理)라고 하지 않고 물(物)이라고 한 것은 이치는 사물에 기대기 때문이다.

「애공문」 16장

참고-經文

公曰, "敢問君子何貴乎天道也?" 孔子對曰, "貴其不已, 如日月東西相從而不已也, 是天道也. ①不閉其久, 是天道也. 無爲而物成, 是天道也. 已成而明, 是天道也."

번역 애공이 "감히 묻겠으니, 군자는 어찌하여 천도를 존귀하게 여깁니까?"라고 묻자 공자가 대답하길, "그치지 않는 작용을 존귀하게 여기는 것이니, 마치 해와 달이 동과 서로 서로 뒤따라 운행하며 그치지 않는 것이 바로 천도입니다. 또 오래되도록 닫히지 않는 것이 바로 천도입니다. 또 인위적으로 행위함이 없는데도 사물이 이루어지는 것이 바로 천도입니다. 이미 이루어지고서 밝게 빛나는 것이 바로 천도입니다."라고 했다.

① ○不閉其久.

補註 按: 通解從家語, 作不閉而能久, 曰, "戴記作不閉其久, 非是. 王肅云, '不閉常通, 而能久言無極.'"

번역 살펴보니, 『통해』에서는 『가어』의 기록에 따르며 '불폐이능구(不閉而能久)'라고 기록하고, "『예기』에서는 불폐기구(不閉其久)라고 기록했는데 옳지 않다. 왕숙은 '닫히지 않는다는 것은 통상적인 것이지만, 오래할 수 있다는 것은 무극함을 뜻한다.'"라고 했다.

참고-集說

日月相從不已, ①繼明照于四方也. 不閉其久, ②窮則變, 變則通也. 無爲而成, ③不言而信, 不怒而威也. 已成而明, ④爲法於天下, 可傳於後世也.

번역 해와 달이 서로 뒤따라 운행하며 그치지 않는 것은 연속하여 사방에 빛을 비춰준다는 뜻이다.[1] 오래됨을 폐지하지 않는 것은 다하게 되면 변하고 변하면 통한다는 뜻이다. 인위적으로 행위함이 없는데도 이루는 것은 말을 하지 않아도 믿고 성내지 않아도 위엄을 갖춘다는 뜻이다.[2] 이미 이루어져서 밝다는 것은 천하에 모범이 되어 후세에 전할 수 있다는 뜻이다.

① 繼明照于四方.

補註 易・離之象曰: 明兩作, 離, 大人以, 繼明照于四方.

번역 『역』「리괘(離卦)」의 「상전」에서 말하길, 밝음이 둘인 것이 리가 되니, 대인은 그것을 본받아 밝음을 이어 사방에 비춘다.[3]

② 窮則變變則通.

補註 易・繫辭傳文.

번역 『역』「계사전(繫辭傳)」편의 기록이다.[4]

---

1) 『역』「리괘(離卦)」: 象曰, 明兩作, 離, 大人以, 繼明照于四方.

2) 『예기』「악기(樂記)」: 君子曰, "禮樂不可斯須去身." 致樂以治心, 則易直子諒之心油然生矣. 易直子諒之心生則樂, 樂則安, 安則久, 久則天, 天則神. 天則不言而信, 神則不怒而威, 致樂以治心者也. / 『예기』「제의(祭義)」: 君子曰, "禮樂不可斯須去身." 致樂以治心, 則易・直・子・諒之心油然生矣. 易・直・子・諒之心生, 則樂; 樂則安, 安則久, 久則天, 天則神. 天則不言而信, 神則不怒而威, 致樂以治心者也. 致禮以治躬則莊敬, 莊敬則嚴威. 心中斯須不和不樂, 而鄙詐之心入之矣; 外貌斯須不莊不敬, 而慢易之心入之矣. 故樂也者, 動於內者也; 禮也者, 動於外者也. 樂極和, 禮極順, 內和而外順, 則民瞻其顔色而不與爭也, 望其容貌而衆不生慢易焉. 故德煇動乎內, 而民莫不承聽; 理發乎外, 而衆莫不承順. 故曰, "致禮樂之道, 而天下塞焉, 擧而措之無難矣." 樂也者, 動於內者也; 禮也者, 動於外者也. 故禮主其減, 樂主其盈. 禮減而進, 以進爲文; 樂盈而反, 以反爲文. 禮減而不進, 則銷; 樂盈而不反, 則放. 故禮有報而樂有反. 禮得其報則樂, 樂得其反則安. 禮之報, 樂之反, 其義一也.

3) 『역』「리괘(離卦)」: 象曰, 明兩作, 離, 大人以, 繼明照于四方.

③ 不言而信不怒而威.

補註 中庸文.

번역 『중용』의 기록이다.[5)]

④ 爲法[止]後世.

補註 孟子・離婁文.

번역 『맹자』「이루(離婁)」편의 기록이다.[6)]

참고–集說

劉氏曰: 天道至誠無息, 所謂“①維天之命, 於穆不已”也. 君子貴之, ②純亦不已焉. 然其不已者, 一動一靜互爲其根, 如日往則月來, 月往則日來, 是以不窮其久. 無思無營, 而萬物自然各得其成, 及其旣成, 皆粲然可見也. 蓋其機緘密運而不已者, 雖若難名, 而成功則昭著也. 無爲而成者, 不見其爲之之迹, 而但見有成也. 此“③唯天爲大, 唯堯則之, 蕩蕩乎民無能名焉, 巍巍乎其有成功也, 煥乎其有文章”之謂也.

번역 유씨가 말하길, 천도는 지극히 성실하고 쉼이 없으니,[7)] 바로 “하늘의 명이오! 심원하여 그치지 않는구나.”라는 뜻에 해당한다. 군자가 존귀하게 여기는 것은

---

4) 『역』「계사하(繫辭下)」: 易窮則變, 變則通, 通則久, 是以“自天祐之, 吉无不利”.

5) 『중용』「33장」: 故君子不動而敬, 不言而信. 詩曰, “奏假無言, 時靡有爭.” 是故君子不賞而民勸, 不怒而民威於鈇鉞. 詩曰, “不顯惟德, 百辟其刑之.” 是故, 君子篤恭而天下平. 詩曰, “予懷明德, 不大聲以色.”

6) 『맹자』「이루하(離婁下)」: 是故君子有終身之憂, 無一朝之患也. 乃若所憂則有之, 舜, 人也, 我, 亦人也. 舜爲法於天下, 可傳於後世, 我由未免爲鄕人也, 是則可憂也.

7) 『중용』「26장」: 故至誠無息.

순수하고 또한 그치지 않기 때문이다. 그런데 그치지 않는 것은 한 번 움직이고 한 번 고요하여 서로에 대해 근원이 되는 것이니, 예를 들어 해가 지면 달이 떠오르고 달이 지면 해가 떠오르는 것과 같다. 이러한 까닭으로 오래됨을 다하지 않는다. 생각함도 없고 계획함도 없지만, 만물은 자연히 각각 완성됨을 얻게 되고, 이미 이루어지게 되면 모두 찬란하게 드러날 수 있다. 숨어서 은밀하게 운행하며 그치지 않는 것은 비록 이름을 붙이기가 어렵지만 공을 이루게 된다면 밝게 드러난다. 인위적으로 행위함이 없는데도 이루어지는 것은 실제로 시행하는 자취를 보지 못하고, 단지 이룬 것만을 볼 수 있기 때문이다. 이것은 "오직 하늘만이 위대한데 오직 요임금만이 그것을 본받아 넓고도 넓어 백성들이 이름을 붙일 수 없고, 높고도 높구나 그 공적을 이룸이여, 찬란하구나 그 문장을 갖춤이여."라고 한 말에 해당한다.

① **維天[止]不已.**

補註 詩·周頌文.

번역 『시』「주송(周頌)」편의 기록이다.[8]

② **純亦不已.**

補註 中庸文.

번역 『중용』의 기록이다.[9]

③ **惟天[止]文章.**

補註 論語·泰伯文.

번역 『논어』「태백(泰伯)」편의 기록이다.[10]

---

8) 『시』「주송(周頌)·유천지명(維天之命)」: 維天之命, 於穆不已. 於乎不顯, 文王之德之純. 假以溢我, 我其收之. 駿惠我文王, 曾孫篤之.

9) 『중용』「26장」: 曰, "惟天之命, 於穆不已." 蓋曰天之所以爲天也. "於乎不顯! 文王之德之純." 蓋曰文王之所以爲文也, 純亦不已.

10) 『논어』「태백(泰伯)」: 子曰, "大哉堯之爲君也! 巍巍乎! 唯天爲大, 唯堯則之. 蕩蕩乎, 民無能名焉. 巍巍乎! 其有成功也, 煥乎其有文章!"

「애공문」 17장

참고-經文

公曰, "①寡人惷愚冥煩, 子志之心也."

번역 애공이 "과인은 기질에 가려 우둔하고 이치에 어두우며 자질구레한 데에 얽매여 있어서, 그대가 가르쳐준 내용들을 깨우칠 수 없으니, 그대는 간략하고 핵심적인 말로 내 마음에 그것들을 새겨주시오."라고 했다.

① 寡人[止]心也.

補註 按: 家語作"寡人且愚冥, 幸煩子之於心."

번역 살펴보니, 『가어』에서는 "과인이 어리석고 또 이치에 어두워서, 그대의 마음만 번거롭게 만듭니다."라고 기록했다.

補註 ○通解曰: 煩字, 王肅讀屬下句, 今從鄭.

번역 ○『통해』에서 말하길, '번(煩)'자에 대해 왕숙은 뒤의 구문에 연결해서 풀이했는데, 여기에서는 정현의 주장에 따른다.

補註 ○按: 鄭註, "志, 讀爲識, 識, 知也. 言子之心所知也." 陳註不從, 故云如字.

번역 ○살펴보니, 정현의 주에서는 "'지(志)'자는 식(識)자로 풀이하니, '식(識)'자는 안다는 뜻이다. 그대의 마음에 알고 있는 내용을 의미한다."라고 했다. 진호의 주에서는 그에 따르지 않았기 때문에 글자대로 읽는다고 했다.

「애공문」 18장

참고–經文

孔子蹴然辟席而對曰, "①仁人不過乎物, 孝子不過乎物. 是故仁人之事親也如事天, 事天如事親. 是故孝子成身." 公曰, "寡人旣聞此言也, 無如後罪何?" 孔子對曰, "君之及此言也, 是臣之福也."

번역 공자는 몸가짐을 고쳐 엄숙하고 공경스러운 태도를 취하고 자리를 피하여 대답하길, "인(仁)한 자는 사물의 이치에서 벗어나지 않고, 효자는 사물의 이치에서 벗어나지 않습니다. 이러한 까닭으로 인한 자는 부모를 섬길 때 하늘을 섬기는 것처럼 하고, 하늘을 섬길 때 부모를 섬기는 것처럼 합니다. 그러므로 효자는 자신을 이루게 됩니다."라고 했다. 애공은 "과인은 이미 이러한 말을 들었지만, 어쩔 수 없이 이후에 죄를 범하게 된다면 어찌하면 좋단 말이오?"라고 했고, 공자는 "군주께서 이러한 말씀을 하시게 된 것은 바로 신하의 복입니다."라고 대답했다.

① ○仁人不過[止]成身.

補註 楊梧曰: 物卽仁孝, 不過乎物, 卽不過乎仁孝也. 仁孝一理, 仁人孝子是一人, 對天言則爲仁人, 對親言則爲孝子, 故事親句言仁人, 成身句言孝子, 省文以互見也.

번역 양오가 말하길, '물(物)'은 곧 인과 효에 해당하니, '불과호물(不過乎物)'은 인과 효에서 벗어나지 않는다는 뜻이다. 인과 효는 동일한 이치이고, 인한 자와 효자는 동일한 사람인데, 하늘과 대비해서 말을 할 때에는 인한 자라고 쓰고 부모와 대비해서 말을 할 때에는 효자라고 쓴 것이다. 그렇기 때문에 부모를 섬긴다는 구문에서는 인한 자라고 쓰고 자신을 이룬다는 구문에서는 효자라고 써서 문장을 생략하여 상호 그 뜻을 드러내도록 한 것이다.

「중니연거(仲尼燕居)」 제28편

「중니연거」 1장

참고-經文

仲尼燕居, 子張 · 子貢 · 言游侍, 縱言至於禮. 子曰, "①居, 女三人者. 吾語女禮, 使女以禮周流無不徧也." 子貢越席而對曰, "敢問何如?" 子曰, "敬而不中禮謂之野, 恭而不中禮謂之給, 勇而不中禮謂之逆." 子曰, "②給奪慈仁."

번역 공자가 한가롭게 머물고 있는데, 자장 · 자공 · 자유가 모시고 있었다. 이런저런 말들을 하다가 그 사안이 예(禮)에 이르게 되었다. 그러자 공자는 "이리 앉아라, 너희 세 사람이여. 내가 너희들에게 예에 대해 설명하여, 너희들로 하여금 예에 따라 시행하여 알맞지 않은 일이 없게끔 하겠다."라고 했다. 그러자 자공은 본래 있던 자리를 벗어나 대답을 하며, "감히 묻습니다. 예란 어떠한 것입니까?"라고 했다. 공자는 "공경하되 예에 맞지 않으면 야(野)라고 부르고, 공손하되 예에 맞지 않으면 급(給)이라고 부르며, 용맹하되 예에 맞지 않으면 역(逆)이라고 부른다."라고 했다. 계속하여 공자는 "급(給)의 폐단은 인자함을 빼앗는다."라고 했다.

① 居女三人者.

補註 鄭註: 居, 坐也.

번역 정현의 주에서 말하길, '거(居)'자는 앉다는 뜻이다.

② 給奪慈仁.

補註 鄭註: 奪, 猶亂也. 特言是者, 感子貢也. 子貢辯, 近於給.

번역 정현의 주에서 말하길, '탈(奪)'자는 어지럽힌다는 뜻이다. 특별히 이것을 언급한 것은 자공을 깨우치고자 해서이다. 자공은 분별하길 잘하여, 급(給)에 가까웠다.

참고-集說

縱言, 汎言諸事也. 周流無不徧者, 隨遇而施, 無不中節也. 敬以心言, 恭以容言. 禮雖以敬恭爲主, 然違於節文, 則有二者之弊. 給者, 足恭便佞之貌. 逆者, 悖戾爭鬭之事. 夫子嘗言①恭而無禮則勞, 勇而無禮則亂, 給則勞, 逆則亂矣. 夫子於三者之弊, 獨言給之爲害, 何也? 蓋野與逆二者, 猶是直情徑行而然, 使習於禮, 則無此患矣. 惟足恭便給之人, 是曲意徇物, 致飾於外, 務以悅人, 貌雖類於慈仁, 而本心之德則亡矣, 故謂之奪慈仁, 謂②巧言令色鮮矣仁, 而③恥乎足恭, 正此意也.

번역 '종언(縱言)'은 여러 일들에 대해서 두루 언급한다는 뜻이다. '주류무불편(周流無不徧)'은 딱 맞는 것에 따라 시행하여 절도에 알맞지 않는 것이 없다는 뜻이다. 공경함[敬]은 마음을 기준으로 말한 것이고, 공손함[恭]은 행동거지를 기준으로 말한 것이다. 예(禮)가 비록 공경함과 공손함을 위주로 하더라도 예법에 위배된다면, 이 두 가지에 대한 폐단이 생긴다. '급(給)'은 지나치고 공손하며 실제가 없이 말주변만 좋은 모습을 뜻한다. '역(逆)'은 이치를 어그러트리며 다투는 일을 뜻한다. 공자는 일찍이 "공손하되 예가 없으면 수고롭고, 용맹하되 예가 없으면 혼란스럽다."라고 했으니, 급(給)하게 되면 수고롭게 되고 역(逆)하게 되면 혼란스럽게 된다. 공자가 세 가지 폐단에 대해서 유독 급(給)의 폐해만 언급한 것은 어째서인가? 무릇 야(野)와 역(逆)이라는 두 가지 것들은 여전히 감정에만 충실하고 경솔하게 시행하여 그처럼 된 것이므로, 예를 익히게 한다면 이러한 우환이 없게 된다. 그러나 오직 지나치게 공손하며 교묘하게 말주변을 늘어놓는 자라면, 자신의 뜻을 굽혀 외부 대상에만 따르고 겉을 치장하는데 주력하여 남을 기쁘게 만드는 일에만 힘쓰니, 그 모습이 비록 인자함과 비슷하더라도 본래의 마음에 있는 덕은 없어진 것이다. 그렇기 때문에 "인자함을 빼앗는다."라고 했으니, "말을 교묘하게 하고 낯

빛을 꾸미는 자들 중에는 인한 사람이 드물다."고 말하고, "지나친 겸손을 부끄러워 했다."고 말한 것은 바로 이러한 뜻을 나타낸다.

① **恭而無禮[止]則亂.**

補註 論語·泰伯文.

번역 『논어』「태백(泰伯)」편의 기록이다.[1)]

② **巧言令色鮮矣仁.**

補註 學而文.

번역 『논어』「학이(學而)」편의 기록이다.[2)]

③ **恥乎足恭.**

補註 見公冶長.

번역 『논어』「공야장(公冶長)」편에 나온다.[3)]

---

1) 『논어』「태백(泰伯)」: 子曰, "恭而無禮則勞, 愼而無禮則葸, 勇而無禮則亂, 直而無禮則絞. 君子篤於親, 則民興於仁, 故舊不遺, 則民不偸."

2) 『논어』「양화(陽貨)」: 子曰, "巧言令色, 鮮矣仁."

3) 『논어』「공야장(公冶長)」: 子曰, "巧言令色足恭, 左丘明恥之, 丘亦恥之. 匿怨而友其人, 左丘明恥之, 丘亦恥之."

「중니연거」 2장

참고—經文

子曰, "師, 爾過, 而商也不及. 子産猶衆人之母也, ①能食之, 不能教也." 子貢越席而對曰, "敢問將何以爲此中者也?" 子曰, "禮乎禮. 夫禮所以制中也."

번역 공자가 말하길, "자장아 너는 지나친데, 자하는 미치지 못한다. 정나라 자산은 백성들의 어머니와 같아서 그들을 잘 먹여 살릴 수 있었지만 제대로 가르치지 못했다."라고 했다. 그러자 자공은 본래 있던 자리를 벗어나 대답을 하며, "감히 묻습니다. 무엇을 가지고 중도로 삼아야 합니까?"라고 했다. 공자는 "예인가? 바로 예이다. 예라는 것은 중도에 맞게끔 하는 것이다."라고 했다.

① 能食之不能教也.

補註 家語此下, 子游曰: "其事可言乎?" 孔子曰: "子産以其乘輿濟冬涉者, 是愛無教也."

번역 『가어』에서는 이 구문 뒤에 자유가 "그 사안에 대해서 말씀해주실 수 있습니까?"라고 하자 공자는 "자산은 자신이 타던 수레를 이용해서 겨울에 물을 건너는 자들을 건너게 해주었는데, 이것은 사랑만 있고 가르침이 없는 것이다."라고 대답했다.

참고—集說

①能食不能教, 亦爲不及, 故子貢幷以中爲問.

번역 밥은 잘 먹여주었지만 가르치지 못했다는 것 또한 미치지 못한 것이 된다. 그렇기 때문에 자공은 두 경우를 아울러 중도에 대해 질문한 것이다.

① 能食[止]不及.

補註 按: 能食不能教, 恐兼過與不及, 小註吳說, 是.

번역 살펴보니, 밥은 잘 먹여주었지만 가르치지 못했다는 것은 지나친 것과 미치지 못한 것을 겸하는 말인 것 같으니, 소주에 나온 오씨의 주장이 옳다.

참고-大全 臨川吳氏曰: 卜商雖不在坐, 幷言之者, 以其不及, 與子張之過相反也. 子産母道有餘, 父道不足, 有餘者爲過, 不足者爲不及. 師商二人, 而一過一不及, 子産一人而有過亦有不及, 故因言師商之過不及而幷言之. 中者, 無過不及. 制者, 裁也. 子貢見夫子言師商之過不及, 遂問夫子何以得爲無過不及之中, 而夫子答以禮也. 蓋禮有節, 以禮裁制之, 使中其節, 則無過亦無不及矣. 先云禮乎者, 設爲問辭, 後云禮者, 設爲答辭也.

번역 임천오씨가 말하길, 복상(卜商: =자하)은 비록 그 자리에 없었지만 함께 언급한 것은 그의 미치지 못하는 점은 자장의 지나친 점과 상반되기 때문이다. 정나라 자산은 모친의 도에 있어서는 넘치는 점이 있었지만 부친의 도에 있어서는 부족하였으니, 넘치는 것은 지나침이 되며 부족한 것은 미치지 못함이 된다. 자장과 자하 두 사람은 한 쪽은 지나치지만 다른 한 쪽은 미치지 못했고, 자산 한 사람은 지나친 점도 있고 또 미치지 못하는 점도 있었다. 그렇기 때문에 자장과 자하의 지나치고 미치지 못한 점을 언급함에 따라서 함께 말한 것이다. '중(中)'은 지나치거나 미치지 못한 점이 없는 것이다. '제(制)'자는 마름질하는 것이다. 자공은 공자가 자장과 자하의 지나치거나 미치지 못한 점을 언급한 것을 보고서, 결국 공자에게 질문하여 무엇을 가지고 지나치거나 미치지 못함이 없는 중도로 삼을 수 있느냐고 말한 것이고, 공자는 예(禮)에 따라야 한다고 대답했다. 예에는 절도가 있으니, 예를 통해 절제하여 절도에 맞게끔 한다면, 지나침도 없고 미치지 못한 점도 없게 된다. 앞서 '예호(禮乎)'라고 한 말은 질문한 말을 위해 발설한 것이며, 뒤의 '예(禮)'라고 한 말은 대답을 위해 발설한 것이다.

「중니연거」 3장

참고-經文

子貢退, 言游進曰, "敢問禮也者, ①領惡而全好者與?" 子曰, "然." "然則何如?" 子曰, "郊社之義, 所以仁鬼神也. 嘗禘之禮, 所以仁昭穆也. 饋奠之禮, 所以仁死喪也. 射鄉之禮, 所以仁鄉黨也. 食饗之禮, 所以仁賓客也."

번역 자공이 물러나자 자유가 앞으로 나아가 "감히 묻겠습니다. 예(禮)라는 것은 악함을 통솔하고 좋음을 온전히 하는 것입니까?"라고 묻자 공자는 "그렇다."라고 대답했다. 자유는 재차 "그렇다면 어떻게 하는 것입니까?"라고 묻자 공자는 "교사(郊社)의 예의는 귀신 섬기는 것을 선하게 인도하는 방법이다. 상체(嘗禘)[1]의 예의는 소목(昭穆)에 속한 자손들을 선하게 인도하는 방법이다. 궤전(饋奠)의 예의는 사상례를 선하게 인도하는 방법이다. 향사례나 향음주례는 향당에 있는 자들을 선하게 인도하는 방법이다. 사향(食饗)[2]의 예의는 빈객들을 선하게 인도하는 방법이다."라고 했다.

① 領惡而全好.

補註 語類曰: "領, 管領, 使之不得動." 又云: "領, 治也, 治去其惡也."

번역 『어류』에서 말하길, "영(領)은 관리한다는 뜻으로, 그로 하여금 움직이지 못하게 한다는 의미이다."라고 했다. 또 말하길, "영(領)은 다스린다는 뜻

---

1) 상체(嘗禘)는 본래 종묘에서 정규적으로 지내는 가을제사인 상(嘗)과 여름제사인 체(禘)를 합쳐서 부른 말이다. 따라서 '상체'는 종묘제사를 범칭하는 용어로 사용되었으며, 후대에는 제사 자체를 범칭하는 용어로도 사용되었다.

2) 사향(食饗)은 술과 음식을 준비하여, 빈객(賓客)들을 대접하거나, 종묘(宗廟)에서 제사를 지내는 등의 일을 뜻한다. 『예기』「악기(樂記)」편에는 "食饗之禮, 非致味也."라는 기록이 있는데, 이에 대한 공영달(孔穎達)의 소(疏)에서는 "食饗, 謂宗廟祫祭."라고 풀이했으며, 『공자가어(孔子家語)』「논례(論禮)」편에는 "食饗之禮, 所以仁賓客也."라는 기록이 있다.

이니, 다스려서 악함을 제거한다는 의미이다."라고 했다.

참고-集說

前言①禮釋回, 增美質, 此言領惡全好, 大意相類. 仁昭穆, 謂祭時則群昭群穆咸在也. 饋奠, 喪奠也, 非吉祭. 鄕射鄕飮酒, 皆行之於鄕, 故曰仁鄕黨. 人而不仁, 如禮何? 此五者之禮, 皆發於本心之仁也.

번역 앞에서는 예(禮)가 사벽함을 제거하고 아름다운 본바탕을 배양시킨다고 했고, 이곳에서는 악함을 다스려서 좋음을 온전히 한다고 했는데, 큰 의미에서는 그 뜻이 비슷하다. "소목(昭穆)을 인(仁)하게 한다."는 말은 제사를 지낼 때라면 뭇 소묘(昭廟)와 뭇 목묘(穆廟)에 해당하는 자손들이 모두 모여 있게 된다는 뜻이다. '궤전(饋奠)'은 상전(喪奠)을 뜻하니, 길제(吉祭)[3]가 아니다. 향사례(鄕射禮)[4]와 향

---

3) 길제(吉祭)는 상례(喪禮)의 단계를 뜻한다. 우제(虞祭)를 지낸 뒤, 졸곡(卒哭)을 하며 제사를 지내게 되는데, 이 단계부터 지내는 제사를 '길제'라고 부른다. 상(喪)은 흉사(凶事)에 해당하는데, 그 이전까지는 슬픔에서 벗어나기 힘들기 때문에 흉제(凶祭) 또는 상제(喪祭)라고 부르며, 이 단계부터는 평상시처럼 길(吉)한 때로 접어들기 때문에 '길제'라고 부른다. 『예기』「단궁하(檀弓下)」편에는 "是月也, 以虞易奠, 卒哭曰成事. 是日也, 以吉祭易喪祭."라는 기록이 있다. 또한 평상시 정규적으로 지내는 제사를 '길제'라고도 부른다.

4) 향사례(鄕射禮)는 활쏘기를 하며 음주를 했던 의례(儀禮)이다. 크게 두 가지로 나뉘는데, 하나는 지방의 수령이 지방학교인 서(序)에서 사람들을 모아서 활쏘기를 익히며 음주를 했던 의례이고, 다른 하나는 향대부(鄕大夫)가 3년마다 치르는 대비(大比)라는 시험을 끝내고 공사(貢士)를 한 연후에, 향대부가 향로(鄕老) 및 향인(鄕人)들과 향학(鄕學)인 상(庠)에서 활쏘기를 익히고 음주를 했던 의례이다. 『주례』「지관(地官)·향대부(鄕大夫)」편에는 "退而以鄕射之禮五物詢衆庶."라는 기록이 있는데, 이에 대한 손이양(孫詒讓)의 『정의(正義)』에서는 "退, 謂王受賢能之書事畢, 鄕大夫與鄕老, 則退各就其鄕學之庠而與鄕人習射, 是爲鄕射之禮."라고 풀이하였다.

음주례(鄕飮酒禮)는 모두 향당에서 시행하는 것이다. 그렇기 때문에 "향당을 인(仁)하게 한다."라고 했다. 사람이 되고서 인(仁)하지 못하다면 예를 어떻게 하겠는가?[5] 이러한 다섯 가지 예법은 모두 본래의 마음에 있는 인(仁)에서 나타난 것이다.

① **禮釋回增美質**.

補註 禮器文.

번역 『예기』「예기(禮器)」편의 기록이다.[6]

---

5) 『논어』「팔일(八佾)」: 子曰, "人而不仁, 如禮何? 人而不仁, 如樂何?"

6) 『예기』「예기(禮器)」: 禮器, 是故大備. 大備, 盛德也. 禮釋回, 增美質, 措則正, 施則行. 其在人也, 如竹箭之有筠也, 如松柏之有心也. 二者居天下之大端矣, 故貫四時而不改柯易葉. 故君子有禮, 則外諧而內無怨. 故物無不懷仁, 鬼神饗德.

「중니연거」 4장

참고–經文

子曰, "①明乎郊社之義 · 嘗禘之禮, 治國其如指諸掌而已乎."

번역 공자가 계속하여 말하길, "교사(郊社) 및 상체(嘗禘)의 예의에 해박하다면, 나라를 다스리는 것이 마치 손바닥을 가리키는 것처럼 쉬울 것이다."라고 했다.

① **明乎郊社[止]而已乎.**

補註 楊梧曰: 郊社嘗禘, 其禮至大, 其義至深. 此而能明, 則無不明矣. 連下文以之及得其字面, 皆承明乎二字, 統會看來.

번역 양오가 말하길, 교사와 상체는 그 예법이 지극히 크고 그 의미가 지극히 깊다. 그런데도 이러한 것들을 밝힐 수 있다면 밝지 못한 것이 없게 된다. 아래문장에 나오는 '이지(以之)'나 '득기(得其)'라는 말들은 모두 명호(明乎)라는 두 글자의 뜻을 이어받고 있으니, 통괄해서 보아야 한다.

참고–集說

明乎郊社之義, 則事天如事親; 明乎嘗禘之禮, 則事親如事天. 仁人孝子明於此, 故能推①民胞物與之心, 而天下國家有不難治者矣.

번역 교사(郊社)의 예의에 해박하다면 하늘을 섬길 때 부모를 섬기는 것처럼 하고, 상체(嘗禘)의 예의에 해박하다면 부모를 섬길 때 하늘을 섬기는 것처럼 한다.[1] 인

---

1) 『예기』「애공문(哀公問)」: 孔子蹴然辟席而對曰, "仁人不過乎物, 孝子不過乎物. 是故仁人之事親也如事天, 事天如事親. 是故孝子成身." 公曰, "寡人旣聞此言也, 無如後罪何?" 孔子對曰, "君之及此言也, 是臣之福也."

(仁)한 자와 효자는 이러한 것에 해박하기 때문에, "백성들은 나의 동포이고 사물들은 나와 함께 한다."는 마음을 미루어 볼 수 있어서, 천하와 국가를 다스림에 어려울 것이 없게 된다.

① **民胞物與.**

補註 西銘曰: 民吾同胞, 物吾與也.

번역 「서명」에서 말하길, 백성은 나의 동포이고, 만물은 나와 함께 하는 대상이다.

「중니연거」 6장

참고-集說

方氏曰: 奥爲尊者所居, 阼爲主者所在, 寢則無侵, 房則有方, 至是極而中者爲極, 自是衰而殺者爲榱, 楹以盈而有所任也, 檐以瞻而有所至也. 櫨, 若顱然; 楣, 若眉然, 如是則宮室得其度矣. 若①魯莊公丹楹刻桷, ②臧文仲山節藻梲, 蓋失其度故也. 量, 左爲升, 以象陽之所升; 右爲合, 以象陰之所合. 仰者爲斛, 以象顯而有所承; 覆者爲斗, 以象隱而有所庇. 外圜其形, 動以天也; 內方其形, 靜以地也. 鼎口在上, 以象有所安乎上; 足在下, 以象有所立乎下. ③大者爲鼎, 以象氣之所仍; ④揜者爲鼐, 以象才之所任. 足奇其數, 參乎天也; 耳偶其數, 兩乎地也. 非特此而已, 以⑤兆之則有▼(厂/兆), 以⑥旣之則有概, 而量之所象又有如此者; 以貫之則有耳, 以⑦擧之則有鉉, 而鼎之所象又有如此者. ⑧其音足以中黃鍾, 而量又有樂之象焉; ⑨其亨足以享上帝, 而鼎又有禮之象焉. 易曰, "以制器者尚其象", 蓋謂是矣. 然⑩其器疏以達者所以象春, 高以粗者所以象夏, 廉以深之象秋, 閎以奄之象冬, 器固無適而非象也. 止以量·鼎爲言者, 蓋量爲器之大者, 大者得其象則小者從可知; 鼎爲器之重者, 重者得其象, 則輕者從可知. 若⑪春多酸, 夏多苦, 秋多辛, 冬多鹹, 所謂味得其時也. ⑫陽而不散, 陰而不密, 剛氣不怒, 柔氣不懾, 所謂樂得其節也. 車得其式者, ⑬六等之數, 作車之式也; ⑭五路之用, 乘車之式也. 鬼神得其饗者, 若⑮天神皆降, 地祇皆出, 人鬼皆格, 可得而禮是矣. 喪紀得其哀者, ⑯或發於容體, 或發於聲音, 或發於言語飮食, 或發於居處衣服, 而各得其哀也. 辨說得其黨, 若⑰在官言官, 在府言府, 在庫言庫, 在朝言朝之類. 官得其體, 若⑱天官掌邦治, 地官掌邦敎之類. 政事得其施, 若⑲施典于邦國, 施則於都鄙, 施法于官府之類.

번역 방씨가 말하길, 아랫목은 존귀한 자가 머무는 곳이고 동쪽계단은 주인이 위치하는 곳이며, 침(寢)에는 구석지고 누추한 곳이 없고 방(房)은 반듯하게 지어졌는데, 지극히 높고 가운데 알맞게 자리한 것은 대들보[極]이고, 후미진 곳으로부터 크기가 줄어드는 것은 서까래[榱]이며, 기둥[楹]은 가득 차서 떠받들고 있는 것이 있으며, 처마[檐]는 우러러보며 점점 높아지는 점이 있다. 두공[櫨]은 두개골처럼 된 것이고, 차양[楣]은 눈썹처럼 된 것이니, 이와 같다면 궁실이 그 법도를 얻은 것이다. 마치 노(魯)나라 장공(莊公)처럼 기둥에 붉은색의 옻칠을 하고 서까래에 조각을 하며, 장무중(臧文仲)처럼 두공에 산 모양을 조각하고 동자기둥에 수초를 그린 것들은 법도를 잃어버렸기 때문이다. '양(量)'의 좌측은 승(升)이 되니 양(陽)이 상승[升]하는 것을 상징하고, 우측은 합(合)[1]이 되니 음(陰)이 합하는 것을 상징한다. 위로 치켜든 것은 곡(斛)이 되니 드러나서 받들고 있음을 상징하고, 덮는 것은 두(斗)가 되니 드러나지 않고 덮어주는 것이 있음을 상징한다. 겉에 있어 그 형태를 둥글게 한 것은 움직일 때에는 하늘의 도에 따르는 것이고, 안에 있어 그 형태를 사각형으로 한 것은 고요할 때 땅의 도에 따르는 것이다. 솥[鼎]의 입구는 위에 있어서 위에 있어 편안하게 하는 바가 있음을 상징하고, 다리는 아래에 있어서 아래로 서는 점이 있음을 상징한다. 큰 것은 내(鼐)가 되니 기운이 거듭되는 것을 상징하고, 작은 것은 자(鼒)가 되니 재질에 따라 맡고 있는 것을 상징한다. 다리를 홀수로 만드는 것은 하늘의 도에 참여하는 것이고, 귀를 짝수로 만드는 것은 땅의 도에 따르는 것이다. 단지 여기에만 한정된 것이 아니니, 그것에 채우면 채워지지 않고 움푹 들어간 곳이 있고, 수북하게 쌓이면 그것을 다듬는 평미레가 있으니, 양(量)이 상징하는 것에는 또한 이와 같은 점도 있는 것이다. 또 그것에 들 것을 끼우게 되면 끼우는 귀가 있는 것이고 그것을 들게 되면 현(鉉)이 있으니, 정(鼎)이

---

1) 합(合)은 용량을 재는 단위이다. 10분의 1승(升)이다. 『손자산경(孫子算經)』에서는 "十抄爲一勺, 十勺爲一合, 十合爲一升."이라고 했다. 즉 10초(抄)는 1작(勺)이 되고, 10작(勺)은 1합(合)이 되며, 10합(合)은 1승(升)이 된다는 뜻이다. 또 유향(劉向)의 『설원(說苑)』「변물(辨物)」편에서는 "千二百黍爲一龠, 十龠爲一合, 十合爲一升."이라고 했다. 즉 서(黍) 1,250개의 알갱이는 1약(龠)이 되고, 10약(龠)은 1합(合)이 되며, 10합(合)은 1승(升)이 된다는 뜻이다.

상징하는 것에는 또한 이와 같은 점이 있는 것이다. 그리고 양(量)의 소리는 충분히 황종(黃鍾)이라는 음에 알맞아서, 양(量)에는 또한 음악의 상이 있는 것이고, 정(鼎)으로 희생물을 삶으면 충분히 상제(上帝)를 흠향시킬 수 있어서, 정(鼎)에는 또한 예(禮)의 상이 있는 것이다. 『역』에서 "기물을 만드는 자는 그 상을 숭상한다."[2]라고 한 말도 아마 이러한 뜻을 나타낼 것이다. 그리고 기물을 세밀하지 않은 거친 문양으로 새겨놓으면서도 곧고 매끈하게 만드는 것은 봄을 상징하는 것이고,[3] 높게 만들면서도 거칠고 크게 만드는 것은 여름을 상징하는 것이며,[4] 뾰족하게 만들면서도 깊게 만드는 것은 가을을 상징하는 것이고,[5] 가운데는 넓게 만들되 윗부분은 좁게 만드는 것은 겨울을 상징하는 것이니,[6] 기물은 그 상을 나타내지 않는 것들이 없다. 그런데 단지 양(量)과 정(鼎)으로만 말한 것은 양(量)은 기물 중에서도 큰 것이고, 큰 것이 그 상을 얻으면 작은 것들도 상을 얻게 됨을 그에 따라 알 수 있기 때문이고, 정(鼎)은 기물 중에서도 중요한 것인데, 중요한 것이 그 상을 얻으면 상대적으로 덜 중요한 것들도 상을 얻게 됨을 그에 따라 알 수 있기

---

2) 『역』「계사상(繫辭上)」: 易有聖人之道四焉, 以言者尚其辭, 以動者尚其變, 以制器者尚其象, 以卜筮者尚其占.

3) 『예기』「월령(月令)·맹춘(孟春)」: 乘鸞路, 駕倉龍, 載青旂, 衣青衣, 服倉玉, 食麥與羊, 其器, 疏以達. / 『예기』「월령·중춘(仲春)」: 天子, 居青陽太廟, 乘鸞路, 駕倉龍, 載青旂, 衣青衣, 服倉玉, 食麥與羊, 其器, 疏以達. / 『예기』「월령·계춘(季春)」: 天子, 居青陽右个, 乘鸞路, 駕倉龍, 載青旂, 衣青衣, 服倉玉, 食麥與羊, 其器, 疏以達.

4) 『예기』「월령(月令)·맹하(孟夏)」: 乘朱路, 駕赤駵, 載赤旂, 衣朱衣, 服赤玉, 食菽與雞, 其器, 高以粗. / 『예기』「월령·중하(仲夏)」: 天子, 居明堂太廟, 乘朱路, 駕赤駵, 載赤旂, 衣朱衣, 服赤玉, 食菽與雞, 其器, 高以粗. / 『예기』「월령·계하(季夏)」: 天子, 居明堂右个, 乘朱路, 駕赤駵, 載赤旂, 衣朱衣, 服赤玉, 食菽與雞, 其器, 高以粗.

5) 『예기』「월령(月令)·맹추(孟秋)」: 載白旂, 衣白衣, 服白玉, 食麻與犬, 其器, 廉以深. / 『예기』「월령·중추(仲秋)」: 天子, 居總章太廟, 乘戎路, 駕白駱, 載白旂, 衣白衣, 服白玉, 食麻與犬, 其器, 廉以深. / 『예기』「월령·계추(季秋)」: 天子, 居總章右个, 乘戎路, 駕白駱, 載白旂, 衣白衣, 服白玉, 食麻與犬, 其器, 廉以深.

6) 『예기』「월령(月令)·맹동(孟冬)」: 服玄玉, 食黍與彘, 其器, 閎以奄. / 『예기』「월령·중동(仲冬)」: 天子, 居玄堂太廟, 乘玄路, 駕鐵驪, 載玄旂, 衣黑衣, 服玄玉, 食黍與彘, 其器, 閎以奄. / 『예기』「월령·계동(季冬)」: 天子, 居玄堂右个, 乘玄路, 駕鐵驪, 載玄旂, 衣黑衣, 服玄玉, 食黍與彘, 其器, 閎以奄.

때문이다. 예를 들어 "봄에는 신맛을 많이 내고, 여름에는 쓴맛을 많이 내며, 가을에는 매운 맛을 많이 내고, 겨울에는 짠맛을 많이 낸다."라고 한 것들이 바로 맛이 그 때를 얻었다는 뜻이다. "양(陽)에 해당하는 것들이 흩어지지 않게끔 하고, 음(陰)에 해당하는 것들이 숨지 않도록 했으며, 굳센 기운이 성냄에 이르지 않도록 했고, 부드러운 기운이 겁냄에 이르지 않도록 한다."라고 한 것들이 바로 음악이 절도를 얻는다는 뜻이다. "수레가 식(式)을 얻는다."라고 했는데, 여섯 등급[7]이 규정에 따라 수레 만드는 법식을 지킨다는 뜻이며, 오로(五路)의 쓰임에 있어서 수레를 타는 법식을 뜻한다. "귀신이 향(饗)을 얻는다."라고 했는데, 예를 들어 천신이 모두 강림하고, 지기가 모두 나타나며, 인귀(人鬼)가 모두 이르러서 예(禮)에 따라 흠향시킬 수 있는 것을 가리킨다.[8] "상기(喪紀)가 애(哀)를 얻는다."라고 했는데, 어떤 때에는 용모와 몸을 통해 나타나고,[9] 어떤 때에는 소리와 음을 통해 나타나며,[10] 어떤 때에는 언어[11]와 음식[12]으로 나타나며, 어떤 때에는 거처[13]와 의복[14]

---

7) 육등(六等)은 여섯 종류의 계급을 뜻한다. 주로 제후국의 계급에 해당한다. 순서에 따라 군(君)·경(卿)·대부(大夫)·상사(上士)·중사(中士)·하사(下士)를 뜻한다. 『맹자』「만장하(萬章下)」편에는 "君一位, 卿一位, 大夫一位, 上士一位, 中士一位, 下士一位, 凡六等."이라는 기록이 있다.

8) 『주례』「춘관(春官)·대사악(大司樂)」: 凡樂, 圜鍾爲宮, 黃鍾爲角, 大蔟爲徵, 姑洗爲羽, 雷鼓雷鼗, 孤竹之管, 雲和之琴瑟, 雲門之舞, 冬日至, 於地上之圜丘奏之, 若樂六變, 則天神皆降, 可得而禮矣. 凡樂, 函鍾爲宮, 大蔟爲角, 姑洗爲徵, 南呂爲羽, 靈鼓靈鼗, 孫竹之管, 空桑之琴瑟, 咸池之舞, 夏日至, 於澤中之方丘奏之, 若樂八變, 則地示皆出, 可得而禮矣. 凡樂, 黃鍾爲宮, 大呂爲角, 大蔟爲徵, 應鍾爲羽, 路鼓路鼗, 陰竹之管, 龍門之琴瑟, 九德之歌, 九韶之舞, 於宗廟之中奏之, 若樂九變, 則人鬼可得而禮矣.

9) 『예기』「간전(間傳)」: 斬衰何以服苴? 苴, 惡貌也, 所以首其內而見諸外也. 斬衰貌若苴, 齊衰貌若枲, 大功貌若止, 小功緦麻容貌可也. 此哀之發於容體者也.

10) 『예기』「간전(間傳)」: 斬衰之哭若往而不反, 齊衰之哭若往而反, 大功之哭三曲而偯, 小功緦麻哀容可也. 此哀之發於聲音者也.

11) 『예기』「간전(間傳)」: 斬衰唯而不對, 齊衰對而不言, 大功言而不議, 小功緦麻議而不及樂. 此哀之發於言語者也.

12) 『예기』「간전(間傳)」: 斬衰三日不食, 齊衰二日不食, 大功三不食, 小功緦麻再不食, 士與斂焉則壹不食. 故父母之喪旣殯食粥, 朝一溢米, 莫一溢米. 齊衰之喪疏食水飮, 不食菜果. 大功之喪不食醯醬, 小功緦麻不飮醴酒. 此哀之發於飮食者也.

을 통해 나타나서 각각 그 슬픔에 합당하게 됨을 뜻한다. “변설(辨說)이 당(黨)을 얻는다.”라고 했는데, 예를 들어 군주의 명령이 관부[官]에 대한 내용이라면 관부에 대해서 논의하고, 부(府)에 대한 내용이라면 부(府)에 대해서 논의하며, 고(庫)에 대한 내용이라면 고(庫)에 대해서 논의하고, 조정[朝]에 대한 내용이라면 조정에 대해서 논의한다고 했던 부류에 해당한다. “관(官)이 체(體)를 얻는다.”라고 했는데, 예를 들어 천관(天官)에 속한 자들이 나라의 정사를 담당하고,[15] 지관(地官)에 속한 자들이 나라의 교화를 담당하는 부류와 같다.[16] “정사(政事)가 시(施)를 얻는다.”라고 했는데, 예를 들어 나라에 육전(六典)을 시행하고,[17] 도비(都鄙)[18]에 팔칙(八則)[19]을 시행하며,[20] 관부에 팔법(八法)을 시행하는 부류와 같다.[21]

---

13) 『예기』「간전(間傳)」: 父母之喪居倚廬, 寢苫枕塊, 不說絰帶. 齊衰之喪, 居堊室, 芐翦不納. 大功之喪寢有席. 小功緦麻牀可也. 此哀之發於居處者也.

14) 『예기』「간전(間傳)」: 斬衰三升, 齊衰四升五升六升, 大功七升八升九升, 小功十升十一升十二升, 緦麻十五升, 去其半. 有事其縷無事其布曰緦. 此哀之發於衣服者也.

15) 『주례』「천관총재(天官冢宰)」: 乃立天官冢宰, 使帥其屬而掌邦治, 以佐王均邦國.

16) 『주례』「지관사도(地官司徒)」: 乃立地官司徒, 使帥其屬而掌邦教, 以佐王安擾邦國.

17) 『주례』「천관(天官)·대재(大宰)」: 乃施典于邦國, 而建其牧, 立其監, 設其參, 傅其伍, 陳其殷, 置其輔.

18) 도비(都鄙)는 천자의 수도에 있는 신하 및 자제들의 채지(采地)를 뜻한다. 『주례』「천관(天官)·대재(大宰)」편에는 “以八則治都鄙.”라는 기록이 있는데, 이에 대한 정현의 주에서는 “都鄙, 公卿大夫之采邑, 王子弟所食邑.”이라고 풀이했고, 손이양(孫詒讓)의 정의(正義)에서는 “凡公卿大夫貴戚有功德, 得世祿者, 皆頒邑以爲其祿, 是謂采邑. 在王子弟無官者, 雖無祿, 而得以恩澤食邑”이라고 풀이했다.

19) 팔칙(八則)은 제사(祭祀), 법칙(法則), 폐치(廢置), 녹위(祿位), 부공(賦貢), 예속(禮俗), 형상(刑賞), 전역(田役)을 뜻한다. 도비(都鄙)를 다스리던 여덟 가지 법령을 의미한다. ‘제사’는 채지(采地)에 포함된 대상들에 대해서 제사를 지냄으로써 귀신들을 좋은 쪽으로 인도하는 것이다. ‘법칙’은 관부에서 따르고 있는 제도이니, 제도에서 벗어나지 않게끔 하여 관부를 좋은 쪽으로 인도하는 것이다. ‘폐치’는 잘못을 저질렀거나 무능한 자라면 물러나게 하고 현명하고 유능한 자라면 등용하는 것으로, 이를 통해 아전들을 좋은 쪽으로 인도하는 것이다. ‘녹위’는 학사(學士)들 중에서 뛰어난 행실과 학문적 성취가 높은 자를 가려서 녹봉과 작위를 주는 것으로, 이를 통해 학사들을 좋은 쪽으로 인도하는 것이다. ‘부공’은 채지(采地)의

① ○魯莊[止]刻桷.

補註 見左傳莊二十三年四年.

번역 『좌전』 장공(莊公) 23년[22]과 24년[23] 기록에 나온다.

② 臧文[止]藻梲.

補註 見論語·公冶長.

번역 『논어』「공야장(公冶長)」편에 나온다.[24]

③ 大者爲鼎.

補註 按: 鼎, 他本作鼐, 以象氣之所仍觀之, 恐鼐字是. 爾雅, "鼎絶大謂之鼐."

번역 살펴보니, '정(鼎)'자를 다른 판본에서는 내(鼐)자로 기록했는데, "기운

백성들에게서 세금을 거두고, 관부에서 재화의 쓰임을 절제함으로써 재화의 쓰임을 좋은 쪽으로 인도하는 것이다. '예속'은 예법에 따라 풍속을 변화하고, 백성들이 그에 따라 행동하도록 만들어서 백성들을 좋은 쪽으로 인도하는 것이다. '형상'은 죄를 지은 자에게는 형벌을 부여하고 공을 이룬 자에게는 상을 하사하여 백성들을 좋은 쪽으로 인도하고 위엄을 외경하게 만드는 것이다. '전역'은 사냥을 하며 백성들을 동원할 때, 그들이 농사를 지어야 할 시기를 놓치지 않게끔 하여 대중들을 좋은 쪽으로 인도하는 것이다. 『주례』「천관(天官)·대재(大宰)」편에는 "以八則治都鄙: 一曰祭祀, 以馭其神; 二曰法則, 以馭其官; 三曰廢置, 以馭其吏; 四曰祿位, 以馭其士; 五曰賦貢, 以馭其用; 六曰禮俗, 以馭其民; 七曰刑賞, 以馭其威; 八曰田役, 以馭其衆."이라는 기록이 있다.

20) 『주례』「천관(天官)·대재(大宰)」: 乃施則于都鄙, 而建其長, 立其兩, 設其伍, 陳其殷, 置其輔.

21) 『주례』「천관(天官)·대재(大宰)」: 乃施法于官府, 而建其正, 立其貳, 設其攷, 陳其殷, 置其輔.

22) 『춘추』「장공(莊公) 23년」: 秋, 丹桓宮楹.

23) 『춘추』「장공(莊公) 24년」: 二十有四年, 春, 王三月, 刻桓宮桷.

24) 『논어』「공야장(公冶長)」: 子曰, "臧文仲居蔡, 山節藻梲, 何如其知也?"

이 거듭되는 것을 상징한다."는 말로 살펴본다면, 아마도 내(鼐)자로 기록하는 것이 옳은 것 같다. 『이아』에서는 "솥 중에서도 매우 큰 것을 내(鼐)라고 부른다."[25]라고 했다.

④ 揜者爲鼒.

補註 按: 爾雅, "圜弇上謂之鼒." 本註, "鼎斂上而小口也." 據此, 則揜當作弇.

번역 살펴보니, 『이아』에서는 "둥글게 그 위를 감싸는 것을 자(鼒)라고 부른다."[26]라고 했고, 본주에서는 "솥 중에서 상단이 좁아져서 입구가 작은 것을 뜻한다."라고 했다. 이 말에 근거해보면 '엄(揜)'자는 엄(弇)자로 기록해야만 한다.

⑤ 兆之則有▼(厂/兆).

補註 按: 字彙無▼(厂/兆)字, 當作庣, 亦作▼(庣+斗), 他雕切, 斗旁耳也.

번역 살펴보니, 『자휘』에는 '▼(厂/兆)'라는 글자가 없으니 '庣'자로 기록해야 하고 또한 이 글자는 ▼(庣+斗)자로도 기록하는데, 그 음은 '他(타)'자와 '雕(조)'자의 반절음이며 두(斗)자 방이이다.

⑥ 旣之則有槩.

補註 字彙: 槩, 平斗斛之器.

번역 『자휘』에서 말하길, '개(槩)'는 두(斗)나 곡(斛)에 담은 곡식을 평평하게 밀어주는 기물이다.

---

25) 『이아』「석기(釋器)」: 鼎絶大謂之鼐, 圜弇上謂之鼒, 附耳外謂之釴, 款足者謂之鬲.

26) 『이아』「석기(釋器)」: 鼎絶大謂之鼐, 圜弇上謂之鼒, 附耳外謂之釴, 款足者謂之鬲.

⑦ **擧之則有鉉.**

補註 易·鼎·本義: 鉉, 貫耳以擧鼎者也.

번역 『역』「정괘(鼎卦)」의 『본의』에서 말하길, '현(鉉)'은 솥의 귀를 꿰어 솥을 드는 기물이다.

⑧ **其音足以中黃鍾.**

補註 周禮·冬官考工記·㮚人: 鬴, 重一鈞, [三十斤也.] 其音中黃鍾之宮.

번역 『주례』「동관고공기(冬官考工記)·율인(㮚人)」편에서 말하길, 부(鬴)는 그 무게가 1균(鈞)으로, [30근에 해당한다.] 그 음은 황종의 궁음에 맞는다.[27]

⑨ **其亨足以享上帝.**

補註 易·鼎·彖傳文.

번역 『역』「정괘(鼎卦)·단전(彖傳)」의 기록이다.[28]

⑩ **其器[止]閎以奄.**

補註 見月令.

번역 『예기』「월령(月令)」편에 나온다.

⑪ **春多酸[止]冬多醎.**

補註 內則文.

---

27) 『주례』「동관고공기(冬官考工記)·율인(㮚人)」: 量之以爲鬴, 深尺, 內方尺而圜其外, 其實一鬴; 其臀一寸, 其實一豆; 其耳三寸, 其實一升. 重一鈞, 其聲中黃鍾之宮.

28) 『역』「정괘(鼎卦)」: 彖曰, 鼎, 象也. 以木巽火, 亨飪也. 聖人亨以享上帝, 而大亨以養聖賢. 巽而耳目聰明, 柔進而上行, 得中而應乎剛, 是以元亨.

번역 『예기』「내칙(內則)」편의 기록이다.[29]

⑫ 陽而[止]不懾.

補註 樂記文.

번역 『예기』「악기(樂記)」편의 기록이다.[30]

⑬ 六等之數.

補註 周禮·考工記: 車有六等之數. 車軫四尺, 謂之一等. 戈柲六尺有六寸, 旣建而迆, 崇於軫四尺, 謂之二等. 人長八尺, 崇於戈四尺, 謂之三等. 殳長尋有四尺, [八尺曰尋, 丈二尺也.] 崇於人四尺, 謂之四等. 車戟常, [倍尋曰常, 丈六尺也.] 崇於殳四尺, 謂之五等. 酋矛常有四尺, [二丈也.] 崇於戟四尺, 謂之六等.

번역 『주례』「고공기(考工記)」에서 말하길, 수레에는 여섯 등급의 수가 있다. 수레의 뒤턱이 4척인 것을 1등이라고 한다. 창의 자루는 6척 6촌인데, 이것을 세워서 비스듬하게 놓으면 수레의 뒤턱보다 4척이 높으니 이것을 2등이라고 한다. 사람의 키는 8척으로 창보다 4척이 높으니 이것을 3등이라고 한다. 몽둥이의 길이는 1심 4척으로, [8척을 1심이라고 부르니, 총 길이는 1장 2척이 된다.] 사람보다 4척이 높으니 이것을 4등이라고 한다. 수레의 창은 1상(常)[31]으로, [1심의 2배인 것을 1상이라고 부르니, 그 길이는 1장 6척

---

29) 『예기』「내칙(內則)」: 凡和, 春多酸, 夏多苦, 秋多辛, 冬多鹹, 調以滑甘.

30) 『예기』「악기(樂記)」: 是故先王本之情性, 稽之度數, 制之禮義, 合生氣之和, 道五常之行, 使之陽而不散, 陰而不密, 剛氣不怒, 柔氣不懾, 四暢交於中, 而發作於外, 皆安其位而不相奪也. 然後立之學等, 廣其節奏, 省其文采, 以繩德厚, 律小大之稱, 比終始之序, 以象事行, 使親疏貴賤長幼男女之理, 皆形見於樂. 故曰, "樂觀其深矣."

31) 상(常)은 자리의 크기가 1장(丈) 6척(尺)이 되는 것을 뜻한다. 『의례』「공사대부례(公食大夫禮)」편에는 "司宮具几與蒲筵常, 緇布純. 加萑席尋, 玄帛純. 皆卷自末."이라는 기록이 있는데, 이에 대한 정현의 주에서는 "丈六尺曰常."이라고 풀이했다.

이다.] 몽둥이보다 4척이 높으니 이것을 5등이라고 한다. 추모는 1상 4척으로 [총 길이는 2장이다.] 극보다 4척이 높으니 이것을 6등이라고 한다.[32)]

⑭ **五路之用.**

補註 按: 周禮·春官·巾車, 王之五路, 一曰玉路, 二曰金路, 三曰象路, 四曰革路, 五曰木路, 各有所當用. 又有王后五路, 皆異名.

번역 살펴보니, 『주례』「춘관(春官)·건거(巾車)」편에서는 천자의 오로에 대해서, 첫 번째는 옥로이고, 두 번째는 금로이며, 세 번째는 상로이고, 네 번째는 혁로이며, 다섯 번째는 목로인데, 각각 쓰이는 용도가 있다고 했다. 또 왕후에게도 오로가 있다고 했는데, 다섯 수레 모두 명칭이 다르다.

⑮ **天神[止]而禮.**

補註 春官·大司樂文.

번역 『주례』「춘관(春官)·대사악(大司樂)」편의 기록이다.[33)]

⑯ **或發於容體[止]衣服.**

補註 見間傳.

---

32) 『주례』「동관고공기(冬官考工記)」: 車有六等之數, 車軫四尺, 謂之一等. 戈柲六尺有六寸, 旣建而迤, 崇於軫四尺, 謂之二等. 人長八尺, 崇於戈四尺, 謂之三等. 殳長尋有四尺, 崇於人四尺, 謂之四等. 車戟常, 崇於殳四尺, 謂之五等. 酋矛常有四尺, 崇於戟四尺, 謂之六等.

33) 『주례』「춘관(春官)·대사악(大司樂)」: 凡樂, 圜鍾爲宮, 黃鍾爲角, 大蔟爲徵, 姑洗爲羽, 雷鼓雷鼗, 孤竹之管, 雲和之琴瑟, 雲門之舞, 冬日至, 於地上之圜丘奏之, 若樂六變, 則天神皆降, 可得而禮矣. 凡樂, 函鍾爲宮, 大蔟爲角, 姑洗爲徵, 南呂爲羽, 靈鼓靈鼗, 孫竹之管, 空桑之琴瑟, 咸池之舞, 夏日至, 於澤中之方丘奏之, 若樂八變, 則地示皆出, 可得而禮矣. 凡樂, 黃鍾爲宮, 大呂爲角, 大蔟爲徵, 應鍾爲羽, 路鼓路鼗, 陰竹之管, 龍門之琴瑟, 九德之歌, 九韶之舞, 於宗廟之中奏之, 若樂九變, 則人鬼可得而禮矣.

번역 『예기』「간전(間傳)」편에 나온다.

⑰ 在官[止]言朝.

補註 曲禮文.

번역 『예기』「곡례(曲禮)」편의 기록이다.[34]

⑱ 天官[止]邦教.

補註 見書 · 周官及周禮.

번역 『서』「주관(周官)」편 및 『주례』에 나온다.[35]

⑲ 施典[止]官府.

補註 見周禮 · 太宰.

번역 『주례』「태재(太宰)」편에 나온다.

참고-集說

劉氏曰: 禮以制中, 無過無不及, 克己復禮爲仁, 則①溥博淵泉而時出之, 故凡衆之動, 無不得其時中之宜. ②經禮三百, 曲禮三千, 無一事之非仁也.

번역 유씨가 말하길, 예에 따라 중도에 맞게 하여 지나침도 없고 미치지 못함도 없게 하며, 자신을 극복하여 예(禮)로 복귀할 수 있어서 인(仁)을 이루게 된다면, 넓

---

34) 『예기』「곡례하(曲禮下)」: 君命, 大夫與士肄, 在官言官, 在府言府, 在庫言庫, 在朝言朝.

35) 『서』「주서(周書) · 주관(周官)」: 冢宰掌邦治, 統百官, 均四海. 司徒掌邦敎, 敷五典, 擾兆民.

고 광대하며 깊고 근본이 있어서 때에 맞게 나오기 때문에, 대중들의 행실에 시중(時中)의 마땅함을 얻지 못함이 없게 된다. 또한 경례(經禮)는 300가지이고, 곡례(曲禮)는 3000가지라고 하지만[36] 하나라도 인(仁)하지 않은 것이 없다.

① 溥博[止]出之.

補註 中庸文.

번역 『중용』의 기록이다.[37]

② 經禮[止]仁也.

補註 橫渠張子語.

번역 장횡거의 말이다.

---

36) 『예기』「예기(禮器)」: 禮也者, 猶體也. 體不備, 君子謂之不成人. 設之不當, 猶不備也. 禮有大有小, 有顯有微. 大者不可損, 小者不可益, 顯者不可揜, 微者不可大也. 故經禮三百, 曲禮三千, 其致一也. 未有入室而不由戶者.

37) 『중용』「31장」: 溥博淵泉, 而時出之.

「중니연거」 8장

참고-經文

①子曰, "愼聽之, 女三人者. 吾語女②禮, 猶有九焉, 大饗有四焉. 苟知此矣, 雖在畎畝之中, ③事之, 聖人已. 兩君相見, 揖讓而入門, 入門而縣興, 揖讓而升堂, 升堂而樂闋, 下管象武, 夏籥序興, 陳其薦俎, 序其禮樂, 備其百官. 如此而后君子知仁焉. 行中規, 還中矩, 和鸞中采齊, 客出以雍, 徹以振羽, 是故君子無物而不在禮矣. 入門而金作, ④示情也. 升歌淸廟, ④示德也. 下而管象, ④示事也. 是故古之君子不必親相與言也, 以禮樂相示而已."

번역 공자가 말하길, "잘 듣거라, 너희 세 사람이여. 내가 너희들에게 예에 대해 설명하리니, 아직까지 설명하지 않은 것이 아홉 가지나 남아있고, 그 중에서도 대향(大饗)에 대한 것이 네 가지이다. 진실로 이것들을 안다면 비록 들판에 있더라도 사람들이 섬겨서 성인의 경지에 오를 수 있을 것이다. 두 나라의 제후가 서로 만나볼 때 읍(揖)과 사양을 하고 문으로 들어서며, 문으로 들어서면 매달아둔 악기를 연주하고, 읍과 사양을 하고 당상(堂上)으로 올라가며, 당상으로 올라가면 음악을 그치는데, 주인이 빈객에게 술을 따라 주어 빈객이 술잔을 비우면 음악을 그치는 것이 첫 번째 절차이며 또한 대향에 해당하는 것이고, 빈객이 다시 주인에게 술을 따라 주어 주인이 술잔을 비우면 음악을 그치는 것이 두 번째 절차이며 또한 대향에 해당하는 것이다. 악공이 당상으로 올라와서 청묘(淸廟)라는 시가를 노래로 부르는데 이것이 세 번째 절차이며 또한 대향에 해당하는 것이다. 그 일이 끝나면 당상으로 내려와서 상(象)과 무(武)의 악곡을 관악기로 연주하고, 또 대하(大夏)라는 악곡을 피리로 번갈아가며 연주하니, 이것이 네 번째 절차이며 또 대향에 해당하는 것이다. 고기를 담은 도마를 진설하고 예악을 차례대로 시행하며, 백관을 갖춘다. 이처럼 한 뒤에야 군자는 그 인(仁)함을 안다. 원형자에 맞춘 것처럼 행동하니, 이것이 다섯 번째 절차이다. 곱자에 맞춘 것처럼 돌아서니, 이것이 여섯 번째 절차이다. 문밖에서 빈객을 맞이할 때, 타고 있는 수레의 방울 소리를 채제(采齊)의 시가에 맞게 하니, 이것이 일곱 번째 절차이다. 빈객이 문밖으로 나갈 때에는 옹(雍)이라는 시가를 연주하니, 이것이 여덟 번째 절차이다. 의식이 모두 끝나서 기물을 치울 때에는 진로(振鷺)라는 시가를 연주하니, 이것이 아홉 번째 절차이다. 이러한 까닭으로 군자에게 있어서는 어떤 사물이건 예가 존재치 않은 것이 없다. 문으로 들어설 때 금속 악기를 연주하는 것은 그 정감을 드러내는 방법이다. 당상에 올라가서 청묘의 시가를 노래 부르는 것은 덕을 드러내는 방법이다. 당하로 내려와서 상(象)의 악곡을 관악기로 연주하는 것은 그 사안을 드러내는 방법이다. 이러한 까닭으로 고대의 군자는 반드시 직접 만나 함께 말할 필요가 없었으니, 예악을 통해 서로 드러내기 때문이다."라고 했다.

① 子曰愼聽之章.

補註 楊梧曰: 此擧食饗仁賓客一端, 結上文. 禮以全好而重, 勉三子以知禮也.

번역 양오가 말하길, 이 문장은 "사향의 예가 빈객들을 선하게 인도한다."[1]는 점을 들어 앞 문장에 대해 결론을 맺은 것이다. 예는 좋음을 온전히 하며 중대하기에 세 제자에게 예를 알아야 한다고 권면하는 것이다.

② 禮猶[止]有四焉.

補註 按: 禮字當屬下爲句, 諺讀誤.

번역 살펴보니, '예(禮)'자는 마땅히 뒤와 연결시켜 하나의 구문이 되니, 『언독』의 풀이는 잘못되었다.

補註 ○楊梧曰: 此節九四分析, 註疏鄭·王·皇·盧其說各別, 只合闕疑未可臆斷. 前解本於鄭·孔, 姑存之. 一云行中規三句, 不過形容其行·其還·其和鸞之曲中矣, 如何分得五節·六節·七節? 殊有理也.

번역 ○양오가 말하길, 이 문단에 나온 아홉 가지와 네 가지에 대한 분석에

---

1) 『예기』「중니연거」: 子貢退, 言游進曰, "敢問禮也者, 領惡而全好者與?" 子曰, "然." "然則何如?" 子曰, "郊社之義, 所以仁鬼神也. 嘗禘之禮, 所以仁昭穆也. 饋奠之禮, 所以仁死喪也. 射鄕之禮, 所以仁鄕黨也. 食饗之禮, 所以仁賓客也."

있어 주와 소에 나온 정씨 · 왕씨 · 황씨 · 노씨의 주장이 각각 다른데, 의심스러운 부분을 잠시 놔두고 억측으로 결단을 내려서는 안 된다. 앞의 해석은 정씨와 공씨의 주장에 근거한 것인데 일부러 남겨둔다. 한편 '행중규(行中規)'로 시작되는 3개의 구문은 움직이고 돌아서며 회란이라는 방울소리에 동작을 맞춘다는 것을 형용한 것에 불과한데 어떻게 5절 · 6절 · 7절로 구분할 수 있겠냐고 주장하는데, 자못 일리가 있다.

補註 ○類編曰: 言禮有九分, 大饗占得四分, 註說恐鑿.
번역 ○『유편』에서 말하길, 예에는 아홉 가지 구분이 있고 대향은 그 중에서 네 가지 구분을 차지하고 있다는 뜻인데, 주의 설명은 아마도 천착에 지나지 않은 것 같다.

補註 ○徐志修曰: 竊意居處長幼辨以下, 十六事之外, 又猶有九事, 而大饗有四焉. 知仁也, 示情也, 示德也, 示事也, 此四者, 卽九者之中四者也. 其餘今爲缺文, 不可考.
번역 ○서지수가 말하길, 내가 생각하기에 거처함에 장유관계의 변별이 있다는 것[2]으로부터 그 이하로 16가지 사안 외에도 여전히 9가지 사안이 남아있는데, 대향이 4가지 사안에 해당한다는 뜻인 것 같다. 그리고 인함을 아는 것, 정감을 드러내는 것, 덕을 드러내는 것, 사안을 드러내는 것 등 이러한 4가지가 9가지 사안 중에 포함된 4가지 사안에 해당한다. 그 나머지는 현재는 문장이 없어져서 상고해볼 수 없다.

③ **事之聖人己.**

補註 鄭註: 事之, 謂立置於位也.
번역 정현의 주에서 말하길, '사지(事之)'는 그 지위에 올려준다는 뜻이다.

---

2) 『예기』「중니연거」: 是故以之<u>居處有禮, 故長幼辨也</u>; 以之閨門之內有禮, 故三族和也; 以之朝廷有禮, 故官爵序也; 以之田獵有禮, 故戎事閑也; 以之軍旅有禮, 故武功成也.

④ 示情也[又]示德也[又]示事也.

補註 鄭註: 金性內明, 象人情也. 淸廟, 頌文王之德. 武·象, 武王之大事也.

번역 정현의 주에서 말하길, 금의 속성은 내적으로 명아하니, 사람의 정감을 상징한다. '청묘(淸廟)'는 문왕의 덕을 칭송하는 시가이다. '무(武)'와 '상(象)'은 무왕이 이룬 큰 업적을 드러내는 악무이다.

「중니연거」 9장

참고-集說

樂記言樂者, 天地之和也; 禮者, 天地之序也. 此言禮者理也; 樂者節也. 蓋禮得其理, 則有序而不亂; 樂得其節, 則雖和而不流. 君子無理不動, 防其亂也; 無節不作, 防其流也. ①人而不爲周南召南, 猶正墻面而立, 不能詩者, 能不繆於禮乎? ②禮之用, 和爲貴, 不能樂, 則無從容委曲之度, 是達於禮而不達於樂, 謂之素也. 素, 謂質朴也. ③忠信之人, 可以學禮, 薄於德者, 必不能充於禮也.

번역 『예기』「악기(樂記)」편에서는 "악(樂)이라는 것은 천지의 조화로움에 해당하며, 예(禮)라는 것은 천지의 질서에 해당한다."[1]라고 했고, 이곳에서는 "예(禮)라는 것은 이치이며, 악(樂)이라는 것은 절도이다."라고 했다. 무릇 예가 이치를 얻게 되면 질서가 생겨서 문란하게 되지 않고, 악이 절도를 얻으면 조화롭게 되더라도 방탕하게 흐르지 않는다. 군자가 이치가 없을 때 움직이지 않는 것은 문란하게 됨을 방지하기 위해서이며, 절도가 없을 때 일으키지 않는 것은 방탕하게 흐르는 것을 방지하기 위해서이다. 사람이 되고서 「주남(周南)」[2]이나 「소남(召南)」[3] 등의 시편을 익히지 않는다면, 마치 담벼락을 마주하고 서 있는 것과 같으니, 시(詩)를 잘하지 못하는 자가 예를 어기지 않을 수 있겠는가? 예의 쓰임은 조화로움을 귀하게 여기는데, 악을 잘하지 못한다면 모습과 행동거지에 법도가 없으니, 이것은 예에

---

1) 『예기』「악기(樂記)」: 樂者天地之和也. 禮者天地之序也. 和故百物皆化, 序故群物皆別. 樂由天作, 禮以地制. 過制則亂, 過作則暴. 明於天地, 然後能興禮樂也.

2) 『시』「주남(周南)」에 속한 시는 「관저(關雎)」, 「갈담(葛覃)」, 「권이(卷耳)」, 「규목(樛木)」, 「종사(螽斯)」, 「도요(桃夭)」, 「토저(兔罝)」, 「부이(芣苢)」, 「한광(漢廣)」, 「여분(汝墳)」, 「인지지(麟之趾)」 편이다.

3) 『시』「소남(召南)」에 속한 시는 「작소(鵲巢)」, 「채번(采蘩)」, 「초충(草蟲)」, 「채빈(采蘋)」, 「감당(甘棠)」, 「행로(行露)」, 「고양(羔羊)」, 「은기뢰(殷其雷)」, 「표유매(摽有梅)」, 「소성(小星)」, 「강유사(江有汜)」, 「야유사균(野有死麕)」, 「하피농의(何彼襛矣)」, 「추우(騶虞)」 편이다.

만 달통하고 악에 달통하지 못한 것을 소(素)라고 부르는 이유이다. '소(素)'는 너무 질박하다는 뜻이다. 마음이 진실되고 신의가 있는 자는 예를 배울 수 있지만 덕이 옅은 자는 분명 예를 확충할 수 없다.

① ○人而不爲[止]面而立.

補註 論語·陽貨文.

번역 『논어』「양화(陽貨)」편의 기록이다.[4]

② 禮之用和爲貴.

補註 學而文.

번역 『논어』「학이(學而)」편의 기록이다.[5]

③ 忠信之人可以學禮.

補註 郊特牲文.

번역 『예기』「교특생(郊特牲)」편의 기록이다.[6]

---

4) 『논어』「양화(陽貨)」: 子曰, "小子何莫學夫詩? 詩, 可以興, 可以觀, 可以群, 可以怨. 邇之事父, 遠之事君, 多識於鳥獸草木之名." 子謂伯魚曰, "女爲周南·召南矣乎? 人而不爲周南·召南, 其猶正牆面而立也與?"

5) 『논어』「학이(學而)」: 有子曰, "禮之用, 和爲貴. 先王之道, 斯爲美, 小大由之. 有所不行, 知和而和, 不以禮節之, 亦不可行也."

6) 『예기』「예기(禮器)」: 君子曰: 甘受和, 白受采. 忠信之人, 可以學禮. 苟無忠信之人, 則禮不虛道. 是以得其人之爲貴也. / 「교특생」편에는 이러한 기록이 없다.

「중니연거」 10장

참고-經文

子曰, "制度在禮, 文爲在禮. 行之, 其在人乎." 子貢越席而對曰, "敢問夔其窮與?" 子曰, "古之人與? 古之人也. 達於禮而不達於樂, 謂之素; 達於樂而不達於禮, 謂之偏. 夫①夔達於樂而不達於禮, 是以傳於此名也, 古之人也."

번역 공자가 말하길, "제도라는 것은 예(禮)에 달려 있는 것이며, 현격히 드러나는 형식과 격식은 예에 달려 있는 것이다. 그리고 예를 시행하는 것은 사람에게 달려 있다."라고 했다. 그러자 자공은 본래 있던 자리를 벗어나 대답을 하며, "감히 묻습니다. 기(夔)는 예에 달통하지 못한 자입니까?"라고 했다. 공자는 "그는 고대의 사람인가? 고대의 사람이다. 예에는 달통했지만 악(樂)에 달통하지 못한 것을 소(素)라고 부르고, 악에는 달통했지만 예에 달통하지 못한 것을 편(偏)이라고 부른다. 기는 악에는 달통했지만 예에는 달통하지 못한 자이다. 이러한 까닭으로 그가 예에 달통하지 못했다는 오명이 후세에 전해진 것이지만, 그는 고대의 현자 중 한 사람이었다."라고 했다.

① 夔達於樂[止]此名也.

補註 疏曰: 言夔禮·樂兼有, 但樂優於禮, 故特通達於樂, 不甚通達於禮, 是以傳於此賢名流於後世. 若全不解禮, 何以傳於此名也? 虞書舜命伯夷典禮, 伯夷讓夔. 是夔亦知禮也.

번역 소에서 말하길, 기는 예와 악을 겸비하고 있었지만, 악에 대한 것이 예보다 뛰어났기 때문에 특별히 악에 달통했던 것이며 예에 대해서는 악만큼 깊이 달통하지 못한 것이다. 이러한 까닭으로 이러한 현자의 명성이 전해져 후세까지 내려온 것이다. 만약 예를 전혀 몰랐다면 어찌 이러한 명성이 전해졌겠는가? 『서』「우서(虞書)」에서 순임금은 백이에게 명령하여 예를 담당하라고 했는데, 백이는 기에게 사양했다.[1] 이것은 기가 예에 대해 알고 있었다는 사실을 나타낸다.

補註 ○按: 疏說儘好, 而其解傳於此名, 則終恐陳註爲勝.

번역 ○살펴보니, 소의 주장은 매우 좋지만 '전어차명(傳於此名)'에 대한 해석은 진호의 주가 더 나은 것 같다.

1) 『서』「우서(虞書) · 순전(舜典)」: 帝曰, 咨四岳, 有能典朕三禮. 僉曰, 伯夷. 帝曰, 兪. 咨伯, 汝作秩宗. 夙夜惟寅, 直哉惟淸. 伯拜稽首, 讓于夔龍.

「중니연거」 11장

참고─經文

子張問政. 子曰, "師乎, ①前吾語女乎? 君子明於禮樂, 擧而錯之而已."

번역 자장이 정치에 대해 물었다. 공자는 "사야, 내가 앞서 너에게 말해주지 않았던가? 군자는 예악을 해박하게 깨우치고서, 이것들을 정사에 적용할 따름이다."라고 했다.

① ○前吾語女乎.

補註 按: 前字陳註謂昔者, 而愚意恐使之前也.

번역 살펴보니, '전(前)'자에 대해 진호의 주에서는 예전을 뜻한다고 했지만, 내가 생각하기에 이 글자는 그로 하여금 앞으로 나오게 했다는 뜻인 것 같다.

補註 ○徐志修曰: 蓋子張旣侍坐聞禮樂之論, 而夫子又告以禮樂, 故陳註如此. 蓋從乎字生義, 恐亦一義.

번역 ○서지수가 말하길, 자장은 이미 공자를 모시고 앉아서 예악에 대한 의론을 들었는데, 공자가 재차 예악에 대해 일러주었기 때문에 진호의 주가 이와 같은 것이다. '호(乎)'자를 통해 의미를 도출하는 것 또한 하나의 의미가 된다.

「중니연거」 13장

참고-經文

禮之所興, 衆之所治也. 禮之所廢, 衆之所亂也. ①目巧之室, 則有奧阼; 席則有上下, 車則有左右, 行則有隨, 立則有序, 古之義也.

번역 공자가 계속하여 말하길, "예(禮)가 흥성하게 되는 것은 백성들이 다스려지는 것이다. 반면 예가 폐지되는 것은 백성들이 혼란스럽게 되는 것이다. 눈대중으로 지은 집이라도 아랫목과 동쪽계단이 있고, 자리에는 상석과 하석이 있으며, 수레에는 좌측과 우측이 있고, 길을 갈 때에는 그 뒤를 따라가는 등의 구분이 있으며, 서 있을 때에는 각각 정해진 차례가 있으니, 이러한 것들은 모두 고대 성인이 예를 제정한 의미에 해당한다."라고 했다.

① ○目巧之室.

補註 類編曰: 目巧之三字, 當爲衍文.

번역 『유편』에서 말하길, '목교지(目巧之)'라는 세 글자는 연문에 해당한다.

補註 ○按: 家語亦作目巧之室, 陳註本於古註疏, 而類編似長.

번역 ○살펴보니, 『가어』에서도 '목교지실(目巧之室)'이라 기록했고, 진호의 주는 옛 주와 소의 주장에 근거한 것이지만, 『유편』의 주장이 더 나은 것 같다.

「공자한거(孔子閒居)」 제29편

「공자한거」 2장

참고-經文

子夏曰, "民之父母旣得而聞之矣, 敢問何謂五至?" 孔子曰, "① 志之所至, 詩亦至焉; 詩之所至, 禮亦至焉; 禮之所至, 樂亦至焉; 樂之所至, 哀亦至焉. ②哀樂相生, 是故正明目而視之, 不可得而見也; 傾耳而聽之, 不可得而聞也. ③志氣塞乎天地, 此之謂五至."

번역 자하가 말하길, "백성들의 부모가 된다는 말에 대해서는 이미 들어서 그 뜻을 알겠습니다. 그런데 감히 묻겠습니다. 무엇을 오지(五至)라고 합니까?"라고 했다. 그러자 공자는 "뜻이 이른 것은 시 또한 이르고, 시가 이른 것은 예 또한 이르며, 예가 이른 것은 악 또한 이르고, 악이 이른 것은 슬픔 또한 이른다. 슬픔과 즐거움은 상생하니, 이러한 까닭으로 눈의 봄을 바르고 밝게 하더라도 볼 수가 없고, 귀를 기울여도 들을 수 없다. 뜻과 기운이 천지에 충만하니, 이것을 오지라고 부른다."라고 했다.

① 志之所至[止]至焉.

補註 按: 古註疏, 以此五者, 爲皆與民共之. 訓志以恩意, 訓詩以歌詠, 訓禮以以禮接下, 訓樂以同樂, 訓哀以同憂.

번역 살펴보니, 옛 주와 소에서는 여기에 나온 다섯 가지를 모두 백성들과 함께 하는 것으로 여겼다. 그래서 지(志)자는 은혜로운 뜻으로 풀이하였고, 시(詩)자는 노래하고 읊조리는 뜻으로 풀이하였으며, 예(禮)자는 예를 통해 아랫사람들을 접한다는 뜻으로 풀이하였고, 악(樂)자는 즐거움을 함께 한다는 뜻으로 풀이하였으며, 애(哀)자는 근심을 함께 나눈다는 뜻으로 풀이하였다.

② **哀樂相生.**

補註 按: 家語此句上有"詩禮相成"四字.

번역 살펴보니, 『가어』에는 이 구문 앞에 "시와 예가 서로를 완성한다[詩禮相成]."라는 네 글자가 더 기록되어 있다.

補註 ○又按: 哀樂相生一句, 恐是覆解上二句, 陳註未必然.

번역 또 살펴보니, '애락상생(哀樂相生)'이라는 구문은 아마도 앞에 나온 두 개의 구문을 재차 풀이한 것 같은데, 진호의 주는 이처럼 보지 않은 것 같다.

③ **志氣塞乎天地.**

補註 疏曰: 人君之志氣也.

번역 소에서 말하길, 군주의 뜻과 기운이다.

참고-集說

五至·三無者, 至則極盛而無以復加; 無則至微而不泥於迹之謂也. 在心爲志, 發言爲詩, 志盛則言亦盛, 故曰志之所至, 詩亦至焉. 詩有美刺, 可以興起好善惡惡之心, 興於詩者必能立於禮, 故曰詩之所至, 禮亦至焉. 禮貴於序, 樂貴於和, 有其序則有其和, 無其序則無其和, 故曰禮之所至, 樂亦至焉. 樂至則樂民之生, 而哀民之死, 故曰樂之所至, 哀亦至焉. 君能如此, 故民亦樂君之生, 而哀君之死, 是哀樂相生也. ①樂民之樂者, 民亦樂其樂; 憂民之憂者, 民亦憂其憂, 卽下文無聲之樂, 無服之喪, 是也. 目正視則明全, 耳傾聽則聰審, 今正視且不見, 傾聽且不聞, 是五至無體無聲, 而惟其志氣之充塞乎天地也. 塞乎天地, 卽所謂橫於天下也.

번역 '오지(五至)'와 '삼무(三無)'라고 했는데, 이르렀다면 지극하고 융성하여 재차 더할 것이 없고, 없다면 지극히 은미하여 자취에 구애되지 않음을 이른다. 마음에 있어서는 지(志)가 되는데, 그것이 말로 나타나면 시가 되니, 뜻이 융성하다면 말 또한 융성하게 된다. 그렇기 때문에 "뜻이 이른 것은 시 또한 이른 것이다."라고 했다. 시에는 찬미하는 것도 있고 비판하는 것도 있어서, 선을 좋아하고 악을 싫어하는 마음을 흥기시킬 수 있으니, 시에서 흥성한 것은 반드시 예에서도 확립할 수 있다. 그렇기 때문에 "시가 이른 것은 예 또한 이른 것이다."라고 했다. 예는 질서가 있는 것을 존귀하게 여기고, 악은 조화로운 것을 존귀하게 여기는데, 질서가 생기면 조화가 생기고, 질서가 없으면 조화도 없다. 그렇기 때문에 "예가 이른 것은 악 또한 이른 것이다."라고 했다. 악이 이르게 되면 백성들이 생활하는 것을 즐겁게 여기고, 백성들이 죽는 것을 슬프게 여긴다. 그렇기 때문에 "악이 이른 것은 슬픔 또한 이른다."라고 했다. 군주가 이처럼 할 수 있기 때문에 백성들 또한 군주가 생활하는 것을 즐겁게 여기고, 군주가 죽는 것을 슬프게 여긴다. 이것은 슬픔과 즐거움이 상생하는 것이다. 백성들이 즐거워하는 것을 즐거워한다면 백성들 또한 군주의 즐거움을 즐거워하고, 백성들의 슬픔을 슬퍼한다면 백성들 또한 군주의 슬픔을 슬퍼하니, 아래문장에서 "소리가 없는 음악, 상복이 없는 상"이라고 한 말에 해당한다. 눈은 봄을 올바르게 한다면 눈의 밝음이 온전해지고, 귀는 기울여서 듣게 된다면 총명하고 자세히 듣게 되는데, 현재 봄을 바르게 했는데도 보지 못하고, 귀를 기울여도 듣지 못한다고 했으니, 오지(五至)는 형체도 없고 소리도 없으며 오직 뜻과 기운만이 천지에 충만하기 때문이다. 천지에 가득하다는 것은 바로 "천하에 두루 펼친다."는 뜻에 해당한다.

① 樂民[止]其憂.

補註 孟子・梁惠王文.

번역 『맹자』「양혜왕(梁惠王)」편의 기록이다.[1)]

---

1) 『맹자』「양혜왕하(梁惠王下)」: 樂民之樂者, 民亦樂其樂, 憂民之憂者, 民亦憂其憂. 樂以天下, 憂以天下, 然而不王者, 未之有也.

「공자한거」 3장

참고-經文

子夏曰, "五至旣得而聞之矣, 敢問何謂三無?" 孔子曰, "①無聲之樂, 無體之禮, 無服之喪, 此之謂三無." 子夏曰, "三無旣得略而聞之矣, 敢問何詩近之?" 孔子曰, "'夙夜其命宥密', 無聲之樂也; '威儀逮逮, 不可選也', 無體之禮也; '凡民有喪, 匍匐救之', 無服之喪也."

번역 자하가 말하길, "오지(五至)에 대해서는 이미 들어서 그 뜻을 알겠습니다. 그런데 감히 묻겠습니다. 무엇을 삼무(三無)라고 합니까?"라고 했다. 그러자 공자는 "소리가 없는 악(樂), 사물이 없는 예(禮), 상복이 없는 상(喪)이 바로 삼무이다."라고 했다. 자하는 계속하여, "삼무에 대해서는 이미 대략적인 내용을 들어서 알겠습니다. 그런데 감히 묻겠습니다. 어떠한 시가 삼무에 가깝습니까?"라고 했다. 그러자 공자는 "'밤낮으로 천명의 기틀을 세워 관대하고 편안하게 한다.'라고 했는데, 이것이 바로 소리가 없는 악을 비유한다. '위엄스러운 거동이 융성하고 융성하니, 가릴 수가 없구나.'라고 했는데, 이것이 바로 사물이 없는 예를 비유한다. '백성들 중에 상사가 생기면 다급히 찾아가서 도와주는구나.'라고 했는데, 이것이 바로 상복이 없는 상을 비유한다."라고 했다.

① 無聲之樂[止]之喪.

補註 楊梧曰: 卽上樂至·禮至·哀至也.

번역 양오가 말하길, 이것은 앞에서 악이 이르고, 예가 이르며, 슬픔이 이른다고 한 말에 해당한다.[1]

---

1) 『예기』「공자한거」: 子夏曰, "民之父母旣得而聞之矣, 敢問何謂五至?" 孔子曰, "志之所至, 詩亦至焉; 詩之所至, 禮亦至焉; 禮之所至, 樂亦至焉; 樂之所至, 哀亦至焉. 哀樂相生, 是故正明目而視之, 不可得而見也; 傾耳而聽之, 不可得而聞也. 志氣塞乎天地, 此之謂五至."

補註 ○按: 無服, 鄭註, "非有衰絰之服." 陳註服屬之親云者, 欠明.

번역 ○살펴보니, '무복(無服)'에 대해 정현의 주에서는 "최질(衰絰)과 같은 상복이 있는 상(喪)이 아니라는 뜻이다."라고 했는데, 진호의 주에서는 상복 관계에 있는 친속이라는 말을 하여 다소 불분명하게 되었다.

「공자한거」 5장

참고-經文

子夏曰, "何如?" 孔子曰, "無聲之樂, 氣志不違; 無體之禮, 威儀遲遲; 無服之喪, ①內恕孔悲. 無聲之樂, 氣志旣得; 無體之禮, 威儀翼翼; 無服之喪, 施及四國. 無聲之樂, 氣志旣從; 無體之禮, 上下和同; 無服之喪, 以畜萬邦. 無聲之樂, 日聞四方; 無體之禮, 日就月將; 無服之喪, 純德孔明. 無聲之樂, 氣志旣起; 無體之禮, 施及四海; 無服之喪, 施于孫子."

번역 자하가 말하길, "무엇을 오기(五起)라고 합니까?"라고 했다. 그러자 공자는 "소리가 없는 악(樂)은 뜻과 기운이 어긋나지 않고, 사물이 없는 예(禮)는 위엄스러운 거동이 느긋하고 여유로우며, 상복이 없는 상(喪)은 내적으로 관대하고 크게 슬퍼한다. 소리가 없는 악은 기운과 뜻을 이미 얻게 되고, 사물이 없는 예는 위엄스러운 거동이 엄숙하고 공경스러우며, 상복이 없는 상은 네 나라에 미치게 된다. 소리가 없는 악은 기운과 뜻이 이미 따르고, 사물이 없는 예는 상하계층이 화합하며, 상복이 없는 상은 이로써 모든 나라를 기르게 된다. 소리가 없는 악은 날로 사방으로 소문이 퍼지고, 사물이 없는 예는 날로 달로 성취되며, 상복이 없는 상은 순수한 덕이 크고도 밝게 된다. 소리가 없는 악은 기운과 뜻이 이미 일어나고, 사물이 없는 예는 사해에 두루 미치며, 상복이 없는 상은 자손들에게까지 미친다."라고 했다.

① ○內恕孔悲.

補註 按: 小註呂氏以視人之喪猶己之喪解恕字, 良是.

번역 살펴보니, 소주에서 여씨는 남의 상을 마치 자신의 상처럼 여긴다는 뜻으로 서(恕)자를 풀이했는데, 매우 옳다.

「공자한거」 6장

참고-經文

子夏曰, "三王之德, 參於天地, 敢問何如斯可謂參於天地矣?" 孔子曰, "奉三無私以勞天下." 子夏曰, "敢問何謂三無私?" 孔子曰, "天無私覆, 地無私載, 日月無私照. 奉斯三者以勞天下, 此之謂三無私. 其在詩曰, '帝命不違, 至於湯齊. ①湯降不遲, 聖敬日齊. 昭假遲遲, 上帝是祗, 帝命式于九圍', 是湯之德也."

번역 자하가 말하길, "옛 말 중에는 삼왕의 덕이 천지에 참여한다고 했는데, 감히 묻겠습니다. 어떻게 하는 것을 천지에 참여한다고 말할 수 있습니까?"라고 했다. 그러자 공자는 "삼무사(三無私)를 받들어서 천하를 위해 애쓰셨다."라고 했다. 자하는 "감히 묻겠습니다. 무엇을 삼무사라고 합니까?"라고 했다. 그러자 공자는 "하늘은 사사롭게 덮어주는 것이 없으며, 땅은 사사롭게 실어주는 것이 없고, 해와 달은 사사롭게 비춰주는 것이 없다. 이러한 세 가지 뜻을 받들어서 천하를 위해 애쓰는 것을 삼무사라고 부른다. 『시』에서도 '상제의 명이 어그러지지 않아 탕임금에 이르러서 가지런히 되었다. 탕임금은 자신을 낮추는데 더디게 하지 않았으니 성스럽고 공경스러운 덕이 날로 높아졌다. 그 빛남이 하늘에 이르러 매우 느긋하였으며, 상제도 이에 그를 공경하게 대해, 상제의 명으로 구위(九圍)[1)]에 모범이 되었다.'라고 했으니, 바로 탕임금의 덕을 나타내는 말이다."라고 했다.

① ○湯降不遲.

補註 按: 嚴氏解此, 全不成義理. 陳註不引朱子傳, 而取嚴說何也? 朱子傳, 今見小註.

번역 살펴보니, 엄씨의 이 구문에 대한 해석은 전혀 도리에 맞지 않는다. 진호의 주에서 주자의 글을 인용하지 않고 엄씨의 주장을 채택한 것은 어째서

1) 구위(九圍)는 구주(九州)를 뜻한다. 천하를 아홉 권역으로 나눠서 천자의 수도를 둘러싸도록 했기 때문에 구주를 '구위'라고도 부른다.

인가? 주자의 글은 현재 소주에 나온다.

補註 ○徐志修曰: 昭假遲遲之訓, 亦大謬於朱子傳.

번역 ○서지수가 말하길, '소가지지(昭假遲遲)'에 대한 풀이 또한 주자의 글에 비해 매우 잘못되었다.

참고-大全

朱子曰: 商之先祖, 旣有明德, 天命未嘗去之, 以至於湯. 湯之生也, 應期而降, 適當其時, 其①聖故又日躋升, 以至昭格于天, 久而不息, 惟上帝是敬, 故帝命之, 使爲法於九州也.

번역 주자가 말하길, 은나라의 선조에게도 이미 밝은 덕이 있어서, 천명이 일찍이 은나라 왕실에서 떠나지 않았고 탕임금에 이르게 되었다. 탕임금이 나타나자 그 시기에 호응하여 내려주었는데 때마침 그 시기에 적합하였고, 그의 성스럽고 공경스러움은 또한 날마다 상승하여 그 빛이 하늘에 이르는 경지에 도달하였는데, 오래도록 그치지 않았으니 상제도 공경을 해주었다. 그렇기 때문에 상제가 그에게 명령하여 구주(九州)에 모범이 되도록 만들었다.

① 聖故.

補註 故, 敬之誤.

번역 '고(故)'자는 경(敬)자의 오자이다.

「공자한거」 7장

참고-經文

①天有四時, 春秋冬夏, 風雨霜露, 無非教也. 地載神氣, 神氣風霆, 風霆流形, 庶物露生, 無非教也.

번역 공자가 계속하여 말하길, "하늘에는 사계절이 있으니, 봄과 가을 겨울과 여름 및 바람과 비 서리와 이슬 중에는 하늘의 가르침이 아닌 것들이 없다. 또 땅은 신기를 받들고 있는데, 신기는 바람과 천둥을 일으키고, 바람과 천둥은 조화로운 운행을 통해 만물이 생겨나게 되니, 이것들 중에는 땅의 가르침이 아닌 것들이 없다."라고 했다.

① 天有四時章.

補註 按: 此章連下章, 或以天地言, 或以人言, 以申明三王之德, 參於天地之義.

번역 살펴보니, 이 문장은 아래문장과 연결되는데, 어떤 때에는 천지(天地)로 말하고 또 어떤 때에는 인(人)으로 말을 하여, 삼왕의 덕이 천지에 참여했다는 뜻을 거듭 밝힌 것이다.

참고-集說

上章引詩以明王道之無私, 此言天地之無私也, 春夏之啓, 秋冬之閉, 風雨之發生, 霜露之肅殺, 無非天道至公之教也. 載, 猶承也, 由神氣之變化, 致風霆之顯設, ①地順承天施, 故能發育群品; 形, 猶迹也, 流形, 所以運造化之迹, 而庶物因之以生. 此地道至公之教也. 聖人之至德, 與天道之至教, 均一無私而已.

번역 앞의 문장에서는 시를 인용하여 왕도에는 삿됨이 없음을 나타내었다. 이곳에서는 천지에는 삿됨이 없음을 말하였는데, 봄과 여름이 열어주고 가을과 겨울이 닫아주며, 바람과 비가 발생시키고 서리와 이슬이 숙살시키는 것 등에는 천도의 지극히 공평한 가르침 아닌 것들이 없다. '재(載)'자는 "받들다[承]."는 뜻이니, 신기의 변화에 따라서 바람과 천둥을 일으키게 하고, 땅은 하늘이 베푸는 것을 순종하고 받들기 때문에 뭇 사물들을 발생시키고 기를 수 있다. '형(形)'자는 자취[迹]를 뜻하니, '유형(流形)'은 조화로운 자취를 운행하여 만물이 그에 따라 생겨나게 하는 것이다. 이것은 땅의 도리가 지극히 공평한 가르침이 됨을 나타낸다. 성인의 지극한 덕은 천도의 지극한 가르침과 균일하여 삿됨이 없을 따름이다.

① **地順承天施.**

補註 易·坤之彖曰: "至哉坤元, 萬物資生, 乃順承天." 本義曰: "順承天施, 地之道也."

번역 『역』「곤괘(坤卦)·단전(彖傳)」에서 말하길, "지극하구나, 곤의 원이여, 만물이 그에 의지해 생겨나니 이에 순종적으로 하늘을 받드는구나."[1]라고 했고, 『본의』에서는 "하늘의 베풂을 순종적으로 받드는 것은 땅의 도이다."라고 했다.

---

1) 『역』「곤괘(坤卦)」: 彖曰, 至哉坤元, 萬物資生, 乃順承天. 坤厚載物, 德合无疆, 含弘光大, 品物咸亨. 牝馬地類, 行地无疆, 柔順利貞. 君子攸行, 先迷失道, 後順得常. 西南得朋, 乃與類行, 東北喪朋, 乃終有慶. 安貞之吉, 應地无疆.

「공자한거」 8장

참고-經文

清明在躬, 氣志如神, ①耆欲將至, 有開必先, 天降時雨, 山川出雲. 其在詩曰, "嵩高維嶽, 峻極于天. 維嶽降神, 生甫及申. 維申及甫, 爲周之翰. 四國于蕃, 四方于宣." ②此文武之德也.

번역 공자가 계속하여 말하길, "맑고 밝음이 자신에게 있다면 그 기운과 뜻이 신과 같아지고, 바라고 원하던 것이 장차 이르게 되면 반드시 그보다 앞서 그것을 열어주는 조짐이 나타나며, 하늘이 때에 맞는 비를 내리고자 하면 산천은 그보다 앞서 구름을 생성한다. 『시』에서도 '높고도 높구나 저 악(嶽)이여, 그 높음이 하늘에 이르렀구나. 오직 이러한 악만이 신령을 내려서 중산보와 신백이 태어나도록 했다. 신백과 중산보는 주나라의 근간이 되었고, 사방의 나라는 그들을 환란을 막는 울타리로 삼고 은택을 펼치게 했도다.'라고 했으니, 바로 문왕과 무왕의 덕을 나타내는 말이다."라고 했다.

① 耆欲將至有開必先.

補註 語類曰: "家語作'有物將至, 其兆必先', 却是. 疑'有物'訛爲'耆欲', '其兆'訛爲'有開', 故'耆'下'日'亦似'有', '開'上'門'亦似'兆'. 若說'耆欲', 則又成不好底意." 又曰: "如禮記'耆欲將至, 有開必先,' 家語作'有物將至, 其兆必先,' 爲是. 蓋'有'字似'耆'字, '物'字似'慾'字, '其'字似'有'字, '兆'字篆文似'開'字之'門', 必誤無疑. 今欲作'有開'解, 亦可, 但無意思爾."

번역 『어류』에서 말하길, "『가어』에서는 '사물이 이르고자 할 때에는 그 조짐이 반드시 먼저 나타난다.'라고 기록했는데, 이 기록이 옳다. 아마도 '유물(有物)'이라는 말이 기욕(耆欲)이라는 말로 잘못 기록되고, '기조(其兆)'라는 말이 유개(有開)라는 말로 잘못 기록된 것 같다. 그렇기 때문에 '기(耆)'자 밑에 있는 일(日)자는 유(有)자와 유사하고, '개(開)'자의 상단부에 있는 문(門)자는 조(兆)자와 유사한 것이다. 만약 '기욕(耆欲)'이라고 말한다면 또한 좋지 않은 뜻이 된다."라고 했다. 또 말하길, "예를 들어 『예기』에서 '바라고 원하던 것이 장차 이르게 되면 반드시 그보다 앞서 그것을 열어주는 조짐이 나타난다.'라고 했고, 『가어』에서는 '사물이 이르고자 할 때에는 그 조짐이 반드시 먼저 나타난다.'라고 했는데, 이 기록이 옳다. '유(有)'자는 기(耆)자와 유사한 점이 있고, '물(物)'자는 욕(慾)자와 유사한 점이 있으며, '기(其)'자는 유(有)자와 유사한 점이 있고, '조(兆)'자의 전문은 개(開)자의 구성요소인 문(門)자와 유사한 점이 있으니, 분명 잘못 기록된 것임에 의심의 여지가 없다. 현재 이것을 '유개(有開)'로 해석하고자 해도 가능하지만 큰 의미는 없다."라고 했다.

② **此文·武之德也.**

補註 按: 上言湯之德參於天地, 而帝乃降其明命俾式九圍也. 此言文·武之德參於天地, 而天乃開其後嗣以生賢佐也. 應氏所謂嵩高生賢, 本於文·武者, 良是. 陳註恐未然.

번역 살펴보니, 앞에서는 탕임금의 덕이 천지에 참여하여, 상제가 밝은 명을 내려 구위에 모범이 되었다고 말했다. 이곳 문장에서는 문왕과 무왕의 덕이 천지에 참여하여, 하늘이 후사를 열어주어 현명한 신하들을 낳아주었다고 말했다. 응씨가 "높고 높은 산이 현자를 태어나게 하는 것은 문왕과 무왕에 근본을 두고 있다."라고 한 말은 매우 옳다. 진호의 주는 아마도 이처럼 풀이하지 않은 것 같다.

참고-集說

清明在躬, 氣志如神, 卽①至誠前知之謂也. 耆欲, 所願欲之事也. 有開必先, 言先有以開發其兆朕者, 如①將興必有禎祥, 若時雨將降, 山川必先爲之出雲也. 國家將興, 天必爲之豫生賢佐, 故引大雅嵩高之篇, 言文武有此無私之德, 故天爲之生賢佐以興周, 而文武無此詩, 故取宣王詩爲喩, 而曰此文武之德也.

번역 “청명이 자신에게 있으면 기운과 뜻이 신과 같다.”라고 했는데, 지극히 정성스러워서 미리 알 수 있다는 뜻이다. ‘기욕(耆欲)’은 원하고 바라는 사안을 뜻한다. ‘유개필선(有開必先)’은 먼저 그 조짐을 열어주는 일이 있다는 뜻이니, 마치 앞으로 흥성하게 될 때에는 반드시 경사스러운 조짐이 나타나고, 마치 때에 맞는 비가 내리려고 할 때 산천이 반드시 그보다 앞서 구름을 내놓는 것과 같다. 국가가 흥성하려고 하면 하늘은 반드시 그를 위해 현명한 신하를 태어나게 한다. 그렇기 때문에 『시』「대아(大雅) · 숭고(嵩高)」편을 인용하였으니,[1] 문왕과 무왕에게는 이처럼 삿됨이 없는 덕이 있었기 때문에, 하늘이 그들을 위해 현명한 신하를 태어나게 하여 주나라를 흥기시켰다는 뜻이다. 그런데 문왕과 무왕 때에는 이러한 시가 없었기 때문에 선왕(宣王)에 대해 읊조린 시를 가져다가 비유를 하고, “이것은 문왕과 무왕의 덕이다.”라고 한 것이다.

① 至誠前知[又]將興必有禎祥.

補註 竝中庸文.

번역 둘 모두 『중용』의 기록이다.[2]

---

1) 『시』「대아(大雅) · 숭고(崧高)」: 崧高維嶽, 駿極于天. 維嶽降神, 生甫及申. 維申及甫, 維周之翰. 四國于蕃, 四方于宣.

2) 『중용』「24장」: 至誠之道可以前知, 國家將興, 必有禎祥. 國家將亡, 必有妖孽. 見乎蓍龜, 動乎四體. 禍福將至, 善必先知之, 不善必先知之. 故至誠如神.

「공자한거」 9장

참고-經文

①"三代之王也, 必先其令聞. 詩云, '明明天子, 令聞不已', 三代之德也. '弛其文德, 協此四國', 大王之德也." 子夏蹶然而起, 負牆而立曰, "弟子敢不承乎?"

번역 공자가 계속하여 말하길, "삼대 때 천자가 된 자들에게는 반드시 그보다 앞서 조상들이 쌓은 좋은 소문이 들렸다. 『시』에서 '밝고도 밝으신 천자여, 아름다운 소문이 그치지 않는구나.'라고 했는데, 바로 삼대 때 천자를 했던 자들의 덕이다. '그 문덕을 베풀어서 사방의 나라에 펼치셨도다.'라고 했는데, 바로 태왕의 덕에 해당한다."라고 했다. 자하는 기뻐하며 펄쩍 뛰듯이 일어나서 뒤로 물러나 벽을 등지고 서서 말하길, "제자가 감히 그 뜻을 받들지 않을 수 있겠습니까?"라고 했다.

① 三代之王也章.

補註 楊梧曰: 前詩承先其令聞, 贊美三代先世之德, 只宜空說. 後詩承三代之德, 實指大王以例夏·商.

번역 양오가 말하길, 앞의 시는 '선기령문(先其令聞)'이라는 말을 이어받아서 삼대 선조들의 덕을 찬미한 것인데, 다만 실속이 없는 말일 뿐이다. 뒤의 시는 '삼대지덕(三代之德)'이라는 말을 이어받았는데 실제로는 태왕을 들어 하나라와 은나라의 용례처럼 본 것이다.

補註 ○按: 楊說有理, 蓋上文論三王之德, 而只言湯之德·文·武之德, 以例夏禹也. 此論三王先世之德, 而只言大王之德, 以例夏·商先世也.

번역 ○살펴보니, 양씨의 주장에는 일리가 있는데, 앞 문장에서는 삼왕의 덕을 논의하였지만, 단지 탕임금의 덕과 문왕 및 무왕의 덕을 말하여 하나라 우임금에게 비견한 것이다. 또 이곳에서는 삼대 선조의 덕을 논의하였지만 태왕의 덕을 말하여 하나라나 은나라의 선조에 비견한 것이다.

補註 ○又按: 必先其令聞, 應上有開必先, 宜察之.

번역 ○또 살펴보니, '필선기령문(必先其令聞)'이라는 말은 앞의 유개필선(有開必先)[1]이라는 말과 호응하니, 마땅히 살펴보아야 한다.

---

1) 『예기』「공자한거」: 淸明在躬, 氣志如神, 耆欲將至, 有開必先, 天降時雨, 山川出雲. 其在詩曰, '嵩高維嶽, 峻極于天. 維嶽降神, 生甫及申. 維申及甫, 爲周之翰. 四國于蕃, 四方于宣.' 此文武之德也.

禮記補註卷之二十五

『예기보주』 25권

「방기(坊記)」 제30편

補註 程子曰: 坊記不知何人所作. 觀其引論語, 則不可以爲孔子之言. 漢儒如賈誼·董仲舒所言, 蓋得此篇之意, 或者其所記歟.

번역 정자가 말하길, 「방기」편을 누가 지었는지는 모르겠다. 『논어』를 인용하고 있는 점을 보면, 이것은 공자의 말이라고 할 수 없다. 한대 유학자들 중 예를 들어 가의나 동중서가 한 말들은 아마도 「방기」편의 뜻과 부합하는 것 같으니, 아마도 그들이 기록한 말일 것이다.

「방기」 1장

참고-經文

子言之, "君子之道, 辟則坊與. ①坊民之所不足者也. 大爲之坊, 民猶踰之, 故君子②禮以坊德, 刑以坊淫, 命以坊欲."

번역 공자가 말하길, "군자의 도는 비유하자면 제방과 같을 것이다. 백성들의 부족하게 될 점을 미리 방비하는 것이다. 그들을 위해 크게 방비대책을 세우더라도 백성들은 오히려 그것을 뛰어넘으려고 한다. 그러므로 군자는 예(禮)를 통해 덕이 부족해질 것을 방지하고, 형벌을 통해 정감이 방탕하게 흐를 것을 방지하며, 명령을 통해 욕심이 제멋대로 날뛰는 것을 방지한다."라고 했다.

① 坊民之所不足者.

補註 鄭註: 民所不足, 謂仁義之道也. 失道則放辟邪侈也.

번역 정현의 주에서 말하길, 백성들이 부족해하는 것은 바로 인(仁)과 의(義)의 도리를 뜻한다. 도를 잃어버리면 거리낌 없이 제멋대로 하고 간사하며 사치스럽게 된다.[1)]

補註 ○按: 今註應氏說, 蓋本於古註, 而欠下面失道以下意, 却似言坊民之天理, 失之矣. 楊梧有說, 似可備一義.

번역 ○살펴보니, 이곳 주에 나온 응씨의 주장은 아마도 옛 주에 근거한 것 같은데, 뒷부분 중 '실도(失道)'로부터 그 이하의 뜻을 생략하여, 마치 백성들의 천리를 방비하는 것처럼 말했으니, 잘못된 설명이다. 양오도 이에 대해 주장한 것이 있는데, 나름의 일리는 있는 것 같다.

---

1) 『맹자』「양혜왕상(梁惠王上)」: 曰, 無恒産而有恒心者, 惟士爲能. 若民, 則無恒産, 因無恒心. 苟無恒心, 放辟邪侈, 無不爲已. 及陷於罪, 然後從而刑之, 是罔民也. 焉有仁人在位罔民而可爲也?

補註 ○楊梧曰: 人心之欲無涯, 而常苦不足. 以不足而無涯, 未有不踰其則者, 故云坊民之所不足者也.

번역 ○양오가 말하길, 사람 마음에 있는 욕심은 끝이 없고, 항상 부족한 것을 고통스럽게 여긴다. 부족하고도 끝이 없으면 그 법도를 뛰어넘지 않는 자가 없기 때문에 백성들이 부족해하는 바를 방비한다고 말한 것이다.

② 禮以坊德.

補註 疏曰: 由民踰德, 故人君設禮以坊民德之失.

번역 소에서 말하길, 백성들은 자신이 가진 덕을 뛰어넘어 잘못된 길로 접어드는 것에 연유하기 때문에, 군주는 예를 제정하여 백성들이 덕에 대해 잘못을 저지르지 않도록 방지한다.

참고-集說

應氏曰: 理欲相爲消長, 人欲熾盛而有餘, 則天理消滅而不足, ①禮則防其所不足, 而制其所有餘焉. 性之善爲德, 禮以防之而養其源; 情之蕩爲淫, 刑以防之而遏其流. 聖人防民之具至矣, 然人之欲無窮, 而非防閑之所能盡也, 聖人於是而有命之說焉. 命出於天, 各有分限, 而截然不可踰也. 天之命令, 人力莫施, 以是防之, 則覬覦者塞, 羨慕者止, 而欲不得肆矣.

번역 응씨가 말하길, 도리와 욕심은 상호 줄어들게 하거나 늘어나게도 하는데, 사람의 욕심이 번성하여 넘치게 된다면 천리는 줄어들어 부족하게 되니, 예는 부족하게 될 것을 방지하고 넘치는 것을 제어하는 것이다. 본성의 선함은 덕이 되는데, 예를 통해 방지하는 것은 본원성을 배양하는 것이며, 정감이 방탕하게 되어 음란하게 흐르면 형벌을 통해 방지하여 방탕하게 흐르는 것을 막는다. 백성들이 잘못된 길로 빠지지 않도록 성인이 방지했던 도구들이 지극한데도 사람의 욕심은 끝이 없어서 방지 대책으로 다 막을 수 있는 것이 아니니, 성인은 이에 대해 명령을 내리게 된다. 명령은 하늘로부터 도출되어 각각 경계가 있고, 경계가 매우 분명하여 뛰어넘을 수가 없다. 하늘의 명령은 사람의 힘으로는 제대로 시행할 수 없지만, 이를 통해 방비한다면, 기회를 엿보는 자들은 막히게 될 것이고, 탐욕을 부리는 자들은 그치게 되어, 욕심이 제멋대로 날뛰지 못하게 된다.

① **禮則防其[止]有餘焉.**

補註 按: 禮則二字, 當依經文, 改以君子之道, 下文始分言禮刑命故也.

번역 살펴보니, '예즉(禮則)'이라는 두 글자는 마땅히 경문에 따라 군자지도(君子之道)로 고쳐야 하니, 아래문장에 가서야 비로소 예·형벌·명령을 나눠서 언급했기 때문이다.

「방기」 2장

참고-經文

子云, "小人①貧斯約, 富斯驕. 約斯盜, 驕斯亂. 禮者, 因人之情而爲之節文, 以爲民坊者也. 故聖人之制富貴也, 使民富不足以驕, 貧不至於約, ②貴不慊於上, 故亂益亡."

번역 공자가 말하길, "소인은 가난하면 인색하게 되고 부유하면 교만하게 된다. 인색하면 도적질을 하게 되고 교만하면 혼란스럽게 만든다. 예라는 것은 사람의 정감에 따라 절제하여 격식을 만든 것으로, 이것을 백성들에 대한 방지대책으로 삼는다. 그러므로 성인은 부귀를 제어하여, 백성들로 하여금 부유하더라도 교만하게 만들지 않고, 가난하더라도 인색하게 만들지 않으며, 존귀하더라도 윗사람을 꺼려하지 않도록 만든다. 그렇기 때문에 혼란이 더욱 없어지게 된다."라고 했다.

① 貧斯約.

補註 鄭註: 約, 猶窮也.
번역 정현의 주에서 말하길, '약(約)'자는 궁색하다는 뜻이다.

② 貴不慊於上.

補註 按: 大學朱子註, "慊, 快也, 足也." 方氏所解, 蓋亦此意.
번역 살펴보니, 『대학』에 대한 주자의 주에서는 "'겸(慊)'자는 좋아한다는 뜻이며 만족한다는 뜻이다."라고 했다. 방씨가 풀이한 것은 아마도 이러한 뜻인 것 같다.

「방기」 3장

참고-經文

子云, "①貧而好樂, 富而好禮, 衆而以寧者, 天下其幾矣. ④詩云, '②民之貪亂, 寧爲荼毒.' 故制國不過千乘, ③都城不過百雉, 家富不過百乘. 以此坊民, 諸侯猶有畔者."

번역 공자가 말하길, "가난하면서도 즐김을 좋아하고, 부유하면서도 예를 좋아하며, 구성원이 많아지는데도 편안하게 하는 자는 천하에 몇 되지 않는다. 『시』에서는 '백성들이 혼란이 없어지기를 바라여, 차라리 독초나 독충처럼 행동하는구나.'라고 했다. 그렇기 때문에 제후국의 경계를 제정하며 1,000승(乘)의 규모를 넘지 못하도록 했고, 도성은 100치(雉)를 넘지 못하도록 했으며, 경이나 대부의 채지 규모는 100승을 넘지 못하도록 했다. 이를 통해 백성들의 잘못을 방지했는데도, 제후 중에는 오히려 배반을 계획하는 자가 있다."라고 했다.

① ○貧而好樂富而好禮.

補註 按: 貧而樂, 富而好禮, 卽論語首篇孔子語, 故石梁云貧而好樂, 添一好字.

번역 살펴보니, "가난하면서도 즐거워하고 부유하면서도 예를 좋아한다."는 것은 『논어』「학이(學而)」편에 나오는 공자의 말이다.[1] 그렇기 때문에 석량은 "'빈이호락(貧而好樂)'은 하나의 '호(好)'자가 첨가되었다."라고 말했다.

② 民之貪亂寧爲荼毒.

補註 按: 詩朱子註, 以"肆行貪亂安爲荼毒"釋之, 與陳註異.

---

1) 『논어』「학이(學而)」: 子貢曰, "貧而無諂, 富而無驕, 何如?" 子曰, "可也, 未若貧而樂, 富而好禮者也." 子貢曰, "詩云, '如切如磋, 如琢如磨', 其斯之謂與?" 子曰, "賜也, 始可與言詩已矣, 告諸往而知來者."

번역 살펴보니, 『시』에 대한 주자의 주에서는 "제멋대로 행동하고 혼란을 탐내며 독초와 독충을 편안하게 여긴다."라고 풀이하였으니, 진호의 주와는 차이를 보인다.

③ 都城不過百雉.

補註 徐志修曰: 左傳隱元年, "都城過百雉." 註, "邑有宗廟先君之主曰都. 方丈曰堵, 三堵曰雉, 一雉之墻, 長三丈高一丈. 侯·伯之城, 方五里徑三百雉, 故其大都不過百雉." 字書曰, "雉守死不犯, 有自衛之道, 故取義."

번역 서지수가 말하길, 『좌전』 은공 1년에는 "도성이 100치를 넘겼다."[2]라고 했고, 주에서는 "읍 중에서도 종묘와 선군의 신주가 있는 곳을 도(都)라고 부른다. 사방 1장을 도(堵)라 부르고, 3도를 치(雉)라 부르니, 1치의 담장은 그 길이가 3장이고 높이가 1장이다. 후작과 백작의 성은 사방 5리이며 지름은 300치이다. 그렇기 때문에 대도는 100치를 넘길 수 없다."라고 했다. 『자서』에서는 "꿩은 목숨을 걸고 지키며 범하지 않으니, 스스로를 지키는 도를 가지고 있다. 그렇기 때문에 그 의미를 취한 것이다."라고 했다.

④ 詩云[止]畔者.

補註 陽村曰: 自引詩至以此坊民等語, 皆記者釋上文孔子之言者, 後皆倣此.

번역 양촌이 말하길, 『시』를 인용한 것으로부터 "이를 통해 백성들의 잘못을 방지한다."라고 하는 등등의 말들은 모두 『예기』를 기록한 자가 앞에 나온 공자의 말을 풀이한 것이며, 뒤에 나오는 것들도 모두 이러한 용례이다.

補註 ○按: 朱子以孝經所引詩·書爲皆非孔子之言, 而刪去之. 陽村此

---

2) 『춘추좌씨전』「은공(隱公) 1년」: 祭仲曰, "都城過百雉, 國之害也. 先王之制, 大都, 不過參國之一; 中, 五之一; 小, 九之一. 今京不度, 非制也, 君將不堪."

語, 亦近理.

번역 ○살펴보니, 주자는 『효경』에서 인용하고 있는 『시』나 『서』에 대한 것들이 모두 공자의 말이 아니라고 여겨서 삭제를 했다. 양촌의 이 말 또한 이러한 이치에 가깝다.

「방기」 4장

참고-經文

子云, "夫禮者, 所以章疑別微, 以爲民坊者也. 故貴賤有等, 衣服有別, ①朝廷有位, 則民有所讓."

번역 공자가 말하길, "무릇 예(禮)라는 것은 의심나는 것을 드러내고 은미한 것을 구별하여 백성들이 잘못을 저지르지 않도록 방지하는 것이다. 그러므로 귀천에 등급이 생기고, 의복에 구별이 생기며, 조정에 지위가 생긴다면, 백성들에게는 사양하는 점이 생긴다."라고 했다.

① ○朝廷有位.

補註 按: 諺讀此句下吐誤. 當作爲面.

번역 살펴보니, 『언독』에서는 이 구문 뒤에 잘못된 토를 붙였는데, 마땅히 하면[爲面]이란 토를 붙여야 한다.

「방기」 5장

참고-經文

子云, "天無二日, 土無二王, 家無二主, 尊無二上, 示民有君臣之別也. 春秋, ①不稱楚·越之王喪, 禮, ②君不稱天, ③大夫不稱君, 恐民之惑也. 詩云, '相彼盍旦, 尙猶患之.'" 子云, "君不與同姓同車, 與異姓同車不同服, 示民不嫌也. 以此坊民, 民猶得同姓以弒其君."

번역 공자가 말하길, "하늘에는 두 개의 태양이 없고, 땅에는 두 명의 천자가 없으며, 가정에는 두 명의 주인이 없고, 존귀함에는 두 명의 윗사람이 없으니, 백성들에게 군주와 신하의 구별이 있음을 보여주는 것이다. 『춘추』에서는 초왕이나 월왕의 상사를 장례라고 지칭하지 않았고, 예법에 있어서는 제후에 대해 하늘을 일컫지 않았으며, 대부에 대해 제후라고 일컫지 않았으니, 백성들이 의혹하게 될까 염려하기 때문이다. 『시』에서는 '저 아침이 오기를 울부짖는 새를 보니, 오히려 사람들이 그것을 싫어하는구나.'라고 하였는데, 신하가 어찌 군주에게 참람되게 굴겠는가?"라고 했다. 또 공자가 말하길, "군주는 동성인 자와는 수레에 함께 타지 않고, 이성인 자와는 수레에 함께 타더라도 의복을 동일하게 입지 않으니, 백성들에게 혐의로 둘 것이 없음을 보여주는 것이다. 이를 통해 백성들이 잘못을 저지르지 않도록 방지하더라도, 백성들 중에는 오히려 동성인 자를 추대하여 자신의 군주를 시해하는 자가 있다."라고 했다.

① ○不稱楚·越之王喪.

補註 鄭註: "楚·越之君, 僭號稱王, 不稱其喪, 謂不書葬也. 春秋傳曰, '吳·楚之君不書葬, 辟其僭號也.'" 疏曰: "宣十八年, 楚子旅卒. 公羊傳曰, '吳·楚之君不書葬, 辟其號也.' 若書葬, 當書葬楚莊王, 辟其王之號, 故不書葬."

번역 정현의 주에서 말하길, "초나라와 월나라의 군주는 참람되게도 스스로를 왕(王)이라고 지칭했는데, 그들의 상사에 대해서 일컫지 않았다는 것은 기록에 '장(葬)'이라고 쓰지 않았다는 뜻이다. 『춘추전』에서는 '오나라와 초나라의 제후에 대해서 장(葬)이라고 쓰지 않은 것은 참람된 칭호를 피한 것이다.'[1]"라고 했다. 소에서 말하길, "선공 18년 기록을 보면 초나라 자작 여(旅)가 죽었다. 『공양전』에서는 '오나라와 초나라의 군주에 대해서 장(葬)이라고 기록하지 않은 것은 그 호칭을 피하기 위해서이다.'라고 했다. 만약 '장(葬)'이라고 기록한다면 마땅히 초나라 장왕(莊王)의 장례를 치렀다고 기록해야 하니, 왕(王)이라는 칭호를 피하기 때문에 '장(葬)'이라고 기록하지 않은 것이다."라고 했다.

補註 ○按: 陳註夷之之云, 大失經意.
번역 ○살펴보니, 진호의 주에서는 오랑캐로 대했기 때문이라고 설명했는데, 경문의 뜻을 매우 잘못 파악한 것이다.

② 君不稱天.

補註 鄭註: 臣者天君, 稱天子爲天王, 稱諸侯不言天公, 辟王也.
번역 정현의 주에서 말하길, 신하는 자신의 군주를 하늘처럼 여기는데, 천자에 대해서는 '천왕(天王)'이라고 일컫지만 제후에 대해서는 '천공(天公)'이라고 일컫지 않으니, 천자의 예법을 피하기 위해서이다.

③ 大夫不稱君.

補註 鄭註: "大夫有臣者稱之曰主, 不言君, 辟諸侯也. 周禮, '主友之讐, 視從父昆弟.'" 疏曰: "若他人泛例言之, 大夫有采地者, 亦得稱君. 喪服云, '爲其君布帶繩屨', 傳言'君, 謂有采地者也.'"
번역 정현의 주에서 말하길, "대부들 중 자신의 신하를 가지고 있는 자의 경우에도, 그의 신하는 대부를 '주(主)'라고만 일컫고 '군(君)'이라고 일컫지 않

---

1) 『춘추공양전』「선공(宣公) 18년」: 甲戌, 楚子旅卒, 何以不書葬. 吳楚之君不書葬, 辟其號也.

으니 제후의 예법을 피하기 위해서이다. 『주례』에서는 '대부인 주군의 벗 원수에 대해서는 종부와 곤제의 원수에 견준다.'[2]라고 했다."라고 했다. 소에서 말하길, "만약 일반적인 범례로 말을 한다면 대부들 중 자신의 채지를 가지고 있는 자에 대해서는 '군(君)'이라 지칭할 수 있다. 그렇기 때문에 『의례』「상복(喪服)」편에서는 '자신의 군(君)을 위해서는 포로 된 대(帶)를 두르고 승구(繩屨)를 신는다.'라고 했고, 전문에서는 '군(君)은 채지를 소유한 자를 뜻한다.'라고 한 것이다.[3]"라고 했다.

---

2) 『주례』「지관(地官)·조인(調人)」: 凡和難, 父之讎辟諸海外, 兄弟之讎辟諸千里之外, 從父兄弟之讎不同國, 君之讎眂父, 師長之讎眂兄弟, 主友之讎眂從父兄弟.

3) 『의례』「상복(喪服)」: 公士大夫之衆臣, 爲其君布帶·繩屨. 傳曰, 公卿大夫室老·士, 貴臣, 其餘皆衆臣也. 君謂有地者也.

「방기」 6장

참고-經文

子云, "君子辭貴不辭賤, ①辭富不辭貧, 則亂益亡. 故君子與其使食浮於人也, 寧使人浮於食."

번역 공자가 말하길, "군자가 귀한 것을 사양하고 천한 것을 사양하지 않으며, 부유함을 사양하고 가난함을 사양하지 않는다면, 혼란함이 더욱 없어지게 된다. 그러므로 군자는 남보다 녹봉이 많아지기 보다는 차라리 남의 녹봉이 나보다 많아지기를 바란다."라고 했다.

① ○辭富不辭貧.

補註 按: 此吐當作爲面, 諺讀誤.

번역 살펴보니, 이 구문에 대한 토는 마땅히 하면[爲面]이라고 붙여야 하니, 『언독』의 토는 잘못되었다.

「방기」 7장

참고–經文

子云, "觴酒·豆肉, 讓而受惡, 民猶犯齒. ①衽席之上, 讓而坐下, 民猶犯貴. 朝廷之位, 讓而就賤, 民猶犯君. 詩云, '民之無良, 相怨一方. ②受爵不讓, 至于己斯亡.'" 子云, "君子貴人而賤己, 先人而後己, 則民作讓. 故稱人之君曰君, 自稱其君曰寡君."

번역 공자가 말하길, "군자가 술과 음식에 대해 사양을 하여 나쁜 것을 받더라도 백성들은 오히려 연장자를 범한다. 군자가 자리에 대해 사양을 하여 낮은 자리에 앉더라도 백성들은 오히려 존귀한 자를 범한다. 군자가 조정의 자리에 대해 사양을 하여 미천한 지위로 나아가더라도 백성들은 오히려 군주를 범한다. 『시』에서 '백성들 중 양심이 없는 자는 서로 상대방만을 원망한다. 술잔을 받고도 사양을 하지 않아 자신을 망치는 지경에 이르기도 하는구나.'"라고 했다. 공자가 말하길, "군자가 남을 존귀하게 대하고 자신을 천하게 대하며, 남을 앞세우고 자신을 뒤로 물린다면, 백성들은 겸양의 도리를 시행할 것이다. 그렇기 때문에 남의 군주를 지칭할 때에는 '군(君)'이라 부르고, 자신의 군주를 지칭할 때에는 '과군(寡君)'이라 부른다."라고 했다.

① ○衽席之上.

補註 楊梧曰: 臥者爲衽, 坐者爲席, 合言之一也.

번역 양오가 말하길, 누울 때 쓰는 자리는 임(衽)이고 앉을 때 쓰는 자리는 석(席)인데, 범범하게 말하면 동일한 의미가 된다.

② 受爵不讓.

補註 鄭註: 貪爵祿.

번역 정현의 주에서 말하길, 작위와 녹봉을 탐한다는 뜻이다.

補註 ○詩朱子註曰: 取爵位.

번역 ○『시』에 대한 주자의 주에서 말하길, 작위를 취한다는 뜻이다.

補註 ○按: 陳註以爵爲酒器者, 蓋應上觴豆之讓也. 然解以爵祿, 亦可與朝位之讓相應.

번역 ○살펴보니, 진호의 주에서는 작(爵)자를 술잔으로 여겼는데, 아마도 앞에서 술과 음식을 사양한다고 했던 것과 호응시키기 위해서인 것 같다. 그런데 작위와 녹봉으로 해석하는 것 또한 조정의 자리를 사양한다는 것과 서로 호응할 수 있다.

참고-集說

方氏曰: 禮, ①六十以上, 籩豆有加, 故酒肉以犯齒言; ②三命不齒, 席于尊東, 故衽席以犯貴言; ③族人不得戚君位, 故朝廷以犯君言.

번역 방씨가 말하길, 예법에 따르면 60세 이상인 자는 추가적으로 차리는 변(籩)과 두(豆)의 음식들을 받는다. 그렇기 때문에 술과 고기로 연장자를 범한다고 말했다. 또 3명(命)의 등급을 가진 자는 나이에 따라 서열을 정하지 않고,[1] 술동이의 동쪽에 자리를 깔고 앉는다. 그렇기 때문에 자리로 존귀한 자를 범한다고 말했다. 또 족인들의 경우에는 군주와 친족관계라 하더라도, 그 관계를 내세워 군주에게 친근하게 대할 수 없으니, 지위가 엄격히 구분되기 때문이다. 그래서 조정의 자리로 군주를 범한다고 말했다.

① 六十以上籩豆有加.

補註 鄕飮義: 六十者三豆, 七十者四豆, 八十者五豆, 九十者六豆.

---

1) 『예기』「제의(祭義)」: 壹命齒於鄕里, 再命齒於族, 三命不齒, 族有七十者弗敢先. 七十者不有大故不入朝; 若有大故而入, 君必與之揖讓, 而後及爵者.

번역 『예기』「향음주의(鄕飮酒義)」에서 말하길, 60세인 자에게는 음식을 대접하며 3개의 두(豆)를 내놓고, 70세인 자들에게는 4개의 두를 내놓으며, 80세인 자들에게는 5개의 두를 내놓고, 90세인 자들에게는 6개의 두를 내놓는다.[2)]

② 三命不齒席于尊東.

補註 見祭義及儀禮·鄕飮酒禮.

번역 『예기』「제의(祭義)」편과 『의례』「향음주례(鄕飮酒禮)」편에 나온다.

③ 族人不得戚君位.

補註 按: 此出大傳, 戚, 親也.

번역 살펴보니, 이것은 『예기』「대전(大傳)」편에서 도출된 내용으로,[3)] '척(戚)'자는 친근하게 대한다는 뜻이다.

---

2) 『예기』「향음주의(鄕飮酒義)」: 鄕飮酒之禮: 六十者坐, 五十者立侍以聽政役, 所以明尊長也. 六十者三豆, 七十者四豆, 八十者五豆, 九十者六豆, 所以明養老也. 民知尊長養老, 而后乃能入孝弟, 民入孝弟, 出尊長養老, 而后成敎, 成敎而后國可安也. 君子之所謂孝者, 非家至而日見之也. 合諸鄕射, 敎之鄕飮酒之禮, 而孝弟之行立矣.

3) 『예기』「대전(大傳)」: 君有合族之道, 族人不得以其戚戚君, 位也.

「방기」 8장

참고-大全

詩, 邶風燕燕之篇. 畜, 詩作勖, 勉也. ①莊姜言歸, 妾戴嬀思念先君莊公, 以婦道勖勉寡人; 寡人, 莊姜自謂. 此以勖爲畜者, 言能容畜我於心而不忘, 是不偝死忘生之意也.

번역 시는 『시』「패풍(邶風) · 연연(燕燕)」편이다.[1] '휵(畜)'자를 『시』에서는 욱(勖)자로 기록했으니, "힘쓰다[勉]."는 뜻이다. 장강이 돌아가라고 말하여, 첩이었던 대규가 선군인 장공을 그리워하며, 부인의 도에 따라 과인(寡人)을 독려했다는 뜻인데, '과인(寡人)'은 장강 스스로를 일컫는 말이다. 이곳에서는 욱(勖)자를 휵(畜)자로 기록했으니, 나를 마음으로 받아들이고 길러서 잊지 않는다는 뜻으로, 이것은 죽은 자를 배반하거나 살아있는 자를 잊지 않는다는 뜻에 해당한다.

① ○莊姜言[止]莊姜自謂.

補註 按: 疏曰, "此衛莊姜送歸妾之詩也." 又此註自莊姜言至莊姜自謂, 全用疏文, 歸妾云者, 戴嬀大歸于陳故也.

번역 살펴보니, 소에서는 "이 시는 위나라 장강이 첩을 돌려보내며 전송하는 일을 읊은 시이다."라고 했다. 또 이곳 주석에서 '장강언(莊姜言)'이라고 한 말로부터 '장강자위(莊姜自謂)'라는 말까지는 전적으로 소의 문장에 따른 것인데, 첩을 돌려보냈다고 말한 것은 대규가 진나라로 영원히 돌아갔기 때문이다.

---

1) 『시』「패풍(邶風) · 연연(燕燕)」: 仲氏任只, 其心塞淵. 終溫且惠, 淑愼其身. 先君之思, 以勖寡人.

「방기」 9장

참고-經文

子云, "有國家者, 貴人而賤祿, 則民興讓; 尙技而賤車, 則民興藝. 故①君子約言, 小人先言."

번역 공자가 말하길, "나라를 소유한 자가 덕을 가진 자를 존귀하게 대하고, 그들에게 부여할 녹봉에 인색하지 않다면, 백성들은 사양하는 도리를 일으킨다. 또 재능을 가진 자를 숭상하고, 그들에게 부여할 수레 등에 인색하지 않다면, 백성들은 재예를 익히는 풍토를 일으킨다. 그러므로 군자는 말을 아끼고 소인은 말이 앞선다."라고 했다.

① *君子約言小人先言.*

補註 陽村曰: 此章結語意不相協, 恐有脫誤.

번역 양촌이 말하길, 이 문장에서 결론을 내리는 말은 그 의미가 내용과 합치되지 않으니, 아마도 문장이 누락되거나 잘못 삽입된 점이 있을 것 같다.

補註 ○楊梧曰: 君子約言, 稱人之善, 則必祿之, 稱人之能, 則必車之. 若小人則先言矣. 口惠而實不至, 何以感人哉?

번역 ○양오가 말하길, 군자가 말을 아낀다는 것은 남의 선함을 칭찬하게 되면 반드시 그에게 녹봉을 주고, 남의 능력을 칭찬하게 되면 반드시 그에게 수레를 하사하기 때문이다. 소인의 경우라면 말이 앞선다. 즉 입으로만 은혜를 베풀고 실질적으로는 은혜가 가지 않는데, 어떻게 남을 감동시킬 수 있겠는가?

참고-集說

貴人, 貴有德之人也. 言君能貴有德者而不吝於班祿, 則民興於讓善; 尚有能者而不吝於賜車, 則民興於習藝. 賤祿·賤車, 非輕祿器也, 特以貴賢尚能而不吝於所當與耳, 讀者不以辭害意可也. ①言之不怍, 則爲之也難, 故君子之言常約, 小人則先言而後行, 不必其言行之相顧也.

번역 '귀인(貴人)'은 덕을 갖춘 자를 존귀하게 여긴다는 뜻이다. 즉 군주가 덕을 갖춘 자를 존귀하게 여기며, 작위와 녹봉을 베푸는데 인색하지 않을 수 있다면, 백성들은 선한 이에게 사양하는 도리를 일으킨다. 또 재능을 가진 자를 숭상하고 수레를 하사하는데 인색하지 않을 수 있다면, 백성들은 재예를 익히는 풍토를 일으킨다. 녹봉을 천시하고 수레를 천시한다는 말은 녹봉과 기물을 경시한다는 뜻이 아니며, 단지 현명한 자를 존귀하게 대하고 능력이 있는 자를 숭상하여 마땅히 그들에게 수여할 것들에 대해 인색하지 않다는 뜻일 뿐이니, 읽는 자들은 표면적인 말에 의해 의미를 왜곡하지 않아야 옳다. 말하는 것을 부끄러워하지 않으면 그것을 시행하는 것은 어렵다. 그렇기 때문에 군자는 말에 대해서 항상 아끼게 되지만, 소인은 말을 먼저 하고 행동을 뒤에 하니, 반드시 언행을 일치시키려고 서로 점검하지 않는다.

① 言之不怍[止]也難.

補註 論語·憲問文.

번역 『논어』「헌문(憲問)」편의 기록이다.[1)]

1) 『논어』「헌문(憲問)」: 子曰, "其言之不怍, 則爲之也難."

「방기」 11장

참고-經文

子云, "善則稱人, 過則稱己, 則民不爭. 善則稱人, 過則稱己, 則怨益亡. ①詩云, '爾卜爾筮, 履無咎言.'"

번역 공자가 말하길, "선한 일을 남에게 돌리고 잘못된 일을 자신에게 돌린다면, 백성들이 다투지 않는다. 선한 일을 남에게 돌리고 잘못된 일을 자신에게 돌리면, 원망함이 더욱 없어진다. 『시』에서는 '너의 거북점과 너의 시초점에, 그 조짐에 흉함과 허물을 나타내는 말이 없구나.'"라고 했다.

① 詩云爾卜[止]咎言.

補註 按: 引此詩者, 蓋以不自爲善而決之卜筮, 爲讓善之證, 與下章意同. 祭義論讓善, 亦以龜卜明之, 可考. 一云, "爾卽人, 無咎卽善, 引此證善則稱人之義也." 亦通.

번역 살펴보니, 이 시를 인용한 것은 아마도 스스로 선하다고 여기지 않고 복서로 판결하는 것을 선을 양보하는 증거로 삼고자 한 것으로, 아래문장의 뜻과 동일하다. 『예기』「제의(祭義)」편에서는 선을 양보한다는 사안을 논의하면서 또한 거북점을 통해 그것을 드러낸다고 했으니, 참고할 만하다. 한편에서는 "이(爾)자는 남을 가리키고, 무구(無咎)은 선에 해당하니, 이것을 인용하여 '선즉칭인(善則稱人)'의 뜻을 증명한 것이다."라고 했는데, 이 또한 그 뜻이 통한다.

참고-集說

石梁王氏曰: 鄭箋詩, 旣以體爲卦兆之體, 何故於此①曲附履字之訛?

번역 석량왕씨가 말하길, 정현의 『시』에 대한 전문에서는 이미 체(體)자를 괘와 조짐이 드러난 것으로 여겼는데, 어떤 까닭으로 이곳에서는 이(履)자의 뜻을 왜곡하여 잘못 해석하고 있는가?

① 曲附履字之訛.

補註 鄭註: 履, 禮也. 言女嚮卜筮, 然後與我爲禮, 則無咎惡之言.
번역 정현의 주에서 말하길, '이(履)'자는 예(禮)를 뜻한다. 즉 네가 거북점과 시초점을 친 뒤에야 나와 예를 시행한다면, 허물과 나쁜 말이 없게 된다는 뜻이다.

「방기」 13장

참고—經文

子云, "善則稱君, 過則稱己, 則民作忠. 君陳曰, '爾有嘉謀嘉猷, 入告爾君于內, 女乃順之于外, 曰此謀此猷, 惟我君之德. ①於乎, ②是惟良顯哉.'"

번역 공자가 말하길, "선한 일을 군주에게 돌리고 잘못된 일을 자신에게 돌린다면, 백성들은 충(忠)을 일으킬 것이다. 『서』「군진(君陳)」편에서는 '너에게 좋은 계책과 좋은 꾀가 있다면, 들어가 안에서 너의 군주에게 아뢰고, 너는 밖에서 그것을 가르치며 다음과 같이 말한다. 이러한 계책과 꾀는 모두 우리 군주의 덕으로 인해 나타난 것이다. 오호라! 이처럼 해야만 어짊이 드러날 것이다.'"라고 했다.

① 於乎.

補註 按: 此句下, 書本文有"臣人咸若時"五字.

번역 살펴보니, 이 구문 뒤에 『서』의 본문에는 '신하가 모두 이처럼 해야만[臣人咸若時]'이라는 다섯 글자가 더 기록되어 있다.[1)]

② 是惟良顯哉.

補註 按: 是卽書時字, 引書而刪去臣人咸若四字, 惟存是字, 屬下句.

번역 살펴보니, '시(是)'자는 『서』의 본문에 나오는 시(時)자에 해당하는데, 『서』를 인용하며 '신인함약(臣人咸若)'이라는 네 글자만 제거하여 시(是)자만 남게 되어, 뒤의 구문에 연결시킨 것이다.

---

1) 『서』「주서(周書)·군진(君陳)」: 爾有嘉謀嘉猷, 則入告爾后于內, 爾乃順之于外, 曰, 斯謀斯猷, 惟我后之德. 嗚呼. 臣人咸若時, 惟良顯哉.

補註 ○又按: 良顯, 書·蔡傳, "良以德言, 顯以名言." 旣曰, "臣人咸若時, 惟良顯哉", 則良顯, 當並屬臣人, 而小註吳氏以君之名亦顯爲解, 非是.

번역 ○또 살펴보니, '양현(良顯)'에 대해 『서』의 『채전』에서는 "양은 덕을 기준으로 말한 것이고, 현은 명성을 기준으로 말한 것이다."라고 했다. 이미 "신하가 모두 이처럼 해야만 어질고 드러날 것이니라!"라고 했다면, 양현이라는 것은 마땅히 둘 모두 신하에게 해당되는 것인데, 소주에서 오씨는 "군주의 명성 또한 드러나게 된다."라고 풀이했으니, 잘못된 설명이다.

「방기」 14장

참고-經文

子云, "善則稱親, 過則稱己, 則民作孝. 大誓曰, '予克紂, 非予武, 惟朕①文考無罪. 紂克予, 非朕文考有罪, 惟予小子無良.'"

번역 공자가 말하길, "좋은 일을 부모에게 돌리고 잘못된 일을 자신에게 돌린다면, 백성들은 효를 시행할 것이다. 「태서(泰誓)」편에서는 '내가 주임금을 이기게 된다면, 이것은 나의 무용 때문이 아니며, 오직 나의 부친인 문왕께 죄가 없으셨기 때문이다. 만약 주임금이 나를 이기게 된다면, 이것은 나의 부친인 문왕께 죄가 있으셨기 때문이 아니며, 오직 나에게 어짊이 없기 때문이다.'"라고 했다.

① ○文考無罪.

補註 鄭註: 文考, 文王也. 無罪, 則言有德.

번역 정현의 주에서 말하길, '문고(文考)'는 문왕을 뜻한다. 죄가 없다고 했으니, 덕이 있다는 뜻이다.

「방기」 15장

참고-經文

子云, "君子①弛其親之過, 而敬其美. 論語曰, '三年無改於父之道, 可謂孝矣.' 高宗云, '三年其惟不言, 言乃讙.'"

번역 공자가 말하길, "군자는 부모의 잘못을 잊어버리고 아름다운 점만을 공경한다. 『논어』에서는 '3년 동안 부친의 도에서 고친 점이 없어야만 효라고 할 수 있다.'[1]라고 했고, 「고종」에서는 '3년 동안 말을 하지 않았는데, 이윽고 말을 하자 백성들이 기뻐하였다.'"라고 했다.

① ○弛其親[止]敬其美.

補註 楊梧曰: 此節主父沒而言, 弛過若作棄忘看, 一常人能之, 何以曰君子? 蓋爲善以蓋前愆, 則親之過忘, 不但子爲父隱也. 敬美, 有繼述意, 不止善則稱親也.

번역 양오가 말하길, 이 문단은 부모가 돌아가신 것을 위주로 한 말이며, '이과(弛過)'라는 것을 잊어버린다는 뜻으로 본다면 일반인들도 잘 해낼 수 있는 것인데 어찌 '군자(君子)'라고 했는가? 선을 시행하여 이전의 허물을 덮는다면, 부모의 과오도 잊혀지니, 단지 자식이 부모를 위해 숨겨주는 것만이 아니다. '경미(敬美)'에는 이어서 조술한다는 뜻이 포함되어 있으니, 단순히 선에 대해서 부모에게 돌린다는 것에만 그치는 것이 아니다.

---

1) 『논어』「학이(學而)」: 子曰, "父在觀其志, 父沒觀其行, 三年無改於父之道, 可謂孝矣."

「방기」 21장

참고-經文

子云, "敬則用祭器, 故君子不以菲廢禮, 不以美沒禮. 故食禮, 主人親饋則客祭, 主人不親饋則客不祭. 故君子苟無禮, 雖美不食焉. ①易曰, '東鄰殺牛, 不如西鄰之禴祭, 實受其福.' 詩云, '旣醉以酒, 旣飽以德.' 以此示民, 民猶爭利而忘義."

번역 공자가 말하길, "공경한다면 빈객을 대접하며 제기를 사용한다. 그렇기 때문에 군자는 음식이 변변치 못하다고 하여 예를 폐지하지 않고, 맛있다고 하여 예를 없애지 않는다. 그러므로 사례(食禮)에 있어서 주인이 직접 음식을 건네면 빈객은 그것으로 제사를 지내고, 주인이 직접 음식을 건네지 않는다면 빈객은 제사를 지내지 않는다. 그러므로 군자는 진실로 예가 없다면 비록 맛있는 음식이라 하더라도 먹지 않는다. 『역』에서는 '동쪽 이웃이 소를 잡아 제사를 지내는 것은 서쪽 이웃이 검소하게 제사를 지내어 실제로 복을 받는 것만 못하다.'라고 했고, 『시』에서는 '이미 취하길 술로써 하고, 이미 배부르길 덕으로써 한다.'라고 했다. 이를 통해 백성들에게 보여주더라도, 백성들은 여전히 이로움을 다투고 의로움을 잊는다."라고 했다.

① ○易曰東隣[止]其福.

補註 鄭註: 東隣, 謂紂國中, 西隣, 謂文王國中也. 殺牛而凶, 不如殺豕受福, 喩奢而慢不如儉而敬也.

번역 정현의 주에서 말하길, '동린(東鄰)'은 주임금이 통치하는 나라를 뜻하며, '서린(西鄰)'은 문왕이 통치하는 나라를 뜻한다. 소를 잡아서 흉하게 되는 것은 돼지를 잡아서 복을 받는 것만 못하다는 뜻이니, 사치를 하지만 태만하게 구는 것은 검소하지만 공경스러운 것만 못하다는 사실을 비유한다.

「방기」 23장

참고-經文

子云, "賓禮每進以讓, 喪禮每加以遠. 浴於中霤, 飯於牖下, 小斂於戶內, 大斂於阼, 殯於客位, 祖於庭, 葬於墓, 所以示遠也. ①殷人弔於壙, 周人弔於家, 示民不偝也." 子云, "死, 民之卒事也, 吾從周. 以此坊民, ②諸侯猶有薨而不葬者."

번역 공자가 말하길, "빈객이 따르는 예법에서는 매번 나아갈 때마다 사양을 하고, 상례에서는 매번 절차가 더해질 때마다 점차 멀어진다. 중류(中霤)에서 시신에게 목욕을 시키고, 들창 아래에서 반(飯)을 하며, 방문 안쪽에서 소렴(小斂)을 하고, 동쪽 계단 위에서 대렴(大斂)을 하며, 빈객의 자리에 빈소를 차리고, 마당에서 조전(祖奠)을 하며, 묘에서 장례를 치르니, 점차 멀어지게 됨을 보여주는 것이다. 은나라 때에는 무덤구덩이에서 조문을 받았고, 주나라 때에는 집에서 조문을 받았으니, 백성들에게 죽은 자를 배반하지 않음을 보여주는 것이다."라고 했다. 공자가 말하길, "죽음은 백성들에게 있어서 생을 미감하는 일이므로, 나는 주나라 때의 예법에 따르겠다. 이를 통해 백성들의 잘못을 방지했는데도, 제후 중에는 오히려 죽었는데도 장례를 치르지 않는 자가 있다."라고 했다.

① ○殷人[止]於家.

補註 疏曰: 殷人卽壙上而弔, 於送死太簡. 周人孝子反哭至家, 乃後始弔, 於送死殷勤, 情禮備具, 故云吾從周也.

번역 소에서 말하길, 은나라 때에는 무덤구덩이에서 조문을 했는데, 죽은 자를 전송하는 일에 대해 너무 간략히 하는 것이다. 주나라의 경우 자식이 반곡을 하기 위해 집으로 되돌아오면, 그 이후에야 비로소 조문을 하니, 죽은 자를 전송하는 일에 있어서 더욱 삼가는 것이며, 정감과 예법이 모두 갖춰진 것이다. 그렇기 때문에 "나는 주나라의 예법에 따르겠다."라고 했다.

② 諸侯[止]不葬者.

補註 類編曰: 言同盟會葬, 所以厚其卒事, 而春秋有不會葬者斥之.

번역 『유편』에서 말하길, 동맹국에서 장례에 참여하는 것은 그가 죽은 일을 후하게 치르기 위해서이며, 『춘추』에서는 장례에 참여하지 않는 경우가 발생하면 이를 비판하였다.

「방기」 24장

참고-經文

子云, "①升自客階, 受弔於賓位, 教民追孝也. ②未沒喪, 不稱君, 示民不爭也. 故魯春秋記晉喪曰, '③殺其君之子奚齊, 及其君卓.' 以此坊民, 子猶有弒其父者."

번역 공자가 말하길, "당상으로 올라갈 때 빈객이 이용하는 서쪽 계단을 통하고, 빈객의 자리에서 조문을 받는 것은 백성들에게 효를 미루어 시행해야 함을 가르치는 것이다. 세자가 상사(喪事)를 아직 끝내지 않았다면, 군(君)이라는 칭호로 자신을 지칭하지 않으니, 백성들에게 다투지 않음을 보여주는 것이다. 그렇기 때문에 노나라 『춘추』에서는 진나라에서 발생한 상사를 기록하며, '그 군(君)의 아들 해제와 그 군(君)인 탁(卓)을 시해했다.'라고 했다. 이를 통해 백성들의 잘못을 방지했는데도, 자식 중에는 오히려 자신의 부친을 시해하는 자가 있다."라고 했다.

① ○升自客階[止]賓位.

補註 鄭註: "謂反哭時也. 旣葬矣, 猶不由阼階, 不忍卽父位也." 疏曰: "以承上葬文之下, 故知反哭時. 又旣夕禮, '乃反哭, 入, 主人升自西階', 是也."

번역 정현의 주에서 말하길, "반곡하는 시기를 뜻한다. 이미 장례를 마쳤지만, 여전히 동쪽 계단을 이용하지 않는 것은 차마 부친의 자리로 나아갈 수 없기 때문이다."라고 했다. 소에서 말하길, "이 문장이 앞의 장례를 치른다는 문장 뒤에 있기 때문에 반곡의 시기에 해당함을 알 수 있다. 또 『의례』「기석례(旣夕禮)」편에서 '반곡을 하게 되면, 들어가니, 주인은 올라갈 때 서쪽 계단을 이용한다.'[1]라고 한 말이 이러한 사실을 나타낸다."라고 했다.

---

1) 『의례』「기석례(旣夕禮)」: 乃反哭, 入, 升自西階, 東面. 衆主人堂下, 東面, 北上.

補註 ○按: 有父之喪者, 三年之內, 尋常升降, 則不由阼階. 若受賓之弔, 則自小斂後, 已就阼階下西面, 詳見曲禮上及雜記上補註. 今此反哭之入升自西階者, 自是三年內升降之常禮, 受弔於賓位者, 蓋以反哭之弔哀之至也, 故特異焉. 仍其反哭入時, 西階上東面位而不變也. 弔者則北面.

번역 ○살펴보니, 부친의 상이 발생했을 때, 삼년상의 기간 동안 일상적으로 계단을 오르고 내리게 되면 동쪽 계단을 이용하지 않는다. 만약 빈객의 조문을 받게 된다면 소렴으로부터 그 이후에는 동쪽 계단으로 나아가 그 밑에서 서쪽을 바라보게 되는데, 자세한 내용은 『예기』「곡례상(曲禮上)」편과 「잡기상(雜記上)」편의 보주에 나온다. 지금은 반곡을 하여 안으로 들어와서 서쪽 계단을 이용해 올라간다고 했는데, 이것은 삼년상 기간 동안 계단을 오르고 내리는 일상적인 예법이며, 빈객의 자리에서 조문을 받는 것은 아마도 반곡 때의 조문은 애통함이 지극할 때이기 때문에 특별히 차이를 둔 것이다. 반곡을 하여 들어왔을 때, 서쪽 계단 위에서 동쪽을 바라보는 자리는 변화가 없다. 조문하는 자는 북쪽을 바라보게 된다.

② *未沒喪不稱君*.

補註 鄭註: 公羊傳曰, "諸侯於其封內三年稱子", 至其臣子踰年則謂之君.

번역 정현의 주에서 말하길, 『공양전』에서는 "제후는 자신의 봉지 안에서 3년 동안 '자(子)'라고 지칭한다."[2]라고 했으니, 그의 신하들은 그 해를 넘겨야만 그를 '군(君)'이라 지칭하게 된다.

③ *殺其君之子[止]君卓*.

補註 疏曰: 公羊云其年奚齊殺, 明年卓子弒. 是踰年稱君.

---

2) 『춘추공양전』「문공(文公) 9년」: 以天子三年然後稱王, 亦知諸侯於其封內三年稱子也. 踰年稱公矣, 則曷爲於其封內三年稱子, 緣民臣之心, 不可一日無君, 緣終始之義, 一年不二君.

번역 소에서 말하길, 『공양전』에서는 그 해에 해제를 시해했고, 그 다음 해에 탁자를 시해했다. 이것은 군주가 죽은 그 해를 넘기게 되면 세자에 대해서 군(君)이라 지칭함을 뜻한다.

補註 ○按: 春秋於奚齊書殺, 於君卓書弑, 而此經只有一殺字, 勢當竝讀爲弑.

번역 ○살펴보니, 『춘추』에서는 해제에 대해서는 '殺'라고 기록했고, 군인 탁에 대해서는 '弑'라고 기록했는데, 이곳 경문에서는 단지 '殺'자만 사용했다. 문장의 흐름으로 보면 두 글자 모두 '弑(시)'자로 풀이해야 한다.

「방기」 25장

참고-經文

子云, "孝以事君, 弟以事長, 示民不貳也. 故①君子有君不謀仕, 唯卜之日稱二君."

번역 공자가 말하길, "효로써 군주를 섬기고 공손함으로써 연장자를 섬기는 것은 백성들에게 두 마음을 품지 않는 것을 보여줌이다. 그렇기 때문에 군주의 자식은 군주가 생존해 계실 때 벼슬하기를 도모하지 않고, 오직 거북점을 치는 날에만 군주를 대신한다고 부른다."라고 했다.

① ○君子有君[止]稱二君.

補註 類編曰: 君子專於所事, 不可懷二心, 以君與父一體也. 故旣已委質爲臣, 則不敢更謀仕於他國. 惟道不合, 諫不聽, 或君放逐之, 則去仕於他國. 而周時列國甚多, 故卜其所如往, 其卜之詞曰, "假爾泰龜有常. 某國之臣某, 獲罪於君, 不敢寧居, 將奔于某國, 奉贄爲臣." 此所謂稱二君也.

번역 『유편』에서 말하길, 군자는 섬기는 대상에 대해 전심을 다하여 두 마음을 품을 수 없으니, 군주와 부친은 한 몸이기 때문이다. 그래서 본인이 이미 충성을 맹세하여 신하가 되었다면 감히 다른 나라에서 다시 벼슬하기를 도모하지 못한다. 다만 도가 합치되지 않고 간언을 듣지 않으며, 혹은 군주가 내치는 경우라야만 그 나라를 떠나서 다른 나라에서 벼슬을 할 수 있다. 그리고 주나라 때에는 제후국들이 매우 많았기 때문에 찾아가려는 곳에 대해서는 거북점을 쳤는데, 거북점을 치는 말에서는 "그대 귀중한 거북에 있는 신령스러움을 잠시 빌리노라. 아무개 나라의 신하 아무개는 군주에게 죄를 지어 감히 편안히 머물 수가 없어 장차 아무개 나라로 달아나 예물을 갖추고 그 나라의 신하가 되고자 한다."라고 말한다. 이것이 바로 '칭이군(稱二君)'에 해당한다.

補註 ○按: 陳註君子有君, 本出鄭註, 而其說甚迃, 類編較長.

번역 ○살펴보니, 진호가 '군자유군(君子有君)'에 대해 주를 작성한 것은 본래 정현의 주에서 비롯된 것인데, 그 주장이 매우 우활하다. 따라서 『유편』의 주장이 비교적 더 낫다.

참고-集說

推事父之道以事君, 推事兄之道以事長, 皆誠實之至, 豈敢有副貳其上之心乎? 欲貳其君, 是與尊者相敵矣, 故云示民不貳也. 君子, 人君之子也. 有君, 君在也. 不謀仕, 嫌欲急於爲政也. 世子他事皆不得稱君貳, 唯命龜之時, 或君有故而己代之, 則自稱曰君之貳某. ①左傳"卜貳圉", 正謂君之貳, 故鄭引之云, 二當爲貳也.

번역 부친을 섬기는 도리를 미루어서 군주를 섬기고, 형을 섬기는 도리를 미루어서 연장자를 섬기는 것은 모두 성실함이 지극한 것인데, 어찌 감히 윗사람에 대해서 버금가려고 하며 두 마음을 품을 수 있겠는가? 자신의 군주에 대해서 두 마음을 품으려고 한다면, 이것은 존귀한 자와 서로 대적하려는 것이다. 그렇기 때문에 "백성들에게 두 마음을 품지 않는 것을 보여준다."라고 했다. '군자(君子)'는 군주의 자식이다. '유군(有君)'은 군주가 생존해 있다는 뜻이다. 벼슬하기를 도모하지 않는 것은 정치를 하는데 급급하다는 혐의를 받기 때문이다. 세자는 다른 일들에 대해서 모두 '군주를 대신하는 자[君貳]'라고 지칭할 수 없는데, 오직 거북껍질에게 명령하여 점치는 시기에만 간혹 군주에게 변고가 있어서 자신이 대신하게 된다면, 스스로를 '군주를 대신하는 아무개'라고 부른다. 『좌전』에서는 "거북점에서 어(圉)를 대신 시켜라."[1]라고 했으니, 이것은 바로 군주를 대신하는 자를 뜻한다. 그렇기 때문에 정현은 이 문장을 인용해서, 이(二)자는 마땅히 이(貳)자가 되어야 한다고 했다.

---

1) 『춘추좌씨전』「희공(僖公) 15년」: 子金敎之言曰, "朝國人而以君命賞. 且告之曰, '孤雖歸, 辱社稷矣, 其卜貳圉也.'"

① 左傳卜貳圉.

補註 僖十五年: 其卜貳圉也. 貳, 謂世子, 圉, 世子名. 晉惠公爲秦所獲, 命其大夫, 歸立其子圉爲君之辭.

번역 『춘추좌씨전』 희공 15년 기록에서는 '기복이어야(其卜貳圉也)'라고 했는데, '이(貳)'는 세자를 뜻하며, '어(圉)'는 세자의 이름이다. 즉 진나라 혜공은 진나라에게 사로잡혔는데, 자신의 대부에게 명령하여 되돌아가서 자신의 아들 어를 군주로 세우라고 한 말이다.

「방기」 28장

참고-經文

故天子四海之內無客禮, 莫敢爲主焉. 故君適其臣, 升自阼階, 卽位於堂, 示民不敢有其室也. 父母在, ①饋獻不及車馬, 示民不敢專也. 以此坊民, 民猶忘其親而貳其君.

번역 공자가 계속하여 말하길, "그러므로 천자는 사해 이내의 땅에서 빈객으로 행동하는 예가 없으니, 나머지 사람들은 감히 자신을 주인으로 여기지 않는다. 그렇기 때문에 군주가 자신의 신하에게 찾아갈 때, 그 집에 도착하여 당상(堂上)에 오르게 되면 주인이 이용하는 동쪽 계단을 사용하여, 당상의 자기 자리로 나아가니, 백성들에게 군주 이외의 사람들은 감히 그 건물을 자기 마음대로 소유할 수 없음을 보여주는 것이다. 부모가 생존해 계실 때 예물을 건넬 때에는 수레나 말까지는 보내지 못하니, 백성들에게 감히 자기마음대로 하지 않음을 보여주는 것이다. 이를 통해 백성들의 잘못을 방지했는데도, 백성 중에는 오히려 자신의 부모를 잊고 자신의 군주에 대해서 두 마음을 품는 자가 있다."라고 했다.

① 饋獻不及車馬.

補註 陽村曰: 饋獻不及車馬, 註引三賜不及車馬爲證, 然彼受賜於君, 此自獻於人.

번역 양촌이 말하길, '궤헌불급거마(饋獻不及車馬)'에 대해 주에서는 "3명(命)의 관리 등급을 받아도 말과 수레는 받지 않는다."[1]는 말을 인용하여 증명을 하였는데, 「곡례」편의 기록은 군주로부터 하사를 받는 것이고, 이곳의 내용은 본인이 남에게 물건을 주는 경우이다.

---

1) 『예기』「곡례상(曲禮上)」: 夫爲人子者, 三賜不及車馬. 故州閭鄕黨稱其孝也, 兄弟親戚稱其慈也, 僚友稱其弟也, 執友稱其仁也, 交遊稱其信也.

「방기」 29장

참고-經文

子云, "①禮之先幣帛也, 欲民之先事而後祿也. 先財而後禮則民利, ②無辭而行情則民爭, 故君子於有饋者③弗能見, 則不視其饋. ④易曰, '不耕穫, 不菑畬, 凶.' 以此坊民, 民猶貴祿而賤行."

번역 공자가 말하길, "폐백을 전달하는 것보다 의례의 시행을 먼저 하는 것은 백성들에게 일을 먼저 하고 이후에 녹봉을 받게끔 하기 위해서이다. 재물에 대한 것을 먼저 하고 이후에 예를 시행한다면 백성들이 이로움을 좇고, 사양함이 없이 자신의 감정대로 시행한다면 백성들은 다투게 된다. 그렇기 때문에 군자는 예물을 보내온 자가 있는데, 자신에게 사정이 있어서 그를 만나보지 못했다면, 예물을 받지 않는다. 『역』에서는 '경작을 하지 않고도 수확을 하고, 1년 된 밭을 만들지 않고서 3년 된 밭이 되는 것은 흉하다.'라고 했다. 이를 통해 백성들의 잘못을 방지했는데도, 백성 중에는 오히려 녹봉을 귀하게 여기고 실천을 천하게 여기는 자가 있다."라고 했다.

① ○禮之先幣帛也.

補註 鄭註: 旣相見, 乃奉幣帛以修好也.

번역 정현의 주에서 말하길, 이미 서로 만나보았다면, 폐백을 받들어서 우호를 다진다.

② 無辭而行情.

補註 楊梧曰: 無辭者, 無交接之禮辭也, 如孟子辭曰饋贐聞戒之類.

번역 양오가 말하길, '무사(無辭)'는 교류할 때 사용하는 예법에 따른 말이 없다는 뜻이니, 맹자가 노자를 준다거나 경계하고 있다고 들었다 말한 부류와 같다.[1]

③ **弗能見.**

補註 楊梧曰: 謂無辭以爲相見也. 註云他故疾病, 太泥.

번역 양오가 말하길, 예법에 따른 말도 없이 서로 만나본다는 뜻이다. 주에서는 다른 이유나 질병이라고 설명했는데, 너무 맞지 않는 해석이다.

補註 ○徐志修曰: 本註不妨, 自爲一義.

번역 ○서지수가 말하길, 본래의 주와는 서로 저애가 되지 않으니, 그 자체로 다른 시각의 해석이 된다.

④ **易曰不耕[止]畬凶.**

補註 按: 本義曰, "因時順理而無私意期望之心, 故有不耕穫不菑畬之象." 與此所引之義相反. 正所謂斷章取義也.

번역 살펴보니, 『본의』에서는 "때에 따르고 이치에 순응하여 사사로운 뜻이나 기대하고 바라는 마음이 없다. 그렇기 때문에 경작이나 수확을 하지 않으며, 1년 된 밭이나 3년 된 밭을 만들지 않는 상이 있다."라고 하여, 이곳에서 인용한 뜻과는 서로 반대가 된다. 따라서 이것은 단장취의에 해당한다.

---

1) 『맹자』「공손추하(公孫丑下)」: 孟子曰, "皆是也. 當在宋也, 予將有遠行, 行者必以贐, 辭曰, '餽贐.' 予何爲不受? 當在薛也, 予有戒心, 辭曰, '聞戒, 故爲兵餽之.' 予何爲不受?"

「방기」 30장

참고–經文

子云, "君子不盡利以遺民. 詩云, '彼有遺秉, 此有不斂穧, 伊寡婦之利.' 故君子仕則不稼, 田則不漁, ①食時不力珍, ②大夫不坐羊, 士不坐犬. 詩云, '采葑采菲, 無以下體. 德音莫違, 及爾同死.' 以此坊民, 民猶忘義而爭利以亡其身."

번역 공자가 말하길, "군자는 이로움을 모두 취하지 않음으로써 백성들에게 남겨준다. 『시』에서는 '저곳에는 한 움큼의 볏단이 남이 있고, 이곳에는 거둬들이지 않은 볏단이 쌓여 있으니, 바로 농사를 짓지 못하는 과부의 몫이로다.'라고 했다. 그러므로 군자는 벼슬을 하면 농사를 짓지 않고, 사냥을 하면 물고기를 잡지 않으며, 사계절마다 때에 맞는 음식을 반찬으로 먹되 맛있는 것을 얻는데 힘쓰지 않고, 대부는 양가죽으로 만든 자리에 앉지 않으며, 사는 개가죽으로 만든 자리에 앉지 않는다. 『시』에서는 '순무를 따고 비를 따는 것은 뿌리 때문이 아니로다. 덕을 칭송하는 소리가 멀리 퍼져 어기는 자가 없으니, 너와 생을 함께 하리라.'라고 했다. 이를 통해 백성들의 잘못을 방지했는데도, 백성 중에는 오히려 의로움을 잊고 이로움을 다투어 자신을 망치는 자가 있다."라고 했다.

① ○食時不力珍.

補註 鄭註: 食時, 謂食四時之膳. 天子諸侯有秩膳.

번역 정현의 주에서 말하길, '식시(食時)'는 사계절마다 생산되는 것으로 음식을 만들어서 먹는다는 뜻이다. 천자와 제후에게는 항상 차려지는 정갈하고 맛있는 음식들이 있다.

② 大夫[止]不坐犬.

補註 鄭註: "古者殺牲食其肉, 坐其皮. 不坐犬羊, 是不無故殺之." 疏曰: "皆謂不貪其利以厚己也."

번역 정현의 주에서 말하길, “고대에는 짐승을 도축하여 그 고기를 먹고 그 가죽을 자리로 짜서 앉았다. 개나 양가죽으로 만든 자리에 앉지 않는 것은 아무런 이유도 없이 가축을 잡지 않는다는 뜻이다.”라고 했다. 소에서 말하길, “이것들은 모두 그 이로움을 탐하지 않음으로써 자신을 두텁게 함을 의미한다.”라고 했다.

참고-集說

詩, 小雅大田之篇. 秉, 禾之束爲把者. 穧鋪而未束者, 言彼處有遺餘之秉把, 此處有不收斂之鋪穧, 寡婦之不能耕者, 取之以爲利耳. 伊, 語辭, 與①今詩文顚倒不同. 仕則不稼, 祿足以代耕也; 田則不漁, 有禽獸不可再取魚鱉也. 食時, 食四時之膳也. 不力珍, 不更用力務求珍羞也. 坐羊·坐犬, 殺食而坐其皮也, 皆言不盡利之道. 詩, 邶風谷風之篇. 葑, 蔓菁菜也. 菲, 亦菜名. 詩之意與此所引之意不同, 詩意謂如葑菲當食之菜, 不可以其近地黃腐之莖葉, 遂棄其上而不采, 猶夫婦之間, 亦不當以小過而棄其善. 此引以爲不盡利之喩者, 謂采葑·菲者, 但當采取其葉, 不可以其根本之美而幷取之, 如此則人君盛德之聲遠播, 無有違之者, 而人皆知親其上死其長矣, 詩則以及爾同死爲偕老也.

번역 앞의 시는 『시』「소아(小雅)·대전(大田)」편이다.[1] ‘병(秉)’자는 벼의 묶음을 손으로 움켜잡는다는 뜻이다. 볏단을 포개되 묶어두지 않는 것이 있으니, 즉 저곳에는 손으로 움켜잡을 수 있는 볏단의 묶음이 있고, 이곳에는 거둬들이지 않는 볏단이 쌓여 있는 것은 과부 중 경작을 못하는 자가 그것을 가져다가 생계를 꾸리게

1) 『시』「소아(小雅)·대전(大田)」: 有渰萋萋, 興雨祈祈. 雨我公田, 遂及我私. 彼有不穫稚, 此有不斂穧, 彼有遺秉, 此有滯穗, 伊寡婦之利.

한다는 뜻이다. ‘이(伊)’자는 어조사이니, 현재의 『시』에서는 그 문장이 뒤집혀 있어서 순서가 동일하지 않다. 벼슬살이를 하면 경작을 하지 않는 것은 녹봉으로도 충분히 경작하는 것을 대체할 수 있기 때문이며, 사냥을 하면 물고기를 잡지 않는 것은 짐승을 포획하면 재차 물고기나 자라 등까지 취할 수 없기 때문이다. ‘식시(食時)’는 사계절마다 나는 음식으로 반찬을 해서 먹는다는 뜻이다. ‘불력진(不力珍)’은 재차 힘써 노력하여 맛있는 음식을 구하지 않는다는 뜻이다. 양가죽에 앉지 않고 개가죽에 앉지 않는다는 것은 그 동물을 죽여서 고기를 먹고 그 가죽으로 짠 자리에 앉지 않는다는 뜻이니, 이 모두는 이로움을 모두 취하지 않는 도리를 설명하는 말이다. 뒤의 시는 『시』「패풍(邶風) · 곡풍(谷風)」편이다.[2] ‘봉(葑)’자는 순무라는 채소이다. ‘비(菲)’자 또한 채소의 이름이다. 『시』의 본래 뜻은 이곳에서 인용한 의미와는 다른데, 『시』의 본래 의미는 순무나 비와 같은 것들은 먹기에 적합한 채소인데, 인근에서 캔 것 중 그 줄기와 잎이 썩었다고 하여 그 위를 버리고 뿌리까지도 채취하지 않아서는 안 된다는 뜻으로, 부부 사이에서도 작은 과실 때문에 그의 좋은 점을 내버려서는 안 된다는 것과 같다. 이곳에서 이 시를 인용한 의미는 이로움을 다하지 않는다는 비유로 삼은 것이니, 순무나 비를 채취할 때에는 단지 그 잎을 따야만 하며, 뿌리가 맛있다고 하여 모두 캐서는 안 된다는 뜻으로, 이처럼 한다면 군주의 융성한 덕에 대해서 그 소문이 널리 퍼져 위배하는 자가 없게 되고, 사람들은 모두 위정자를 친애하게 되며 연장자를 위해서 목숨을 던져야 함을 알게 된다는 의미이다. 그런데 『시』에서는 “너와 죽음을 함께 한다.”는 말을 함께 늙어가는 뜻으로 여겼다.

① **今詩文.**

補註 按: 今詩文作“彼有不穫穉, 此有不斂穧, 彼有遺秉, 此有滯穗, 伊寡婦之利.”

번역 살펴보니, 지금의 『시』 문장에서는 “저기에는 베지 않은 어린 벼가 있고, 여기에는 거두지 않은 벼 묶음이 있으며, 저기에는 버려진 볏단이 있고, 여기에는 버려진 이삭이 있나니, 과부의 몫이로다.”라고 기록했다.

---

2) 『시』「패풍(邶風) · 곡풍(谷風)」: 習習谷風, 以陰以雨. 黽勉同心, 不宜有怒. 采葑采菲, 無以下體. 德音莫違, 及爾同死.

「방기」 32장

참고-經文

子云, "取妻不取同姓, 以厚別也, 故買妾不知其姓則卜之. 以此坊民, ①魯春秋猶去夫人之姓曰吳, ②其死曰孟子卒."

번역 공자가 말하길, "아내를 들일 때에는 동성인 여자를 들이지 않으니, 이를 통해 남녀유별의 예를 두텁게 한다. 그러므로 첩을 들일 때 만약 그녀의 성을 알 수 없다면 길흉을 판별하기 위해 거북점을 친다. 이를 통해 백성들의 잘못을 방지했는데도, 노나라 『춘추』에서는 소공의 부인 성을 삭제하여 '오(吳)'라고 했고, 그녀가 죽었을 때에는 '맹자졸(孟子卒)'이라고 기록했다."라고 했다.

① 魯春秋[止]曰吳.

補註 疏曰: 依春秋之例, 當云夫人姬氏至自吳, 魯則諱其同姓, 去其姓曰吳也. 但春秋經文不載其事, 其春秋簡牘雜記則有之, 故論語云謂之吳孟子, 是當時之言, 有稱吳也.

번역 소에서 말하길, 『춘추』의 용례에 의거해보면, 마땅히 "부인 희씨(姬氏)가 오나라로부터 왔다."라고 해야 하는데, 노나라에서는 동성인 것을 감추기 위해 부인의 성을 제거하여 오(吳)라고 불렀다. 다만 『춘추』의 경문에는 그 사안을 기록하지 않았고, 『춘추』에 대한 간략한 기록과 이런저런 기록들에 그 사안이 기록되어 있었다. 그렇기 때문에 『논어』에서는 "그녀를 오맹자(吳孟子)라고 불렀다."[1]라고 한 것이니, 이것은 당시의 기록 중에는 오(吳)라고 지칭했던 경우가 있음을 나타낸다.

---

1) 『논어』「술이(述而)」: 陳司敗問昭公知禮乎, 孔子曰, "知禮." 孔子退, 揖巫馬期而進之, 曰, "吾聞君子不黨, 君子亦黨乎? 君取於吳爲同姓, 謂之吳孟子. 君而知禮, 孰不知禮?" 巫馬期以告. 子曰, "丘也幸, 苟有過, 人必知之."

補註 ○陽村曰: 前稱魯春秋引以證其義, 猶可也. 此則直稱其失而譏之, 陳司敗指而問之, 猶且諱而不言, 豈自著其先君之失而譏之哉? 此非孔子所引益以明矣.

번역 ○양촌이 말하길, 앞에서 노나라 『춘추』를 지칭하고 그 내용을 인용하여 해당하는 의미를 증명한 것은 오히려 괜찮다. 이곳에서는 단지 그 잘못을 가리켜 비판을 한 것이고, 공자는 진나라 사패가 그것을 지목해서 묻자 오히려 피휘하여 말하지 않았다. 그런데 어찌 본인이 직접 선군의 잘못을 드러내어 비판을 할 수 있겠는가? 이것은 공자가 인용한 내용이 아니라는 사실이 더욱 명확해진다.

補註 ○論語·述而集註: 謂之孟子者諱之, 使若宋女子姓然.

번역 ○『논어』「술이(述而)」편에 대한 『집주』에서 말하길, 맹자라고 부른 것은 피휘를 한 것이니, 마치 송나라 여식인 자(子)성을 가진 여자처럼 보이게 한 것이다.

② 其死曰孟子卒.

補註 疏曰: 哀十二年稱孟子卒. 若其不諱, 當云夫人姬氏薨, 以諱取同姓, 而云孟子卒. 沒其氏, 書其字, 又沒其薨而略言卒而已.

번역 소에서 말하길, 애공(哀公) 12년에는 "맹자(孟子)가 졸(卒)했다."[2]라고 했다. 만약 숨기지 않았다면 마땅히 "부인 희씨(姬氏)가 훙(薨)했다."라고 기록해야 하는데, 노나라에서 동성인 여자를 아내로 들였다는 것을 숨기기 위해서 "맹자가 졸했다."라고 기록한 것이다. 성을 숨겼으므로 그녀의 자를 기록하고, 또 훙(薨)이라는 말을 숨기고 간략하게 졸(卒)이라고만 기록했다.

---

2) 『춘추』「애공(哀公) 12년」: 夏, 五月, 甲辰, 孟子卒.

「방기」 33장

참고-經文

子云, "禮, ①非祭男女不交爵. 以此坊民, ②陽侯猶殺繆侯而竊其夫人, 故大饗廢夫人之禮."

번역 공자가 말하길, "예법에 있어서 제사가 아니면 남녀는 술잔을 건네지 않는다. 이를 통해 백성들의 잘못을 방지했는데도, 양후(陽侯)는 오히려 목후(繆侯)를 살해하고 그의 부인을 빼앗았다. 그렇기 때문에 대향(大饗)의 의례에서는 부인이 술잔을 건네는 예를 폐지했던 것이다."라고 했다.

① ○非祭男女不交爵.

補註 鄭註: 謂相獻酢.

번역 정현의 주에서 말하길, 상호 술을 따라주고 권하는 것이다.

② 陽侯[止]之禮.

補註 疏曰: 案王饗諸侯及諸侯自相饗, 若同姓則后夫人親獻, 異姓則使人攝. 內宰職, "凡賓客之祼獻瑤爵, 皆贊." 註云, "王同姓來朝王", 以爵鬯禮之, 后以瑤爵亞獻, 是也. 陽侯是繆侯同姓之國, 故繆侯及夫人共出饗, 此云非祭不交爵者, 謂異姓也. 自陽侯殺繆侯之後, 后夫人獻禮遂廢, 竝使人攝也.

번역 소에서 말하길, 살펴보니 천자가 제후에게 향연을 베풀거나 제후들끼리 서로에게 향연을 베풀게 되면, 두 사이가 동성관계일 때에는 왕후와 부인은 직접 술을 따라 바치고, 이성관계일 때에는 남을 대신 시켜서 술을 따라 바친다. 『주례』「내재(內宰)」편의 직무 기록에서는 "무릇 빈객이 관(祼)을 하고 술을 따라 바치며 요작(瑤爵)에 술을 따르는 절차에서는 모두 그 일을 돕는다."[1]라고 했고, 정현의 주에서는 "천자와 동성인 자들이 찾아와서 천자를 조회한 경우이다."라고 했는데, 울창주로 예우하게 되면 왕후는 요작으로 아헌을 하니, 이것은 동성의 경우이다. 양후는 목후와 동성인 나라의 제후이며, 목후와 그의 부인이 모두 밖으로 나와서 빈객에게 향연을 베풀었는데, 이곳에서 "제사가 아니라면 남녀가 술을 따라주고 권하지 않는다."라고 한 말은 이성의 관계를 뜻한다. 양후가 목후를 시해한 이후 왕후와 부인이 술을 따라 바치는 의례는 결국 폐지되었고, 모든 경우에 다른 사람을 대신 시켰다.

참고-集說

石梁王氏曰: 陽侯·繆侯旣同是侯, 則殺字當如字讀, 鄭旣未聞其國, ①何以知陽侯爲弑君?

번역 석량왕씨가 말하길, 양후와 목후가 이미 같은 제후의 관계라면, '殺'자는 마땅히 글자대로 읽어야 한다. 정현은 이미 그 나라에 대해서 들어보지 못했다고 했는데, 어찌 양후가 자신의 군주를 시해한 것임을 알 수 있었단 말인가?

① 何以知[止]弑君.

補註 鄭註: 同姓也, 以貪夫人之色, 至殺君而立. 其國未聞.

번역 정현의 주에서 말하길, 둘은 동성관계였는데, 부인의 미모를 탐하여, 그 군주를 시해하고 자신이 제위에 오르는 지경에 이르렀다. 그러나 그 나라가 어떤 나라였는지 들어보지 못했다.

補註 ○陸云: 殺音弑, 一音如字.

번역 ○육덕명이 말하길, '殺'자의 음은 '試(시)'이며, 다른 음은 글자대로 읽기도 한다.

---

1) 『주례』「천관(天官)·내재(內宰)」: 凡賓客之祼獻·瑤爵, 皆贊.

「방기」 35장

참고-集說

鄭云, "此句似不足", ①目上章色厚於德而言.

번역 정현은 "이곳 구문은 완전하지 않은 것 같다."라고 했는데, 앞 문장에서 여색을 덕보다 중시한다고 했던 것을 가리켜서 한 말이다.

① ○目上章[止]而言.

補註 按: 鄭註本文無此九字, 考禮記舊本及淺見錄亦然, 豈後人所添歟? 可疑.

번역 살펴보니, 정현의 주 본문에는 이러한 아홉 글자가 없다. 『예기』의 옛 판본과 『천견록』을 살펴보더라도 마찬가지인데, 어찌 후인들이 덧붙인 것이겠는가? 의심스러운 내용이다.[1]

---

1) 『보주』에서는 『집설』의 문장 전체를 정현의 말로 보았기 때문이다.

「방기」 36장

참고-經文

諸侯不下漁色, 故君子遠色以爲民紀. 故男女授受不親, ①御婦人則進左手. 姑·姊妹·女子子, 已嫁而反, 男子不與同席而坐, ②寡婦不夜哭, ③婦人疾, 問之, 不問其疾. 以此坊民, 民猶淫泆而亂於族.

번역 공자가 계속하여 말하길, "제후는 자신의 신하 여식을 아내로 들이지 않으므로, 군자는 여색을 멀리 하여 백성들의 기강으로 삼는다. 따라서 남녀는 물건을 주고받을 때 직접 건네지 않고, 부인의 수레를 몰 때 수레를 모는 자는 좌측 손을 앞으로 내민다. 또 고모·자매·딸자식 중 이미 시집을 갔다가 되돌아온 경우, 남자는 그녀들과 자리를 함께 해서 앉지 않고, 과부는 밤에 울지 않으며, 부인에게 병이 생겨 병문안을 하더라도 그 질병에 대해서는 묻지 않는다. 이를 통해 백성들의 잘못을 방지했는데도, 백성들은 오히려 음란한 짓을 벌여 종족의 질서를 문란케 한다."라고 했다.

① **御婦人[止]而坐.**

補註 見曲禮上.

번역 『예기』「곡례상(曲禮上)」편에 나온다.[1)]

② **寡婦不夜哭.**

補註 鄭註: 嫌思人道.

번역 정현의 주에서 말하길, 남을 그리워한다는 혐의를 받기 때문이다.

---

1) 『예기』「곡례상(曲禮上)」: 僕御婦人, 則進左手, 後右手. / 『예기』「곡례상」: 姑·姊妹·女子子, 已嫁而反, 兄弟弗與同席而坐, 弗與同器而食.

補註 ○按: 檀弓下, "穆伯之喪, 敬姜晝哭", 是也.

번역 ○살펴보니, 『예기』「단궁하(檀弓下)」편에서 "목백의 상에서 그의 아내인 경강은 낮에만 곡을 했다."[2]라고 한 말이 이러한 사실을 나타낸다.

③ 婦人疾[止]其疾.

補註 鄭註: 問增損而已.

번역 정현의 주에서 말하길, 병의 증세가 심해졌는지 나아졌는지 물을 따름이다.

---

2) 『예기』「단궁하(檀弓下)」: 穆伯之喪, 敬姜晝哭; 文伯之喪, 晝夜哭. 孔子曰: "知禮矣."

「방기」 37장

참고-經文

子云, "昏禮, 壻親迎, 見於舅姑, 舅姑承子以授壻, 恐事之違也. 以此坊民, 婦猶有①不至者."

번역 공자가 말하길, "혼례에 있어서 사위가 친영을 하여 장인과 장모를 뵙게 되면, 장인과 장모는 딸자식을 앞으로 나오게 하여 사위에게 전달하니, 섬기는 일에 있어서 위배됨이 있을까를 염려한 것이다. 이를 통해 백성들의 잘못을 방지했는데도, 부인 중에는 오히려 따르지 않는 자가 있다."라고 했다.

① ○不至者.

補註 鄭註: 不親夫以孝舅姑也.

번역 정현의 주에서 말하길, 남편을 친애하지 않아서 시부모에게 효를 하지 않는다는 뜻이다.

補註 ○按: 不至, 只是不隨至之謂, 如詩·序所稱是也. 鄭註與疏不同, 詩·序及疏說, 見經解補註.

번역 ○살펴보니, '부지(不至)'는 단지 뒤따라오지 않는다는 뜻이니, 『시』의 「모서」에서 말한 것과 같은 것이다. 정현의 주는 소와 다른데, 『시』의 「모서」와 소의 주장은 『예기』「경해(經解)」편의 보주에 나온다.

참고-集說

舅姑, 女之父母也. 承, 進也. 子, 女也. ①論語註云"送與之也", 儀禮"父戒女曰, '夙夜無違命', 母戒女曰, '無違宮事'", 皆恐事之違也. 末世禮壞, 故有男行而女不隨者, 亦有親近而女不至者.

번역 ‘구고(舅姑)’는 여자의 부모를 뜻한다. ‘승(承)’자는 “나아가게 하다[進].”는 뜻이다. ‘자(子)’자는 딸[女]을 뜻한다. 『논어』의 주에서는 “전송하여 그에게 보낸다.”라고 했고, 『의례』에서는 “부친은 딸에게 주의를 주며, ‘밤낮으로 시부모의 명령을 위배하는 일이 없어야 한다.’라고 말하고, 모친은 딸에게 주의를 주며, ‘집안일을 어김이 없어야 한다.’라고 말한다.”[1]라고 했으니, 이 모두는 섬기는 일에 있어서 어기는 일이 있을까 염려한 것이다. 말세가 되어 예법이 무너졌기 때문에 남자가 시행하는데도 여자가 따르지 않았던 경우가 발생했고, 또 친근하게 대했는데도 여자가 미치지 못하는 경우도 발생했다.

① **論語註云送與之也.**

補註 按: 論語古今註, 竝無此訓.
번역 살펴보니, 『논어』에 대한 옛 주석과 지금의 주석들을 보더라도 모두 이러한 풀이가 없다.

補註 ○徐志修曰: 子路篇, “不恒其德, 或承之羞”章, 集註, “承, 進也.” 小註朱子曰, “承如奉承之承, 如人送羞辱與之也.” 或指此耶.
번역 ○서지수가 말하길, 『논어』「자로(子路)」편에서 “그 덕을 항상하지 않으면 혹자가 부끄러움을 올린다.”[2]라고 한 문장에 대해 『집주』에서는 “승(承)자는 올린다는 뜻이다.”라고 했고, 소주에서 주자는 “승(承)자는 받든다고 할 때의 승자이니, 남이 치욕을 보내 그에게 준다는 의미이다.”라고 했다. 아마도 이것을 가리키는 것 같다.

---

1) 『의례』「사혼례(士昏禮)」: 父送女命之曰, “戒之敬之, 夙夜毋違命.” 母施衿結帨曰, “勉之敬之, 夙夜無違宮事.” 庶母及門內施鞶, 申之以父母之命, 命之曰, “敬恭聽宗爾父母之言, 夙夜無愆, 視諸衿鞶.”

2) 『논어』「자로(子路)」: 子曰, “南人有言曰, ‘人而無恆, 不可以作巫醫.’ 善夫!” “不恆其德, 或承之羞.” 子曰, “不占而已矣.”

「중용(中庸)」 제31편

補註 朱子章句.

번역 주자의 『장구』로 분리되어 있다.

禮記補註卷之二十六

『예기보주』 26권

「표기(表記)」 제32편

補註 類編曰: 其中有“仁者天下之表也”一語, 故以名篇.

번역 『유편』에서 말하길, 내용 중에 “인(仁)은 천하의 표본이다.”라는 한마디 말이 나오기 때문에, 이것으로 편명을 정한 것이다.

補註 ○按: 此可備一義.

번역 ○살펴보니, 이것은 일리 있는 의견이다.

「표기」 1장

참고-經文

①子言之, "歸乎! 君子隱而顯, 不矜而莊, 不厲而威, 不言而信."

번역 공자가 말하길, "다시 되돌아갈 것인가! 군자는 은미하되 드러나니, 과시하지 않아도 장엄하게 되며, 사납게 하지 않아도 위엄이 있고, 말을 하지 않아도 믿음을 준다."라고 했다.

① 首章.

補註 類編曰: 不矜而莊, 貌也, 不厲而威, 色也, 不言而信, 言也. 不矜·不厲·不言, 隱也. 莊·威·信, 顯也.

번역 『유편』에서 말하길, "과시하지 않아도 장엄하다."는 것은 모습에 대한 것이고, "사납게 하지 않아도 위엄이 있다."는 것은 표정에 대한 것이며, "말을 하지 않아도 믿음을 준다."는 것은 말에 대한 것이다. 과시하지 않고 사납게 하지 않으며 말하지 않는 것은 은미함에 해당한다. 장엄하고 위엄이 있으며 믿음을 준다는 것은 드러남에 해당한다.

「표기」 2장

참고-經文

子曰, "君子①不失足於人, 不失色於人, 不失口於人. 是故君子貌足畏也, 色足憚也, 言足信也. 甫刑曰, '②敬忌而罔有擇言在躬.'"

번역 공자가 말하길, "군자는 남에 대해 행동에서 실수를 하지 않고, 남에 대해 표정에서 실수를 하지 않으며, 남에 대해 말에서 실수를 하지 않는다. 이러한 까닭으로 군자의 모습은 외경하기에 충분하고, 군자의 표정은 남들이 조심스럽게 여기기에 충분하며, 군자의 말은 믿음을 주기에 충분하다. 「보형」편에서는 '공경하고 조심하여, 법도에 맞지 않는 말을 자신에게 두지 말아라.'"라고 했다.

① ○不失足[止]口於人.

補註 鄭註: "失, 謂失其容止之節也. 玉藻曰, '足容重, 色容莊, 口容止.'" 疏曰: "不失足於人者, 不失此足之容儀, 而作夸毗進退於人也. 不失色於人者, 不失此色之容儀, 而作籧篨戚施於人也. 不失口於人者, 不失此口之容儀, 而作諂私曲媚於人也."

번역 정현의 주에서 말하길, "'실(失)'자는 행동거지의 규범을 어긴다는 뜻이다. 『예기』「옥조(玉藻)」편에서는 '발의 모습은 무거워야 하고, 얼굴빛은 장엄하게 유지해야 하며, 입의 모습은 굳게 다물어야 한다.'[1]"라고 했다. 소에서 말하길, "남에 대해 행동에서 실수를 하지 않는다고 했는데, 이러한 발의 놀림에 따른 행동거지가 남들에 대해서 비굴하고 아첨하듯이 행동하는 잘못을 범하지 않는 것이다. 남에 대해 표정에서 실수를 하지 않는다고 했는데, 이러한 표정에 따른 행동거지가 남들에 대해서 대수롭지 않게 대하거나 아

---

1) 『예기』「옥조(玉藻)」: 足容重, 手容恭, 目容端, 口容止, 聲容靜, 頭容直, 氣容肅, 立容德, 色容莊, 坐如尸.

첨하는 등의 잘못을 범하지 않는 것이다. 남에 대해 말에서 실수를 하지 않는다고 했는데, 이러한 말에 따른 행동거지가 남들에 대해서 아첨하며 비굴하게 하는 등의 잘못을 범하지 않는 것이다."라고 했다.

② **敬忌[止]在躬.**

補註 鄭註: "忌之言戒也." 疏曰: "罔有擇言, 則上云言足信, 是也. 然則敬之與忌, 是貌足畏 · 色足憚也."

번역 정현의 주에서 말하길, "'기(忌)'자는 경계한다는 뜻이다."라고 했다. 소에서 말하길, "택언을 두지 않는다는 것은 앞에서 '말이 신의를 주기에 충분하다.'라고 한 말에 해당한다. 그러므로 경(敬)과 기(忌)는 곧 군자의 모습이 외경하기에 충분하고, 표정이 어려워하기에 충분하다는 것에 해당한다."라고 했다.

「표기」 3장

참고-經文

子曰, "①裼·襲之不相因也, 欲民之毋相瀆也."

번역 공자가 말하길, "석(裼)과 습(襲)을 함께 따르지 않는 것은 백성들에게 너무 무례하게 굴지 않도록 하기 위해서이다."라고 했다.

① ○裼襲之不相因.

補註 疏曰: 行禮之時, 禮不盛者露見裼衣, 禮盛之時, 則重襲上服. 是行禮初盛則襲衣, 禮不盛則裼衣, 卽裼襲不相因也. 若始末恒裼襲, 是相因也. 或初襲而後裼, 或初裼而後襲者, 欲使人民無相褻瀆也.

번역 소에서 말하길, 의례를 시행할 때, 그 의례가 융성하지 않은 경우라면 석의(裼衣)를 드러내고, 의례가 융성한 경우라면 그 위에 겉옷을 껴입어서 가리게 된다. 이것은 의례를 시행하는 초반에 융성한 시기라면 의복을 습(襲)하고 의례의 진행이 융성하지 않은 시기가 된다면 의복을 석(裼)하는 것이니, 바로 석(裼)과 습(襲)이 서로 따르지 않는다는 뜻이다. 만약 처음부터 끝까지 항상 석(裼)이나 습(襲)을 한다면, 이것은 서로 따르는 것이 된다. 어떤 경우에는 초기에 습(襲)을 했다가 이후에 석(裼)을 하기도 하며, 또 어떤 경우에는 초기에 석(裼)을 했다가 이후에 습(襲)을 하기도 하는데, 이처럼 하는 것은 사람들로 하여금 서로에게 무례하게 굴지 못하도록 하기 위해서이다.

補註 ○按: 凡冬裘夏葛, 其上有裼衣, 裼衣上有襲衣. 袒而露其裼衣曰裼, 掩而不裼曰襲. 或襲或裼, 非易服也. 陳註應氏說, 恐誤.

번역 ○살펴보니, 겨울에는 갖옷을 입고 여름에는 갈옷을 입는데, 그 위에는 석의가 있고, 석의 위에는 습의가 있게 된다. 단을 하여 서의를 드러내는 것을 '석(裼)'이라 부르고, 가려서 석을 하지 않는 것을 습(襲)이라 부른다. 습을 하거나 석을 하는 것은 복장을 바꾼다는 뜻이 아니다. 진호의 주와 응씨의 설명은 아마도 잘못된 것 같다.

참고-大全

藍田呂氏曰: 禮者, 節文而已. 節文不明, 慢瀆所由生也. 衣裘之間, 以襲裼爲之節文, 故凡服裘者, 必有衣以裼之. 裘, 褻服也, 不可以敬事, 故有衣以覆之也. 不袒則謂之襲, 襲充美也, 袒謂之裼, 裼見美也, 謂裘之文飾也. ①不文飾也, 不裼, 故犬羊之裘不襲也. 不相因者, 或以裼爲敬, 或以襲爲敬也. 禮盛者, 不文則以襲爲敬, 如②大裘不裼, 及尸襲, 聘禮賓襲執圭, 弔則襲, 是也. 禮不盛者, 尚文, 故以裼爲敬, 如君在則裼, 無事則裼, 受饗之時, 賓裼奉束帛加璧, 是也.

번역 남전여씨가 말하길, 예(禮)라는 것은 규범에 맞게 격식을 따르는 것일 뿐이다. 규범에 따른 격식이 드러나지 않는다면, 태만함과 무례함이 이를 통해 발생한다. 겉옷과 갓옷을 착용할 때에는 습(襲)과 석(裼)을 통해 그것의 격식을 정한다. 그렇기 때문에 무릇 갓옷을 입었을 때에는 반드시 겉옷을 입어서 갓옷을 드러낸다. 또 갓옷은 속에 입는 옷이니, 이것만 입고서 특정 사안에 대한 공경함을 나타낼 수 없다. 그렇기 때문에 그 위에 겉옷을 입어서 그것을 가리는 것이다. 소매를 걷어 올리지 않는다면 습(襲)이라고 부르니 아름다움을 가리는 것이며, 소매를 걷어 올리면 석(裼)이라고 부르니 아름다움을 드러내는 것인데, 이것은 갓옷에 대해 문식을 꾸미는 것이다. 문식을 꾸미지 않을 때에는 석(裼)을 하지 않는다. 그렇기 때문에 개나 양의 가죽으로 만든 갓옷으로는 석(裼)을 하지 않는다. "서로 따르지 않는다."라고 했는데, 어떤 경우에는 석(裼)의 방식을 공경스러움으로 삼고, 어떤 경우에는 습(襲)의 방식을 공경스러움으로 삼는다. 예가 융성한 경우 화려한 문식을 꾸미지 않아서 습(襲)의 방식을 공경스러움으로 삼으니, 예를 들어 대구(大裘)를 착용하여 하늘에 대한 제사를 지낼 때에는 석(裼)을 하지 않고, 시동은 습(襲)을 하며,[1] 빙례(聘禮)에서는 빈객이 습(襲)을 하고서 규(圭)를 잡고,[2] 조문을 하게 되면 습(襲)을 한다는 것[3] 등이 바로 이러한 경우에 해당한다. 예가 융성하지 않은 경우에는 화려함을 숭상하기 때문에 석(裼)의 방식을 공경스러움으로 삼으니, 예를 들어 군주가 계신 곳이라면 석(裼)을 하고,[4] 특별히 시행할 일이 없을 때, 그 장소가 군주가 계신 곳이라면 석(裼)을 하며,[5] 예물을 받을 때, 빈객은 석(裼)을 하고서 속백(束帛)에 벽(璧)을 올려서 받들고 나아가는 것[6] 등이 바로 이러한 경우에 해당한다.

① 不文飾[止]不襲也.

補註 玉藻文.

번역 『예기』「옥조(玉藻)」편의 기록이다.[7]

補註 ○襲, 當作裼.

번역 ○'습(襲)'자는 석(裼)자로 기록해야 한다.

② 犬裘不裼.

補註 玉藻文.

번역 『예기』「옥조(玉藻)」편의 기록이다.[8]

補註 ○犬, 當作大.

번역 ○'견(犬)'자는 대(大)자로 기록해야 한다.

---

1) 『예기』「옥조(玉藻)」: 服之襲也, 充美也. 是故尸襲, 執玉龜襲. 無事則裼, 弗敢充也.

2) 『의례』「빙례(聘禮)」: 賓襲執圭. 擯者入告, 出辭玉, 納賓.

3) 『예기』「옥조(玉藻)」: 裘之裼也, 見美也. 吊則襲, 不盡飾也. 君在則裼, 盡飾也.

4) 『예기』「옥조(玉藻)」: 裘之裼也, 見美也. 吊則襲, 不盡飾也. 君在則裼, 盡飾也.

5) 『예기』「옥조(玉藻)」: 服之襲也, 充美也. 是故尸襲, 執玉龜襲. 無事則裼, 弗敢充也.

6) 『의례』「빙례(聘禮)」: 賓裼, 奉束帛加璧享.

7) 『예기』「옥조(玉藻)」: 犬羊之裘不裼, 不文飾也, 不裼.

8) 『예기』「옥조(玉藻)」: 禮不盛, 服不充, 故大裘不裼, 乘路車不式.

「표기」 4장

참고-經文

子曰, "祭極敬, 不繼之以樂. ①朝極辨, 不繼之以倦."

번역 공자가 말하길, "제사에서는 공경함을 극진하게 해야 하니, 즐거움으로 뒤이어서는 안 된다. 조정에서는 변별함을 극진하게 해야 하니, 나태함으로 뒤이어서는 안 된다."라고 했다.

① 朝極辨.

補註 語類曰: 辨, 治也.

번역 『어류』에서 말하길, '변(辨)'자는 다스린다는 뜻이다.

「표기」 5장

참고-經文

子曰, "君子①慎以辟禍, 篤以不揜, 恭以遠恥."

번역 공자가 말하길, "군자는 신중히 처신하여 재앙을 피하고, 독실하게 행동하여 그 광채가 가려지지 않게 하며, 공손하게 따라서 치욕을 멀리한다."라고 했다.

① ○愼以辟禍[止]遠恥.

補註 類編曰: 愼以避禍, 言也, 篤而不揜, 色也, 恭而遠恥, 貌也.

번역 『유편』에서 말하길, "신중히 처신하여 재앙을 피한다."는 말은 말에 대한 것이고, "독실하게 행동하여 광채가 가려지지 않는다."는 말은 표정에 대한 것이며, "공손하게 따라서 치욕을 멀리한다."는 말은 모습에 대한 것이다.

참고-集說

應氏曰: 君子①經德不回, 所以正行, 則其戒謹篤恭, 皆非有爲而爲之也, 豈區區於避禍患防揜恥乎? 記禮之垂是言, 亦以曉人知避困辱之道耳.

번역 응씨가 말하길, 군자가 떳떳한 덕을 지니고 간사하게 굴지 않는 것은 행실을 올바르게 하기 위해서이니,[1] 조심하고 신중하며 독실하고 공손히 하는 것은 모두 의도함이 있어서 그처럼 하는 것이 아닌데, 어찌 재앙을 피하거나 가려지는 것이나

---

1) 『맹자』「진심하(盡心下)」: 孟子曰, "堯舜, 性者也, 湯武, 反之也. 動容周旋中禮者, 盛德之至也. 哭死而哀, 非爲生者也. 經德不回, 非以干祿也. 言語必信, 非以正行也. 君子行法, 以俟命而已矣."

치욕을 방비하기 위함에 한정되겠는가? 『예기』를 기록한 자가 이러한 말을 기록해 둔 것은 이를 통해서 사람들을 깨우쳐 곤욕스러움을 피할 수 있는 도를 알게끔 하기 위해서일 뿐이다.

① **經德不回所以正行.**

補註 按: 孟子·盡心曰, "經德不回, 非以干祿也. 言語必信, 非以正行也." 應氏說蓋出於此, 而意少異.

번역 살펴보니, 『맹자』「진심(盡心)」편에서는 "떳떳한 덕을 지니고 간사하게 굴지 않는 것은 녹봉을 구하기 위한 것이 아니다. 말을 반드시 미덥게 하는 것은 행실을 바르게 하기 위해서가 아니다."라고 했다. 응씨의 주장은 아마도 여기에서 도출된 것 같은데, 의미상 작은 차이가 있다.

「표기」 6장

참고-經文

子曰, "君子①莊敬日强, 安肆日偸. 君子不以一日使其躬②儳焉如不終日."

번역 공자가 말하길, "군자는 장엄하고 공경하여 날로 굳세게 되는데, 만약 안일하게 대처하면 날로 교활하게 된다. 따라서 군자는 단 하루라도 자신을 어긋나게 하여 마치 생을 제대로 마치지 못하는 것처럼 행동하지 않는다."라고 했다.

① 莊敬日强.

補註 語類: 問, "君子莊敬日强, 是志强否?" 曰, "志也强, 體力也强. 今人放肆, 則日怠惰一日, 那得强? 伊川云, '人莊敬則日就規矩.' 莊敬自是耐得辛苦, 不覺其日就規矩."

번역 『어류』에서 말하길, "군자가 장엄하고 공경하여 날로 굳세게 된다는 것은 뜻이 강성해진다는 의미입니까?"라고 묻자 "뜻도 강성해지고 체력도 강성해진다. 지금의 사람들은 제멋대로 행동하고 있어 날로 나태해짐이 심해지는데 어떻게 강성해질 수 있겠는가? 이천선생은 '사람이 장엄하고 공경하게 된다면 날로 법도로 나아가게 된다.'라고 했다. 장엄하고 공경하다는 것은 제 스스로 고충을 감내하여 자신도 모르는 사이 날마다 법도로 나아가는 것이다."라고 대답했다.

② 儳焉.

補註 鄭註: 儳焉, 可輕賤之貌.

번역 정현의 주에서 말하길, '참언(儳焉)'은 경시하거나 천시할만한 모습을 뜻한다.

補註 ○按: 此與應說異.

번역 ○살펴보니, 이것은 응씨의 주장과 다르다.

참고-集說

應氏曰: 儳者, 参錯不齊之貌. 心無所檢束而紛紜雜亂, 遂至儳焉錯出. 外旣散亂而不整, 則①內亦拘迫而不安, 故不能終日也. 若主一以直內, 而心廣體胖, 何至於如不終日乎?

번역 응씨가 말하길, '참(儳)'은 어긋나서 가지런하지 않은 모습을 뜻한다. 마음에 단속함이 없어서 떠들썩하고 어지럽게 되면 결국 혼란스럽게 되어 어긋남이 나타난다. 외적으로 이미 어지럽고 정돈되지 않는다면, 내적으로도 붙들리고 궁하게 되어 편안하지 않다. 그렇기 때문에 생을 제대로 마무리 짓지 못한다. 만약 한결같음을 위주로 하여 내면을 바로잡아서, 마음과 몸이 펴진다면, 어떻게 생을 제대로 마무리 짓지 못하는 지경에 이르겠는가?

① 內亦拘迫而不安.

補註 按: 拘迫二字, 與上所謂心無檢束紛紜雜亂者, 旨意不相貫.

번역 살펴보니, '구박(拘迫)'이라는 두 글자는 앞에서 "마음에 단속함이 없어서 떠들썩하고 어지럽게 되면 결국 혼란스럽게 된다."라고 말한 것과는 뜻이 서로 연결되지 않는다.

「표기」 7장

참고-經文

子曰, "齊戒以事鬼神, ①擇日月以見君, 恐民之不敬也."

번역 공자가 말하길, "재계를 하여 귀신을 섬기고, 날과 달을 가려서 군자를 찾아뵙는 것은 백성들이 공경하지 못할까를 염려하기 때문이다."라고 했다.

① 擇日月以見君.

補註 鄭註: "謂臣在邑竟者." 疏曰: "知者, 若朝廷之臣每日朝君, 何得云擇日月?"

번역 정현의 주에서 말하길, "신하들 중 식읍의 변경에 나가 있는 자를 뜻한다."라고 했다. 소에서 말하길, "정현이 한 말이 사실임을 알 수 있는 이유는 조정에 소속된 신하의 경우라면, 매일 군주를 조회하게 되는데, 어떻게 날과 달을 가린다고 말할 수 있겠는가?"라고 했다.

「표기」 9장

참고-經文

子曰, "無辭不相接也, 無禮不相見也, 欲民之毋相褻也. 易曰, '①初筮告, 再三瀆, 瀆則不告.'"

번역 공자가 말하길, "전하는 말이 없다면 서로 교제를 하지 않고, 예물이 없다면 서로 만나보지 않으니, 백성들이 너무 친근하여 무례하게 대하지 않도록 하기 위해서이다. 『역』에서는 '처음 시초점을 친 것이라면 알려주지만 두 차례나 세 차례 반복해서 친 것이라면 무례하게 되니, 무례하다면 알려주지 않는다.'"라고 했다.

① ○初筮告[止]不告.

補註 易本註: 告音谷.

번역 『역』의 본주에서 말하길, '告'자의 음은 '谷(곡)'이다.

참고-集說

呂氏曰: 辭者, 相接之言, 如①公與客宴曰'寡人有不腆之酒, 以請吾子之與寡人須臾焉, 使某也以請'之類, 是也. 禮者, 相見之摯, 如羔鴈雉鶩之類, 是也. 必以辭·必以禮者, 交際不可苟也. 苟則褻, 褻則不敬, 此交所以易疎也.

번역 여씨가 말하길, '사(辭)'는 서로 교제할 때 전하는 말이니, 군주가 빈객과 연회를 하며, "과인이 보잘것없는 술을 차려서 그대가 과인과 함께 회포를 풀기를 청원하여, 아무개를 시켜서 청한다."라고 한 부류가 여기에 해당한다. '예(禮)'는 서로 만나볼 때 가져가는 예물이니, 새끼 양 · 기러기 · 꿩 · 오리 등의 부류가 여기에 해당한다. 반드시 전하는 말을 통하고 반드시 예물을 전하는 것은 교제를 할 때에는 구차하게 할 수 없기 때문이다. 구차하면 너무 친근하게 여기게 되고, 너무 친근하게 대한다면 공경하지 않으니, 이것은 교제를 할 때 쉽게 소원해지는 이유이다.

① **公與客宴[止]以請.**

補註 燕禮文.

번역 『의례』「연례(燕禮)」편의 기록이다.[1]

補註 ○宴, 本作燕.

번역 ○'연(宴)'자를 「연례」편에서는 연(燕)자로 기록했다.

---

1) 『의례』「연례(燕禮)」: 公與客燕, 曰, "寡君有不腆之酒, 以請吾子之與寡君須臾焉. 使某也以請."

「표기」 10장

참고-經文

子言之, "仁者, 天下之表也, ①義者, 天下之制也, 報者, 天下之利也."

번역 공자가 말하길, "인(仁)은 천하의 표본이고, 의(義)는 천하의 재단함이며, 보답하는 예(禮)는 천하의 이로움이다."라고 했다.

① 義者天下之制也.

補註 按: 此吐諺讀誤. 當作是五.

번역 살펴보니, 이 구문에 대해 『언독』에서는 잘못된 토를 붙였으니, 마땅히 이오[是五]라고 기록해야 한다.

「표기」 11장

참고-經文

子曰, "以德報德, 則民有所勸. 以怨報怨, 則民有所懲. ①詩曰, '無言不讎, 無德不報.' ②太甲曰, '民非后, 無能胥以寧. 后非民, 無以辟四方.'" 子曰, "以德報怨, 則寬身之仁也. 以怨報德, 則刑戮之民也."

번역 공자가 말하길, "자신의 덕으로 남의 덕에 보답한다면, 백성들에게는 권면하는 점이 생긴다. 자신의 원망함으로 남의 원망에 대해 갚는다면, 백성들에게는 징벌하는 점이 생긴다. 『시』에서는 '말 중에는 되갚지 않는 것이 없고, 덕 중에는 보답하지 않는 것이 없다.'[1]라고 했고, 『서』「태갑」편에서는 '백성들은 군주가 아니라면 서로 바로잡아 편안히 살 수가 없다. 군주는 백성이 아니라면 사방을 통치할 수 없다.'[2]"라고 했다. 또 공자가 말하길, "자신의 덕으로 남의 원망함을 갚는다면, 자신을 너그럽게 하는 인(仁)에 해당한다. 자신의 원망함으로 남의 덕을 갚는다면, 형벌을 받는 백성에 해당한다."라고 했다.

① ○詩曰[止]不報.

補註 按: 詩·大雅·抑之篇本註, "讎, 答也."

번역 살펴보니, 『시』「대아(大雅)·억(抑)」편의 본주에서는 "수(讎)는 답한다는 뜻이다."라고 했다.

---

1) 『시』「대아(大雅)·억(抑)」: 無易由言, 無曰苟矣. 莫捫朕舌, 言不可逝矣. 無言不讎, 無德不報. 惠于朋友, 庶民小子. 子孫繩繩, 萬民靡不承.

2) 『서』「상서(商書)·태갑중(太甲中)」: 惟三祀, 十有二月朔, 伊尹以冕服, 奉嗣王歸于亳. 作書曰, 民非后, 罔克胥匡以生. 后非民, 罔以辟四方, 皇天眷佑有商, 俾嗣王克終厥德, 實萬世無疆之休.

② **太甲曰[止]四方.**

補註 按: 今書無能胥以寧, 作罔克胥匡以生, 無以辟四方, 作罔以辟四方. 胥, 相也. 辟, 君也.

번역 살펴보니, 현재의 『서』에서는 '무능서이녕(無能胥以寧)'을 "서로 바로잡으며 살아갈 수 없다[罔克胥匡以生]."라고 기록했고, '무이벽사방(無以辟四方)'을 "사방을 통치할 수 없다[罔以辟四方]."라고 기록했다. '서(胥)'자는 서로를 뜻하며, '벽(辟)'자는 군주를 뜻한다.

補註 ○疏曰: 引書者, 證君之與臣, 上下各以其事相報也.

번역 ○소에서 말하길, 『서』를 인용한 것은 군주와 신하의 관계에 있어서 상하 계층이 각각 자신들의 사안을 통해 서로 보답한다는 것을 증명하기 위해서이다.

「표기」 12장

참고-集說

呂氏曰: 安仁者, 天下一人而已, 則非聖人不足以性仁. ①苟志於仁矣, 無惡也, 則衆人皆可以爲仁. 以聖人之所性而議道, 則道無不盡, 以衆人之可爲而制法, 則法無不行.

번역 여씨가 말하길, 인(仁)을 편안히 여기는 자는 천하에 한 사람일 뿐이라고 했으니, 성인이 아니라면 인(仁)을 자신의 본성으로 삼기에 부족하다. 만약 인(仁)에 뜻을 두고 악함이 없다면 백성들은 모두 인(仁)을 시행할 수 있다. 성인이 본성으로 삼고 도를 의논하게 된다면 도에 다하지 않는 것이 없고, 백성들이 시행할 수 있는 것을 법도로 제정한다면 법에 시행되지 않는 것이 없다.

① ○苟志於仁矣無惡也.

補註 論語 · 里仁文.

번역 『논어』「이인(里仁)」편의 기록이다.[1)]

참고-集說

方氏曰: 欲而好仁, 則知者利仁之事也; 畏而惡不仁, 則畏罪者强仁之事也. 若所好生於無欲, 所惡生於無畏, 非中心①安仁者不能, 故曰天下一人而已.

번역 방씨가 말하길, 욕심이 있는데도 인(仁)을 좋아하는 것은 지혜로운 자가 인(仁)을 이롭게 여겨서 시행하는 사안이 되며, 두려워하여 인(仁)하지 못함을 싫어

1) 『논어』「이인(里仁)」: 子曰, "苟志於仁矣, 無惡也."

하는 것은 죄를 두려워하는 자가 힘써 인(仁)을 시행하는 사안이 된다. 만약 좋아하는 것이 바라는 것이 없는 데에서 생겨나고 싫어하는 것이 두려워함이 없는 데에서 생겨나는 경우라면, 마음으로 인(仁)을 편안하게 여기는 자가 아니라면 잘하지 못한다. 그렇기 때문에 "천하에 한 사람일 뿐이다."라고 했다.

① 安仁者[止]而已.

補註 本篇下章文.

번역 「표기」편 뒤에 나오는 문장이다.[2]

---

2) 『예기』「표기」: 子曰, "中心安仁者, 天下一人而已矣. 大雅曰, '德輶如毛, 民鮮克擧之. 我儀圖之, 惟仲山甫擧之, 愛莫助之.' 小雅曰, '高山仰止, 景行行止.'" 子曰, "詩之好仁如此. 鄕道而行, 中道而廢, 忘身之老也, 不知年數之不足也; 俛焉日有孶孶, 斃而后已."

「표기」 13장

참고-經文

子曰, "仁有三, 與仁同功而異情. 與仁同功, 其仁未可知也. ①與仁同過, 然後其仁可知也. 仁者安仁, 知者利仁, 畏罪者强仁. ②仁者右也, 道者左也. 仁者人也, 道者義也. 厚於仁者, 薄於義, 親而不尊; 厚於義者, 薄於仁, 尊而不親."

번역 공자가 말하길, "인(仁)을 시행하는 것에는 세 종류가 있는데, 인(仁)으로 회귀함에 있어서 그 공덕은 동일하지만 실정에는 차이가 있다. 인(仁)으로 회귀함에 있어서 공덕이 동일한 경우에는 그 인(仁)에 대해서는 아직 알 수 없다. 그러나 인(仁)으로 회귀함에 있어서 지나침이 동일하게 나타난 뒤에라야 인(仁)함에 대해서 알 수 있다. 인자한 자는 인(仁)을 편안하게 여기고, 지혜로운 자는 인(仁)을 이롭게 여기며, 죄를 두려워하는 자는 인(仁)을 힘써서 시행한다. 비유하자면 인(仁)은 우측이 되고, 도(道)는 좌측이 된다. 인(仁)이라는 것은 사람다운 것이며, 도(道)라는 것은 의(義)에 해당한다. 인(仁)에 두터운 자는 의(義)에는 상대적으로 박하니, 친근하지만 존귀하지 않고, 의(義)에 두터운 자는 상대적으로 인(仁)에는 박하니, 존귀하지만 친근하지 않다."라고 했다.

① 與仁同過[止]可知.

補註 語類曰: 與仁同過之言, 說得太巧, 失於迫切.

번역 『어류』에서 말하길, '여인동과(與仁同過)'라는 말은 그 말이 너무 교묘해서 간절하게 다가오지 않는다.

補註 ○蘇軾觀過斯知仁論曰: 禮曰與仁同功, 其仁未可知也, 與仁同過, 然後其仁可知也. 此論語之義疏也. 夫與仁同功, 而謂之仁, 則公孫之布被與子路之縕袍何異? 陳仲子之螬李與顏淵之簞瓢何辨? 何則? 功者人所趨也, 過者人所避也. 審其趨避而眞僞見矣. 古人有言曰, "鉏麑違命也, 推其人可以託國." 斯其爲觀過知仁也歟.

번역 ○소식의「그 사람의 과실을 보면 인을 알 수 있음에 대한 논의[觀過斯知仁論]」에서 말하길,『예기』에서는 인으로 회귀함에 있어서 공덕이 동일한 경우에는 인함에 대해서 아직 알 수 없고, 인으로 회귀함에 있어서 과실이 동일한 경우라야 인함에 대해서 알 수 있다고 했다. 이것은『논어』에 대한 주석에 해당한다. 인으로 회귀함에 있어서 공덕이 동일하다고 하여 이것을 인이라고 한다면, 공손홍이 포로 된 이불을 덮은 것과 자로가 해진 솜옷을 입은 것이 무슨 차이가 있겠는가? 또 진중자가 벌레 먹은 오얏을 먹은 것과 안연이 한 그릇의 밥과 표주박의 물을 마셨던 것을 어떻게 변별하겠는가? 무슨 까닭이겠는가? 공덕은 사람들이 쫓아가는 것이고, 과실은 사람들이 피하는 것이다. 쫓아가고 피하는 것을 살펴보면 진위가 드러나기 때문이다. 옛 사람들은 이러한 말을 했으니, "서예가 명령을 어겼는데, 그 사람에 대해 미루어보면 나라를 맡길만하다."라고 했다. 이것은 그 사람의 과실을 보고 인한지를 알 수 있다는 뜻일 것이다.

② *仁者右也道者左也.*

補註 鄭註: 右也・左也, 言相須而成也.

번역 정현의 주에서 말하길, 우측이나 좌측이라고 했는데, 서로 도와서 완성된다는 뜻이다.

「표기」 14장

참고-經文

道, 有至, 有義, 有考. 至道以王, 義道以霸, ①考道以爲無失.

번역 공자가 계속하여 말하길, "도(道)에는 세 가지가 있으니, 첫 번째는 지도(至道)이고, 두 번째는 의도(義道)이며, 세 번째는 고도(考道)이다. 지도로는 왕노릇을 할 수 있고, 의도로는 패주가 될 수 있으며, 고도로는 잘못을 범하지 않을 수 있다."라고 했다.

① ○考道以爲無失.

補註 張子曰: 考求迹合以免罪戾者, 畏罪之人也, 故曰考道以爲無失.

번역 장자가 말하길, 자취와 적합한 것을 살피고 찾아서 죄나 어그러짐을 면하는 것은 죄를 두려워하는 사람에 해당한다. 그렇기 때문에 "고도로는 잘못을 범하지 않을 수 있다."라고 했다.

참고-大全

藍田呂氏曰: 至道者, 至于道之極, 不可以有加也, 所謂所過者化, 所存者神, 上下與天地同流者也, 故曰至道以王. 義道者, 揆道而裁之者也, 所謂制節謹度, 是可以有國而長諸侯者也, 故曰義道以霸. 考道者, ①必稽古背稱先王, 所謂非法不言, 非道不行, 雖未達道不能以義起, 亦庶幾乎不失道矣.

번역 남전여씨가 말하길, '지도(至道)'는 도의 지극함에 이르러서 더할 수 없다는 뜻으로, 이른바 "지나는 곳은 교화가 되고 마음에 보존한 것은 신묘하게 되어, 상하가 천지와 함께 흐른다."[1]라고 말한 경우이다. 그렇기 때문에 "지도로 왕노릇을 한다."라고 했다. '의도(義道)'는 도(道)를 법도로 삼아 재단하는 것이니, 이른바 "비용을 절약하고 법도를 신중히 따른다."[2]라고 말한 경우로, 이것은 나라를 소유하여 제후들을 이끌 수 있는 경우이다. 그렇기 때문에 "의도로 패주를 한다."라고 했다. '고도(考道)'는 반드시 옛 것을 살피고 선왕의 도리에 빗대는 것이니, 이른바 "법도가 아니면 말하지 않고 법도가 아니면 시행하지 않는다."[3]라고 말한 경우로, 비록 도(道)에 달통하지 못해서 의(義)로써 일으킬 수 없지만, 또한 거의 도를 잃지는 않을 것이다.

① **必稽古背**.

補註 背, 當作昔.

번역 '배(背)'자는 마땅히 석(昔)자로 기록해야 한다.

---

1) 『맹자』「진심상(盡心上)」: 夫君子所過者化, 所存者神, 上下與天地同流, 豈曰小補之哉?

2) 『효경』「제후장(諸侯章)」: 在上不驕, 高而不危. 制節謹度, 滿而不溢.

3) 『효경』「경대부장(卿大夫章)」: 非先王之法服, 不敢服. 非先王之法言, 不敢道, 非先王之德行, 不敢行. 是故非法不言, 非道不行.

「표기」 15장

참고-經文

子言之, "①仁有數, 義有長短小大. 中心憯怛, 愛人之仁也. 率法而强之, 資仁者也. 詩云, '②豐水有芑, 武王豈不仕. 詒厥孫謀, ③以燕翼子', 數世之仁也. 國風曰, '我今不閱, 皇恤我後', 終身之仁也."

번역 공자가 말하길, "인(仁)에는 여러 가지가 있으며, 의(義)에는 길고 짧음과 작고 큼의 차이가 있다. 마음에 측은한 단서가 나타난 것은 남을 사랑하는 인(仁)이다. 법에 따라서 힘써 시행하는 것은 남의 인(仁)함을 취해서 자신의 선함으로 삼는 자이다. 『시』에서 '풍수가에 차조가 자라나니, 무왕이 어찌 다스리지 않겠는가. 그 후손들에게 계책을 남겨주어, 이로써 후손들을 편안하게 해주고 도와주었도다.'라고 했으니, 여러 세대를 거쳐서 전해지는 인(仁)이다. 「국풍(國風)」에서 '나도 현재 받아들여지지 않는데, 하물며 나의 후대를 걱정하겠는가.'라고 했으니, 자신에게만 한정된 인(仁)이다."라고 했다.

① 仁有數[止]小大.

補註 鄭註: 數, 與長短小大互言耳.

번역 정현의 주에서 말하길, '수(數)'자는 길고 짧음 및 작고 큼과 상호 호환이 되도록 말한 것일 뿐이다.

補註 ○按: 小註呂氏謂此章論仁而及義者, 仁之數, 是亦義也, 儘是.

번역 ○살펴보니, 소주에서 여씨는 "이 문장에서 인을 논의하며 의까지도 언급했는데, 인의 여러 가지 것들이 또한 의에도 해당한다."라고 했는데, 참으로 옳은 말이다.

② 豐水[止]不仕.

補註 按: 詩朱子註, "芑, 草名. 仕, 事也." 所解亦與此註異. 此註芑穀云者, 芑亦見詩 · 生民, 而註云"白粱米"故也.

번역 살펴보니, 『시』에 대한 주자의 주에서는 "기(芑)는 풀이름이다. 사(仕)자는 일삼는다는 뜻이다."라고 했고, 풀이하는 것 또한 이곳 주의 내용과 차이를 보인다. 이곳 주석에서 차조[芑穀]라고 말했는데, '기(芑)'는 또한 『시』「생민(生民)」편에도 나오며, 그 시의 주에서는 "흰 차조이다."라고 했기 때문이다.

③ 以燕翼子.

補註 按: 古經此下有"武王烝哉"四字, 鄭註, "烝, 君也." 今本無此一句, 必是脫誤.

번역 살펴보니, 『고경』에는 이곳 구문 뒤에 "무왕은 참다운 군주로다[武王烝哉]."라는 네 글자가 더 기록되어 있고, 정현의 주에서는 "증(烝)자는 군주를 뜻한다."라고 했다. 따라서 『금본』에 이 구문이 없는 것은 분명 잘못하여 누락된 것이다.

「표기」 17장

참고-經文

子曰, "中心安仁者, 天下一人而已矣. ①大雅曰, '德輶如毛, 民鮮克擧之. 我②儀圖之, 惟仲山甫擧之, 愛莫助之.' ①小雅曰, '高山仰止, 景行行止.'" 子曰, "詩之好仁如此. ③鄕道而行, 中道而廢, 忘身之老也, 不知年數之不足也; 俛焉日有孶孶, 斃而后已."

번역 공자가 말하길, "마음으로 인(仁)을 편안하게 여기는 자는 천하에 오직 한 사람이 있을 따름이다. 「대아(大雅)」에서는 '덕의 가볍기는 털과 같아서 시행하기가 쉬운데, 백성들 중에는 잘 시행하는 자가 적구나. 내가 그 부류에서 살펴보니, 오직 중산보만이 제대로 시행하여, 그를 아끼지만 도와줄 수가 없구나.'라고 했고, 「소아(小雅)」에서는 '높은 산은 우러러 보게 되고, 선한 행동은 따르게 된다.'"라고 했다. 공자가 말하길, "『시』를 지은 자가 인(仁)을 좋아함이 이와 같다. 도(道)를 향해 시행하다가 힘을 다하여 그만두며 자신의 연로함을 잊으니, 앞으로 살날이 적나는 것을 모르는 것이며, 다른 것을 들어보지 않고 날마다 힘써 노력하고 죽은 이후에야 그만두는 것이다."라고 했다.

① ○**大雅曰**[止]**助之**[又]**小雅曰**[止]**行止**.

補註 楊梧曰: 玩大雅, 擧字, 便屬勝重, 玩小雅, 行字, 便屬致遠.

번역 양오가 말하길, 「대아」의 시를 살펴보니, '거(擧)'자는 무거운 책임을 감내한다는 뜻에 해당하고, 「소아」의 시를 살펴보니, '행(行)'자는 먼 곳에 이른다는 뜻에 해당한다.

補註 ○類編曰: 景行, 當從詩傳, 以大道爲解.

번역 ○『유편』에서 말하길, '경행(景行)'은 『시전』에 따라 대도(大道)로 풀이해야 한다.

② 儀圖.

補註 按: 詩朱子註, "儀, 度也", 與此註異.

번역 살펴보니, 『시』에 대한 주자의 주에서는 "의(儀)자는 헤아린다는 뜻이다."라고 하여 이곳의 주와는 차이가 난다.

③ 鄕道而行中道而廢.

補註 語類: 問, "鄕道而行, 中道而廢, 其意安在?" 曰, "古人只恁地學將去, 有時到了, 也不定. 今人便筭時度日, 去計功效." 又曰, "高山景行, 便是那仁."

번역 『어류』에서 말하길, "도를 향해 시행하다가 힘을 다하여 그만둔다고 했는데, 이 말의 의미는 어디에 있습니까?"라고 묻자 "옛 사람들은 단지 이처럼 배워서 어느 순간에 도달했는데, 그것은 일정하지 않았다. 오늘날의 사람들은 때를 셈하며 날짜를 헤아리기만 하고 그 공효에 대해서는 따지지 않는다."라고 대답했다. 또 말하길, "높은 산과 큰 길은 곧 인에 해당한다."라고 했다.

참고-集說

大雅, 烝民之篇. 言德之在人, 其輕如毛, 非難能也, 而民少能擧之者, 尹吉甫於儀匹之中圖謀之, 求其能擧德者, 乃惟仲山甫能擧之. 我愛其人, 使其或有不及, 我思效忠以助之, 今吉甫雖愛山甫而欲助之, 而山甫全德, 吉甫無可以致其助者也. 小雅, ①車舝之篇. 言有高山, 則人瞻望而仰之; 有景大之德行, 則人視法而行之. 二止字皆語辭. 夫子引此兩詩而贊之曰, 詩人之好仁如此哉! 中道而廢, 言力竭而止, 若非力竭則不止也. 不足, 少也, 人老則未來之歲月少矣. 俛焉, 無他顧之意. 孶孶, 勤勉之貌. 斃, 死也.

번역 「대아(大雅)」는 『시』「대아(大雅)·증민(烝民)」편이다.[1] 즉 덕이 사람에게 있어서 그 가벼움은 털과 같아서 잘하기 어려운 것이 아니다. 그런데도 백성들 중에는 잘 시행하는 자가 드문데, 윤길보가 비슷한 부류에서 헤아리고 계획하여, 덕을 잘 시행하는 자를 찾아보니, 오직 중산보만이 잘 시행했다. 내가 그 사람을 아껴서 간혹 미치지 못하는 점이 있다면 내가 그 충심을 본받아서 그를 돕고자 하는 것으로, 현재 윤길보가 비록 중산보를 아껴서 그를 돕고자 하지만, 중산보는 덕이 온전하여 윤길보가 도움을 줄 수 있는 것이 없다는 뜻이다. 「소아(小雅)」는 『시』「소아(小雅)·거할(車轄)」편이다.[2] 즉 높은 산이 있다면 사람들은 우러러 보게 되고, 아름답고 큰 덕을 시행함이 있다면, 사람들이 그 법도를 살펴서 시행하게 된다는 뜻이다. 이 기록에 나타나는 2개의 '지(止)'자는 모두 어조사이다. 공자는 이러한 두 구절의 시를 인용하고 찬미를 하면서 "『시』를 지은 자가 인(仁)을 좋아함이 이와 같구나!"라고 한 것이다. 중도에 그만둔다는 것은 힘을 다하여 그친다는 뜻이니, 만약 힘을 다하지 않았다면 그치지 않는 것이다. '부족(不足)'은 "적다[少]."는 뜻이니, 사람이 연로하게 되면 앞으로 남은 세월이 적게 된다는 뜻이다. '면언(俛焉)'은 다른 것을 살펴봄이 없다는 뜻이다. '자자(孳孳)'는 열심히 노력하는 모습이다. '폐(斃)'자는 "죽는다[死]."는 뜻이다.

① 車牽之篇.

補註 牽, 當作轄.

번역 '견(牽)'자는 마땅히 할(轄)자로 기록해야 한다.

---

1) 『시』「대아(大雅)·증민(烝民)」: 人亦有言, 德輶如毛, 民鮮克擧之. 我儀圖之. 維仲山甫擧之, 愛莫助之. 袞職有闕, 維仲山甫補之.

2) 『시』「소아(小雅)·거할(車轄)」: 高山仰止, 景行行止. 四牡騑騑, 六轡如琴. 覯爾新昏, 以慰我心.

「표기」 18장

참고-大全

嚴陵方氏曰: 能好仁, 則得其所好矣. 以其反此, 而失其所好, 仁所以難成歟. 苟仁矣, 雖有過, 易辭也. 況無過乎? 以仁者之過, 過於厚故也. 若周公使管叔監殷, 孔子謂①哀公知禮, 非無過也. 然周公之過, 過於愛親, 孔子之過, 過於愛君. 爲君親而有過, 此其所以易辭歟.

번역 엄릉방씨가 말하길, 인(仁)을 좋아할 수 있다면 좋아하는 것을 얻을 수 있다. 이와 반대로 하여 좋아하는 것을 잃으니, 인(仁)이 이루어지기가 어렵게 된 이유일 것이다. 만약 인(仁)에 따른다면 비록 잘못이 있더라도 쉽게 설명할 수 있다. 하물며 과실이 없는 경우라면 어떻겠는가? 인(仁)한 자가 범한 과실은 두터움에 지나쳤기 때문이다. 마치 주공이 관숙을 시켜서 은나라 유민들을 감독하도록 했고,[1] 공자가 소공이 예(禮)를 안다고 했던 것[2]은 과실이 없는 것은 아니다. 그러나 주공의 과실은 친근한 자를 친애함이 지나쳤던 것이고 공자의 과실은 군주를 친애함이 지나쳤던 것이다. 군주와 친근한 자를 위해서 지나침이 발생한 것이니, 말하기 쉬운 이유가 아니겠는가.

① ○哀公知禮.

補註 哀, 恐當作昭.

번역 '애(哀)'자는 아마도 소(昭)자로 기록해야 할 것 같다.

---

1) 『맹자』「공손추하(公孫丑下)」: 曰, "周公使管叔監殷, 管叔以殷畔, 知而使之, 是不仁也, 不知而使之, 是不智也. 仁智, 周公未之盡也, 而況於王乎? 賈請見而解之."

2) 『논어』「술이(述而)」: 陳司敗問昭公知禮乎, 孔子曰, "知禮." 孔子退, 揖巫馬期而進之, 曰, "吾聞君子不黨, 君子亦黨乎? 君取於吳爲同姓, 謂之吳孟子. 君而知禮, 孰不知禮?" 巫馬期以告. 子曰, "丘也幸, 苟有過, 人必知之."

「표기」 19장

참고-經文

子曰, "仁之難成久矣! 唯君子能之. 是故君子不以其所能者病人, 不以人之所不能者愧人. 是故聖人之制行也, ①不制以己, 使民有所勸勉愧恥, 以行其言. 禮以節之, 信以結之, 容貌以文之, ②衣服以移之, 朋友以極之, 欲民之有壹也. 小雅曰, '不愧于人, 不畏于天.'"

번역 공자가 말하길, "인(仁)을 이루기 어렵게 된 것이 오래되었구나! 오직 군자만이 잘할 수 있다. 이러한 까닭으로 군자는 자신이 잘하는 것으로 남을 피로하게 만들지 않았고, 남이 못하는 것으로 그 사람을 부끄럽게 만들지 않는다. 이러한 까닭으로 성인이 행동규범을 제정할 때에는 자신을 기준으로 제정하지 않아서, 백성들에게 권면하고 부끄럽게 여겨야 할 것을 갖게끔 하여 그 말을 실천하도록 만들었다. 또한 예를 통해 행동을 규범에 맞게 절제하였고, 신의를 통해 뜻을 단단하게 묶었으며, 용모의 꾸밈을 통해 격식에 맞게끔 했고, 의복을 통해 덕에 알맞도록 했으며, 벗과 서로 수양하도록 해서 지극함에 이르도록 했으니, 백성들이 한결같음을 지니게끔 하고자 해서이다. 「소아(小雅)」에서는 '남에게 부끄럽지 않으며, 하늘이 두렵지 않은가.'"라고 했다.

① 不制以己.

補註 鄭註: "以中人爲制, 則賢者勸勉, 不及者愧恥, 聖人之言乃行也." 疏曰: "謂聖人不將己之所能以爲制法, 恐凡人不能行也."

번역 정현의 주에서 말하길, "일반인을 기준으로 제정한다면, 현명한 자는 권면하게 되고 미치지 못하는 자는 부끄럽게 되니, 성인의 말이 곧 실천되는 것이다."라고 했다. 소에서 말하길, "성인이 자신이 잘하는 것을 법도로 제정하지 않았던 것은 일반인들이 잘해내지 못할 것을 염려했기 때문이라는 뜻이다."라고 했다.

② 衣服以移之.

補註 鄭註: 移, 讀如水汜移之移, 猶廣大也.

번역 정현의 주에서 말하길, '치(移)'자는 "벼가 넘치고 많다."라고 할 때의 치(移)자로 풀이하니, 광대하다는 뜻이다.

補註 ○陸音: 移, 昌氏反.

번역 ○육덕명의 『음의』에서 말하길, '移'자는 '昌(창)'자와 '氏(씨)'자의 반절음이다.

補註 ○類編曰: 陳註作稱, 不如秩字. 且節・結・秩・壹, 韻叶.

번역 ○『유편』에서 말하길, 진호의 주에서는 칭(稱)자로 풀이했는데, 질(秩)자로 보는 것만 못하다. 절(節)・결(結)・질(秩)・일(壹)자는 운이 맞는다.

「표기」 20장

참고-經文

"是故君子服其服, 則文以君子之容; 有其容, 則文以君子之辭; ①遂其辭, 則實以君子之德. 是故君子恥服其服而無其容, 恥有其容而無其辭, 恥有其辭而無其德, 恥有其德而無其行. 是故君子衰絰則有哀色, 端冕則有敬色, 甲冑則有不可辱之色. 詩云, '維鵜在梁, 不濡其翼. ②彼記之子, 不稱其服.'"

번역 공자가 계속하여 말하길, "이러한 까닭으로 군자는 해당 복장을 입게 되면, 군자다운 용모를 통해 문식을 꾸미고, 군자의 용모를 갖추게 되면, 군자다운 말로 문식을 꾸미며, 군자의 말을 실천하게 되면 군자다운 덕으로 채운다. 이러한 까닭으로 군자는 해당 복장을 입고도 군자다운 용모가 없는 것을 부끄럽게 여기고, 군자다운 용모를 갖추되 군자다운 말을 못하는 것을 부끄럽게 여기며, 군자다운 말을 하더라도 군자다운 덕이 없는 것을 부끄럽게 여기고, 군자다운 덕을 갖췄어도 군자다운 행동이 없는 것을 부끄럽게 여긴다. 이러한 까닭으로 군자가 상복을 입게 되면 슬퍼하는 표정이 나타나고, 단면(端冕)을 입게 되면 공경스러운 표정이 나타나며, 갑옷을 입게 되면 남이 욕보일 수 없는 표정이 나타난다. 『시』에서는 '저 제호라는 새가 물고기 잡는 기구 위에 있어서, 그 날개를 적시지 않았구나. 저러한 사람은 그 복장에 걸맞지 않구나.'"라고 했다.

① ○遂其辭.

補註 鄭註: 遂, 猶成也.

번역 정현의 주에서 말하길, '수(遂)'자는 이룬다는 뜻이다.

② 彼記之子.

補註 按: 記, 古經及詩本文皆作其, 其音記, 此作記者, 誤.

번역 살펴보니, '기(記)'자를 『고경』과 『시』의 본문에서는 모두 '其'자로 기록했는데, '其'자의 음은 '記(기)'이니, 이곳에서 기(記)자로 기록한 것은 잘못된 기록이다.

「표기」 22장

참고-經文

子曰, "下之事上也, 雖有庇民之大德, ①不敢有君民之心, 仁之厚也. 是故君子②恭儉以求役仁, 信讓以求役禮, 不自尙其事, 不自尊其身, 儉於位而寡於欲, 讓於賢, 卑己而尊人, 小心而畏義, 求以事君, ③得之自是, 不得自是, 以聽天命. 詩云, '莫莫葛藟, 施于條枚. 凱弟君子, 求福不回.' 其舜·禹·文王·周公之謂與. 有君民之大德, 有事君之小心. 詩云, '惟此文王, 小心翼翼. 昭事上帝, 聿懷多福. 厥德不回, 以受方國.'"

번역 공자가 말하길, "아랫사람이 윗사람을 섬김에 있어서, 비록 백성들을 감싸주는 큰 덕을 갖추고 있더라도, 감히 백성들에게 군주노릇을 하려는 마음을 갖지 않으니, 이것은 인(仁)이 두터운 것이다. 이러한 까닭으로 군자는 공손함과 검소함으로 인(仁)을 실천하길 구하고, 신의와 겸양으로 예(禮)를 실천하길 구하며, 스스로 자신이 시행하는 일을 높이지 않고, 스스로 자신을 존귀하게 높이지 않으며, 지위에 있어서는 검소하고 욕심은 줄이며, 현명한 자에게 양보하고, 자신을 낮추고 상대를 존귀하게 높이며, 마음을 조심하고 의(義)를 두려워하여, 군주 섬기기를 구하고, 이것을 얻게 되면 스스로 옳음을 시행하고 이것을 얻지 못하더라도 스스로 옳음을 시행하여, 천명을 듣는다. 『시』에서는 '무성하고 무성한 저 칡과 등나무가 가지와 줄기에 덩굴을 휘감고 있구나. 화락한 군자가 복을 구함이 사벽하지 않구나.'라고 했는데, 순임금 · 우임금 · 문왕 · 주공을 뜻할 것이다. 그들은 백성들에게 군주노릇을 할 정도의 큰 덕을 갖추고 있었고, 군주를 섬기는 조심스러운 마음까지도 갖추고 있었다. 또 『시』에서는 '이러한 문왕만이 마음을 조심하여 공손하고 공손하다. 상제를 밝게 섬겨서 많은 복이 오도록 했구나. 그 덕이 사벽하지 않아서 사방의 제후국을 받아들였도다.'"라고 했다.

① ○不敢有君民之心.

補註 鄭註: 無君民之心, 是思不出其位.

번역 정현의 주에서 말하길, 백성들에게 군주노릇을 하려는 마음이 없는 것

은 생각이 그 지위에서 벗어나지 않는 것이다.[1)]

② 恭儉[止]役禮.

補註 疏曰: 君子恭敬節儉, 以求施爲仁道. 信實退讓, 以求施爲於禮.
번역 소에서 말하길, 군자는 공손하고 공경하며 절도에 맞추고 검소하게 처신하여 인(仁)의 도를 시행하고자 한다. 또 신의롭고 진실되며 겸손하게 사양하여 예(禮)를 시행하고자 한다.

補註 ○楊梧曰: 役卽行也, 恭儉信讓, 是行仁行禮之事, 不自尙等, 是恭儉信讓之事, 當以仁禮二句爲主, 以小心畏義句 作鍵, 中間數句, 但要會仁禮意.
번역 ○양오가 말하길, '역(役)'자는 시행한다는 뜻이니, 공 · 검 · 신 · 양은 인을 시행하고 예를 시행하는 사안이 되고, 스스로 높이지 않는다는 등의 말들은 공 · 검 · 신 · 양의 사안이 되는데, 인과 예에 대한 두 구문을 주된 것으로 삼고, 소심과 외의에 대한 구문을 열쇠로 삼아야 하니, 중간에 나오는 여러 구절들은 단지 인과 예의 뜻을 이해하기 위한 것이다.

③ 得之自是不得自是.

補註 鄭註: "言不易道徼祿利也." 疏曰: "雖得利祿, 自行其爲是之道. 若不得利祿, 亦自行其爲是之道. 言不問得之與失, 恒行其是, 而不行非也."
번역 정현의 주에서 말하길, "도를 바꿔서 녹봉과 이로움을 바라지 않는다는 뜻이다."라고 했다. 소에서 말하길, "비록 이로움과 녹봉을 얻더라도 스스로 옳음의 도를 시행한다는 뜻이다. 만약 이로움과 녹봉을 얻지 않았더라도 스스로 옳음의 도를 시행한다. 즉 얻거나 잃는 것을 따지지 않고 항상 옳음을 실천하고 그릇됨을 실천하지 않는다는 의미이다."라고 했다.

---

1) 『논어』「헌문(憲問)」: 子曰, "不在其位, 不謀其政." 曾子曰, "君子思不出其位." / 『역』「간괘(艮卦)」: 象曰, 兼山, 艮, 君子以思不出其位.

「표기」 23장

참고-經文

子曰, "先王謚以尊名, 節以壹惠, 恥名之浮於行也. 是故君子不自大其事, 不自尚其功, 以求處情; 過行弗率, 以求處厚; 彰人之善而美人之功, 以求下賢. 是故君子雖自卑而民敬尊之." 子曰, "后稷, 天下之爲烈也, ①豈一手一足哉? 唯欲行之浮於名也, 故自謂便人."

번역 공자가 말하길, "선왕은 시호를 정하여 명성을 존귀하게 드날렸고, 절제하여 선함을 전일하게 했으며, 명성이 실천보다 커지는 것을 부끄럽게 여겼다. 이러한 까닭으로 군자는 스스로 자신의 사업을 크다고 여기지 않았고, 스스로 자신의 공적을 높이지 않아서, 이를 통해 실정에 부합되기를 구했다. 또 지나치게 높은 행동은 따르지 않음으로써 두터운 곳에 처하기를 구했다. 또 남의 선함을 드러내고 남의 공적을 찬미하여 현자보다 낮추기를 구했다. 이러한 까닭으로 군자는 비록 스스로를 낮추지만 백성들이 존경하는 것이다."라고 했다. 공자가 말하길, "후직은 천하에 공적을 미쳤으니, 어찌 한 사람의 손이나 발로 따라할 수 있는 것이겠는가? 후직은 오직 실천이 명성보다 높아지기를 원했기 때문에, 자신을 가리켜 백성들의 일을 익숙히 익힌 '편인(便人)'이라고 불렀다."라고 했다.

① ○豈一手一足哉.

補註 按: 陳註殊未瑩. 疏曰, "言用之者多, 天下皆是也", 似稍明.

번역 살펴보니, 진호의 주는 분명하지 못하다. 소에서는 "그것을 따르는 자가 많아서, 천하의 모든 사람이 이에 따르게 된다는 뜻이다."라고 했는데, 진호의 주보다 분명한 것 같다.

「표기」 24장

참고—經文

子言之, "君子之所謂仁者, 其難乎! 詩云, '凱弟君子, 民之父母.' ①凱以强教之, 弟以說安之. 樂而毋荒, 有禮而親, 威莊而安, 孝慈而敬, 使民有父之尊, 有母之親, 如此而后可以爲民父母矣, 非至德其孰能如此乎?"

번역 공자가 말하길, "군자가 말하는 인(仁)이란 그처럼 어렵단 말인가! 『시』에서는 '화락하고 평이한 군자는 백성의 부모로다.'라고 했는데, 화락함으로 굳세게 가르치고, 평이함으로 기쁘고 편안하게 해준다. 즐겁지만 지나친 곳으로 흐르는 일이 없고, 예를 갖췄지만 친애하며, 위엄과 장엄함을 갖추지만 편안하게 해주고, 효와 자애로움을 실천하지만 공경하여, 백성들로 하여금 부친의 존엄함을 갖추고, 모친의 친애함을 갖추게 했으니, 이처럼 한 이후에야 백성의 부모가 될 수 있다. 그런데 지극한 덕을 갖춘 성인이 아니라면, 그 누가 이처럼 할 수 있겠는가?"라고 했다.

① ○凱以强教之.

補註 按: 强, 陸音, 其良反. 疏亦以自强不息爲訓, 故此云平聲.

번역 살펴보니, '强'자에 대해 육덕명의 『음의』에서는 '其(기)'자와 '良(량)'자의 반절음이라고 했다. 소에서도 "스스로 굳세게 시행하며 그치지 않게 한다."는 뜻으로 풀이했다. 그렇기 때문에 여기에서 평성으로 읽는다고 한 것이다.

참고—集說

呂氏曰: 强教之者, 以道驅之, 如①佚道使民, 雖勞不怨者也. 說安之者, 得其心之謂也, ②說以使民, 民忘其勞; 說以犯難,

民忘其死者也. 樂, 說安也, ③毋荒則有敎矣; 威莊, 强敎也; 安則說矣; 孝慈, 說也, 敬則有敎矣. 强敎則父之尊存焉, 說安則母之親存焉. 此言君子仁民之道如此, 非聖人莫能與也.

번역 여씨가 말하길, 굳셈으로 가르친다는 말은 도를 통해 인도하는 것이니, 마치 "편안하게 해주는 도로 백성들을 부리면 비록 수고롭더라도 원망하지 않는다."와 같다. 기쁨으로 편안하게 해준다는 말은 그 마음을 얻는다는 뜻이니, 기쁨으로 백성들을 부리면 백성들이 수고로움을 잊고, 기쁨으로 어려움을 범하면 백성들이 죽음을 잊는다는 뜻이다. '낙(樂)'자는 기뻐하며 편안하게 해준다는 뜻인데, 지나침에 빠지는 일이 없다면 가르침이 있게 된다. 위엄을 갖추고 장엄하게 하는 것은 굳세게 가르치는 일이다. 편안하게 해주면 기뻐한다. 효와 자애로움을 펼치면 기뻐하는데, 공경한다면 가르침이 있게 된다. 굳세게 가르친다면 부친에 대한 존경함이 있게 되고, 기뻐하며 편안하게 해주면 모친에 대한 친애함이 있게 된다. 이 문장은 군자가 백성들을 인(仁)하게 하는 도가 이와 같으니, 성인이 아니라면 이러한 곳에 참여할 수 없음을 뜻한다.

① 佚道[止]不怨.

補註 孟子・盡心文.

번역 『맹자』「진심(盡心)」편의 기록이다.[1]

② 說以使民[止]其死.

補註 易・兌・彖傳文.

번역 『역』「태괘(兌卦)・단전(彖傳)」에 나오는 말이다.[2]

---

1) 『맹자』「진심상(盡心上)」: 孟子曰, "以佚道使民, 雖勞不怨. 以生道殺民, 雖死不怨殺者."

2) 『역』「태괘(兌卦)」: 彖曰, 兌, 說也. 剛中而柔外, 說以利貞. 是以順乎天而應乎人. 說以先民, 民忘其勞, 說以犯難, 民忘其死, 說之大, 民勸矣哉!

補註 ○按: 易傳使民作先民.

번역 ○살펴보니, 『역전』에서는 '사민(使民)'을 선민(先民)으로 기록했다.

③ **毋荒則有教矣.**

補註 按: 經文有有禮而親之句, 而今無所釋, 何也? 當補之曰有禮强教也, 親則說矣.

번역 살펴보니, 경문에는 "예를 갖췄지만 친애한다."는 구문이 있는데, 현재 이에 대한 해석이 없는 것은 어째서인가? 마땅히 "예를 갖춰 굳세게 가르치지만 친애하면 기뻐하게 된다."라고 보충해야 한다.

「표기」 25장

참고-經文

①今父之親子也, 親賢而下無能; 母之親子也, 賢則親之, 無能則憐之. 母親而不尊, 父尊而不親. 水之於民也, 親而不尊; 火尊而不親. 土之於民也, 親而不尊; 天尊而不親. 命之於民也, 親而不尊; 鬼尊而不親.

번역 공자가 계속하여 말하길, "현재 부친이 자식을 친애함에 있어서 현명한 자식은 친애하지만 무능한 자식은 천시한다. 모친이 자식을 친애함에 있어서도 자식이 현명하다면 친애하지만 무능하다면 불쌍히 여긴다. 모친은 친근한 존재이지만 존엄하지는 않고, 부친은 존엄한 존재이지만 친근하지는 않다. 물은 백성에 대해서 친근하지만 존엄하지는 않고, 반면 불은 존엄하지만 친근하지는 않다. 또 흙은 백성에 대해서 친근하지만 존엄하지는 않고, 반면 하늘은 존엄하지만 친근하지는 않다. 또 명(命)은 백성에 대해서 친근하지만 존엄하지는 않고, 반면 귀신은 존엄하지만 친근하지는 않다."라고 했다.

① 今父之親子也章.

補註 楊梧曰: 父母, 是承上有父之尊・有母之親而言. 水之於民以下, 是因父母偏于尊親例, 擧偏不能兼者, 以明君道盡仁之難.

번역 양오가 말하길, '부모(父母)'라는 것은 앞에서 "부친의 존엄함을 갖추고, 모친의 친애함을 갖춘다."[1]라고 한 말을 이어서 한 것이다. '수지어민(水之於民)'이라는 말로부터 그 이하는 부모가 존엄함이나 친애함에 치우쳐 있는 용례에 따라서 치우쳐 겸하지 못하는 것을 제시하고, 이를 통해 군주의 도에 있어서 인을 다하기가 어렵다는 사실을 나타낸 것이다.

---

1) 『예기』「표기」: 子言之, "君子之所謂仁者, 其難乎! 詩云, '凱弟君子, 民之父母.' 凱以强教之, 弟以說安之. 樂而毋荒, 有禮而親, 威莊而安, 孝慈而敬, 使民有父之尊, 有母之親, 如此而后可以爲民父母矣, 非至德其孰能如此乎?"

참고-集說

應氏曰: 命者, 造化所以示人者也, 顯而易見, 故人玩之; 鬼幽而難測, 故人畏之. ①或曰, 命, 謂君之敎令, 故下文言“夏道尊命”.

번역 응씨가 말하길, ‘명(命)’은 조화롭게 하여 사람들에게 보여주는 것이다. 드러나서 쉽게 볼 수 있기 때문에 사람들이 경시하게 된다. 귀식은 그윽하여 헤아리기 어렵기 때문에 사람들이 두려워한다. 혹자는 ‘명(命)’은 군주가 내리는 교화와 명령이라는 뜻이기 때문에 아래문장에서 “하나라의 도는 명령을 존엄하게 높인다.”[2]라고 했다고 주장한다.

① 或曰命謂君之敎令.

補註 鄭註: 命, 謂四時政令, 所以敎民勤事也.

번역 정현의 주에서 말하길, ‘명(命)’은 사계절마다 내리는 정령이니, 백성들을 가르쳐서 일에 힘쓰도록 하는 것이다.

補註 ○按: 或說本於鄭註.

번역 ○살펴보니, 혹자의 주장은 정현의 주에 근본을 두고 있다.

2) 『예기』「표기」: 子曰, “夏道尊命, 事鬼敬神而遠之, 近人而忠焉, 先祿而後威, 先賞而後罰, 親而不尊. 其民之敝, 惷而愚, 喬而野, 樸而不文. 殷人尊神, 率民以事神, 先鬼而後禮, 先罰而後賞, 尊而不親. 其民之敝, 蕩而不靜, 勝而無恥. 周人尊禮尚施, 事鬼敬神而遠之, 近人而忠焉, 其賞罰用爵列, 親而不尊. 其民之敝, 利而巧, 文而不慚, 賊而蔽.”

「표기」 26장

참고-集說

先祿後威, 先賞後罰, 皆是忠厚感人之意. 故民雖知親其上, 而尊君之意則未也, 故曰親而不尊. 惷愚驕傲鄙野質樸之敝, 皆忠之末流也. 殷人欲矯其敝, 故以敬畏爲道, 以事神之道率民, 先其鬼之不可知者, 後其禮之可知者; 先其罰之可畏, 後其賞之可慕. 尊則尊矣, 而親愛之情, 則無由生也, 故曰尊而不親. 流蕩而不知靜定之所者, 尊上鬼神之敝; 務自勝以免刑而無恥者, 先罰後賞之敝也. 周人見其然, 故尊禮以矯後禮之失, 尙施惠以爲恩, 亦如夏時之近人而忠, 其賞罰亦無先後, 但以爵列之高下爲準, 如車服土田之賞有命數之異, 刑罰之施有①八辟之議, 及②命夫命婦不躬坐獄訟之類, 皆是也. 故亦如夏世之親而不尊, 其後民皆便利而多機巧, 美文辭而言之不怍, 賊害而蔽於理, 皆尊禮太過, 文沒其實之所致.

번역 녹봉을 먼저 하고 위엄을 뒤에 하며, 상을 먼저 하고 벌을 뒤에 한다는 것은 모두 충심이 두터워서 사람을 감동시킨다는 뜻이다. 그렇기 때문에 백성들이 비록 윗사람에 대해 친애해야 함을 알았지만, 군주를 존경해야 한다는 뜻에 대해서 아직 잘하지 못했다. 그러므로 "친근하게 여겼지만 존엄하게 여기지는 않았다."라고 했다. 어리석고 교만하며 비루하고 질박한 폐단은 모두 충심이 말단으로 흐른 병폐에 해당한다. 은나라는 그 폐단을 바로잡으려고 했다. 그렇기 때문에 공경함과 두려움을 도로 삼고, 귀신을 섬기는 도로써 백성들을 통솔하여, 알 수 없는 귀신에 대한 것을 먼저 하고, 알 수 있는 예에 대한 것을 뒤로 했으며, 두려워할만한 형벌을 먼저 하고 사모할 수 있는 상을 뒤로 했다. 존엄하게 하면 존엄해지지만, 친애하는 감정은 생겨날 곳이 없게 된다. 그렇기 때문에 "존엄하게 여겼지만 친근하게 여기지는 않았다."라고 했다. 방탕하게 흘러 고요하고 안정되어야 할 곳을 모르는 것은 윗사람을 존경하고 귀신을 섬길 때 나타나는 폐단이며, 스스로 뛰어나게 되는데 힘써서 형벌을 면하고도 부끄러움이 없게 되는 것은 형벌을 먼저 하고 상을 뒤에 할 때 나타나는 폐단이다. 주나라는 이러한 연유를 보았기 때문에 예를 존귀하게 높여서 예를 뒤로 했던 실수를 바로잡으려고 했고, 은혜 베푸는 것을 숭상하여 은정으로 삼았으니, 또한 하나라 때처럼 사람을 가까이 하여 충심을 다했던 것과 같고, 상벌에 있어서도 또한 선후의 차이를 두지 않았지만, 작위의 서열을 준칙으로 삼았으니, 예를 들어 수레나 의복 및 전답 등을 하사함에 있어서도 명(命)의 등급에 따른 차이를 두었고, 형벌을 시행함에 있어서도 팔벽(八辟)의 의론을 두었으며, 명부(命夫)[1]와 명부(命婦)가 직접 옥송(獄訟)을 받지 않게 한 부류 등은 모두 여기에 해당한다. 그러므로 하나라 때처럼 친근하게 여겼지만 존엄하게 여기지는 않았으니, 그 이후에 백성들은 모두 이로움만 따라 대체로 요령을 부렸고, 말을 아름답게 치장하여 말하더라도 부끄러워하지 않았으며, 해를 당해 이치에 어둡게 되었으니, 이 모두는 예를 너무 지나치게 존엄하게 하여, 격식이 실질의 이름을 없애게 된 것이다.

① ○八辟之議.

補註 按: 周禮・小司寇, 以八辟麗邦灋附刑罰. 見曲禮上補註.]

번역 살펴보니, 『주례』「소사구(小司寇)」편에서는 "팔벽으로 나라의 법도에 부합시켜 형벌에 맞춘다."[2]라고 했다. 자세한 내용은 『예기』「곡례상(曲禮上)」편의 보주에 나온다.

② 命夫命婦不躬坐獄訟.

補註 按: 此亦小司寇文. 本註, "爲治獄者褻尊者也."

---

1) 명부(命夫)는 천자로부터 작명(爵命)을 받은 남자를 일컫는 용어이다. 내명부(內命夫)와 외명부(外命夫)로 나뉘는데, 내명부는 경(卿), 대부(大夫), 사(士)들 중에서 천자의 궁중(宮中)에서 근무하는 자들을 가리키고, 조정(朝廷)에 있는 자들을 외명부라고 부른다. 『주례』「천관(天官)・혼인(閽人)」편에는 "凡外內命夫命婦出入, 則爲之闢."이라는 기록이 있는데, 이에 대한 가공언(賈公彦)의 소(疏)에는 "內命夫, 卿大夫士之在宮中者, 謂若宮正所掌者也. 對在朝卿大夫士爲外命夫."라고 풀이하였다.

2) 『주례』「추관(秋官)・소사구(小司寇)」: 以八辟麗邦法, 附刑罰. 一曰議親之辟. 二曰議故之辟. 三曰議賢之辟. 四曰議能之辟. 五曰議功之辟. 六曰議貴之辟. 七曰議勤之辟. 八曰議賓之辟.

번역 살펴보니, 이 또한 「소사구」편의 기록이다.[3] 본래의 주에서는 "옥사를 다스리게 되면 존엄함을 더럽히기 때문이다."라고 했다.

3) 『주례』「추관(秋官)·소사구(小司寇)」: 凡命夫命婦, 不躬坐獄訟.

「표기」 27장

참고-經文

①子曰, "夏道未瀆辭, 不求備, 不大望於民, 民未厭其親. 殷人未瀆禮, 而求備於民. 周人强民, 未瀆神, 而賞爵刑罰窮矣."

번역 공자가 말하길, "하나라의 도는 명령에 대해서 아직 지나치게 친근하게 여기지 않았고, 갖추기를 요구하지 않았으며, 백성들에게 크게 바라지 않았으니, 백성들은 친근한 자에 대해서 아직 싫어하지 않았다. 은나라 때에는 예에 대해서 아직 지나치게 친근하게 여기지 않았지만 백성들에게 갖추기를 요구하였다. 주나라 때에는 백성들에게 강요를 했고, 신에 대해서 아직 지나치게 친근하게 여기지 않았지만, 상과 작위를 하사하고 형벌 내리는 것을 상세히 갖췄다."라고 했다.

① 子曰夏道未瀆辭章.

補註 鄭註: "未瀆辭者, 謂時王不尙辭, 民不褻爲也." 疏曰: "夏言未瀆辭, 則殷瀆辭也. 殷人未瀆禮者, 殷承夏後, 雖已褻瀆言辭, 而未褻瀆於禮, 言君臣上下, 於禮事簡略也. 殷言未瀆禮, 則周瀆禮矣. 周人强民, 以周承殷後, 遭紂衰亂, 風俗頑凶, 故設教, 强勸人以禮義. 未瀆神者, 周治太平之時, 雖已瀆於禮, 猶未褻瀆於鬼神, 祭天地宗廟諸神, 尙有限, 周衰之後, 而瀆神也."

번역 정현의 주에서 말하길, "말을 아직 지나치게 친근하게 여기지 않았다는 말은 당시 제왕은 말을 숭상하지 않았고, 백성들도 친근하게 사용하지 않았다는 뜻이다."라고 했다. 소에서 말하길, "하나라에 대해서 말을 아직 지나치게 친근하게 여기지 않았다고 했으니, 은나라 때에는 말을 지나치게 친근하게 여긴 것이다. 은나라에 대해서 예에 대해 아직 지나치게 친근하게 대하지 않았다고 했는데, 은나라는 하나라의 뒤를 계승하였으니, 비록 말에 대해서 이미 지나치게 친근하게 대했지만, 예에 대해서는 아직까지 지나치게 친근하게 대한 것이 아니다. 즉 군주와 신하 및 상하계층에 있어서 관련 예법과 사안이 간략했다는 뜻이다. 은나라가 예에 대해 아직 지나치게 친근하게 대하지 않았다면, 주나라 때에는 예를 지나치게 친근하게 대한 것이다. 주나라는 백성들에게 강요를 했는데, 주나라는 은나라의 뒤를 이었고, 주임금으로 인한 쇠락함과 풍속의 험악함을 접하게 되었기 때문에, 주나라 때에는 교화를 전파하여 백성들에게 억지로 예의(禮義)에 따르도록 권유했다. 신에 대해서는 아직까지 지나치게 친근하게 대하지 않았다고 했는데, 주나라가 통치하여 태평성세가 되었을 때에는 비록 이미 예에 대해서 지나치게 친근하게 대했지만, 여전히 귀신을 섬기는 일에 대해서는 지나치게 친근하게 대하지 않아서, 천지와 종묘의 여러 신들에게 제사를 지낼 때에도 여전히 시기의 제한을 두었으나 주나라가 쇠락한 이후에는 신에 대해서 지나치게 친근하게 대했다."라고 했다.

補註 ○按, 陳註解未瀆三句, 互相逕庭, 不可從.
번역 ○살펴보니, 진호의 주에서 '미독(未瀆)'에 대한 세 구문을 해석한 것은 서로 차이가 심하게 나니, 그 주장에 따를 수 없다.

「표기」 29장

참고-經文

①子言之曰, "後世雖有作者, 虞帝弗可及也已矣. 君天下, 生無私, 死不厚其子. 子民如父母, 有憯怛之愛, 有忠利之敎. 親而尊, 安而敬, 威而愛, 富而有禮, 惠而能散. 其君子尊仁畏義, 恥費輕實, 忠而不犯, 義而順, 文而靜, 寬而有辨. ②甫刑曰, '德威惟威, 德明惟明.' 非虞帝其孰能如此乎?"

번역 공자가 말하길, "후세에 비록 제왕이 나타나더라도 우제만큼은 미치지 못할 따름이다. 천하를 통치함에 생전에는 삿됨이 없었고 죽어서도 자신의 자식을 우대하지 않았다. 백성들을 자식처럼 여기길 마치 부모가 하는 것처럼 하여, 가엾게 여기는 자애로움이 있었고, 충심과 이로움을 다하는 가르침이 있었다. 우제는 친근하면서도 존경하였고, 편안하면서도 공경하였으며, 위엄을 갖췄으면서도 친애하였고, 부유하면서도 예를 갖췄으며, 은혜로우면서도 두루 베풀 수 있었다. 우제 때의 군자는 인(仁)을 존엄하게 받들고 의(義)를 두려워했으며, 낭비하는 것을 부끄럽게 여겼고 채우는 것을 경시하였으며, 충심을 다하되 침범하지 않았고, 의(義)에 따르되 순응하였으며, 격식을 갖추되 고요하였고, 관대하되 변별함이 있었다. 「보형」편에서는 '덕으로 위엄을 드러내니 외경하였고, 덕으로 드러내니 밝아졌다.'[1]라고 했으니, 우제가 아니라면 그 누가 이처럼 할 수 있겠는가?"라고 했다.

① ○子言之曰後世章.

補註 楊村曰: 此篇之例, 先標大旨, 則稱子言之, 後釋其義, 則稱子曰. 今於此言舜事結前章, 而稱子言之曰者, 蓋重舜事, 故特加言與曰以兼稱之歟.

번역 양촌이 말하길, 「표기」편의 용례에 따르면 먼저 큰 뜻을 드러내게 되면

1) 『서』「주서(周書)·여형(呂刑)」: 皇帝淸問下民, 鰥寡有辭于苗, 德威惟畏, 德明惟明.

‘자언지(子言之)’라고 지칭했고, 뒤에 그 의미를 풀이하면 ‘자왈(子曰)’이라고 지칭했다. 그런데 이곳에서는 순임금의 일화를 언급하며 앞 문장의 뜻을 결론 맺었고 ‘자언지왈(子言之曰)’이라고 지칭했는데, 순임금의 일화를 중시했기 때문에 특별히 ‘인(言)’자와 ‘왈(曰)’사를 함께 지칭했을 것이다.

② **甫刑[止]惟明.**

補註 按: 書惟威作惟畏, 蔡傳, “以德威而天下無不畏, 以德明而天下無不明.”

번역 살펴보니, 『서』에서는 ‘유위(惟威)’를 유외(惟畏)로 기록했고, 『채전』에서는 “덕으로 위엄을 드러내자 천하에는 외경하지 않는 자가 없었고, 덕으로 드러내자 천하에는 드러내지 않는 자가 없었다.”라고 했다.

「표기」 30장

참고-經文

子言之, "事君先資其言, ①拜自獻其身, 以成其信. 是故君有責於其臣, 臣有死於其言, 故其受祿不誣, 其受罪益寡."

번역 공자가 말하길, "군주를 섬길 때에는 우선적으로 자신의 뜻을 말로 드러내어 그것에 의지하며, 절을 하고 스스로 자신을 맡겨, 믿음을 완성한다. 이러한 까닭으로 군주는 자신의 신하에 대해서 책무를 부여함이 있고, 신하는 자신의 말에 대해서 목숨을 거는 것이 있으니, 이러한 이유로 녹봉을 받음에 속임이 없고 죄를 받는 것이 더욱 줄어든다."라고 했다.

① ○拜自獻其身.

補註 楊梧曰: 拜如今拜官之拜, 受其命也.

번역 양오가 말하길, '배(拜)'자는 오늘날 "관직에 임명되었다[拜官]."라고 할 때의 배자와 같으니, 명을 받았다는 의미이다.

참고-集說

應氏曰: 資, 憑藉也. 古之爲臣, 其經世之學, 皆豫定於胸中. 至於事君, 則前定之規模, 先形於言以爲藉, 然後自獻其身以成其信. 自獻者, 非屈己以求售也. 如書之①自靖自獻, 致命而無所愧也. 畎畝幡然之數語, 說命對揚之三篇, 此伊傅先資之言也. 齊桓問答而爲書, 燕昭命下而有對, 此管樂先資之言也. 言於先而信於後, 無一不酬者. 後世若②登壇東向之答, 草廬三顧之策, 亦庶幾焉.

번역 응씨가 말하길, '자(資)'자는 의지한다는 뜻이다. 고대의 신하들은 세상을 경륜하는 학문이 모두 가슴에 이미 확정되어 있었다. 군주를 섬김에 미쳐서는 이전에 확정했던 규범이 우선적으로 말을 통해 드러나서 이것을 바탕으로 삼고, 그런 뒤에 스스로 자신을 바쳐서 믿음을 완성한다. 스스로 바친다는 것은 자신을 굽혀서 스스로를 팔고자 구하는 것이 아니다. 『서』에서 스스로 자신의 뜻을 편안히 시행하여 스스로 바친다고 한 말과 같으니, 명을 이루어 부끄러운 점이 없는 것이다. 밭이랑에 처해 있었을 때 갑작스럽게 했던 여러 말들[1]과 『서』「열명(說命)」편에서 군주의 도를 널리 알린다고 했던 세 편[2]은 이윤과 부열이 우선적으로 의지로 삼았던 말에 해당한다. 제나라 환공의 문답을 기록하고, 연나라 소왕이 명령을 내리자 대답함이 있었던 것은 관중과 악의가 우선적으로 의지로 삼았던 말에 해당한다. 앞서 말하고 뒤에 믿는 것이 하나라도 되갚지 않은 것이 없다는 뜻이다. 후대에 연단에 올라가 동쪽을 향하고 대답을 하거나 삼고초려를 했던 계책이 또한 여기에 가깝다.

① 自靖自獻.

補註 見書 · 微子.

번역 『서』「미자(微子)」편에 나온다.[3]

② 登壇[止]之策.

補註 按: 登壇東向之答, 指韓信. 草廬三顧之策, 指諸葛亮.

번역 살펴보니, 연단에 올라가 동쪽을 향하고 대답을 했다는 것은 한신에 대한 일화를 가리킨다. 삼고초려를 했던 계책은 제갈량에 대한 일화를 가리킨다.

---

1) 『맹자』「만장상(萬章上)」: 湯三使往聘之, 旣而幡然改曰, ‘與我處畎畝之中, 由是以樂堯舜之道, 吾豈若使是君爲堯舜之君哉? 吾豈若使是民爲堯舜之民哉? 吾豈若於吾身親見之哉?

2) 『서』「상서(商書) · 열명상(說命上)」, 「열명중(說命中)」, 「열명하(說命下)」편을 뜻한다.

3) 『서』「상서(商書) · 미자(微子)」: 自靖, 人自獻于先王, 我不顧行遯.

「표기」 31장

참고-經文

子曰, "事君, ①大言入則望大利, 小言入則望小利, 故君子不以小言受大祿, 不以大言受小祿. 易曰, '不家食, 吉.'"

번역 공자가 말하길, "군주를 섬길 때, 큰 계책을 구상한 말이 받아들여지면 큰 이로움을 바라고, 작은 계책을 구상한 말이 받아들여지면 작은 이로움을 바란다. 그렇기 때문에 군자는 작은 계책으로 큰 녹봉을 받지 않고, 큰 계책으로 작은 녹봉을 받지 않는다. 『역』에서는 '집에서 밥을 먹지 않으면 길하다.'"라고 했다.

① 大言入.

補註 鄭註: 入, 爲君受之.

번역 정현의 주에서 말하길, '입(入)'자는 군자가 수용한다는 뜻이다.

참고-集說

呂氏曰: 大言, 所言者大也; 小言, 所言者小也. 利及天下, 澤及萬世, 大利也. 進一介之善, 治一官之事, 小利也. 諫行言聽, 利斯從之矣. ①先儒謂利爲祿賞, 人臣事君, 各效其忠而已, 言入而遂望其祿賞, 乃小人之道, 非所以事君也. 所謂不以小言受大祿, 不以大言受小祿者, 此君之所以報臣, 非臣之所以望君也. 受之以義, 亦稱其大小而已. 小言而大祿, 則報踰其分, 大言而小祿, 則君不我知, 亦不可受也.

번역 여씨가 말하길, '대언(大言)'은 말한 내용이 크다는 뜻이며, '소언(小言)'은 말한 내용이 작다는 뜻이다. 이로움이 천하에 미치고 은택이 만세에 미치는 것은 큰 이로움이다. 하나의 선만을 진작시키고 한 관부의 일만을 다스리는 것은 작은 이로움이다. 간언하고 실천하며 말하고 듣게 되면 이로움이 따르게 된다. 선대 학자들은 이로움은 녹봉과 상이 되는데, 신하가 군주를 섬길 때에는 각각 자신의 충심을 드러낼 따름이며, 말이 받아들여져서 녹봉과 상을 바라는 것은 소인의 도이니, 군주를 섬기는 방법이 아니라고 했다. 작은 말로 큰 녹봉을 받지 않게 하고 큰 말로 작은 녹봉을 받지 않게 한다는 것은 군주가 신하에게 보답하는 것이지 신하가 군주에게 바라는 것이 아니다. 의로움에 따라 받게 할 때에도 크고 작음에 마땅하게 한다. 작은 말을 했는데도 큰 녹봉을 받는다면 보답이 분수에 넘치는 것이고, 큰 말을 했는데도 작은 녹봉을 받는다면 군주가 자신을 알아보지 못한 것이니 또한 받을 수 없다.

① **先儒謂利爲祿賞.**

補註 按: 此指鄭註也.

번역 살펴보니, 이것은 정현의 주를 가리킨다.

「표기」 32장

참고-經文

子曰, "事君①不下達, 不尚辭, 非其人弗自. 小雅曰, '靖共爾位, ②正直是與; 神之聽之, 式穀以女.'"

번역 공자가 말하길, "군주를 섬길 때에는 더럽고 누추하게 하지 않고, 말재주를 숭상하지 않으며, 그만한 인물이 아니라면 나아가지 않는다. 「소아」에서는 '너의 지위를 안정되며 공손하게 하고, 정직함으로 함께 한다면, 신명이 그것을 듣고서, 복과 녹봉을 너에게 내려주리라.'"라고 했다.

① 不下達.

補註 按: 陳註似本於論語"君子上達, 小人下達", 而未知其的. 然鄭註, "不下達, 不以私事自通于君也", 亦未知是否.

번역 살펴보니, 진호의 주는 아마도 『논어』에서 "군자는 위로 통하고 소인은 아래로 통한다."[1]라고 한 말에 근거한 것 같지만 맞는지는 모르겠다. 정현의 주에서는 "불하달(不下達)은 사사로운 사안을 군주에게 아뢰지 않는다는 뜻이다."라고 했는데, 이 또한 맞는지는 모르겠다.

② 正直是與.

補註 按: 正直, 當從詩傳作正直之人看. 靖共, 應不下達不尚辭, 正直是與, 應非其人弗自.

번역 살펴보니, '정직(正直)'은 『시전』에 따라 정직한 사람으로 보아야만 한다. '정공(靖共)'은 불하달불상사(不下達不尚辭)라는 말과 호응하고, '정직시여(正直是與)'는 비기인불자(非其人弗自)라는 말과 호응한다.

---

1) 『논어』「헌문(憲問)」: 子曰, "君子上達, 小人下達."

참고-集說

下達, 謂趨乎汙下, 如曰①吾君不能, 如曰②長君之惡, 逢君之惡, 皆是也. 伊尹使君爲堯舜之君, 孟子非堯舜之道不陳, 則謂之上達也. 尙辭, 利口捷給也. 自, 所由以進者也. 小雅, 小明之篇, 言人臣能安靖恭敬其職位, 惟正直之道是與, 則神明聽之, ③將用福祿與汝矣. 以, 與也.

번역 '하달(下達)'은 더럽고 낮은 것을 추구한다는 뜻이니, 마치 "나의 군주는 불가능하다."라고 말하거나 "군주의 악행을 조장하고, 군주의 악행을 미리 맞아준다."라고 말하는 것들이 모두 여기에 해당한다. 이윤은 군주를 요순과 같은 군주로 만들었고, 맹자는 요순의 도가 아니면 진술하지 않았으니, 상달(上達)이라 할 수 있다. '상사(尙辭)'는 말을 잘하며 재빨리 대답한다는 뜻이다. '자(自)'자는 말미암아서 나아가는 것을 뜻한다. '소아(小雅)'는 『시』「소아(小雅) · 소명(小明)」편으로,[2] 신하가 자신의 직무와 지위를 안정되고 공경할 수 있으며, 오직 정직의 도로 함께 한다면, 신명이 그것을 듣고서 복과 녹봉을 너에게 내려줄 것이라는 뜻이다. '이(以)'자는 "주다[與]."는 뜻이다.

① 吾君不能.

補註 孟子 · 離婁文.

번역 『맹자』「이루(離婁)」편의 기록이다.[3]

② 長君之惡逢君之惡.

補註 告子文.

번역 『맹자』「고자(告子)」편의 기록이다.[4]

---

2) 『시』「소아(小雅) · 소명(小明)」: 嗟爾君子, 無恒安處. 靖共爾位, 正直是與, 神之聽之, 式穀以女.

3) 『맹자』「이루상(離婁上)」: 故曰, 責難於君謂之恭, 陳善閉邪謂之敬, 吾君不能謂之賊.

③ **將用福祿與汝矣.**

補註 按: 用訓式字, 祿訓穀字.

번역 살펴보니, '용(用)'자는 식(式)자로 풀이하고, '녹(祿)'자는 곡(穀)자로 풀이한다.

---

4) 『맹자』「고자하(告子下)」: 長君之惡其罪小, 逢君之惡其罪大. 今之大夫皆逢君之惡, 故曰, 今之大夫, 今之諸侯之罪人也.

「표기」 33장

참고–經文

子曰, "事君, 遠而諫, 則讇也. 近而不諫, 則①尸利也." 子曰, "邇臣守和, ②宰正百官, 大臣慮四方."

번역 공자가 말하길, "군주를 섬김에, 관계가 먼데도 간언을 하는 것은 아첨하는 것이다. 관계가 가까운데도 간언을 하지 않는다면 하는 일도 없이 사욕을 채우는 것이다."라고 했다. 공자가 말하길, "가까운 신하는 조화로움을 지키고, 재상은 모든 관료를 올바르게 하며, 대신은 사방의 일들을 근심한다."라고 했다.

① 尸利.

補註 按: 尸, 當如尸位之尸, 鄭註及小註葉說, 皆然.

번역 살펴보니, '시(尸)'자는 "지위만 차지한다."라고 했을 때의 시자처럼 해석해야 하니, 정현의 주와 소주에 나온 섭씨의 주장도 모두 이러하다.

② 宰正百官.

補註 鄭註: 宰, 冢宰也.

번역 정현의 주에서 말하길, '재(宰)'자는 총재(冢宰)를 뜻한다.

「표기」 34장

참고—經文

子曰, "事君, ①欲諫不欲陳. 詩云, '心乎愛矣, ②瑕不謂矣. 中心藏之, 何日忘之.'"

번역 공자가 말하길, "군주를 섬김에, 간언은 올리고자 해야 하지만 그 잘못을 남에게 말하고자 해서는 안 된다. 『시』에서는 '마음에 군주를 사모하는 마음이 있으나, 너무나 멀리 떨어져 있어서 말하지 못하는구나. 마음에 보존하고 있으니, 어느 날엔들 잊겠는가.'"라고 했다.

① ○欲諫不欲陳.

補註 類編曰: 一說當諫君之失, 不當陳己之忠, 與引詩之義方叶.
번역 『유편』에서 말하길, 일설에는 군주의 잘못을 간언해야만 하며, 자신의 충심을 아뢰어서는 안 된다고 하는데, 『시』를 인용한 뜻과 부합한다.

② 瑕不謂矣.

補註 按: 陳註以爲詩之本旨, 則謂遐遠不得語, 而朱子於詩傳正以遐作何字訓. 陳註未知何據.
번역 살펴보니, 진호의 주에서는 『시』의 본지를 너무 멀리 떨어져 있어서 말을 할 수 없다는 뜻으로 여겼는데, 주자는 『시전』에서 '하(遐)자를 하(何)자로 바로잡아 풀이했다. 진호의 주가 어떤 것을 근거로 이처럼 해석했는지 모르겠다.

「표기」 35장

참고-集說

呂氏曰: 所謂有序者, ①小德役大德, 小賢役大賢之謂也. 所謂亂者, 賢不肖倒置之謂也. 君信我可以爲師, 非②學焉而後臣之, 則不進也; 信我可以執國政, 雖③待以季孟之間, 亦不進也. ④膰肉不至而卽行, ⑤靈公問陳而卽行, 君子之道, 正君而已. ⑥枉己者, 未有能直人者也. 人之相見, ⑦三揖至于階, 三讓以賓升, 而其退也, 一辭而出, 主人拜送, ⑧賓去不顧. 若主人之敬未至而强進, 主人之意已懈而不辭, 則賓主之分亂矣. 可仕可已, 可見可辭, 進退之義一也.

번역 여씨가 말하길, 이른바 "질서가 있다."라는 말은 "작은 덕을 갖춘 자는 큰 덕을 갖춘 자에게 부림을 받고, 작은 현명함을 갖춘 자는 큰 현명함을 갖춘 자에게 부림을 받는다."는 뜻이다. 이른바 "문란하다."는 말은 현명한 자와 불초한 자가 뒤바뀌었다는 뜻이다. 군주가 나를 믿어서 스승으로 삼을 수 있지만 배운 이후에 신하로 삼은 경우가 아니라면 나아가지 않고, 나를 믿어서 국정을 맡길 수 있는데 비록 계씨나 맹씨 중간 정도로 대우를 하더라도 나아가지 않는다. 제사를 지낸 고기가 오지 않아서 곧바로 떠났고, 영공이 진법에 대해 묻자 곧바로 떠났으니, 군자의 도는 군주를 바르게 하는 것일 뿐이다. 자신을 굽히는 자 중에 남을 바르게 펼 수 있는 자는 없었다. 사람이 서로 만나볼 때에는 세 차례 읍(揖)을 하여 계단에 이르고, 세 차례 사양을 하여 빈객이 계단에 오르게 하지만, 물러갈 때에는 한 차례 사양을 하고 물러나며, 주인은 절을 하며 전송하고, 빈객이 떠날 때 뒤를 돌아보지 않는다. 만약 주인의 공경함이 지극하지 못하여 억지로 나아가게 하고, 주인의 뜻이 이미 나태해져 사양을 하지 않는다면, 빈객과 주인의 구분이 문란하게 된다. 벼슬을 할 만하고 그만둘 만하며, 만나볼 만하고 사양할 만함에 있어서, 나아가고 물러나는 뜻은 동일하다.

① ○小德[止]大賢.

補註 孟子·離婁文.

번역 『맹자』「이루(離婁)」편의 기록이다.[1)]

② 學焉[止]臣之.

補註 公孫丑文.

번역 『맹자』「공손추(公孫丑)」편의 기록이다.[2)]

③ 待以[止]之間.

補註 見論語·微子.

번역 『논어』「미자(微子)」편에 나온다.[3)]

④ 膰肉[止]卽行.

補註 見史記及孟子·告子.

번역 『사기』 및 『맹자』「고자(告子)」편에 나온다.[4)]

⑤ 靈公[止]卽行.

補註 見論語·衛靈公.

---

1) 『맹자』「이루상(離婁上)」: 孟子曰, 天下有道, 小德役大德, 小賢役大賢, 天下無道, 小役大, 弱役强. 斯二者, 天也. 順天者存, 逆天者亡.

2) 『맹자』「공손추하(公孫丑下)」: 故湯之於伊尹, 學焉而後臣之, 故不勞而王, 桓公之於管仲, 學焉而後臣之, 故不勞而霸.

3) 『논어』「미자(微子)」: 齊景公待孔子曰, "若季氏, 則吾不能, 以季孟之間待之." 曰, "吾老矣, 不能用也." 孔子行.

4) 『맹자』「고자하(告子下)」: 孔子爲魯司寇, 不用, 從而祭, 燔肉不至, 不稅冕而行. 不知者以爲爲肉也, 其知者以爲爲無禮也. 乃孔子則欲以微罪行, 不欲爲苟去. 君子之所爲, 衆人固不識也.

번역 『논어』「위령공(衛靈公)」편에 나온다.[5)]

⑥ 枉己[止]者也.

補註 孟子・滕文公文.

번역 『맹자』「등문공(滕文公)」편의 기록이다.[6)]

⑦ 三揖[止]賓升.

補註 按: 此見鄕飮酒禮, 而此十字, 是鄕飮酒義文.

번역 살펴보니, 이 내용은 『의례』「향음주례(鄕飮酒禮)」편에 나오며,[7)] 여기에 나온 10개의 글자는 『예기』「향음주의(鄕飮酒義)」편의 기록이다.[8)]

⑧ 賓去不顧.

補註 鄕飮酒禮: "主人送于門外, 再拜." 註: "賓介不答拜, 禮有終也."

補註 「향음주례」편에서 말하길, "주인은 문밖에서 전송하며 재배를 한다."[9)] 라고 했고, 주에서는 "빈객과 개(介)는 답배를 하지 않으니, 예에는 마침이 있기 때문이다."라고 했다.

---

5) 『논어』「위령공(衛靈公)」: 衛靈公問陳於孔子. 孔子對曰, "俎豆之事, 則嘗聞之矣, 軍旅之事, 未之學也." 明日遂行, 在陳絶糧, 從者病, 莫能興.

6) 『맹자』「등문공하(滕文公下)」: 御者且羞與射者比, 比而得禽獸, 雖若丘陵, 弗爲也. 如枉道而從彼, 何也? 且子過矣, 枉己者, 未有能直人者也.

7) 『의례』「향음주례(鄕飮酒禮)」: 主人與賓三揖, 至於階. 三讓, 主人升, 賓升.

8) 『예기』「향음주의(鄕飮酒義)」: 孔子曰: "吾觀於鄕, 而知王道之易易也." 主人親速賓及介, 而衆賓自從之, 至于門外, 主人拜賓及介, 而衆賓自入, 貴賤之義別矣. 三揖至于階, 三讓以賓升, 拜至獻酬辭讓之節繁, 及介省矣, 至于衆賓, 升受坐祭立飮, 不酢而降, 隆殺之義辨矣.

9) 『의례』「향음주례(鄕飮酒禮)」: 主人送于門外, 再拜.

「표기」 38장

참고-集說

呂氏曰: 亂者, 如絲之不治而無緒也. 臣受君命, 雖有所合, 不敢以得志而自滿, 故愼慮而從之, 乃①臨事而懼, 好謀而成者也. 有所不合, 又非所宜辭, 亦不敢怨於不得志. 故孰慮而從之, 卒事則致爲臣而去, 故可以自免而不累於上, 故曰臣之厚也. 易, 蠱之上九, 事之終, 且無位也. 有似乎仕焉而已者, 故曰不事王侯, 乃可以高尙其事, 而不見役于人也.

번역 여씨가 말하길, '난(亂)'은 실을 다듬지 않아서 실마리가 없는 것과 같다. 신하가 군주의 명을 받았을 때, 비록 부합하는 점이 있더라도, 감히 뜻을 얻었다고 하여 자만해서는 안 된다. 그렇기 때문에 신중히 생각하여 따르고 그 일에 임해서 조심한다면, 계획하기를 잘하여 완성시키는 자에 해당한다. 만약 부합되지 않는 점이 있다면 또한 마땅히 사양할 것은 아니며, 뜻을 얻지 못한 것에 대해서도 감히 원망해서는 안 된다. 그러므로 무르익게 생각하여 따르고, 일을 끝내면 신하로서의 지위를 돌려주고 떠난다. 그러므로 스스로 벗어나며 윗사람을 얽어매지 않을 수가 있다. 그래서 "신하 중에서도 충심이 두터운 자이다."라고 했다. 『역』은 『역』「고괘(蠱卦)」의 상구로,[1] 일의 끝이며 또한 지위도 없다. 이것은 벼슬을 하고 그만두는 경우와 비슷하다. 그렇기 때문에 "천자와 제후를 섬기지 않는다면, 그 일을 고상하게 여겨서 남에게 부림을 당하지 않는다."라고 한 것이다.

① ○臨事而懼好謀而成.

補註 論語 · 述而文.

번역 『논어』「술이(述而)」편의 기록이다.[2]

---

1) 『역』「고괘(蠱卦)」: 上九, 不事王侯, 高尙其事.

2) 『논어』「술이(述而)」: 子謂顔淵曰, "用之則行, 舍之則藏, 唯我與爾有是夫!" 子路曰, "子行三軍, 則誰與?" 子曰, "暴虎馮河, 死而無悔者, 吾不與也. 必也臨事而懼, 好謀而成者也."

「표기」 39장

참고-經文

子曰, "唯天子受命于天, 士受命于君. 故君命順, 則臣有順命; 君命逆, 則臣有逆命. 詩曰, '①鶉之姜姜, 鵲之賁賁. 人之無良, 我以爲君.'"

번역 공자가 말하길, "오직 천자라야 하늘로부터 명령을 받고, 사는 군주로부터 명령을 받는다. 그러므로 군주가 내린 명령이 하늘의 뜻에 따른 것이라면 신하는 명령에 따르게 되지만, 군주가 내린 명령이 하늘의 뜻을 거스르는 것이라면 신하는 명령을 거스르게 된다. 『시』에서는 '까치가 서로 뒤따르며 억세게 굴고, 메추라기가 서로 뒤따르며 싸우는 듯하구나. 선량함이 없는 사람을 나는 군주라 여기는구나.'[1]"라고 했다.

① 鶉之姜姜鵲之賁賁.

補註 按: 姜姜, 詩作彊彊, 賁賁, 詩作奔奔. 朱子註: "奔奔·彊彊, 居有常匹, 飛則相隨之貌." 引此詩者, 蓋證臣逆命之事.

번역 살펴보니, '강강(姜姜)'을 『시』에서는 강강(彊彊)으로 기록했고, '분분(賁賁)'을 『시』에서는 분분(奔奔)으로 기록했다. 주자의 주에서는 "분분과 강강은 거처할 때에는 정해진 짝이 있고, 날게 되면 서로 뒤따르는 모양을 뜻한다."라고 했다. 이 시를 인용한 것은 신하가 명령을 거스르는 사안을 증명하기 위해서인 것 같다.

---

1) 『시』「용풍(鄘風)·순지분분(鶉之奔奔)」: 鵲之彊彊, 鶉之奔奔. 人之無良, 我以爲君.

「표기」 41장

참고-經文

"是故君子於有喪者之側, 不能賻焉, 則不問其所費; 於有病者之側, 不能饋焉, 則不問其所欲; 有客不能館, 則不問其所舍. 故君子之接如水, 小人之接如醴, 君子①淡以成, 小人①甘以壞. 小雅曰, '盜言孔甘, 亂是用餤.'"

번역 공자가 계속하여 말하길, "이러한 까닭으로 군자는 상을 당한 자 옆에 있을 때 부의를 할 수 없는 상황이라면 필요한 것들을 묻지 않고, 병이 걸린 자 옆에 있을 때 음식을 보내줄 수 없는 상황이라면 원하는 것들을 묻지 않으며, 빈객이 있는데 숙소를 제공해줄 수 없는 상황이라면 머물 곳을 묻지 않는다. 그래서 군자의 사귐은 물과 같고, 소인의 사귐은 단술과 같으니, 군자는 담백함으로 사귐을 이루고, 소인은 달콤함으로 사귐을 무너트린다. 「소아」에서는 '감언이설은 매우 달콤하지만, 문란함은 이를 통해 진작된다.'"라고 했다.

① ○淡以成[又]甘以壞.

補註 鄭註: 水相得, 合而已. 酒醴相得, 則敗.

번역 정현의 주에서 말하길, 물이 서로 만나면 합쳐질 따름이다. 술과 단술이 서로 만나면 맛이 없어진다.

「표기」 42장

참고-經文

子曰, "君子①不以口譽人, 則民作忠. 故君子問人之寒則衣之, 問人之飢則食之, 稱人之美則爵之. 國風曰, '心之憂矣, 於我歸說.'"

번역 공자가 말하길, "군자가 말로만 남의 선함을 지나치게 칭찬하지 않는다면, 백성들은 충심을 일으키게 된다. 그렇기 때문에 군자는 남에 대해 춥냐고 묻게 되면 그에게 옷을 입히고, 남에게 배고프냐고 묻게 되면 그에게 음식을 먹이며, 남의 미덕을 칭송하게 되면 그에게 작위를 내린다. 「국풍」에서는 '마음의 근심이여, 나에게 돌아와서 머물며 쉬어라.'"라고 했다.

① ○不以口[止]民作忠.

補註 楊梧曰: 君子不徒以口譽人, 而有樂善之實, 則民作忠, 中心勸于善矣.

번역 양오가 말하길, 군자가 단지 말로만 남을 기리지 않고, 선을 좋아한다는 것을 실질적으로 보여준다면, 백성들은 충심을 일으켜, 마음으로 선에 대해 노력하게 된다.

補註 ○按: 陳註重在譽字上, 誤矣.

번역 ○살펴보니, 진호의 주에서는 중점을 '예(譽)'자에 두고 풀이했는데, 잘못된 해석이다.

補註 ○又按: 作忠, 謂興起於忠實之道也.

번역 ○또 살펴보니, '작충(作忠)'은 충심과 성실의 도리에서 흥기된다는 뜻이다.

「표기」 43장

참고–經文

子曰, "口惠而實不至, 怨菑及其身. 是故君子與其有諾責也, ①寧有已怨. 國風曰, '言笑晏晏, 信誓旦旦, 不思其反. 反是不思, 亦已焉哉.'"

번역 공자가 말하길, "입으로만 은혜를 베풀고 실제의 시행이 말한 것에 미치지 못한다면, 원망과 재앙이 자신에게 미치게 된다. 이러한 까닭으로 군자는 함부로 약속을 하여 지키지 못한 책임을 받게 되느니, 차라리 처음부터 함부로 약속을 하지 않아 받게 되는 원망을 감내한다. 「국풍」에서는 '말과 웃음이 온화하고 부드러우며, 신의와 맹세가 밝고도 밝으니, 뒤바꾸리라고는 생각치도 못했다. 뒤바꾸리라 생각치도 못했으니 또한 어찌할 수 없구나.'"라고 했다.

① ○寧有已怨.

補註 鄭註: 已, 謂不許也. 言諾而不與, 其怨大天於不許.

번역 정현의 주에서 말하길, '이(已)'자는 허락하지 않는다는 뜻이다. 말로만 허락하고 주지 않는다면, 그때의 원망은 허락하지 않았을 때보다 크다.

「표기」 44장

참고-經文

子曰, "君子不以色親人. 情疏而貌親, 在小人則穿窬之盜也與." 子曰, "①情欲信, 辭欲巧."

번역 공자가 말하길, "군자는 표정만 좋게 지어서 남과 친하게 지내는 것을 하지 않는다. 정감이 소원한데도 모양만 친하게 짓는 것은 소인에게 있어서는 벽을 뚫고 담을 넘는 도적이 될 것이다."라고 했다. 공자가 말하길, "정감은 신의롭게 하고자 하고, 말은 도리를 살피고자 해야 한다."라고 했다.

① ○情欲信辭欲巧.

補註 鄭註: "巧, 謂順而說也." 疏曰: "言辭欲得和順美巧, 不違逆於理, 與巧言令色者, 異也."

번역 정현의 주에서 말하길, "'교(巧)'자는 순종하며 기뻐한다는 뜻이다."라고 했다. 소에서 말하길, "말은 조화롭고 온순하며 아름답게 하고자 하며, 이치를 거스르지 않고자 한다는 뜻이니, 말을 교묘히 꾸미고 표정을 좋게만 짓는다는 말과는 다르다."라고 했다.

補註 ○按: 謝上蔡論此, 見心經君子反情和志章註, 而又有朱子所論, 並作如字讀. 陳註巧作考, 不可從.

번역 ○살펴보니, 사상채[1]가 이에 대해 논의한 것은 『심경』의 '군자반정화지장(君子反情和志章)'에 나오고, 또 주자가 이에 대해 논의한 것이 있는

---

1) 사량좌(謝良佐, A.D.1050 ~ A.D.1103) : =사상채(謝上蔡)·사씨(謝氏)·상채사씨(上蔡謝氏). 북송(北宋) 때의 학자이다. 자(字)는 현도(顯道)이고, 호(號)는 상채(上蔡)이다. 양시(楊時)·여대림(呂大臨)·유초(游酢)와 함께 정문사대제자(程門四大弟子)로 손꼽힌다. 저서로는 『논어설(論語說)』·『상채어록(上蔡語錄)』 등이 있다.

데, 둘 모두 글자대로 풀이했다. 진호의 주에서 '교(巧)'자를 고(考)자로 바꿔서 풀이한 것은 따를 수 없는 주장이다.

「표기」 45장

참고-經文

子言之, "昔三代明王, ①皆事天地之神明, 無非卜筮之用, ②不敢以其私褻事上帝, 是以不犯日月, 不違卜筮. 卜筮不相襲也."

번역 공자가 말하길, "예전 삼대 때의 성왕들은 모두 천지의 신명을 섬겼고, 거북점과 시초점을 사용하지 않았던 적이 없으며, 감히 사적인 친근함으로 상제를 섬기지 않았다. 이러한 까닭으로 해와 달의 운행을 침범하지 않았고, 거북점과 시초점의 점괘를 어기지 않았다. 거북점과 시초점은 서로 연달아 치지 않는다."라고 했다.

① ○皆事天地[止]之用.

補註 疏曰: 皆事天地之神明者, 謂祭祀天地及諸神明也. 無非卜筮之用者, 言皆須卜筮, 唯九月大饗帝於明堂, 不用卜, 故曲禮云, "大饗不問卜." 鄭云, "莫適卜也." 以其總饗五帝, 不知主何帝而卜之, 故不卜. 又太宰, "祀五帝卜日." 鄭註, "五帝, 謂四郊及明堂也." 然明堂不問卜, 而鄭云四郊及明堂者, 廣解五帝所在, 其實祀明堂不卜也.

번역 소에서 말하길, 모두 천지의 신명을 섬겼다는 것은 천지 및 여러 신들에게 제사를 지냈다는 뜻이다. 거북점과 시초점을 사용하지 않은 적이 없었다는 것은 모두 거북점과 시초점을 쳐야만 했는데, 오직 9월에 명당(明堂)에서 오제(五帝)에게 지내는 큰 제사에서만 거북점을 사용하지 않는다. 그렇기 때문에 『예기』「곡례(曲禮)」편에서는 "큰 제사 때에는 점을 쳐서 날짜를 묻지 않는다."[1]라고 말한 것이고, 정현은 "각각 점을 쳐서 묻지 않는다."라고 한 것이다. 오제에 대해서 총괄적으로 제사를 지내는데, 어떤 제(帝)를 위주로 해야 할지 몰라서 거북점을 치는 것이기 때문에 이러한 경우에는 거북점을 치지 않는다. 또 『주례』「대재(大宰)」편에서는 "오제에게 제사를 지내게

1) 『예기』「곡례하(曲禮下)」: 大享不問卜, 不饒富.

되면 제삿날에 대해 거북점을 친다."[2]라고 했고, 정현의 주에서는 "오제에 대해서는 사방의 교외 및 명당에서 제사를 지낸다."라고 했다. 그렇다면 명당에서 제사를 지낼 때에는 거북점을 치지 않는다. 그런데 정현이 사방 교외 및 명당이라고 한 것은 오제를 모시는 장소에 대해서 폭넓게 풀이한 것이니, 실제로 명당에서 제사를 지낼 때에는 거북점을 치지 않는다.

補註 ○周禮·太宰本文曰: "祀五帝, 則掌百官之誓戒. 前期十日, 帥執事而卜日, 遂戒." 疏曰: "四時迎氣, 冬至·夏至郊天等, 雖有常時常日, 猶須審愼, 仍卜日. 假令不吉, 改卜後日. 故箴膏肓云, '天子郊, 以夏正上旬之日. 魯之卜, 三正下旬之日.' 是雖有常時常日, 猶卜日也."

번역 ○『주례』「대재(大宰)」편의 본문에서 말하길, "오제에게 제사를 지내게 되면 모든 관리들에 대해 맹세하고 경계하는 일을 담당한다. 기약된 날짜보다 10일 이전에 일을 맡아보는 자들을 이끌고서 날짜에 대해 거북점을 치고, 곧 재계를 시킨다."라고 했고, 소에서는 "사계절마다 해당 계절의 기운을 맞이하고, 동지와 하지에 교외에서 하늘에 대한 교제사를 지내는 것 등은 비록 일정한 계절과 일정한 날짜가 정해져 있지만 오히려 신중히 살필 필요가 있으니, 그 날짜에 대해서 거북점을 치는 것이다. 만약 불길하다는 점괘가 나온다면 날짜를 고쳐서 이후의 날에 대해 거북점을 친다. 그렇기 때문에 『잠고황』에서는 '천자의 교제사는 하나라 역법으로 상순의 날에 치렀다. 노나라에서 거북점을 쳤던 것은 삼정(三正)[3] 하순에 해당하는 날이다.'라고 했다. 이것은 비록 정해진 계절과 정해진 날짜가 있더라도 오히려 그 날짜에

---

2) 『주례』「천관(天官)·대재(大宰)」: 祀五帝, 則掌百官之誓戒, 與其具脩. 前期十日, 帥執事而卜日, 遂戒.

3) 삼정(三正)은 하(夏)·은(殷)·주(周) 세 나라의 정월(正月)을 뜻한다. 또한 세 나라의 역법(曆法)을 가리키기도 한다. 북두칠성은 회전을 하는데, 각 왕조에서는 천상을 12지(支)로 구분하여, 북두칠성의 자루 부분이 어느 방향을 지시하느냐에 따라 정월을 달리하였다. 하나라 때에는 북두칠성의 자루가 인(寅)을 가리킬 때를 정월로 여겼고, 은나라 때에는 축(丑)을 가리킬 때를 정월로 여겼으며, 주나라 때에는 자(子)를 가리킬 때를 정월로 여겼다.

대해서 거북점을 친다는 사실을 나타낸다."라고 했다.

補註 ○按: 以此觀之, 冬·夏至, 四時迎氣, 郊祀等, 雖有常定之日, 猶必卜之, 獨大饗五帝於明堂, 以其莫適卜, 故不卜也. 古註疏終始主此說, 劉氏以大饗不問卜一語, 並疑他用卜之文, 恐未察也. 然陳註, 則於曲禮大饗不問卜, 已以冬至祀天夏至祭地爲解, 與鄭註異.

번역 ○살펴보니, 이를 통해 보면 동지와 하지, 사계절마다 각 계절의 기운을 맞이하는 것과 교사 등의 제사에는 비록 정해진 고정된 날짜가 있었지만 반드시 그 날짜에 대해서 거북점을 쳤던 것이고, 오직 명당에서 오제에게 큰 제사를 지낼 때에는 누구에게 거북점을 쳐야 할지 몰랐기 때문에 거북점을 치지 않았던 것이다. 옛 주와 소에서는 시종일관 이러한 주장을 했었는데, 유씨는 큰 제사에서 거북점을 쳐서 날짜를 묻지 않는다는 말을 통해 다른 곳에서 거북점을 사용한다고 했던 기록을 모두 의심하였는데, 아마도 자세히 살피지 못했기 때문인 것 같다. 그런데 진호의 주에서는 「곡례」편에서 큰 제사에서 거북점을 쳐서 날짜를 묻지 않는다고 한 기록에 대해 이미 동지에는 하늘에게 제사를 지내고 하지에는 땅에게 제사를 지낸다고 풀이하여 정현의 주와 차이를 보인다.

補註 ○更按: 雖有常時常日, 猶卜, 及大饗五帝, 莫適卜, 故不卜之說, 終涉可疑. 愚意曲禮所謂大饗不問卜, 當是如冬·夏至祀天祭地之類, 周禮所謂祀五帝卜日, 抑祀五帝, 與祀天, 別歟? 諸儒之說, 紛紜錯雜, 有難歸一, 姑闕之, 可也.

번역 ○다시 살펴보니, 비록 정해진 계절과 정해진 날짜가 있더라도 오히려 거북점을 치고, 오제에 대한 큰 제사에서는 누구에게 점을 쳐야 할지 모르기 때문에 거북점을 치지 않는다는 주장이 있지만, 의심할 만한 부분이 있다. 내가 생각하기에, 「곡례」편에서 큰 제사에서는 거북점을 쳐서 날짜를 묻지 않는다고 한 말은 동지나 하지 때 하늘과 땅에 대한 제사를 지내는 부류들에 해당하는데, 『주례』에서 오제에게 제사를 지내며 날짜에 대해 거북점을 친다고 했으니, 오제에게 제사를 지내는 것과 하늘에게 제사를 지내는 것이 구별된단 말인가? 학자들의 주장은 분분하고 이것저것이 뒤섞여 있어 하나로 귀결시키기 어려운 점이 있으니 이러한 것들은 잠시 빼버리더라도 괜찮다.

② 不敢以[止]上帝.

補註 按: 諺讀私字爲句, 誤.

번역 살펴보니, 『언독』에서는 '사(私)'자에서 구문을 끊었는데, 잘못된 해석이다.

참고-集說

劉氏曰: 此段經文, 言事天地神明, 無非卜筮之用. 而又云大事有時日, 呂氏以爲冬夏至祀天地, 四時迎氣用四立, 他祭祀之當卜日者, 不可犯此素定之日. 非此, 則其他自不可違卜筮也. 然曲禮止云大饗不問卜, 周官太宰祀五帝卜日, ①祀大神示亦如之, ②太卜大祭祀眂高命龜, 春秋·③魯禮又有卜郊之文, 郊特牲又有郊用辛之語. 是蓋互相牴牾, 未有定說. 又如卜筮不相襲, 大事卜, 小事筮. 而④洪範有龜從筮從, 龜從筮逆之文, 簭人有凡國之大事, 先簭而後卜, ⑤太卜又凡事涖卜. 又如⑥外事用剛日, 內事用柔日, 而特牲社用甲, 召誥丁巳郊, 戊午社, 洛誥戊辰烝祭歲. 凡此皆不合禮家之說, 未知所以一之也, 姑闕以俟知者.

번역 유씨가 말하길, 이곳 단락의 경문에서는 "천지의 신명을 섬기며, 거북점과 시초점을 사용하지 않은 자가 없다."고 했다. 또 "중대한 일에는 시일(時日)이 있다."라고 했는데, 여씨는 동지와 하지에 천지에 대해 제사를 지내고, 사계절마다 해당 기운을 맞이할 때에는 입춘·입하·입추·입동에 따르니, 마땅히 거북점으로 제삿날을 점쳐야 하는 다른 제사에 있어서는 이처럼 이미 확정된 날짜를 침범해서는 안 된다. 이러한 경우가 아니라면 나머지 것들은 거북점과 시초점의 결과를 어겨서는 안 된다고 했다. 그런데 『예기』「곡례(曲禮)」편에서는 단지 "큰 제사 때에는 점을 쳐서 날짜를 묻지 않는다."라고 했고, 『주례』「대재(大宰)」편에서는 "오제(五帝)에게 제사를 지낼 때에는 제삿날에 대해 거북점을 치고, 대신기(大神示)[4]에게 제사를 지낼 때에도 또한 이처럼 한다."고 했으며,[5] 또 『주례』「대복(大卜)」편에서는 "큰 제사를 지내게 되면 거북껍질 중 불로 지질 수 있는 높은 곳을 바라보며 거북껍질에게 명령을 한다."[6]라고 했고, 『춘추』와 노나라의 예법에서는 또한 교(郊)제사에 대해 거북점을 친다는 기록이 나오며, 『예기』「교특생(郊特牲)」편에는 또한 "교제사는 신(辛)자가 들어가는 날을 이용해서 치른다."[7]는 말이 나오는데, 이러한 기록들은 상호 어긋나는 기록들이므로, 확정된 설이 없다. 또 예를 들어 거북점과 시초점은 서로 연달아 치지 않고, 중대한 일에 대해서는 거북점을 치고 상대적으로 덜 중요한 일에 대해서는 시초점을 친다고 했다. 그런데 『서』「홍범(洪範)」편에는 "거북점이 따르고 시초점이 따르며, 거북점이 따르고 시초점이 거스른다."[8]는 기록이 있고, 『주례』「서인(簭人)」편에는 "국가의 중대사가 발생했을 때에는 우선적으로 시초점을 치고 이후에 거북점을 친다."[9]라고 했고, 「대복」편에서는 "모든 소소한 사안들에 대해서는 거북점 치는 일에 임한다."[10]라고 했다. 또 예를 들어 외사(外事)에는 강일(剛日)을 사용하고, 내사(內事)에는 유일(柔日)을 사용한다고 했는데, 「교특생」편에서는 "사(社)에 대한 제사에서는 갑(甲)자가 들어간 날을 사용한다."[11]라고 했고, 『서』「소고(召誥)」편에서는 "정사(丁巳)일에 교제사를 지내고

---

4) 대신기(大神示)는 대신(大神)인 천(天)과 대기(大示: =大祇)인 지(地)를 뜻한다. 즉 천지의 신을 의미한다.

5) 『주례』「천관(天官) · 대재(大宰)」: 祀五帝, 則掌百官之誓戒, 與其具脩. 前期十日, 帥執事而卜日, 遂戒. 及執事, 眡滌濯. 及納亨, 贊王牲事. 及祀之日, 贊玉幣爵之事. 祀大神示亦如之.

6) 『주례』「춘관(春官) · 대복(大卜)」: 大祭祀, 則眡高命龜.

7) 『예기』「교특생(郊特牲)」: 於郊, 故謂之郊. 牲用騂, 尙赤也. 用犢, 貴誠也. 郊之用辛也.

8) 『서』「주서(周書) · 홍범(洪範)」: 庶民從, 龜從, 筮從, 汝則逆, 卿士逆, 吉. 汝則從, 龜從, 筮逆, 卿士逆, 庶民逆, 作內吉, 作外凶.

9) 『주례』「춘관(春官) · 서인(簭人)」: 凡國之大事, 先簭而後卜.

10) 『주례』「춘관(春官) · 대복(大卜)」: 凡小事, 涖卜.

11) 『예기』「교특생(郊特牲)」: 社祭土而主陰氣也, 君南鄕於北墉下, 答陰之義也. 日用甲, 用日之始也.

무오(戊午)일에 사제사를 지낸다."[12]라고 했으며, 『서』「낙고(洛誥)」편에서는 "무진(戊辰)일에 증(烝)제사를 지내며 해마다 한 차례씩 올렸다."[13]라고 했다. 무릇 이러한 것들은 모두 예학자들의 설명과는 합치되지 않으며, 일치시킬 수 있는 방법을 모르겠으니, 잠시 그대로 놔두며 후대의 지혜로운 자가 풀이해주기를 기다린다.

① 祀大神示亦如之.

補註 示, 古祇字.
번역 '시(示)'자는 옛 기(祇)자에 해당한다.

② 太卜[止]眡高命龜.

補註 太卜, 周禮·春官之屬. 本註, "眡高, 以龜骨高者可灼處示宗伯也."
번역 '태복(太卜)'은 『주례』「춘관(春官)」에 속한 관리이다. 본래의 주에서는 "시고(眡高)는 거북껍질 중 불로 지질 수 있는 높은 지점을 종백에게 보여준다는 뜻이다."라고 했다.

補註 ○眡, 與視同.
번역 ○'사(眡)'자는 시(視)자와 같다.

③ 魯禮又有卜郊之文.

補註 按: 郊特牲亦有卜郊之文. 陳註謂非卜日, 或爲卜牲歟.
번역 살펴보니, 『예기』「교특생(郊特牲)」편에도 교제사에 대해 거북점을 친다는 기록이 나온다. 진호의 주에서는 날짜에 대해 거북점을 치는 것이 아니니, 아마도 희생물에 대해 거북점을 친다는 뜻일 것이라고 했다.

---

12) 『서』「주서(周書)·소고(召誥)」: 越三日丁巳, 用牲于郊, 牛二. 越翼日戊午, 乃社于新邑, 牛一羊一豕一.
13) 『서』「주서(周書)·낙고(洛誥)」: 戊辰, 王在新邑, 烝祭歲, 文王騂牛一, 武王騂牛一.

④ 洪範[止]先簭而後卜.

補註 簭人, 周禮·春官之屬. 本註, "當用卜者, 先筮之, 卽事漸也. 於筮之凶, 則止, 不卜." 疏曰: "此大事者, 太卜所掌者皆是大事. 於筮之凶則止者, 曲禮云, '卜筮不相襲.' 若筮不吉而又卜, 是卜襲筮, 故於筮凶, 則止不卜. 洪範云, '龜從筮逆', 又云, '龜筮共違于人.' 彼有先卜後筮, 筮不吉又卜."

번역 '서인(簭人)'은 『주례』「춘관(春官)」에 속한 관리이다. 본래의 주에서는 "거북점을 사용해야만 하는 경우에는 먼저 시초점을 치니, 사안에 대해 점진적으로 접근하기 때문이다. 시초점에서 흉하다는 점괘가 나오면 점치는 일을 그만 두고 거북점을 치지 않는다."라고 했고, 소에서는 "이것은 중대한 사안이니, 태복이 담당하는 것들은 모두 중대한 사안에 해당한다. 시초점에서 흉하다는 점괘가 나오면 점치는 것을 그친다고 했는데, 「곡례」편에서는 '거북점과 시초점은 서로 연달아 치지 않는다.'라고 했다. 만약 시초점에서 불길하다고 나왔는데도 재차 거북점을 친다면 이것은 거북점으로 시초점을 연달아 치는 것이다. 그렇기 때문에 시초점에서 흉하다는 점괘가 나오면 점치는 것을 그치고 거북점을 치지 않는 것이다. 「홍범」편에서는 '거북점이 따르고 시초점이 거스른다.'라고 했고, 또 '거북점과 시초점이 모두 사람에게 위배된다.'[14]라고 했는데, 먼저 거북점을 치고 이후에 시초점을 치고, 시초점에서 불길하다고 점괘가 나왔는데, 재차 거북점을 친 것이다."라고 했다.

補註 ○簭, 古筮字.

번역 ○'서(簭)'자는 옛 서(筮)자이다.

補註 ○按: 太卜註疏, 與此經違者, 彼是箕子所陳用殷法, 殷質故也.

번역 ○살펴보니, 「태복」편에 나온 주와 소는 이곳 경문의 내용과 어긋나는데, 그 기록은 기자가 진술하며 은나라 때의 예법에 따른 것인데, 은나라의 예는 질박했기 때문이다.

---

14) 『서』「주서(周書)·홍범(洪範)」: 龜筮共違于人, 用靜吉, 用作凶.

⑤ 太卜又凡事涖卜.

補註 太卜: "凡小事涖卜." 註: "代宗伯." 疏曰: "凡大事卜, 小事筮. 若事小, 當入九筮, 不合入此太卜. 太卜云小事者, 此謂就大事中差小者也."

번역 『주례』「태복(太卜)」편에서 말하길, "무릇 소사에 대해서는 거북점 치는 일에 임한다."[15]라고 했고, 주에서는 "종백을 대신한다."라고 했으며, 소에서는 "중대한 일에 대해서는 거북점을 치고, 상대적으로 덜 중요한 일에 대해서는 시초점을 친다. 만약 그 사안이 덜 중요한 일이라면 그 사안은 구서에 들어가야 하며, 이곳 태복의 직무 기록에 들어가는 것은 합당하지 않다. 그렇다면 「태복」편에서 '소사(小事)'라고 한 것은 대사(大事) 중에서 상대적으로 덜 중요한 일들을 뜻한다."라고 했다.

補註 ○按: 太卜, "凡國大貞, 卜立君, 卜大封, 則眡高作龜. 大祭祀, 則眡高命龜." 此皆宗伯涖卜而大貞最重, 故太卜作龜, 大祭則輕於大貞, 故太卜命龜而已. 此則又大事中差小者, 故太卜代宗伯涖卜, 而命龜作龜, 則卜師卜人爲之也. 劉氏認此小事, 爲筮人當掌之小事, 誤矣.

번역 ○살펴보니, 「태복」편에서는 "나라의 중대한 사안이 생겨 점괘를 물어야 할 때, 즉 제후의 후사를 세워 거북점을 치거나 제후의 영지가 침략당해 정벌을 해서 바로잡아야 할 일에 거북점을 치게 된다면, 거북껍질의 높은 지점을 종백에게 보여주고 불로 그슬려 점을 친다. 성대한 제사를 지내게 된다면 거북껍질의 높은 지점을 종백에게 보여주고 점치는 내용을 복인에게 일러준다."[16]라고 했다. 이러한 일들은 모두 종백이 점치는 일에 임하게 되는데, 대정(大貞)에 해당하는 것들은 가장 중요하기 때문에 태복이 거북껍질을 불로 지져 점을 치게 되는 것이고, 성대한 제사는 대정보다는 상대적으로 덜 중요하기 때문에 태복이 점치는 말을 일러주기만 할 따름이다. 이렇다면 또한 중대한 사안에 있어서도 상대적으로 덜 중요한 것들이기 때문에 태복

---

15) 『주례』「춘관(春官)·대복(大卜)」: 凡小事, 蒞卜.

16) 『주례』「춘관(春官)·대복(大卜)」: 凡國大貞, 卜立君, 卜大封, 則眡高作龜. 大祭祀, 則眡高命龜.

이 종백을 대신해서 거북점을 치는 일에 임하게 되고, 명구와 작구의 경우에는 복사와 복인들이 하게 된다. 유씨는 여기에서 말한 소사(小事)를 서인이 담당해야 하는 소사로 여겼는데, 잘못된 해석이다.

⑥ **外事[止]用柔日.**

補註 按: 此見曲禮及下章, 而下章小註馬氏所論, 恐得之.

번역 살펴보니, 이것과 관련해서는 『예기』「곡례(曲禮)」편과 뒤의 문장에 나오는데, 뒤의 문장에서 소주의 마씨가 논의한 내용이 아마도 옳은 것 같다.

참고-大全 馬氏曰: 外事陽也, 而剛亦陽也, 故用剛日. 內事陰也, 而柔亦陰也, 故用柔日. 以郊爲外事矣而用辛, 以社爲內事矣而用甲. 說者以天地至尊之祭, 不可同於外內, 其說似得之矣.

번역 마씨가 말하길, 외사(外事)는 양(陽)에 해당하고, 굳셈 또한 양(陽)에 해당한다. 그렇기 때문에 강일(剛日)을 사용한다. 내사(內事)는 음(陰)에 해당하고 부드러움 또한 음(陰)에 해당한다. 그렇기 때문에 유일(柔日)을 사용한다. 교(郊)제사는 외사에 해당하여 신(辛)자가 들어가는 날에 지내고, 사(社)제사는 내사에 해당하여 갑(甲)자가 들어가는 날에 지낸다. 학자에 따라서는 천지에 대한 제사는 지극히 존귀한 제사이므로, 외사나 내사와 동일하게 치를 수 없다고 하는데, 그 설명은 아마도 맞는 것 같다.

「표기」 46장

참고-經文

①大事有時日; ②小事無時日, 有筮. 外事用剛日, 內事用柔日, ③不違龜筮." 子曰, "牲牷禮樂齊盛, 是以無害乎鬼神, 無怨乎百姓.

번역 공자가 계속하여 말하길, "중대한 사안에 대해서는 그 시기에 대해 거북점을 치고, 소소한 사안에 대해서는 그 시기에 대해 거북점을 치지 않지만 시초점을 친다. 외사(外事)에 강일(剛日)을 사용하고, 내사(內事)에 유일(柔日)을 사용한다." 라고 했다. 공자가 말하길, "제사에 사용되는 희생물 · 예악 · 제성(齊盛)에 대해서는 거북점과 시초점을 친 결과를 어기지 않으니, 이러한 이유로 귀신으로부터 해를 당하는 일이 없고, 백성에게 원망을 사는 일이 없다."라고 했다.

① 大事有時日.

補註 疏曰: 既有常時常日, 而用卜者, 亦不敢專也. 故曲禮云, "日而行事則必踐之." 祭統云, "雖有明知之心, 必進斷其志." 是雖有常日, 猶用卜也.

번역 소에서 말하길, 이미 "일정한 시기와 일정한 날짜가 있다."라고 했고, 거북점을 친다고 했으니 또한 감히 마음대로 하지 못하는 것이다. 그렇기 때문에 『예기』「곡례(曲禮)」편에서는 "점을 쳐서 날짜를 정하여 그 일을 시행하기로 했다면, 반드시 그 일을 실천해야 한다."[1]라고 한 것이고, 『예기』「제통(祭統)」편에서는 "비록 밝은 지혜를 갖추고 있더라도, 반드시 거북점을 쳐서 그 뜻을 결정한다."[2]라고 했으니, 이것은 비록 일정한 날짜가 정해져 있

---

1) 『예기』「곡례상(曲禮上)」: 龜爲卜, 筴爲筮. 卜筮者, 先聖王之所以使民信時日, 敬鬼神, 畏法令也, 所以使民決嫌疑, 定猶與也. 故曰, "疑而筮之, 則弗非也, 日而行事, 則必踐之."

2) 『예기』「제통(祭統)」: 昔者, 聖人建陰陽天地之情, 立以爲易. 易抱龜南面, 天子

더라도 여전히 거북점을 사용한다는 뜻이다.

② **小事無時日有筮.**

補註 鄭註: 有事於小神, 無常時常日. 臨有事筮之.
번역 정현의 주에서 말하길, 소소한 신들에게 제사를 지낼 때에는 일정한 시기와 일정한 날짜가 없다. 제사를 지내야 할 때 임해서 시초점을 친다.

③ **不違龜筮.**

補註 楊梧曰: 不違龜筮, 指剛日柔日說. 若依註, 則牲牷可卜, 禮樂粢盛卜之, 何爲耶?
번역 양오가 말하길, '불위구서(不違龜筮)'라는 말은 강일과 유일을 가리켜서 말한 것이다. 만약 주에 따른다면 희생물에 대해서는 거북점을 칠 수 있지만 예악과 자성에 대해서 거북점을 치는 것은 무엇을 위해서인가?

補註 ○陽村曰: 齊盛下, 當有缺文.
번역 ○양촌이 말하길, 자성(齊盛)이라는 말 뒤에는 빠진 문장이 있는 것 같다.

補註 ○按: 楊梧說良是. 陽村所謂有缺文者, 亦近之, 而雖依本文讀, 亦可粗通. 蓋吉日旣不違卜筮, 則可知牲牷等之無害於鬼神 · 無怨於百姓也.
번역 ○살펴보니, 양오의 주장은 매우 옳다. 양촌은 빠진 문장이 있을 것이라고 했는데, 이 또한 정답에 가깝다. 그러나 비록 본문에 따라 해석을 하더라도 거칠게나마 그 뜻이 통할 수 있다. 길일에 대해서 이미 거북점과 시초점을 친 결과와 어긋나지 않는다고 했다면, 희생물 등이 귀신에게 해를 끼칠 일이 없고, 백성들에게 원망을 살 일이 없다는 사실을 알 수 있다.

卷冕北面, 雖有明知之心, 必進斷其志焉, 示不敢專, 以尊天也; 善則稱人, 過則稱己, 敎不伐, 以尊賢也.

「표기」 48장

참고—經文

子曰, "大人之器威敬. ①天子無筮, ②諸侯有守筮. 天子道以筮. 諸侯非其國, 不以筮, ③卜宅寢室. 天子不卜處大廟."

번역 공자가 말하길, "거북껍질이나 시초처럼 성인이 만든 기물은 위엄스럽고 공경스럽다. 천자에게는 시초점을 치는 일이 없고, 제후는 자신의 국가에 보관하고 있는 시초로 시초점을 친다. 다만 천자가 도로에 있을 때라면 시초점을 친다. 제후는 자신의 나라에 머물러 있지 않은 때라면 시초점을 치지 않지만, 출타하여 머물 곳을 정할 때라면 거북점을 친다. 천자는 태묘에 머물 때, 그 장소에 대해서 거북점을 치지 않는다."라고 했다.

① ○天子無筮.

補註 疏曰: 謂不徒用筮而已, 兼用卜也. 非全無筮也.

번역 소에서 말하길, 단지 시초점만 사용하는 것이 아니라 거북점도 함께 사용한다는 뜻이다. 시초점을 전혀 사용하지 않는다는 뜻이 아니다.

② 諸侯有守筮.

補註 疏曰: 此謂諸侯守國之筮, 非寢室之屬, 則惟用筮也. 若寢室亦用卜, 故下云卜宅寢室.

번역 소에서 말하길, 이것은 제후가 자신의 나라에 보관하고 있는 시초를 사용할 때, 건물 등에 대한 부류가 아니라면 오직 시초점만 사용한다는 뜻이다. 만약 건물에 대한 것이라면 또한 거북점을 사용한다. 그렇기 때문에 아래문장에서 "궁실과 건물에 대해서는 거북점을 친다."라고 말한 것이다.

③ 卜宅[止]大廟.

補註 鄭註: 諸侯受封乎天子, 因國而國, 唯宮室欲改易者, 得卜之. 天子卜可建國之處吉, 則宮廟可知, 故不卜.

번역 정현의 주에서 말하길, 제후는 천자로부터 봉지를 부여받았으니, 부여받은 나라에 따라서 그 나라를 소유하는데, 오직 궁실을 고치고 바꾸려고 할 때에만 거북점을 칠 수 있을 따름이다. 천자의 경우 도읍을 세울 수 있는 곳에 대해 거북점을 쳐서 길한 점괘가 나왔다면, 궁실과 종묘에 대해서도 길하다는 사실을 알 수 있다. 그렇기 때문에 거북점을 치지 않는 것이다.

補註 ○按: 此與陳註大異, 而以處字觀之, 陳註似長.

번역 ○살펴보니, 이것은 진호의 주와 큰 차이를 보이는데, '처(處)'자를 통해 살펴보면 진호의 주가 더 나은 것 같다.

참고-集說

龜筴之爲器, 聖人所以寓神道之敎, 故言大人之器也. 以其威敬而不敢玩褻, 故大事則用, 小事則否. 天子無筮, 惟用卜也. 而又云道以筮者, 謂在道途中則用筮也. 守筮, 謂在國居守, 有事則用筮也. 龜亦曰守龜. 左傳, "國之守龜, 何事不卜?" 非其國不筮, 謂出行在他國, 不欲人疑其吉凶之問也. 宅, 居也. 諸侯出行, 則必卜其所處之地, 慮他故也. ①太廟, 天子所必當處之地, 故不卜也.

번역 거북껍질과 시초처럼 점치는 기물은 성인이 신의 도에 따른 가르침을 깃들게 한 것이다. 그렇기 때문에 "대인의 기물이다."라고 했다. 위엄과 공경함을 갖추고 있어서 감히 함부로 대할 수 없다. 그렇기 때문에 중대한 사안이라면 그것을 사용하지만, 소소한 일이라면 사용하지 않는다. 천자에게는 시초점을 치는 일이 없고 오직 거북점만 사용한다. 그런데도 '도이서(道以筮)'라고 말한 것은 도로에 있을 때라면 시초점을 사용한다는 뜻이다. '수서(守筮)'는 제후국에서 보관하고 있다는 뜻이니, 일이 있을 때에만 시초점을 사용한다. 거북점을 치는 거북껍질에 대해서도 '수구(守龜)'라고 말한다. 『좌전』에서는 "나라에 보관하고 있는 거북껍질로는 어떤 일인들 거북점을 치지 못하겠습니까?"[1]라고 했다. "그 나라가 아니라면 시초점을 치지 않는다."는 말은 출타하여 다른 나라에 있을 때에는 남들로 하여금 길흉을 따진다는 의혹을 일으키지 않고자 한다는 뜻이다. '택(宅)'자는 "거처하다[居]."는 뜻이다. 제후가 출타하게 되면 반드시 머무는 곳에 대해서는 거북점을 치니, 다른 변고가 생길까를 염려하기 때문이다. 태묘는 천자가 반드시 머물러야 하는 곳이기 때문에 거북점을 치지 않는다.

① **太廟天子[止]之地.**

補註 禮運: 天子適諸侯, 必舍其祖廟.

번역 『예기』「예운(禮運)」편에서 말하길, 천자가 제후에게 찾아갈 때에는 반드시 그의 조묘(祖廟)에 머물게 된다.[2]

---

1) 『춘추좌씨전』「소공(昭公) 5년」: 國之守龜, 其何事不卜? 一臧一否, 其誰能常之?

2) 『예기』「예운(禮運)」: 故天子適諸侯, 必舍其祖廟, 而不以禮籍入, 是謂天子壞法亂紀.

「표기」 49장

참고-經文

子曰, "君子①敬則用祭器, 是以②不廢日月, 不違龜筮, 以敬事其君長. 是以上不瀆於民, 下不褻於上."

번역 공자가 말하길, "군자는 그 예법을 공경한다면 해당 의례에 제기를 사용하니, 이로써 해와 달의 운행을 거스르지 않고, 거북점과 시초점의 뜻을 어기지 않아서, 이를 통해 군주와 존장자를 공경스럽게 섬긴다. 이러한 까닭으로 윗사람은 백성들을 함부로 대하지 않고, 백성들은 윗사람에게 무례하게 굴지 않는다."라고 했다.

① 敬則用祭器.

補註 鄭註: 謂朝聘待賓客崇敬, 不敢用燕器也.

번역 정현의 주에서 말하길, 조빙(朝聘)을 하고 빈객을 대접하며 존숭하고 공경하여 감히 연기(燕器)[1]를 사용할 수 없다는 뜻이다.

② 不廢日月不違龜筮.

補註 按: 小註呂氏所解, 與古註疏同, 當從.

번역 살펴보니, 소주에서 여씨가 풀이한 것은 옛 주와 소의 내용과 동일하니, 마땅히 그 주장에 따라야 한다.

참고-大全 藍田呂氏曰: 君子之事天地鬼神, 與事其君長, 其敬一也, 故敬則用祭器. 不廢日月者, 事其君長, 各有日月, 如歲之有朝覲宗遇, 一日之有朝夕, 不敢廢也. 不違龜筮者, 欲見其君長, 及其所貢獻, 皆卜筮而

---

1) 연기(燕器)에는 두 가지 뜻이 있다. 첫 번째는 일상적으로 사용하는 기물(器物)들을 뜻한다. 두 번째는 잔치 때 사용하는 예기(禮器)들을 뜻한다.

後進也.

번역 남전여씨가 말하길, 군자가 천지 및 귀신들을 섬기는 것은 군주와 존장자를 섬기는 것과 공경함이 동일하다. 그렇기 때문에 공경한다면 제기를 사용하는 것이다. "해와 달을 폐하지 않는다."라고 했는데, 군주와 존장자를 섬길 때에는 각각 정해진 시기가 있으니, 마치 한 해 동안 조(朝)·근(覲)·종(宗)·우(遇)[2]가 있고, 하루 동안 아침과 저녁 문안인사가 있어서 이것들을 감히 폐지하지 않는 것과 같다. "거북점과 시초점을 어기지 않는다."라고 했는데, 군주와 존장자를 만나보려고 하거나 그에게 바칠 것들에 대해서는 모두 거북점과 시초점을 친 이후에 나아가거나 진상한다는 뜻이다.

참고-集說

①疏曰: 敬事君長, 謂諸侯朝天子及小國之於大國.

번역 소에서 말하길, 천자와 제후를 존경스럽게 섬긴다는 말은 제후가 천자에게 조회를 하고 소국이 대국을 섬기는 것들을 뜻한다.

① **疏曰[止]大國.**

補註 疏本文曰: 君, 謂天子. 長者, 兼諸侯相朝, 小國之於大國也.

번역 소의 본문에서 말하길, '군(君)'자는 천자를 뜻한다. '장(長)'자를 기록

---

2) 조근(朝覲)은 군주가 신하를 만나보는 예법(禮法)을 뜻한다. 군주가 신하를 만나보는 예법에는 조(朝), 근(覲), 종(宗), 우(遇), 회(會), 동(同) 등이 있었는데, 이것을 총칭하여 '조근'으로 부르기도 한다. 한편 '조근'은 신하가 군주를 찾아뵙는 예법을 뜻하기도 한다. 고대에는 제후가 천자를 찾아뵐 때, 각 계절별로 그 명칭을 다르게 불렀다. 봄에 찾아뵙는 것을 조(朝)라고 부르며, 여름에 찾아뵙는 것을 종(宗)이라고 부르고, 가을에 찾아뵙는 것을 근(覲)이라고 부르며, 겨울에 찾아뵙는 것을 우(遇)라고 부른다. '조근'은 이러한 예법들을 총칭하는 말이다.

한 이유는 제후가 상호 조회하는 경우까지도 포함하고자 해서이니, 소국이 대국에게 조회를 간 경우이다.

禮記補註卷之二十七

『예기보주』 27권

「치의(緇衣)」 제33편

補註 類編曰: 此卽表記之下篇, 猶禮運之郊特牲也.

번역 『유편』에서 말하길, 「치의」편은 「표기(表記)」편의 하편에 해당하니, 「예운(禮運)」편과 「교특생(郊特牲)」편의 관계와 같다.

「치의」 1장

참고-經文

子言之曰, "爲上①易事也, 爲下①易知也, 則刑不煩矣."

번역 공자가 말하길, "윗사람이 자신을 섬기는 것을 쉽게 만들고 아랫사람이 자신을 알게 하는 것을 쉽게 한다면, 형벌이 번잡하게 만들어지지 않는다."라고 했다.

① 易事[又]易知.

補註 疏曰: 易事者, 臣事之易也. 易知者, 君知其情易也.

번역 소에서 말하길, '이사(易事)'는 신하가 섬기기 쉽다는 뜻이다. '이지(易知)'는 군주가 그의 실제 정감을 알아보기 쉽다는 뜻이다.

참고-集說

呂氏曰: ①上好信, 則民莫敢不用情. 易事者, 以好信故也. 易知者, 以用情故也. 若上以機心待民, 則民亦以機心待其上, 姦生詐起, 欲刑之不煩, 不可得矣.

번역 여씨가 말하길, 윗사람이 신의를 좋아한다면 백성들 중 감히 진실된 정감을 나타내지 않는 자가 없다. "섬기기를 쉽게 한다."는 것은 신의를 좋아하기 때문이다. "알기 쉽다."는 것은 진실된 정감을 나타내기 때문이다. 만약 윗사람이 교활한 마음으로 백성들을 대한다면, 백성들 또한 교활한 마음으로 윗사람을 대하여, 간사함이 생겨나고 거짓됨이 발생하니, 형벌을 번잡하게 만들지 않고자 하더라도 할 수 없게 된다.

① 上好信[止]不用情.

補註 論語 · 子路文.

번역 『논어』「자로(子路)」편의 기록이다.[1]

1) 『논어』「자로(子路)」: 樊遲請學稼. 子曰, "吾不如老農." 請學爲圃. 曰, "吾不如老圃." 樊遲出. 子曰, "小人哉, 樊須也! 上好禮, 則民莫敢不敬, 上好義, 則民莫敢不服, <u>上好信, 則民莫敢不用情</u>. 夫如是, 則四方之民襁負其子而至矣, 焉用稼?"

「치의」 2장

참고–經文

子曰, "好賢如緇衣, ①惡惡如巷伯, 則爵不瀆而②民作愿, 刑不試而民咸服. 大雅曰, '儀刑文王, 萬國作孚.'"

번역 공자가 말하길, "군주가 현명함을 좋아하길 「치의」편의 내용처럼 돈독하게 하고, 악함을 싫어하길 「항백」편의 내용처럼 깊이 한다면, 작위를 남발하지 않더라도 백성들은 성실한 마음을 일으키고, 형벌을 시행하지 않아도 백성들이 모두 복종하게 된다. 「대아」에서는 '문왕을 본받으면, 모든 나라가 믿음을 일으키리라.'"라고 했다.

① 惡惡.

補註 上惡, 烏路反.

번역 앞의 '惡'자는 '烏(오)'자와 '路(로)'자의 반절음이다.

② 民作愿.

補註 按: 疏訓愿以謹愨, 而一云, 愿與願通, 作愿, 興起願慕也.

번역 살펴보니, 소에서는 '원(愿)'자를 삼가고 성실하다는 뜻으로 풀이했는데, 한편에서는 원(愿)자는 원(願)자와 통하므로, '작원(作愿)'이라는 것은 원하고 사모하는 마음을 일으킨다는 뜻이라고 했다.

「치의」 3장

참고-經文

子曰, "夫民敎之以德, 齊之以禮, 則①民有格心. 敎之以政, 齊之以刑, 則民有遯心. 故君民者, 子以愛之, 則民親之; 信以結之, 則民不倍; 恭以涖之, 則民有孫心. 甫刑曰, '②苗民③匪用命, 制以刑, 惟作五虐之刑曰法.' ④是以民有惡德, 而遂絶其世也."

번역 공자가 말하길, "무릇 백성들을 덕으로 가르치고 예로 제어한다면 백성들에게는 바른 마음이 생긴다. 반면 정치로 가르치고 형벌로 제어한다면 백성들에게는 달아나려는 마음이 생긴다. 그러므로 백성을 다스리는 자가 자식처럼 여겨 백성들을 사랑한다면 백성들도 그를 친애하게 되고, 신의를 가지고 백성들을 결속한다면 백성들도 배반하지 않으며, 공손하게 백성들을 임한다면 백성들은 공손한 마음을 가진다. 「보형」편에서는 '묘민(苗民)[1]은 선함을 사용하지 않고, 형벌로만 제어하며, 나섯 가지 잔악한 형벌을 만들어내고 그것을 법이라고 불렀다.'라고 했으니, 이로써 백성들은 악한 덕을 가지게 되었고, 결국 그 대를 끊어버리고 말았다."라고 했다.

① ○民有格心.

補註 論語: "道之以德, 齊之以禮, 有恥且格." 朱子註: "格, 至也, 謂至於善也."

번역 『논어』에서는 "덕으로 인도하고 예로 가지런히 한다면 부끄러워함이 있고 또 이르게 될 것이다."[2]라고 했고, 주자의 주에서는 "격(格)자는 이른다는 뜻이니, 선에 이른다는 의미이다."라고 했다.

---

1) 묘민(苗民)은 고대 삼묘(三苗) 부족의 수장을 뜻하며, 또한 삼묘 부족 전체를 가리키기도 한다.

2) 『논어』「위정(爲政)」: 子曰, "道之以政, 齊之以刑, 民免而無恥, 道之以德, 齊之以禮, 有恥且格."

② 苗民.

補註 疏曰: 後王深惡其族, 著其氏而謂之民. 民者, 冥也.

번역 소에서 말하길, 후대의 제왕들은 이 부족을 매우 미워하였기 때문에, 그들의 씨(氏)를 드러내고 '민(民)'자를 붙여서 불렀다. '민(民)'자는 어둡다는 뜻이다.

補註 ○按: 孔氏書註曰: "三苗之君, 凶頑若民", 今蔡傳亦以苗民爲三苗之君.

번역 ○살펴보니, 공안국의 『서』에 대한 주에서는 "삼묘의 군주는 백성들처럼 우둔하고 순종하지 않았다."라고 풀이했고, 현재 『채전』에서도 묘민을 삼묘의 군주로 보고 있다.

③ 匪用命.

補註 鄭註: 命, 政令也.

번역 정현의 주에서 말하길, '명(命)'자는 정령을 뜻한다.

④ 是以[止]世也.

補註 按: 此十二字, 非書文.

번역 살펴보니, 이 12개의 글자는 『서』의 기록이 아니다.

「치의」 5장

참고-經文

子曰, "禹立三年, 百姓①以仁遂焉, ②豈必盡仁? 詩云, '赫赫師尹, 民具爾瞻.' 甫刑曰, '一人有慶, 兆民賴之.' 大雅曰, '成王之孚, 下土之式.'"

번역 공자가 말하길, "우임금이 제위에 올라 3년이 지나자 백성들은 모두 인(仁)을 따랐으니, 어찌 반드시 조정의 모든 신하를 인(仁)한 자로 채운 뒤에야 가능한 일이겠는가? 『시』에서는 '밝게 드러나며 융성한 태사 윤씨여, 백성들이 모두 너를 보는구나.'라고 했고, 「보형」편에서는 '한 사람에게 경사가 생겼는데, 모든 백성들이 그에 힘입는다.'[1]라고 했으며, 「대아」에서는 '천자의 믿음을 이루어 백성들의 모범이 되었다.'"라고 했다.

① ○以仁遂焉.

補註 鄭註: 遂, 猶達也.

번역 정현의 주에서 말하길, '수(遂)'자는 달통하다는 뜻이다.

② 豈必盡仁.

補註 按: 鄭註, "百姓效禹爲仁, 非本性能仁." 此說勝似陳註.

번역 살펴보니, 정현의 주에서는 "백성들이 우임금을 본받아서 인(仁)을 시행했다는 뜻이니, 본성에 따라 모두 인(仁)에 따를 수 있었다는 뜻이 아니다."라고 했는데, 이 주장이 진호의 주보다 나은 것 같다.

---

1) 『서』「주서(周書)·여형(呂刑)」: 雖畏勿畏, 雖休勿休, 惟敬五刑, 以成三德. 一人有慶, 兆民賴之, 其寧惟永.

「치의」 6장

참고-經文

子曰, "上好仁, 則下之爲仁爭先人. 故長民者, 章志·貞教·尊仁, 以子愛百姓, 民致行己, 以說其上矣. 詩云, '①有梏德行, 四國順之.'"

번역 공자가 말하길, "윗사람이 인(仁)을 좋아한다면, 아랫사람이 앞 다투어 인(仁)을 실천하려고 한다. 그러므로 백성들을 통치하는 자가 자신의 뜻을 드러내고 가르침을 바르게 하며 인(仁)을 존숭하여 백성들을 자식처럼 사랑하면, 백성들은 인(仁)을 실천하는데 온힘을 다하여 윗사람을 기뻐하도록 만든다. 『시』에서는 '덕행으로 남을 깨우칠 수 있다면, 사방의 나라가 순종하게 되리라.'"라고 했다.

① ○有梏德行.

補註 鄭註: 梏, 大也, 直也.

번역 정현의 주에서 말하길, '각(梏)'자는 크다는 뜻이며, 곧다는 의미이다.

補註 ○陸云: 梏音角, 詩作覺.

번역 ○육덕명이 말하길, '梏'자의 음은 '角(각)'이며, 『시』에서는 '각(覺)'자로 기록했다.

「치의」 7장

참고-經文

子曰, “①王言如絲, 其出如綸. 王言如綸, 其出如綍. 故大人不倡游言. 可言也不可行, 君子弗言也, 可行也不可言, 君子弗行也, 則民言不危行, 而行不危言矣. 詩云, ‘淑愼爾止, 不諐于儀.’”

번역 공자가 말하길, “천자의 말이 실과 같이 가늘더라도 그것이 밖으로 표출되면 끈처럼 두껍게 된다. 천자의 말이 끈처럼 두껍더라도 그것이 밖으로 표출되면 노끈처럼 커지게 된다. 그러므로 천자나 대인은 근거도 없는 말로 선동하지 않는다. 말로는 할 수 있지만 실천할 수 없다면 군자는 그러한 말을 하지 않고, 실천할 수 있지만 말로는 표현할 수 없다면 군자는 그러한 행동을 하지 않으니, 이처럼 한다면 백성들의 말은 실천보다 높아지지 않고, 실천도 말보다 높아지지 않는다. 『시』에서는 ‘너의 용모와 행동거지를 조심하고 삼가며, 위엄을 갖춘 예법에 과실을 범하지 말아라.’”라고 했다.

① ○王言如絲[止]如綍.

補註 鄭註: “言, 言出彌大也.” 疏曰: “王者出言, 下所傚之, 其事漸大, 不可不愼.”

번역 정현의 주에서 말하길, “말은 밖으로 나오면 점점 커진다는 뜻이다.”라고 했다. 소에서 말하길, “천자가 한 말에 대해서는 아랫사람들이 본받게 되고, 그 사안이 점차 커져서 신중히 하지 않을 수가 없다는 뜻이다.”라고 했다.

「치의」 8장

참고-經文

子曰, "君子道人以言, 而禁人以行, 故言必慮其所終, 而行必稽其所敝, 則民謹於言而愼於行. 詩云, '愼爾出話, 敬爾威儀.' 大雅曰, '穆穆文王, ①於緝熙敬止.'"

번역 공자가 말하길, "군자는 남을 가르칠 때 말로써 하고, 독려할 때에는 행동으로써 한다. 그렇기 때문에 말은 반드시 마치는 것을 헤아려야 하고, 행동은 반드시 해지는 것을 살펴야 하니, 이처럼 한다면 백성들은 말을 삼가고 행동을 신중히 하게 된다. 『시』에서는 '너의 내뱉는 말을 신중히 하고, 너의 위엄스러운 거동을 공경스럽게 하라.'라고 했고, 「대아」에서는 '깊고도 원대하신 문왕이여, 오! 계속하여 빛나서 공경스럽고 편안하게 계시도다.'"라고 했다.

① ○於緝熙敬止.

補註 按: 詩朱子註, "止, 作語辭." 今此陳註所引, 乃大學註也. 大學以其釋止於至善, 故斷章取義也. 若依斷章之例, 則此章當依呂氏說, 以敬其容止取義也.

번역 살펴보니, 『시』에 대한 주자의 주에서는 "지(止)자는 어조사이다."라고 했다. 현재 이곳 진호의 주에서 인용하고 있는 것은 『대학』의 주이다. 『대학』에서는 '지어지선(止於至善)'이라는 말을 풀이하기 위해서 단장취의를 했다. 만약 단장취의의 용례에 따른다면, 이 문장에 대해서는 마땅히 여씨의 주장에 따라서 용모와 행동거지를 공경스럽게 한다는 뜻으로 풀이해야 한다.

참고-集說

呂氏曰: ①進取於善者, 夷考其行而不掩, 猶不免於狂, 況不在於善者乎? 故曰言必慮其所終. ②夷惠之清和, 其末猶爲隘與不恭, 故曰行必稽其所敝. 文王之德, 亦不越敬其容止而已.

번역 여씨가 말하길, 선으로 나아가 취하는 자는 행실을 살펴서 행실이 말을 가리지 않지만, 여전히 뜻이 고매하여 진취적인 상태에서 벗어나지 못하는데, 하물며 선에 뜻을 두지 않은 자에게 있어서는 어떻겠는가? 그러므로 "말은 반드시 마치는 것을 헤아려야 한다."라고 했다. 백이나 유하혜처럼 맑고 조화로운 자도 그 말단에 있어서는 오히려 좁고 공손하지 못하였다. 그렇기 때문에 "행동은 반드시 해지는 것을 살펴보아야 한다."라고 했다. 문왕의 덕은 또한 용모와 행동거지를 공경스럽게 하는 데에서 벗어나지 않았을 따름이다.

① 進取[止]於狂.

補註 見孟子·盡心.

번역 『맹자』「진심(盡心)」편에 나온다.[1]

② 夷惠[止]不恭.

補註 見公孫丑.

번역 『맹자』「공손추(公孫丑)」편에 나온다.[2]

참고-大全

西山眞氏曰: 道人以言者, 謂以言辭命令開導而誘掖之也. 然言可以導人之善, 而不能禁人之不善, 其必以行乎. 蓋天下之

---

1) 『맹자』「진심하(盡心下)」: 曰, 其志嘐嘐然, 曰, '古之人, 古之人.' 夷考其行, 而不掩焉者也.

2) 『맹자』「공손추상(公孫丑上)」: 孟子曰, "伯夷隘, 柳下惠不恭. 隘與不恭, 君子不由也."

理, 有諸己而後, 可以非諸人. 己无不善之行, 雖不禁人, 人自從之, 己有不善之行, 雖欲禁人, 人必違之, 故空言不可以禁人, 惟實行乃足以禁人也. 夫言出於口, 至易也, 然不慮其所終, 則一言之過貽患, 將不勝捄. 行出於身, 亦至易也, 然不稽其所敝, 則一行之差流禍, 或至於无窮. 不善者, 固不足言, 善矣而慮之不深, 稽之不遠, 未有不反而爲不善者也. 老莊非善言乎? 其終爲浮虛之害, ①夷齊非善行乎? 其弊有隘不恭之失, 況尊居人上, 言行所關, 安危自出, 故必謹之審之, 而不敢苟, 則民亦從其化, 而不苟於言行矣.

번역 서산진씨[3]가 말하길, 말로 남을 이끈다는 것은 말과 명령으로 개도하여 이끌고 도와준다는 뜻이다. 그러나 말로는 사람들의 선함을 이끌 수 있지만, 사람들의 불선함은 금할 수 없으니, 반드시 행동을 통해서 해야 할 것이다. 천하의 이치를 자신이 갖춘 이후에야 남의 잘못을 비판할 수 있다. 자신에게 불선한 행실이 없다면 비록 남의 잘못을 금지할 수 없지만 사람들이 스스로 따르게 되며, 자신에게 불선한 행실이 있다면, 비록 남의 잘못을 금지하려고 하더라도 사람들이 반드시 어기게 된다. 그렇기 때문에 공허한 말로는 남의 잘못을 금지할 수 없고, 오직 진실된 행동이어야만 남의 잘못을 금지할 수 있다. 말이 입에서 나오는 것은 매우 쉽지만, 그 끝나는 점들을 헤아리지 않는다면, 한 마디 말의 잘못이 끼치는 우환은 구원할 수 없는 지경에 이르게 된다. 행실이 몸을 통해 나타나는 것 또한 매우 쉽지만, 그 해지는 점들을 살펴보지 않는다면, 한 가지 행동의 착오가 재앙으로 흘러 간혹 끝이 없는 지경에 이르게 된다. 불선한 자는 진실로 말할 것이 못되지만, 선하더라도 헤아림이 깊지 못하고 살펴봄이 원대하지 못하면, 도리어 불선이 되지 않는 경우가 없었다. 노자와 장자는 좋은 말을 하지 않았던가? 그러나 끝내 허황된 피해를 입혔고, 백이와 유하혜는 좋은 행실을 하지 않았던가? 그러나 그 폐단은 좁고 공손하지 못한 잘못을 저질렀으니, 하물며 위정자의 자리에 오른 자는 그 말과 행동이 그것

---

3) 서산진씨(西山眞氏, A.D.1178 ~ A.D.1235) : =건안진씨(建安眞氏) · 진덕수(眞德秀). 남송(南宋) 때의 성리학자이다. 자(字)는 경원(景元)이고, 호(號)는 서산(西山)이다. 저서로는 『독서기(讀書記)』, 『사서집론(四書集論)』, 『경연강의(經筵講義)』 등이 있다.

과 관련되어 안위가 여기에서 비롯된다. 그렇기 때문에 반드시 삼가고 깊이 살펴서 감히 구차하게 하지 않는다면, 백성들 또한 그 교화에 따라서 말과 행동에 대해 구차하게 하지 않을 것이다.

① 夷齊非善行.

補註 齊, 恐當作惠.

번역 '제(齊)'자는 아마도 혜(惠)자로 기록해야 할 것 같다.

「치의」 9장

참고-經文

子曰, "長民者, 衣服不貳, ①從容有常, 以齊其民, 則民德壹. 詩云, '彼都人士, 狐裘黃黃. 其容不改, 出言有章. ②行歸于周, 萬民所望.'"

번역 공자가 말하길, "백성을 통치하는 자가 의복에 있어서 예법과 차이를 내지 않고, 행동거지와 용모에는 항상된 도리를 갖춰서 백성들을 단정하게 한다면, 백성들의 덕은 한결같게 된다. 『시』에서는 '저 도읍에서 온 선비여, 여우 가죽옷이 누렇고 누렇구나. 그 용모가 변치 않고, 말을 함에 화려한 격식이 있구나. 행동이 충심과 신의로 귀결되니, 모든 백성들이 선망하는 바이다.'"라고 했다.

① 從容有常.

補註 疏曰: 謂擧動有其常度.

번역 소에서 말하길, 거동에 항상된 법도가 있다는 의미이다.

② 行歸于周.

補註 按: 訓周以忠信, 則行爲去聲.

번역 살펴보니, '주(周)'자를 충신으로 풀이했다면, '行'자는 거성으로 읽는다.

참고-集說

詩, 小雅都人士之篇. ①周, 忠信也.

번역 『시』는 『시』「소아(小雅)·도인사(都人士)」편이다.[1] '주(周)'자는 충심과 신의를 뜻한다.

① 周忠信也.

補註 國語曰: 忠信爲周.

번역 『국어』에서 말하길, 충심과 신의는 주(周)가 된다.[2]

참고-集說

馬氏曰: 狐裘黃黃, ①服其服也. 其容不改, ①文以君子之容也. 出言有章, ①遂以君子之辭也. 行歸於周, ①實以君子之德也.

번역 마씨가 말하길, "여우 가죽으로 만든 갖옷이 누렇고 누렇다."는 말은 해당하는 복장을 입었다는 뜻이다. "그 용모가 변치 않는다."는 말은 군자다운 용모로 문채를 꾸몄다는 뜻이다. "말을 함에 격식이 있다."는 말은 군자다운 말로 실천한다는 뜻이다. "행동이 충심과 신의로 귀결된다."는 말은 군자다운 덕으로 채운다는 뜻이다.

① 服其服[又]文以君子之容[又]遂以君子之辭[又]實以君子之德.

補註 竝表記文.

번역 이 모두는 『예기』「표기(表記)」편의 기록이다.[3]

---

1) 『시』「소아(小雅) · 도인사(都人士)」: 彼都人士, 狐裘黃黃. 其容不改, 出言有章. 行歸于周, 萬民所望.

2) 『국어』「노어하(魯語下)」: 臣聞之曰, "懷和爲每懷, 咨才爲諏, 咨事爲謀, 咨義爲度, 咨親爲詢, 忠信爲周."

3) 『예기』「표기(表記)」: 是故君子服其服, 則文以君子之容; 有其容, 則文以君子之辭; 遂其辭, 則實以君子之德. 是故君子恥服其服而無其容, 恥有其容而無其辭, 恥有其辭而無其德, 恥有其德而無其行. 是故君子衰絰則有哀色, 端冕則有敬色, 甲冑則有不可辱之色. 詩云, '維鵜在梁, 不濡其翼. 彼記之子, 不稱其服.'

참고-大全

藍田呂氏曰: 此章言長民者①言容止, 民所觀望, 則而象之, 惟其不貳有常, 則民心不疑而德歸於一矣.

번역 남전여씨가 말하길, 이 문장에서는 백성을 다스리는 자의 말과 용모 및 행동거지는 백성들이 바라보며 본받아서 모방하는 것이니, 차이를 내지 않고 항상됨을 갖춘다면, 백성들의 마음이 의혹을 품지 않고 덕이 한결같음으로 귀결된다는 뜻이다.

① 言容止.

補註 按: 言下恐缺一字, 不然, 則言字衍.

번역 살펴보니, '언(言)'자 뒤에는 아마도 한 글자가 누락된 것 같은데, 그렇지 않다면 언자는 연문에 해당한다.

「치의」 11장

참고-經文

子曰, "有國家者, ①章善癉惡以示民厚, 則民情不貳. 詩云, '②靖共爾位, 好是正直.'"

번역 공자가 말하길, "국(國)이나 가(家)를 소유한 제후와 대부가 선을 드러내고 악을 미워하여 백성들에게 두터이 할 것을 보여준다면, 백성들의 정감은 어긋나지 않는다. 『시』에서는 '너의 직위를 편안하고 공손하게 하여, 정직한 자를 좋아하라.'"라고 했다.

① 章善.

補註 按: 鄭本雖作章義而無註. 陸云, "尙書作善", 疏亦以章善解之.

번역 살펴보니, 정현의 판본에는 비록 '장의(章義)'라고 기록했지만 관련해서는 주가 달려있지 않다. 육덕명은 "『상서』에서는 선(善)으로 기록했다."라고 했고, 소에서도 장선(章善)으로 풀이했다.

② 靖共.

補註 共, 平聲.

번역 '共'자는 평성으로 읽는다.

「치의」 12장

참고—經文

子曰, "①上人疑, 則百姓惑; ①下難知, 則君長勞. 故君民者, 章好以示民俗, ②愼惡以御民之淫, 則民不惑矣. ③臣儀行, 不重辭, 不援其所不及, 不煩其所不知, 則君不勞矣. 詩云, '上帝板板, 下民卒癉.' 小雅曰, '匪其止共, 維王之邛.'"

번역 공자가 말하길, "윗사람이 의심하게 되면 백성들이 의혹하게 된다. 아랫사람에 대해 알기가 어렵다면 군주와 존장자는 고단하게 된다. 그러므로 백성을 다스리는 자가 좋아하는 것을 드러내어 백성들에게 좋은 풍속을 보여주고, 싫어하는 것을 신중히 처리하여 백성들이 문란하게 되는 것을 제어한다면, 백성들이 의혹을 품지 않는다. 신하에게 법도에 맞는 행실이 있고, 말만을 중시하지 않으며, 군주의 능력으로 미칠 수 없는 것을 강요하지 않고, 군주의 지혜로 알 수 없는 것으로 번민하게 만들지 않는다면, 군주는 고단하게 되지 않는다. 『시』에서는 '상제가 항상된 도리를 뒤집어 행하니, 백성들이 모두 병들었도다.'라고 했고, 「소아」에서는 '공경함에 따른 것이 아니며, 천자의 병통이 될 따름이니라.'"라고 했다.

① ○上人疑[又]下難知.

補註 按: 上人疑, 與首章所謂爲上易事相反. 下難知, 與首章所謂爲下易知相反.

번역 살펴보니, '상인의(上人疑)'라는 것은 첫 장에서 "윗사람이 자신을 섬기는 것을 쉽게 만든다."라고 한 말과 상반된다. '하난지(下難知)'라는 것은 첫 장에서 "아랫사람이 자신을 알게 하는 것을 쉽게 한다."라고 한 말과 상반된다.[1]

---

1) 『예기』「치의」: 子言之曰, "爲上易事也, 爲下易知也, 則刑不煩矣."

② 愼惡.

補註 惡, 烏路反.

번역 '惡'자는 '烏(오)'자와 '路(로)'자의 반절음이다.

③ 臣儀行.

補註 鄭註: 儀, 當爲義.

번역 정현의 주에서 말하길, '의(儀)'자는 마땅히 의(義)자가 되어야 한다.

「치의」 14장

참고—經文

子曰, "大臣不親, 百姓不寧, 則①忠敬不足而富貴已過也. 大臣不治, 而邇臣比矣. 故大臣不可不敬也, 是民之表也. ②邇臣不可不愼也, 是民之道也. 君毋以小謀大, 毋以遠言近, 毋以內圖外, 則大臣不怨, 邇臣不疾, 而遠臣不蔽矣. 葉公之顧命曰, '毋以小謀敗大作, ③毋以嬖御人疾莊后, 毋以嬖御士疾④莊士大夫卿士.'"

번역 공자가 말하길, "대신이 친애함과 신의를 나타내지 않고 백성들이 편안하지 않다면, 충심과 공경이 부족하고 부귀함만 너무 지나친 것이다. 대신이 자신의 직무를 다스리지 않으면 가까이에서 군주를 섬기는 신하들이 서로 연합하여 대신의 권력을 빼앗는다. 그러므로 대신은 공경하지 않을 수가 없으니, 그들의 태도는 백성들의 의표가 되기 때문이다. 또 가까이에서 섬기는 신하들은 신중하지 않을 수가 없으니, 그들의 태도는 백성들이 따르는 도가 되기 때문이다. 군주가 작은 것으로 큰 것을 계획하지 않고, 먼 것으로 가까운 것을 말하지 않으며, 내적인 것으로 외적인 것을 도모하지 않는다면, 대신들은 원망하지 않게 되고, 가까이에서 섬기는 신하들은 질시를 하지 않으며, 멀리 떨어져 있는 신하들은 가려지지 않는다. 섭공은 회고를 하며, '소신의 계획으로 대신이 벌인 일을 망치지 말고, 가까이에서 총애를 받는 첩이 바른 처를 질시하도록 하지 말며, 총애를 받는 사가 공경스러운 사 · 대부 · 경사를 질시하도록 하지 말아야 한다.'"라고 했다.

① ○忠敬不足.

補註 楊梧曰: 忠敬皆屬君, 孟子曰, "待先生, 如此其忠且敬也", 是一證. 註分貼君臣, 未是.

번역 양오가 말하길, 충심과 공경은 모두 군주에게 관련된 것이니, 『맹자』에서 "선생을 대하길 이처럼 충심과 공경을 다한다."[1]라고 한 말이 하나의 증거이다. 주에서는 이것을 나눠 군주와 신하에게 각각 해당시켰는데 옳지 않다.

② 適臣不可不愼.

補註 按: 愼字之訓, 小註方氏云, "擇之不可不愼." 楊梧云, "遴選精防範嚴." 以此觀之, 皆屬君上說, 與敬大臣相對.

번역 살펴보니, '신(愼)'자에 대한 풀이에 있어서, 소주에서 방씨는 "그들을 선별할 때 신중하지 않을 수 없다."라고 했고, 양오는 "선정을 정밀히 하여 대비를 엄정하게 한다."라고 했다. 이를 통해 살펴보면, 이 모두는 군주에게 해당하는 설명이니, 대신에 대해서 공경해야 한다는 것과 상대가 된다.

③ 毋以嬖御人疾莊后.

補註 鄭註: 嬖御人, 愛妾也. 莊后, 適夫人齊莊得禮者.

번역 정현의 주에서 말하길, '폐어인(嬖御人)'은 총애하는 첩을 뜻한다. '장후(莊后)'는 정부인으로 단아하고 장엄하며 예에 맞게 행동하는 자를 뜻한다.

④ 莊士大夫卿士.

補註 鄭註: 士之齊莊得禮者, 今爲大夫·卿士.

번역 정현의 주에서 말하길, 사 중에서도 단아하고 장엄하며 예에 맞게 행동하는 자를 뜻하는데, 현재 대부나 경사가 된 것이다.

참고-集說

大臣不見親信, 則民不服從其命, 故不寧也. 此蓋由臣之忠不足於君, 君之敬不足於臣, 徒富貴之太過而然耳. 由是適臣之

---

1) 『맹자』「이루하(離婁下)」: 左右曰, "待先生如此其忠且敬也, 寇至, 則先去以爲民望, 寇退, 則反, 殆於不可."

黨, 相比以奪大臣之柄, 而使之不得治其事. 故大臣所以不可不敬者, 以其爲民所瞻望之儀表也. 邇臣所以不可不愼者, 以君之好惡係焉, 乃民之所從以爲道者也. 人君不使小臣謀大臣, 則大臣①不至於怨乎不以; 不使遠臣間近臣, 則近臣不至於疾其君; 不使內之寵臣圖四方宣力之士, 則遠臣之賢無所壅蔽, 而得見知於上矣. 葉公, 楚葉縣尹沈諸梁, 字子高, 僭稱公. 顧命, 臨死回顧之言也. 毋以小謀敗大作, 謂不可用小臣之謀, 而敗大臣所作之事也. 疾, 毁惡之也. 莊, 猶正也, 敬也, 君所取正而加敬之謂也.

번역 대신들이 친애함과 신의를 드러내지 않는다면, 백성들은 그 명령에 복종하지 않기 때문에 편안하지 않다. 이것은 신하의 충심이 군주에 대해 부족하고, 군주의 공경함이 신하에 대해 부족하며 단지 부귀함만 너무 지나친 데에서 비롯되어 이처럼 된 것일 뿐이다. 이를 통해 가까운 신하의 무리들은 서로 연합하여 대신의 권력을 빼앗고, 그들로 하여금 자신의 직무를 처리할 수 없게 만든다. 그렇기 때문에 대신이 공경하지 않을 수 없는 것은 그들은 백성들이 바라보며 의표로 삼는 대상이기 때문이다. 가까운 신하가 신중하지 않을 수 없는 것은 군주의 좋아함과 싫어함이 연계되어, 곧 백성들이 따라서 도로 삼는 것이기 때문이다. 군주가 소신으로 하여금 대신의 일을 도모하지 않도록 한다면, 대신은 자신이 쓰이지 않는 것에 대해 원망을 하는 지경에 이르지 않고, 멀리 떨어져 있는 신하로 하여금 가까이 있는 신하들을 간섭하지 않도록 한다면, 가까운 신하들은 자신의 군주를 질시하는 지경에 이르지 않으며, 조정에 머물며 총애를 받는 신하로 하여금 사방에서 힘을 다해 일하고 있는 사의 일을 도모하지 않도록 한다면, 멀리 떨어져 있는 신하들 중 현명한 자들은 총애가 막혀 받지 못하는 경우가 없고, 윗사람에게 자신을 알릴 수 있다. '섭공(葉公)'은 초(楚)나라 섭현을 다스렸던 관리인 심제량(沈諸梁)으로, 자(字)는 자고(子高)인데 참람되게 공(公)이라고 지칭했다. '고명(顧命)'은 죽음을 앞두고 회고하는 말을 뜻한다. "작은 계획으로 큰 사업을 망치지 말아라."라는 말은 소신의 계획을 사용하여 대신이 벌인 사업을 망쳐서는 안 된다는 뜻이다. '질(疾)'자는 헐뜯고 미워한다는 뜻이다. '장(莊)'자는 "바르다[正]."는 뜻이며, "공경한다[敬]."는 뜻이니, 군주가 바른 자를 취하여 공경을 더한다는 뜻이다.

① 不至於怨乎不以.

補註 論語 · 微子: "不使大臣怨乎不以." 朱子註: "以, 用也."

번역 『논어』「미자(微子)」편에서는 "대신에 대해서는 써주지 않는 것을 원망하지 않게 한다."[2]라고 했고, 주자의 주에서는 "이(以)자는 등용한다는 뜻이다."라고 했다.

---

2) 『논어』「미자(微子)」: 周公謂魯公曰, "君子不施其親, 不使大臣怨乎不以. 故舊無大故, 則不棄也. 無求備於一人!"

「치의」 15장

참고–集說

親善遠惡, 人心所同, 所謂①舉直錯諸枉則民服. 今君旣不親賢, 故民亦不親其上, 教令徒煩, 無益也. 詩, 小雅正月之篇. 言彼小人初用事, 求我以爲法則, 惟恐不得; 旣而不合, 則空執留之, 視如仇讐然, 不用力於我矣. 仇仇者, 言不一仇之, 無往而不忤其意也. 君陳, 周書. 兼引之, 皆爲不親賢之證.

번역 선을 친근하게 여기고 악을 멀리하는 것은 사람의 마음에서 동일하게 여기는 것이니, "정직한 사람을 등용하고 정직하지 못한 사람을 내치면 백성들이 복종한다."는 뜻에 해당한다. 현재 군주가 이미 현명한 자를 친근하게 여기지 않고 있기 때문에 백성들 또한 윗사람을 친근하게 여기지 않고, 교화와 정령만 번잡하게 되어 무익하게 된다. 『시』는 『시』「소아(小雅)·정월(正月)」편이다.[1] 즉 저 소인들은 애초에 일을 벌일 때, 나를 찾아 법도로 삼고자 하여, 나를 찾지 못할까만을 염려한다. 그러나 이미 만나보고 부합하지 않는다면 공허하게 잡아두려고 하며, 마치 원수를 보는 것처럼 하며, 나에게 힘을 기울이지 않는다는 뜻이다. '구구(仇仇)'는 한결같이 원수로만 대하는 것이 아니지만 가는 곳마다 그 뜻을 거스르지 않음도 없다는 의미이다. 「군진(君陳)」은 『서』「주서(周書)」의 편명이다. 함께 인용을 한 것은 모두 현명한 자를 친근하게 여기지 않는다는 뜻을 증명하기 위해서이다.

① ○舉直[止]民服.

補註 論語·爲政文.

번역 『논어』「위정(爲政)」편의 기록이다.[2]

---

1) 『시』「소아(小雅)·정월(正月)」: 瞻彼阪田, 有菀其特. 天之扤我, 如不我克. 彼求我則, 如不我得. 執我仇仇, 亦不我力.

2) 『논어』「위정(爲政)」: 哀公問曰, "何爲則民服?" 孔子對曰, "舉直錯諸枉, 則民服, 舉枉錯諸直, 則民不服."

「치의」 16장

참고-經文

子曰, "小人溺於水, 君子溺於口, 大人溺於民, 皆在其所褻也. 夫水①近於人而溺人, 德易狎而難親也, 易以溺人. 口費而煩, 易出難悔, 易以溺人. 夫民②閉於人而有鄙心, 可敬不可慢, 易以溺人. 故君子不可以不愼也."

번역 공자가 말하길, "백성은 물에 빠지고, 사와 대부는 입에 빠지며, 천자와 제후는 백성에 빠지니, 이 모두는 매우 친근하게 여기는 것에 달려 있다. 무릇 물이라는 것은 사람과 가까워서 사람을 빠트리는데, 물의 덕은 가까이 여기기는 쉽지만 친근해지기는 어려우니, 사람을 빠트리기가 쉽다. 입은 말을 낭비하고 번잡하게 만드는데, 말은 내뱉기는 쉬워도 이후 뉘우치기는 어려우니, 사람을 빠트리기가 쉽다. 무릇 백성은 인도에 막혀서 비루한 마음을 품으니, 공경해야 하며 태만하게 대해서는 안 되니, 사람을 빠트리기가 쉽다. 그러므로 군자는 조심하지 않는 태도로 대해서는 안 된다."라고 했다.

① 近於人而溺人.

補註 按: 諺讀誤於上人字著吐, 當移溺人下.

번역 살펴보니, 『언독』에서는 앞의 인(人)자 뒤에 잘못 토를 붙였는데, 마땅히 닉인(溺人)이라는 말 뒤로 토를 옮겨야 한다.

② 閉於人而有鄙心.

補註 鄭註: 言民不通於人道, 而心鄙詐, 難卒告諭.

번역 정현의 주에서 말하길, 백성들은 인도에 달통하지 못하고 마음에는 비루함과 거짓됨을 일으키니, 끝내 일러주어 깨우치기가 어렵다는 뜻이다.

「치의」 17장

참고-經文

"太甲曰, '毋越厥命以自覆也. 若虞機張, ①往省括於度則釋.' 兌命曰, '惟口起羞, ②惟甲冑起兵, 惟衣裳在笥, 惟干戈省厥躬.' ③太甲曰, '天作孼, 可違也. 自作孼, 不可以逭.' ④尹吉曰, '惟尹躬先見于西邑夏, 自周有終, 相亦惟終.'"

번역 공자가 계속하여 말하길, "「태갑」편에서 말하길, '그 명을 벗어나서 스스로 전복되지 마소서. 우인이 쇠뇌를 장전했을 때 가서 화살끝이 조준선에 맞는지 살펴보고 활을 쏘는 것처럼 하소서.'[1]라고 했고, 「열명」편에서는 '입은 부끄러움을 불러오고, 갑옷은 전쟁을 일으키니, 옷은 상자에 두어야 하며, 방패와 창을 쓸 때에는 자신을 성찰해야 합니다.'[2]라고 했으며, 「태갑」편에서는 '하늘이 일으킨 재앙은 피할 수 있습니다. 그러나 스스로 일으킨 재앙은 피할 수 없습니다.'[3]라고 했고, 「윤고」편에서는 '제가 직접 이전에 서읍의 하나라를 살펴보았는데, 선왕이 스스로 충심과 신의를 보여서 제대로 끝맺을 수 있었고, 신하 또한 제대로 끝맺을 수 있었습니다.'[4]"라고 했다.

① ○往省括于度則釋.

補註 按: 古經度上有厥字. 鄭註, "厥, 其也." 陸云, "尙書無厥字."

번역 살펴보니, 『고경』에는 '도(度)'자 앞에 궐(厥)자가 기록되어 있었다. 정

---

1) 『서』「상서(商書) · 태갑상(太甲上)」: 王惟庸罔念聞. 伊尹乃言曰, 先王昧爽丕顯, 坐以待旦, 旁求俊彦, 啓迪後人, 無越厥命以自覆. 愼乃儉德, 惟懷永圖. 若虞機張, 往省括于度, 則釋, 欽厥止, 率乃祖攸行. 惟朕以懌, 萬世有辭.

2) 『서』「상서(商書) · 열명중(說命中)」: 惟口起羞, 惟甲冑起戎, 惟衣裳在笥, 惟干戈省厥躬.

3) 『서』「상서(商書) · 태갑중(太甲中)」: 天作孼猶可違, 自作孼不可逭.

4) 『서』「상서(商書) · 태갑상(太甲上)」: 惟尹躬先見于西邑夏, 自周有終, 相亦惟終, 其後嗣王, 罔克有終, 相亦罔終.

현은 “궐(厥)자는 그[其]를 뜻한다.”라고 했고, 육덕명은 “『상서』에는 궐(厥)자가 없다.”라고 했다.

② 惟甲冑起兵.

補註 按: 書本文, 兵作戎.
번역 살펴보니, 『서』의 본문에서는 ‘병(兵)’자를 융(戎)자로 기록했다.

③ 太甲[止]以逭.

補註 按: 書孼下有猶字, 違下無也字, 逭上無以字.
번역 살펴보니, 『서』에는 ‘얼(孼)’자 뒤에 유(猶)자가 기록되어 있고, ‘위(違)’자 뒤에 야(也)자가 없으며, ‘환(逭)’자 앞에 이(以)자가 없다.

④ 尹吉[止]有終.

補註 陽村曰: 吉, 告字之誤. 天, 書作先. 蓋古文天, 作▼(一/先), 又作▼(兀/儿), 皆與先相似, 故誤作天. 金氏釋書, 以周爲君, 亦古文君周相似也. 今以此章告作吉先作天觀之, 則君之作周, 亦已明矣.
번역 양촌이 말하길, ‘길(吉)’자는 고(告)자의 오자이다. ‘천(天)’자를 『서에서는 선(先)자로 기록했다. 고문의 천(天)자는 ‘▼(一/先)’자로도 쓰고 ‘▼(兀/儿)’자로도 쓰는데, 모두 선(先)자와 유사한 점이 있다. 그렇기 때문에 잘못하여 천(天)자로 기록한 것이다. 금씨는 『서』를 풀이하며 ‘주(周)’자를 군(君)자로 보았는데, 고문의 군(君)자와 주(周)자는 서로 유사하기 때문이다. 현재 이곳 문장에서 고(告)자를 길(吉)자로 기록하고 선(先)자를 천(天)자로 기록한 것을 통해 살펴보면, 군(君)자를 주(周)자로 기록한 것이 또한 분명하다.

「치의」 18장

참고─經文

子曰, "民以君爲心, 君以民爲體. 心莊則體舒, 心肅則容敬. 心好之, 身必安之. 君好之, 民必欲之. ①心以體全, 亦以體傷. ①君以民存, 亦以民亡. 詩云, '昔吾有先正, 其言明且淸. 國家以寧, 都邑以成, 庶民以生. ②誰能秉國成? 不自爲正, 卒勞百姓.' 君雅曰, '③夏日暑雨, 小民惟曰怨資. 冬祈寒, 小民亦惟曰怨.'"

번역 공자가 말하길, "백성은 군주를 마음으로 삼고, 군주는 백성을 몸으로 삼는다. 마음이 장엄하게 되면 몸이 펴지고, 마음이 엄숙하게 되면 용모가 공경스럽게 된다. 마음이 좋아하면 몸은 반드시 편안하게 된다. 군주가 좋아하면 백성은 반드시 그것을 하고자 한다. 마음은 몸을 통해 온전하게 되며 또한 몸을 통해 상처를 받기도 한다. 군주는 백성을 통해 보존되고 또한 백성을 통해 망하기도 한다. 『시』에서는 '예전 나에게는 선대의 현명한 신하가 있어서, 그의 말은 밝고도 맑았다. 국가는 그를 통해 편안하게 되었고, 도읍은 그를 통해 완성되었으며, 백성은 그를 통해 생활하게 되었다. 누가 이러한 국가의 완성된 법도를 잡을 수 있겠는가? 스스로 바름을 시행하지 않아서 끝내 백성들만 고달프게 만들었다.'라고 했고, 「군아」편에서는 '여름날 덥고 비가 내리면 일반 백성들은 원망하고 한탄한다. 겨울에 혹독하게 추우면 일반 백성들은 원망하고 한탄한다.'"라고 했다.

① ○心以體全[又]君以民存.

補註 按: 此兩吐, 諺讀皆誤.

번역 살펴보니, 이 두 곳에 대한 토를 『언독』에서는 모두 잘못 달았다.

② 誰能秉國成.

補註 按: 詩本文, 無能字.

번역 살펴보니, 『시』의 본문에는 '능(能)'자가 없다.

③ 夏日暑雨.

補註 按: 書本文, 無日字.

번역 살펴보니, 『서』의 본문에는 '일(日)'자가 없다.

참고-集說

此承上文大人溺於民之意而言. 昔吾有先正以下五句, 逸詩也. 下三句, 今見小雅節南山之篇. 言今日誰人秉持國家之成法乎? 師尹實秉持之, 乃不自爲政, 而信任群小, 終勞苦百姓也. 君牙, 周書. 資, 書作咨, 此傳寫之誤, 而下復缺一咨字, 鄭①不取書文爲定, 乃讀資爲至. 今從書, 以資字屬上句.

번역 이 문장은 앞에서 대인이 백성에게 빠진다고 했던 뜻을 이어서 한 말이다. "예전에 나에게는 이전 시대의 현명한 신하가 있었다."라고 한 구문으로부터 이하의 5개 구문은 『일시』에 해당한다. 그 뒤의 세 구문은 현행본 『시』「소아(小雅)·절남산(節南山)」편에 나온다.[1] 즉 "오늘날 누가 국가의 완성된 법도를 지닐 수 있겠는가? 태사 윤씨가 실제로 법도를 잡았지만, 스스로 정치를 시행하지 못하고, 소인들을 신임하여 결국 백성들을 고달프게 했다."는 뜻이다. 「군아」는 『서』「주서(周書)」편이다.[2] '자(資)'자를 『서』에서는 자(咨)자로 기록했으니, 이것은 필사하는 과정에 나타난 잘못이며, 그 뒤의 구문에도 '자(咨)'자가 빠져 있는데, 정현은 『서』의 기록을 가져다가 바로잡지 않아서 곧 '자(資)'자를 "~에 이르다[至]."는 뜻으로 풀이했다. 이곳에서는 『서』의 기록에 따라서 '자(資)'자를 앞의 구문에 연결해서 읽는다.

---

1) 『시』「소아(小雅)·절남산(節南山)」: 不弔昊天, 亂靡有定. 式月斯生, 俾民不寧. 憂心如酲, 誰秉國成. 不自爲政, 卒勞百姓.

2) 『서』「주서(周書)·군아(君牙)」: 夏暑雨, 小民惟曰怨咨, 冬祁寒, 小民亦惟曰怨咨.

① 不取書文爲定.

補註 疏曰: 鄭讀資爲至, 以不見古文尙書故也.
번역 소에서 말하길, 정현이 '자(資)'자를 지(至)자로 풀이한 것은 『고문상서』를 보지 않았기 때문이다.

補註 ○按, 古文尙書晩出, 故鄭不及見.
번역 ○살펴보니, 『고문상서』는 뒤늦게 나타났기 때문에 정현이 보지 못했던 것이다.

「치의」 19장

참고-經文

子曰, "下之事上也, 身不正, 言不信, 則義不壹, ①行無類也." 子曰, "②言有物而行有格也, 是以生則不可奪志, 死則不可奪名. 故君子③多聞, 質而守之; 多志, ④質而親之; 精知, 略而行之. 君陳曰, '出入自爾師虞, ⑤庶言同.' 詩云, '淑人君子, 其儀⑥一也.'"

번역 공자가 말하길, "아랫사람이 윗사람을 섬길 때, 몸이 바르지 않고 말이 미덥지 못하면 뜻이 한결같지 않고, 행동에 법도가 없다."라고 했다. 공자가 말하길, "말에 진실됨이 있고 행동에 격식이 있다면 이로써 생전에는 그 뜻을 빼앗을 수 없게 되고 죽어서도 그 명성을 빼앗을 수 없게 된다. 그러므로 군자는 많이 듣고 그것을 대중들에게 질정하고서 지키고, 많이 기록하고 그것을 대중들에게 질정하고서 친숙하게 하며, 아는 것을 정밀히 하고 핵심적인 것을 추려내서 시행한다. 「군진」편에서는 '정령을 내놓고 들일 때에는 네 무리들을 통해 헤아려서 여러 의견이 동일하게 된다.'라고 했고, 『시』에서는 '저 선한 군자여, 그 위엄스러운 거동이 한결같구나.'"라고 했다.

① 行無類也.

補註 行, 去聲.

번역 '行'자는 거성으로 읽는다.

② 言有物而行有格.

補註 按: 易·家人之象曰, "言有物而行有恒", 與此相似.

번역 살펴보니, 『역』「가인괘(家人卦)」의 「상전」에서는 "말에 사실이 있고 행동에 일정함이 있다."[1]라고 했는데, 이곳의 문장과 유사하다.

③ 多聞質而守之.

補註 疏曰: 雖多聞前事, 當簡質而守之.

번역 소에서 말하길, 비록 이전 사안들에 대해서 많이 듣더라도 마땅히 간략하게 줄여서 핵심적인 것을 지켜야 한다는 뜻이다.

補註 ○按: 呂氏訓以質正於人, 與略而行之不侔.

번역 ○살펴보니, 여씨는 남에게 질정한다는 뜻으로 풀이했는데, '약이행지(略而行之)'라는 말과는 합치되지 않는다.

④ 質而親.

補註 按: 親, 恐親切用功之意.

번역 살펴보니, '친(親)'자는 아마도 정성스럽게 노력을 기울인다는 뜻인 것 같다.

⑤ 庶言同.

補註 鄭註: 衆言同, 乃行之.

번역 정현의 주에서 말하길, 대중들의 의견이 동일하게 되면 시행해야 한다는 뜻이다.

補註 ○按: 書此下有"則繹"二字.

번역 ○살펴보니, 『서』에는 이곳 구문 뒤에 "곧 시행해야 한다[則繹]."라는 두 글자가 기록되어 있다.

⑥ 一也.

補註 按: 詩本文, 也作兮.

번역 살펴보니, 『시』의 본문에서는 '야(也)'자를 혜(兮)자로 기록했다.

---

1) 『역』「가인괘(家人卦)」: 象曰, 風自火出, 家人, 君子以, 言有物而行有恒.

「치의」 20장

참고—經文

子曰, "唯君子能好其正, 小人毒其正. 故君子之①朋友有鄕, 其惡有方. 是故邇者不惑, 而遠者不疑也. 詩云, '君子好仇.'"

번역 공자가 말하길, "오직 군자라야 정도를 좋아할 수 있으니, 소인은 정도에 해를 끼치려고 한다. 그러므로 군자는 도를 함께 하는 자를 사귀어, 벗을 사귐에 지향점이 있고, 또 그가 싫어함에는 공정한 방향이 있다. 이러한 까닭으로 가까운 자는 의혹을 품지 않고, 멀리 떨어져 있는 자도 의심하지 않는다. 『시』에서는 '군자의 좋은 짝이로다.'"라고 했다.

① ○朋友有鄕[止]有方.

補註 鄭註: 鄕·方, 喩輩·類也.

번역 정현의 주에서 말하길, '향(鄕)'자와 '방(方)'자는 무리[輩]와 부류[類]를 비유한다.

補註 ○類編曰: 鄕, 如字讀.

번역 ○『유편』에서 말하길, '鄕'자는 글자대로 해석한다.

「치의」 23장

참고-經文

子曰, “①苟有車, 必見其軾. 苟有衣, 必見其敝. 人苟或言之, 必聞其聲. 苟或行之, 必見其成. 葛覃曰, ‘②服之無射.’”

번역 공자가 말하길, “만약 수레가 있다면 반드시 수레의 가로대를 보게 된다. 만약 의복이 있다면 반드시 해진 곳을 보게 된다. 사람이 만약 말을 하게 된다면 반드시 그 소리를 듣게 된다. 만약 행동하게 된다면 반드시 행동을 통해 이룬 것을 보게 된다. 「갈담」편에서는 ‘의복을 입으니 싫음이 없도다.’”라고 했다.

① ○苟有車[止]其成.

補註 疏曰: 此明人言行必愼所終也. 將欲明之, 故先以二事爲譬喩.

번역 소에서 말하길, 이곳 문장은 사람의 말과 행동은 반드시 그 끝맺음에 대해 신중을 기해야 함을 나타내고 있는데, 앞으로 그러한 사실을 드러내고자 했기 때문에 우선적으로 두 가지 사안을 통해 비유하여 깨우치고자 한 것이다.

補註 ○楊梧曰: 此節, 如詩興體.

번역 ○양오가 말하길, 이 문단은 『시』의 흥체와 같다.

補註 ○按: 車必見軾, 興言必聞聲, 衣必有敝, 興行必見成.

번역 ○살펴보니, 수레에서 반드시 가로대를 본다는 말의 흥은 말에 대해서는 반드시 그 소리를 듣는다는 것이며, 옷에 대해서 반드시 해진 곳이 있다는 말의 흥은 행동에는 반드시 이룸을 보게 된다는 것이다.

② 服之無射.

補註 按: 射, 詩本文, 作斁.

번역 살펴보니, '역(射)'자를 『시』의 본문에서는 역(斁)자로 기록했다.

補註 ○楊梧曰: 引詩, 證衣之必敝, 而車與言行, 可例見.

번역 ○양오가 말하길, 『시』를 인용한 것은 옷에 반드시 해진 곳이 있다는 것을 증명하기 위한 것인데, 수레 · 말 · 행동에 대해서도 이러한 용례에 따라 확인할 수 있다.

「치의」 24장

참고—經文

子曰, "①言從而行之, 則言不可飾也. ②行從而言之, 則行不可飾也. 故君子寡言而行, 以成其信, 則民不得大其美而小其惡. 詩云, '白圭之玷, 尙可磨也; 斯言之玷, 不可爲也.' 小雅曰, '允矣君子, 展也大成.' 君奭曰, '在昔上帝周, 田觀③文王之德, 其集大命于厥躬.'"

번역 공자가 말하길, "말이 이치에 따라서 그것을 행하면 말을 꾸며서는 안 된다. 행동이 이치에 따라서 그것을 말하면 행동을 꾸며서는 안 된다. 그러므로 군자가 말을 적게 하고 행동을 실천하여 신의를 이루면, 백성들은 자신의 아름다움을 좋게만 꾸며서 높이거나 추함을 감추지 않는다. 『시』에서는 '백색 옥의 결함은 오히려 갈아서 없앨 수 있지만, 말의 결함은 그렇게 할 수 없도다.'라고 했고, 「소아」에서는 '믿음직스러운 군자여, 진실로 크게 이루었도다.'라고 했으며, 「군석」편에서는 '예전 상제는 은나라에 재앙을 내렸고, 문왕의 덕을 거듭 권면하여, 그 몸에 큰 하늘의 명이 모이게 되었다.'"라고 했다.

① ○言從而行之.

補註 鄭註: 從, 猶隨也.

번역 정현의 주에서 말하길, '종(從)'자는 따르다는 뜻이다.

補註 ○按: 從而二字, 宜輕看, 鄭註是.

번역 ○살펴보니, '종이(從而)'라는 두 글자는 가볍게 보아 넘겨야 하니, 정현의 주가 옳다.

② 行從而言之.

補註 按: 司馬溫公曰, "平生所爲無不可對人言者", 卽所謂行從而言之也.

번역 살펴보니, 사마온공은 "평생토록 시행한 것들에 대해서는 남에 대해 말하지 못할 것이 없다."라고 했는데, 바로 행종이언지(行從而言之)라는 뜻에 해당한다.

③ 文王之德.

補註 楊梧曰: 文王, 書作寧王, 而註以爲文王.

번역 양오가 말하길, '문왕(文王)'을 『서』에서는 영왕(寧王)이라고 기록했지만 주에서는 이것을 문왕으로 여겼다.

참고-集說

從, 順也, 謂順於理也. 言順於理而行之, 則言爲可用, 而非文飾之言矣. 行順於理而言之, 則行爲可稱, 而非文飾之行矣. ①言之不怍, 則爲之也難. 寡言而行, 卽②訥於言而敏於行之意. 以成其信, 謂言行皆不妄也. 大其美者, 所以要譽; 小其惡者, 所以飾非, 皆言之所爲也. 君子寡言以示敎, 故民不得如此. 詩, 大雅抑之篇. 玷, 缺也. 小雅, 車攻之篇. 允, 信也. 展, 誠也. 君奭, 周書. 言昔者上帝降割罰于殷, 而申重奬勸文王之德, 集大命於其身, 使有天下. 抑詩證言不可飾, 車攻詩證行不可飾, 引書亦言文王之實有此德也.

번역 '종(從)'자는 "따르다[順]."는 뜻이니, 이치에 따른다는 의미이다. 말이 이치에 따라서 그것을 행하면 그 말은 쓸 수 있으니, 문식만 꾸민 말이 아니다. 행동이 이치에 따라서 그것을 말하면 행동은 칭송할 수 있으니, 문식만 꾸민 행동이 아니다. 말을 하며 부끄러워하지 않는다면 그것을 시행하기가 어렵다. 말을 적게 하고 행동하는 것은 말에는 어눌하게 하고 실천은 민첩하게 한다는 뜻이다. 이로써 믿음을 이룬다는 것은 말과 행동이 모두 망령되지 않다는 뜻이다. 아름다움을 크게 한다는 것은 명예를 바라는 것이며, 추함을 작게 한다는 것은 잘못을 꾸미는 것이니,

이 모두는 말을 통해 시행하는 것이다. 군자는 말을 적게 하여 가르침을 보여주기 때문에 백성들이 이처럼 하지 못한다. 『시』는 『시』「대아(大雅) · 억(抑)」편이다.[1] '점(玷)'자는 결함[缺]을 뜻한다. 「소아」는 『시』「소아(小雅) · 거공(車攻)」편이다.[2] '윤(允)'자는 믿음[信]을 뜻한다. '전(展)'자는 진실[誠]을 뜻한다. 「군석」은 『서』「주서(周書)」편이다.[3] 즉 예전에 상제는 은나라에 재앙을 내리고, 문왕의 덕을 거듭 장려하고 권하여, 그 몸에 큰 하늘의 명이 모이도록 하여, 천하를 소유하게끔 했다는 뜻이다. 「억」편의 시는 말을 꾸며서는 안 된다는 뜻을 증명한 것이고, 「거공」편의 시는 행동을 꾸며서는 안 된다는 뜻을 증명한 것이며, 『서』를 인용한 것은 또한 문왕은 진실로 이러한 덕을 가지고 있었음을 뜻한다.

① 言之不怍[止]也難.

補註 論語 · 憲問文.

번역 『논어』「헌문(憲問)」편의 기록이다.[4]

② 訥於言而敏於行.

補註 里仁文.

번역 『논어』「이인(里仁)」편의 기록이다.[5]

---

1) 『시』「대아(大雅) · 억(抑)」: 質爾人民, 謹爾侯度, 用戒不虞. 愼爾出話, 敬爾威儀. 無不柔嘉. 白圭之玷, 尙可磨也. 斯言之玷, 不可爲也.

2) 『시』「소아(小雅) · 거공(車攻)」: 之子于征, 有聞無聲. 允矣君子, 展也大成.

3) 『서』「주서(周書) · 군석(君奭)」: 公曰, 君奭. 在昔上帝割, 申勸寧王之德, 其集大命于厥躬.

4) 『논어』「헌문(憲問)」: 子曰, "其言之不怍, 則爲之也難."

5) 『논어』「이인(里仁)」: 子曰, "君子欲訥於言而敏於行."

「치의」 25장

참고-經文

子曰, "南人有言曰, '人而無恒, 不可以爲卜筮.' 古之遺言與. 龜筮猶不能知也, 而況於人乎? 詩云, '我龜旣厭, 不我告猶.' 兌命曰, '①爵無及惡德, 民立而正事. 純而祭祀, 是爲不敬. 事煩則亂, 事神則難.' 易曰, '不恒其德, 或承之羞.' '恒其德偵, 婦人吉, 夫子凶.'"

번역 공자가 말하길, "남쪽 사람들이 하는 말 중에는 '사람이 되고서 항상됨이 없다면 거북점과 시초점을 칠 수 없다.'라고 했는데, 고대로부터 전해진 말일 것이다. 거북껍질과 시초로도 오히려 알 수 없는데, 하물며 사람에게 있어서는 어떻겠는가? 『시』에서는 '나의 거북껍질이 이미 싫증을 내니, 나에게 도모한 것의 길흉을 알려주지 않는구나.'라고 했고, 「열명」편에서는 '작위가 악덕한 자에게 미치지 않도록 해야 하니, 백성은 그것을 본받아 세워 바른 일이라고 여긴다. 매번 악덕한 자에게 제사를 지내는 것은 불경한 일이다. 제사가 번거롭게 되면 문란하게 되고 그러한 신을 섬긴다면 어렵게 된다.'라고 했으며, 『역』에서는 '그 덕을 항상되게 하지 않으면, 혹여 부끄러움으로 나아가게 된다.'라고 했고, 또 '그 덕을 항상되게 하면 바르니, 부인은 길하지만 남자는 흉하다.'"라고 했다.

① 爵無及[止]則難.

補註 按: 今書文, "爵罔及惡德, 惟其賢." 又曰, "惟厥攸居, 政事惟醇. 黷于祭祀, 時謂弗欽, 禮煩則亂, 事神則難." 元無民立而正事之句, 想因有政事字而訛, 純字亦似因醇字而訛. 鄭註因其訛缺, 而强解, 殆不成文理, 故今不收載.

번역 살펴보니, 현재 『서』의 기록에서는 "작위가 악덕한 자에게 미치지 않게끔 하고 오직 현명한 자에게 미치게끔 하소서."[1]라고 했고, 또 "그 머무는

---

1) 『서』「상서(商書)·열명중(說命中)」: 惟治亂在庶官, 官不及私, 昵惟其能, 爵罔

것을 말한 것처럼 한다면, 정사가 순수해질 것입니다. 제사를 무례하게 지낸다면 이것을 공경스럽지 않다고 부릅니다. 예가 번잡해지면 문란하게 되고 귀신을 섬기는 일도 어렵게 됩니다."[2]라고 했다. 즉 본래부터 '민립이정사(民立而正事)'라는 구문이 없는데, 아마도 '정사(政事)'라는 글자가 포함된 것으로 인해 잘못 기록된 것 같고, '순(純)'자 또한 순(醇)자로 인해 잘못 기록된 것 같다. 정현의 주에서는 잘못 기록되고 누락된 글들로 인해 억지로 해석을 했는데, 문리에 맞지 않는 것 같다. 그렇기 때문에 여기에서는 그 해석을 수록하지 않는다.

참고-集說

論語言不可以作巫醫, 是爲巫爲醫. 此言爲卜筮, 乃是求占於卜筮. 龜筮猶不能知, 言無常之人, 雖先知如龜筴, 亦不能定其吉凶, 況於人乎? 詩, 小雅小旻之篇. 猶, 謀也. 言卜筮煩數, 龜亦厭之, 不復告以所謀之吉凶也. ①易, 恒卦三五爻辭. 承, 進也. 婦人之德, 從一而終, 故吉. 夫子制義, 故從婦則凶也.

번역 『논어』에서는 "무당이나 의원이 될 수 없다."[3]라고 했는데, 이것은 무당이 되고 의원이 되는 사안에 해당한다. 이곳에서는 거북점과 시초점을 친다고 했으니, 이것은 거북점과 시초점을 통해서 점괘를 구하는 것이다. 거북껍질과 시초도 오히려 알 수 없다는 것은 항상됨이 없는 사람은 비록 거북껍질이나 시초처럼 먼저 알고 있더라도 또한 길흉을 확정할 수 없는데, 하물며 사람에게 있어서는 어떻겠는가? 『시』는 『시』「소아(小雅)·소민(小旻)」편이다.[4] '유(猶)'자는 도모[謀]을 뜻한

及惡德, 惟其賢.

2) 『서』「상서(商書)·열명중(說命中)」: 惟厥攸居, 政事惟醇. 黷于祭祀, 時謂弗欽. 禮煩則亂, 事神則難.

3) 『논어』「자로(子路)」: 子曰, "南人有言曰, '人而無恒, 不可以作巫醫.' 善夫!"

4) 『시』「소아(小雅)·소민(小旻)」: 我龜既厭, 不我告猶. 謀夫孔多, 是用不集. 發言

다. 즉 거북점과 시초점이 번다하게 많아지면 거북껍질 또한 그것을 싫어하게 되어, 재차 도모한 것의 길흉을 알려주지 않는다는 뜻이다. 『역』은 『역』「항괘(恒卦)」의 삼효[5]와 오효[6]의 효사이다. '승(承)'자는 "나아가다[進]."는 뜻이다. 부인의 덕은 하나를 따라서 생을 마치기 때문에 길하다. 남자는 의(義)를 제재하기 때문에 부인을 따르면 흉하다.[7]

① 易·恒卦三五爻辭.

補註 按: 或承之羞以上, 是三爻, 夫子凶以上, 是五爻.

번역 살펴보니, 아마도 '승지수(承之羞)'로부터 그 앞은 삼효에 해당하고, '부자흉(夫子凶)'으로부터 그 앞은 오효에 해당할 것이다.

盈庭, 誰敢執其咎. 如匪行邁謀, 是用不得于道.

5) 『역』「항괘(恒卦)」: 九三, 不恒其德, 或承之羞, 貞吝.

6) 『역』「항괘(恒卦)」: 六五, 恒其德, 貞, 婦人吉, 夫子凶.

7) 『역』「항괘(恒卦)」: 象曰, 婦人貞吉, 從一而終也, 夫子制義, 從婦凶也.

「분상(奔喪)」 제34편

補註 疏曰: 鄭云, "居他國, 聞喪奔赴之禮, 實逸曲禮之正篇也."

번역 소에서 말하길, 정현은 "다른 나라에 거주하고 있을 때 상에 대한 소식을 접하여 분주히 되돌아가는 예법이니, 실제로는 일실된 『곡례』의 편이다." 라고 했다.

「분상」 1장

참고-經文

奔喪之禮, ①始聞親喪, 以哭答使者盡哀. 問故, 又哭盡哀. ②遂行, 日行百里, 不以夜行. 唯父母之喪, ③見星而行, 見星而舍. ④若未得行, 則成服而后行. ⑤過國至竟, 哭盡哀而止. 哭辟市朝, 望其國竟哭.

번역 분상의 예법에서는 처음 친족의 상 소식을 접하면 곡을 하여 소식을 전해온 사자에게 답례를 하며 슬픔을 다한다. 그런 뒤 돌아가신 연유를 묻고 재차 곡을 하여 슬픔을 다한다. 마침내 길을 떠나게 되면 낮에는 100리(里)를 가고, 밤에는 길을 가지 않는다. 오직 부모의 상에서만 새벽에 별을 보고 길을 떠나며, 밤에 별을 보고서야 숙소에 머문다. 만약 일을 끝내지 못하여 아직 길을 떠나지 못했다면, 성복(成服)을 한 이후에 길을 떠난다. 그 나라를 지나 자신의 본국 국경에 당도하게 되면 곡을 하여 슬픔을 다하고서야 그친다. 곡을 할 때에는 시장이나 조정을 피하고, 본국의 국경 쪽을 바라보며 곡을 한다.

① 始聞親喪[止]問故.

補註 鄭註: "親, 父母也. 問故, 問親喪所由也. 雖非父母, 聞喪而哭, 其禮亦然." 疏曰: "知五服皆然者, 以下文云, '日行百里, 不以夜行, 唯父母之喪, 見星而行', 別云, '唯父母', 則知以前兼五服也."

번역 정현의 주에서 말하길, "'친(親)'자는 부모를 뜻한다. 까닭을 묻는다는 말은 부모가 돌아가시게 된 연유를 묻는다는 뜻이다. 비록 부모가 아니더라도 상의 소식을 접하게 되면 곡을 하니, 그 예법이 또한 이러하다."라고 했다. 소에서 말하길, "오복에 속한 친족에 대해 모두 이처럼 한다는 사실을 알 수 있는 이유는 아래문장에서 '낮에는 100리(里)를 가고, 밤에는 길을 가지 않으며, 오직 부모의 상에서만 새벽에 별을 보고 길을 떠난다.'라고 하여 별도로 '오직 부모의 경우'라고 했으니, 앞의 내용이 오복에 속한 친족에 대한 것도 포함한다는 사실을 알 수 있다."라고 했다.

② 遂行.

補註 鄭註: 遂行者, 不爲位.

번역 정현의 주에서 말하길, 마침내 길을 떠난다는 것은 곡하는 자리를 만들지 않는 것이다.

③ 見星[止]而舍.

補註 鄭註: 侵晨冒昏, 彌益促也.

번역 정현의 주에서 말하길, 동틀 무렵과 어둠이 깔릴 때를 기준으로 하는 것은 더욱 재촉하기 때문이다.

④ 若未得行[止]後行.

補註 鄭註: "謂以君命有爲者也. 成喪服, 得行則行." 疏曰: "此奉君命而使, 使事未了, 不可以私喪廢公事, 故成服以俟君命, 則人代己也. 成喪服得行則行者, 恐成服之後, 卽便得行, 故明之, 云若成服已後得行, 則可行, 若未得行, 卽不可行."

번역 정현의 주에서 말하길, "군주의 명령에 따라 어떤 일을 시행하는 자를 뜻한다. 상복을 갖춰 입고서 길을 떠날 수 있으면 떠난다."라고 했다. 소에서 말하길, "이 경우는 군주의 명령을 받들어서 사신으로 간 경우이니, 사신으로 찾아간 일이 아직 끝나지 않았다면, 자신의 개인적인 상사로 인해 공적인 일을 폐지할 수 없다. 그렇기 때문에 성복(成服)을 하고서 군주의 명령을 기다리니, 다른 사람이 자신의 임무를 대신하게 된다. 상복을 갖춰 입고서 길을 떠날 수 있으면 떠난다고 했는데, 성복을 한 이후에 곧바로 길을 떠날 수 있다고 오해할 것을 염려한 것이다. 그렇기 때문에 그 사실을 명시하였으니, 만약 성복을 한 이후에 길을 떠날 수 있다면 떠나도 괜찮지만, 만약 아직 길을 떠날 수 없다면 떠나서는 안 된다."라고 했다.

補註 ○按: 未得行而成服之禮, 別見下.

번역 ○살펴보니, 아직 길을 떠날 수 없어서 성복을 하는 예법은 별도로 아래 문장에 나온다.

⑤ **過國至竟[止]而止.**

補註 鄭註: “感此念親.” 疏曰: “案聘禮, 行至他國竟上而誓衆, 使次介假道. 是國竟, 行禮之處. 去時親在, 今返親亡, 故哭盡哀.”

번역 정현의 주에서 말하길, “이러한 것에 감응하여 부모를 떠올리는 것이다.”라고 했다. 소에서 말하길, “『의례』「빙례(聘禮)」편을 살펴보면, 행차를 하며 다른 나라의 국경에 도달하면 무리들을 조심하도록 단속시키고, 차개(次介)[1]로 하여금 길을 지나칠 수 있도록 요청한다고 했다. 이것은 국경이 해당 의례를 시행해야 하는 장소임을 나타낸다. 그곳을 떠날 때에는 부모가 생존해 계셨는데, 현재 되돌아오니 부모가 돌아가신 상태이다. 그렇기 때문에 곡을 하여 슬픔을 다하는 것이다.”라고 했다.

---

1) 차개(次介)는 빈(擯)들 중 승빈(承擯)과 비슷한 역할을 하는 자로, 상개(上介)를 돕는 부관이다.

「분상」 2장

참고-經文

至於家, 入門左, 升自西階, 殯東西面坐, 哭盡哀, 括髮袒. 降堂東卽位, 西鄕哭, 成踊. ①襲絰于序東, 絞帶反位, 拜賓成踊, 送賓反位.

번역 상사가 발생한 집에 당도하게 되면 문의 좌측으로 들어가고, 당상에 올라갈 때에는 서쪽 계단을 이용하여, 빈소의 동쪽에서 서쪽을 바라보며 앉고, 곡을 해서 슬픔을 다하고, 머리를 묶고서 단(袒)을 한다. 당하로 내려와서 동쪽으로 나아가 자신의 자리로 가고, 서쪽을 향해서 곡을 하며, 용(踊)의 절차를 마무리한다. 서(序)의 동쪽에서 습(襲)을 하고 요질을 차며, 교대(絞帶)를 하고서 자신의 자리로 되돌아오고, 빈객에게 절을 하여 용(踊)의 절차를 마무리하고, 빈객을 전송한 뒤에 자신의 자리로 되돌아온다.

① ○襲絰于序東.

補註 鄭註: 不於又哭乃絰者, 發喪已踰日, 節於是可也. 其未小斂而至, 與在家同耳.

번역 정현의 주에서 말하길, 이 시기에 재차 곡을 하고 질(絰)을 두르지 않는 것은 상이 발생한 후 이미 해당하는 날짜를 벗어났으니, 이 시기에 간략히 하는 것이 옳다. 아직 소렴(小斂)을 하지 않았는데 도착한 경우라면, 집에 머물러 있을 때와 동일하게 할 따름이다.

참고-集說

此言奔父喪之禮. 爲人子者, 升降不由阼階. 今父新死, 未忍異於生, 故入自門左, 升自西階也. 在家而親死則笄纚, 小斂畢乃括髮, 此自外而至, 故卽括髮而袒衣也. 鄭云已殯者位在下, 此奔喪在殯後, 故自西階降而卽其堂下東之位也. 襲絰者, 掩其袒而①加要絰也. 序東者, 在堂下而當堂上序墻之東也. ②不散麻者, 亦異於在家之節也. 此絞帶卽襲絰之絰, 非象革帶之絞帶也. 絰重, 象革帶之絞帶輕. 反位, 復先所卽之位也. 凡拜賓, 皆就賓之位而拜之, 拜竟, 則反己之位而哭踊也. 成踊, 說見前.

번역 이 문장은 부친의 상에 분상하는 예법을 뜻한다. 자식은 오르고 내릴 때 동쪽 계단을 이용하지 않는다.[1] 현재 부친이 이제 막 돌아가셔서 차마 살아계셨을 때와 차이를 둘 수 없기 때문에, 들어갈 때에는 문의 좌측을 이용하며, 올라갈 때에는 서쪽 계단을 이용하는 것이다. 집에 머물러 있을 때 부모가 돌아가신다면 비녀를 꼽고 머리싸개를 하며, 소렴(小斂)을 끝냈다면 머리를 묶는데, 이곳에서 말하는 상황은 외지로부터 집으로 온 경우이다. 그렇기 때문에 곧바로 머리를 묶고 옷을 단(袒)한다. 정현은 이미 빈소를 마련했다면 그 자리는 당하(堂下)에 있게 된다고 했으니, 이곳에서 분상을 한 시기는 빈소를 차린 이후가 된다. 그렇기 때문에 서쪽 계단을 통해 당하로 내려가서, 곧 당하의 동쪽에 있는 자리로 나아가는 것이다. '습질(襲絰)'은 단(袒)한 것을 가리고 요질(要絰)을 찬다는 뜻이다. '서동(序東)'은 당하에서도 당상의 서쪽 담장 동쪽에 해당하는 장소이다. 마질(麻絰)의 끝을 흩트리지 않는 것은 또한 집에 머물러 있을 때의 절차와 차이를 두기 때문이다. '교대(絞帶)'는 곧 습(襲)하고 요질을 찬다고 했을 때의 요질에 해당하니, 혁대(革帶)의 교대(絞帶)를 나타내는 것이 아니다. 요질은 중대한 복식이니, 혁대의 교대가 상대적으로 덜 중요함을 나타낸다. '반위(反位)'는 앞서 나아갔던 자리로 가는 것이다. 무릇 빈객에게 절을 할 때에는 모두 빈객의 자리로 나아가서 절을 하고, 절이 끝나면 자신의 자리로 되돌아와서 곡을 하고 용(踊)을 한다. '성용(成踊)'에 대해서는 앞에 그 설명이 나온다.

---

1) 『예기』「곡례상(曲禮上)」: 居喪之禮, 毁瘠不形, 視聽不衰. 升降, 不由阼階, 出入, 不當門隧.

① 加要絰也.

補註 類編曰: 絰字之義, 論腰首, 則腰絰亦言絰. 言絰帶, 則在首者云絰, 在腰者云帶. 以文勢觀之, 襲絰于序東者, 袒括成踊後, 襲其袒加首絰也. 絞帶反位者, 絞其帶而反位也. 帶卽腰絰也. 奔母條, 免絰于序東, 言免絰則只言在首, 而腰絰竝入其中. 除喪而后歸條, 袒絰及其下爲位, 免絰亦然.

번역 『유편』에서 말하길, '질(絰)'자의 의미에 있어서 허리와 머리에 차게 되는 것을 논의한다면, 요질에 대해서도 질(絰)이라고 말할 수 있다. 질과 대로 말한다면, 머리에 차는 것은 질(絰)이라고 부르고, 허리에 차는 것은 대(帶)라고 부른다. 문장의 흐름으로 보면 "서(序)의 동쪽에서 습(襲)을 한다."는 것은 단과 괄발을 하고 성용을 한 이후에 단을 한 것에 습을 하여 수질을 더한다는 뜻이다. "교대를 하고서 자리로 되돌아온다."는 것은 대를 묶고서 자리로 되돌아온다는 뜻이다. '대(帶)'는 요질에 해당한다. 모친의 상에서 분상을 한다는 조목에서는 서의 동쪽에서 문을 하고 질을 한다고 했는데, 문과 질을 한다고 말했다면 이것은 단지 머리에 하게 되는 것만 말한 것이지만, 요질도 그 안에 포함되는 것이다. 상을 끝낸 뒤에 돌아온 경우의 조목에서는 단과 질을 한다고 했고, 그 뒤에 곡하는 자리를 마련하며 문과 질을 할 때에도 이처럼 한다.

補註 ○按: 陳註以襲絰之絰爲腰絰, 則首絰未免闕漏, 誤矣.

번역 ○살펴보니, 진호의 주에서는 '습질(襲絰)'의 질(絰)자를 요질로 여겼는데, 수질에 있어서는 누락됨을 면치 못하니 잘못된 설명이다.

② 不散麻者[止]絞帶輕.

補註 鄭註: "不散帶者, 不見尸柩." 疏曰: "鄭云不散帶者, 不見尸柩者, 以士喪禮帶絰散麻, 三日乃絞垂. 今奔喪初至, 則絞垂與在家異, 故云不散帶者, 不見尸柩也. 知此絞帶, 非象革帶之絞帶, 而必以爲絰之散垂而絞之者, 要帶爲重, 象革帶之絞帶爲輕, 此絞當擧重者, 故以爲絞絰之垂者."

번역 정현의 주에서 말하길, "대(帶)의 끝을 흩트리지 않는 것은 시신을 실은 영구를 보지 않았기 때문이다."라고 했다. 소에서 말하길, "정현이 대의 끝을 흩트리지 않는 것은 시신을 실은 영구를 보지 않았기 때문이고 했는데, 『의례』「사상례(士喪禮)」편에서 대(帶)와 질(絰)은 마의 끝을 흩트리고, 3일이 지나게 되면 매듭을 지어서 내려트린다고 했다. 현재 분상을 하여 처음 집에 도착했다면, 대의 끝을 묶어 집에 머물러 있던 자들과 차이를 둔다. 그렇기 때문에 대의 끝을 흩트리지 않는 것은 시신을 실은 영구를 보지 않았기 때문이라고 말한 것이다. 이곳에서 말한 '교대(絞帶)'가 혁대의 교대(絞帶)를 나타내는 것이 아님을 알 수 있고, 이것이 분명 질(絰)의 끝을 흩트려 내려트리고서 묶는 것임을 알 수 있는 이유는 요대(要帶)는 중요한 복식이므로, 혁대의 교대가 상대적으로 덜 중요한 것임을 나타내니, 이곳에서 말한 교(絞)는 마땅히 중요한 것을 제시한 것이므로, 질(絰)의 끝을 늘어트린 것을 묶는다고 여긴 것이다."라고 했다.

補註 ○按: 鄭註本甚簡, 而陳註又改不散帶爲不散麻, 使觀者未易知. 其爲絞帶二字之訓, 其所謂異於在家之節云者, 亦欠明. 當以鄭註不見尸柩之義爲正. 且絰重絞帶輕云者, 雖用疏文, 而刪沒其上下, 反無著落.

번역 ○살펴보니, 정현의 주는 본래 매우 간결한데, 진호의 주에서는 '불산대(不散帶)'를 고쳐서 불산마(不散麻)라고 했기 때문에 이 글을 살피는 자들로 하여금 쉽게 파악하지 못하게 만든 것이다. '교대(絞帶)'라는 두 글자의 풀이에 있어서 그것이 집에 머물러 있을 때의 절차와 차이를 두기 때문이라고 했는데, 이 또한 명확하지 못하다. 마땅히 정현의 주에 나온 것처럼 시신을 실은 영구를 보지 못했기 때문이라는 뜻을 정론으로 삼아야 한다. 또 질은 중요하고 교대는 덜 중요하다는 것은 비록 소의 문장에 따른 것이지만 앞뒤의 문장을 삭제하여 도리어 귀착할 곳이 없게 되었다.

補註 ○更按: 士喪記, "旣馮尸, 主人袒, 括髮, 絞帶, 衆主人布帶." 註, "衆主人, 齊衰以下." 疏曰, "案喪服苴絰之外, 又有絞帶." 以此觀之, 絞帶之始帶在於小斂後, 而奔喪襲絰于序東, 正倣小斂後之禮, 則今此襲經之絰, 兼要絰·首絰, 而絞帶以象革帶之絞帶看, 亦似無妨.

번역 ○다시 살펴보니, 『의례』「사상례(士喪禮)」편의 기문에서는 "시신을 부여잡는 절차가 끝나면 상주는 단을 하고 괄발을 하며 교대(絞帶)를 하고, 나머지 주인들은 포대(布帶)를 한다."[2]라고 했고, 주에서는 "'중주인(衆主人)'은 자최복으로부터 그 이하의 상복을 입는 자들이다."라고 했으며, 소에서는 "『의례』「상복(喪服)」편을 살펴보면 저질(苴絰) 이외에 또 교대가 있다고 했다."라고 했다. 이를 통해 살펴보면 교대를 처음 차는 것은 소렴 이후가 되고, 분상을 하여 서의 동쪽에서 습과 질을 하는 것이 소렴 이후의 예법을 본떠서 하는 것이라면 이곳에서 말한 '습질(襲絰)'의 질자는 요질과 수질을 겸하는 것이며, 교대는 혁대의 교대를 상징하는 것으로 보아도 무방한 것 같다.

---

2) 『의례』「기석례(旣夕禮)」: 旣馮尸, 主人袒, 髺髮, 絞帶, 衆主人布帶.

「분상」 3장

참고-經文

有賓後至者, 則拜之成踊送賓, 皆如初. 衆主人兄弟皆出門, 出門哭止, 闔門, 相者告就次. ①於又哭, 括髮袒成踊. ①於三哭, 猶括髮袒成踊. 三日成服, 拜賓送賓皆如初.

번역 뒤늦게 도착한 빈객이 있다면, 그에게 절을 하고 용(踊)의 절차를 마무리하며 빈객을 전송하는 일들을 모두 앞서 했던 것처럼 한다. 나머지 형제들과 친족형제들은 모두 문밖으로 나오고, 문을 나서면 곡하는 것을 그치며, 문을 닫게 되면 의례 진행을 돕는 자는 임시숙소에 나아가도록 알린다. 다음날 두 번째 곡을 할 때에는 머리를 묶고 단(袒)을 하며 용(踊)의 절차를 마무리한다. 그 다음날 세 번째 곡을 할 때에는 역시 머리를 묶고 단(袒)을 하며 용(踊)의 절차를 마무리한다. 그 다음날 삼일 째가 되면 성복(成服)을 하고, 빈객에게 절하고 빈객을 전송하는데, 모두 앞서 했던 것처럼 한다.

① 於又哭[又]於三哭.

補註 鄭註: "必又哭·三哭者, 象小斂·大斂時也. 其夕哭從朝. 夕哭不括髮, 不袒, 不踊, 不以爲數." 疏曰: "雜記云, '士三踊.' 夕無踊也. 小記云, '三日五哭三袒.' 夕不袒也. 夕雖哭而不踊·不袒, 故不數夕哭, 但云三哭."

번역 정현의 주에서 말하길, "반드시 두 번째 곡을 하고 세 번째 곡을 하는 것은 소렴(小斂)과 대렴(大斂)의 시기를 상징하기 때문이다. 저녁에 곡을 하여 다음날 아침까지 하는 것이다. 저녁에 곡을 할 때에는 머리를 묶지 않고 단(袒)을 하지 않으며 용(踊)을 하지 않으므로, 그 수치에 포함시키지 않는다."라고 했다. 소에서 말하길, "『예기』「잡기(雜記)」편에서 '사의 상에서 용을 하게 되면 세 차례 한다.'고 했는데, 저녁에는 용을 하지 않는 것이다. 『예기』「상복소기(喪服小記)」편에서는 '3일 동안 다섯 차례 곡(哭)을 하고, 세 차례 단(袒)을 한다.'라고 했는데, 저녁에는 단을 하지 않는 것이다. 저녁에 비록 곡을 하더라도 용을 하지 않고 단을 하지 않기 때문에 저녁에 곡하는 것은 셈하지 않고 단지 세 차례 곡을 한다고 말한 것이다."라고 했다.

補註 ○按: 小記所謂五哭, 以哭數言之也. 此所謂於又哭於三哭, 猶括髮·袒·成踊者, 以括·袒·成踊之哭言之.

번역 ○살펴보니, 「상복소기」편에서 '오곡(五哭)'이라고 한 말은 곡을 하는 수를 기준으로 말한 것이다. 이곳에서 우곡(又哭)이나 삼곡(三哭)에는 여전히 괄발과 단을 하고 성용을 한다고 했는데, 이것은 괄발·단·성용을 하며 곡하는 것을 기준으로 말한 것이다.

補註 ○又按: 下文奔喪者不及殯, 齊衰以下不及殯, 聞喪不得奔喪等條, 成服後幷前三哭, 仍有五哭, 而此無之者, 鄭所謂未期者, 猶朝夕哭, 不五哭而畢, 是也.

번역 ○또 살펴보니, 아래문장에서는 분상을 했으나 영구가 빈소에 머물러 있을 시기까지 당도하지 못했다는 것과 자최복 이하의 상복을 착용하는 자가 영구가 빈소에 머물러 있을 시기까지 당도하지 못했다는 것과 상의 소식을 접했으나 분상을 할 수 없다는 등의 조목에서는 성복을 한 이후에 앞서 말한 세 차례의 곡이 있고 곧 오곡(五哭)이라는 것이 나오는데, 이곳에는 그것이 없다. 그 이유에 대해 정현은 "만약 아직 기한을 넘기지 않은 상태라면, 여전히 아침과 저녁마다 곡을 하여 다섯 번째 곡을 하고 마치지 않는다."라고 했다.

「분상」 4장

참고-經文

奔喪者非主人, 則主人爲之拜賓送賓. 奔喪者自齊衰以下, 入門左, ①中庭北面, 哭盡哀, ②免麻于序東, ③卽位袒, 與主人哭成踊. 於又哭·三哭, 皆免袒. 有賓, 則主人拜賓送賓. 丈夫婦人之待之也, 皆如朝夕哭, 位無變也.

번역 분상을 하는 자가 주인이 아니라면, 주인은 그를 위해서 빈객에게 절을 하고 빈객을 전송한다. 분상을 하는 자가 자최복(齊衰服)으로부터 그 이하의 상복을 착용하는 자라면, 문의 좌측으로 들어가고, 마당에서 북쪽을 바라보며 곡을 하여 슬픔을 다하고, 서(序)의 동쪽에서 문(免)을 하고 마(麻)로 된 질(絰)을 차면, 자신의 자리로 나아가서 단(袒)을 하고, 주인과 함께 곡을 하고 용(踊)의 절차를 마무리한다. 두 번째 곡을 하고 세 번째 곡을 할 때에도 모두 문(免)을 하고 단(袒)을 한다. 빈객이 있게 되면, 주인은 빈객에게 절을 하고 빈객을 전송한다. 남자와 여자가 분상하는 자를 기다림에, 모두 아침저녁으로 곡하던 것과 같이하며, 자리를 바꾸지 않는다.

① ○中庭北面哭.

補註 鄭註: 不升堂哭者, 非父母之喪, 統於主人也. 又哭三哭, 亦入門左, 中庭北面.

번역 정현의 주에서 말하길, 당상에 올라가서 곡을 하지 않는 것은 부모의 상이 아니라면 주인에게 통솔되기 때문이다. 두 번째 곡을 하고 세 번째 곡을 할 때에도 문의 좌측으로 들어가고, 마당에서 북쪽을 바라본다.

② 免麻于序東.

補註 鄭註: 麻, 亦絰帶也.

번역 정현의 주에서 말하길, '마(麻)'는 질(絰)과 대(帶)를 뜻한다.

補註 ○按: 禮絰帶云者, 首絰與腰絰也. 陳註每只以要絰爲言, 誤.

번역 ○살펴보니, 『예기』에서 질대(絰帶)라고 말한 것들은 수질과 요질을 뜻한다. 진호의 주에서는 매번 요질이라고만 말을 했는데 잘못된 설명이다.

補註 ○鄭註又曰: "於此言麻者, 明所奔喪雖有輕者, 不至喪所, 無改服也." 疏曰: "恐輕喪在路上已改服著麻, 故於此至家乃稱麻, 以明之也."

번역 ○정현의 주에서 또 말하길, "이곳에서 '마(麻)'라고 했다면, 분상을 하는 자 중에 비록 수위가 낮은 상복을 착용하는 자가 있더라도, 상을 치르는 장소에 도착하지 않았다면, 복장을 바꾸지 않는다는 사실을 나타낸다."라고 했다. 소에서 말하길, "수위가 가벼운 상에서는 도로에서 이미 복장을 바꿔 마(麻)를 착용한다고 오해할 것을 염려했기 때문에 이곳에서 집에 도착했다고 했을 때 곧 '마(麻)'라고 말하여, 이러한 사실을 나타낸 것이다."라고 했다.

③ 卽位袒.

補註 鄭註: 此麻乃袒, 變於爲父母也.

번역 정현의 주에서 말하길, 이곳에서는 마(麻)를 하면 곧 단(袒)을 한다고 했으니, 부모의 상을 치르는 자와 다르게 하기 때문이다.

참고-集說

非主人, 其餘或親或疏之屬也. 故下云齊衰以下, 亦入自門之左, 而不升階, 但於中庭北面而哭也. 免麻, 謂加免于首, 加絰于要也. 上文言襲絰于序東, 此言免麻于序東, 輕重雖殊, 皆是堂下序墻之東, ①凡袒與襲不同位也. 待之, 謂待此奔喪者, 以其非賓客, 故不變所哭之位也.

번역 주인이 아니라면, 그 나머지 친족 중 친근한 관계이거나 소원한 관계에 있는 자들을 뜻한다. 그렇기 때문에 아래문장에서 "자최복(齊衰服)으로부터 그 이하의 상복을 착용하는 자는 또한 문의 좌측을 통해 들어가고, 계단에 오르지 않고 단지 마당에서 북쪽을 바라보며 곡을 한다."라고 말한 것이다. '문마(免麻)'는 머리에 문(免)을 하고, 허리에 질(絰)을 두른다는 뜻이다. 앞 문장에서는 서(序)의 동쪽에서 습(襲)을 하고 질(絰)을 두른다고 했고, 이곳에서는 서(序)의 동쪽에서 문마를 한다고 했는데, 경중의 차이는 있지만, 모두 당하의 서(序) 담장 동쪽에서 하는 것이며, 무릇 단(袒)과 습(襲)을 할 때에는 자리를 동일하게 하지 않는다. 기다린다는 것은 분상을 하는 자를 기다린다는 뜻이니, 그는 빈객이 아니기 때문에, 곡하는 자리를 바꾸지 않는 것이다.

① 凡袒與襲不同位.

補註 鄭註: 凡袒者於位, 襲於序東.

번역 정현의 주에서 말하길, 단(袒)은 자신의 자리에서 하고, 습(襲)은 서(序)의 동쪽에서 한다.

「분상」 6장

참고-經文

婦人奔喪, 升自東階, 殯東西面坐, 哭盡哀. ①東髽卽位, 與主人拾踊.

번역 부인이 분상을 하게 되면, 올라갈 때 동쪽을 향해 있는 측면의 계단을 이용하며, 빈소의 동쪽에서 서쪽을 바라보며 앉고, 곡을 하여 슬픔을 다한다. 동쪽의 서(序)에서 좌(髽)의 방식으로 머리를 틀며 자신의 자리로 나아가서 주인과 함께 번갈아가며 용(踊)을 한다.

① 東髽.

補註 按: 髽制, 勉齋辨之甚詳, 見檀弓上補註.

번역 살펴보니, '좌(髽)'의 제도에 대해서는 면재가 변론한 것이 매우 상세한데, 『예기』「단궁상(檀弓上)」편의 보주에 나온다.

「분상」 7장

참고-經文

奔喪者不及殯, 先之墓. 北面坐, 哭盡哀. ①主人之待之也, 卽位於墓左, 婦人墓右. ②成踊, 盡哀, ③括髮. 東卽主人位, 絰絞帶哭成踊. 拜賓, 反位成踊. 相者告事畢.

번역 적장자가 분상을 함에 영구가 빈소에 머물러 있을 시기까지도 당도하지 못했다면, 우선적으로 장례를 치른 묘(墓)로 가게 된다. 묘에서 북쪽을 바라보며 앉아서 곡을 하여 슬픔을 다한다. 적장자를 제외한 나머지 형제들은 그를 기다리고, 그가 도착하면 묘의 좌측에 있는 자신들의 자리로 나아가고, 부인들은 우측에 있는 자리로 나아간다. 용(踊)의 절차를 마무리하고 슬픔을 다하며 머리를 묶는다. 동쪽으로 나아가 주인의 자리로 나아가서 질(絰)을 하고 교대(絞帶)를 하며 곡을 하고 용(踊)의 절차를 마무리한다. 빈객에게 절을 하고 자신의 자리로 되돌아와서 용(踊)의 절차를 마무리한다. 의례의 진행을 돕는 자는 그 사안이 모두 끝났다고 아뢴다.

① ○主人之待之也.

補註 鄭註: "主人待之, 謂在家者也." 疏曰: "鄭必知然者, 以奔喪者旣親自拜賓, 是奔喪者身爲主人, 故謂待者爲在家者也."

번역 정현의 주에서 말하길, "주인이 그를 기다린다고 했는데, 집에 머물러 있던 자들을 뜻한다."라고 했다. 소에서 말하길, "정현이 이렇다는 사실을 명확히 알 수 있었던 이유는 분상을 하는 자가 직접 빈객에게 절을 했으니, 이것은 분상을 한 자 본인이 주인이 됨을 뜻한다. 그렇기 때문에 기다리는 자는 집에 머물러 있던 자들을 뜻한다고 말한 것이다."라고 했다.

② 成踊盡哀.

補註 按: 此於古註疏, 亦無明解, 而恐成踊盡哀, 乃衆主人男女之事, 括髮以下, 方屬奔喪者.

번역 살펴보니, 이에 대해서 옛 주와 소에는 명확한 해설이 없는데, 아마도 성용과 진애라는 것은 중주인인 남녀에게 해당하는 일이며, 괄발로부터 그 이하는 분상을 한 자에게 해당하는 것 같다.

③ 括髮.

補註 鄭註: "哭於墓, 爲父母則袒." 疏曰: "以下文除喪而后歸, 則之墓, 哭, 成踊, 東括髮袒. 除喪尙括髮袒, 明葬後歸爲父母袒可知也."

번역 정현의 주에서 말하길, "묘(墓)에서 곡을 할 때 부모의 상이라면 단(袒)을 한다."라고 했다. 소에서 말하길, "아래문장에서 상을 끝낸 뒤에 되돌아간다면 묘로 가서 곡을 하고 용(踊)의 절차를 마무리하며, 동쪽에서 머리를 묶고 단(袒)을 한다고 했다. 상을 끝냈는데도 여전히 머리를 묶고 단(袒)을 한다고 했으니, 장례를 치른 이후 되돌아갈 때에는 부모를 위해서 단(袒)을 하게 됨을 알 수 있다."라고 했다.

「분상」 10장

참고-經文

齊衰以下不及殯, 先之墓. 西面哭盡哀. 免麻于東方, 卽位①與主人哭成踊, 襲. 有賓, 則主人拜賓送賓. 賓有後至者, 拜之如初. 相者告事畢. 遂冠歸, 入門左, 北面哭盡哀, 免袒成踊. 東卽位, 拜賓成踊. 賓出, 主人拜送. ②於又哭, 免袒成踊. 於三哭, 猶免袒成踊. 三日成服. 於五哭, 相者告事畢.

번역 자최복 이하의 상복을 착용하는 자가 영구가 빈소에 머물러 있을 시기까지도 당도하지 못했다면, 우선적으로 장례를 치른 묘(墓)로 가게 된다. 묘에서 서쪽을 바라보며 곡을 하여 슬픔을 다한다. 동쪽에서 문(免)을 하고 마(麻)를 하며, 자신의 자리로 나아가 주인과 함께 곡을 하고 용(踊)의 절차를 마무리하고 습(襲)을 한다. 빈객이 있다면 주인은 빈객에게 절을 하고 빈객을 전송한다. 빈객 중 뒤늦게 도착한 자가 있다면, 그에게 절을 하며 앞서 했던 것처럼 한다. 의례의 진행을 돕는 자는 일이 모두 끝났음을 아뢴다. 묘소에서 일이 끝나면 관을 착용하고 되돌아오며, 문의 좌측으로 들어가고 북쪽을 바라보며 곡을 하여 슬픔을 다하고, 문(免)을 하고 단(袒)을 하며 용(踊)의 절차를 마무리한다. 동쪽으로 가서 자신의 자리로 나아가고 주인은 빈객에게 절을 하면 자신은 용(踊)의 절차를 마무리한다. 빈객이 나가면, 주인은 절을 하며 그를 전송한다. 두 번째 곡을 할 때에는 문(免)을 하고 용(踊)의 절차를 마무리한다. 세 번째 곡을 할 때에도 여전히 문(免)을 하고 용(踊)의 절차를 마무리한다. 삼일 째가 되면 성복(成服)을 한다. 다섯 번째 곡을 하면 의례 진행을 돕는 자는 일이 모두 끝났음을 아뢴다.

① ○與主人哭成踊襲.

補註 類編曰: 此實通齊衰以下, 疏只云齊衰, 恐非文理.

번역 『유편』에서 말하길, 이것은 실제로 자최복 이하의 상복을 착용하는 경우에도 통용되니, 소에서 단지 자최복이라고 말한 것은 문리가 아니다.

② 於又哭[止]猶免袒成踊.

補註 類編曰: 此兩袒字, 疏皆以爲衍文, 恐不然. 凡此篇皆錯擧以互見. 齊衰以下之墓, 云與主人成踊襲, 則奔父喪之墓, 雖不言襲而袒襲可知也. 不得奔喪條, 於五哭, 拜賓送賓如初, 則不及殯兩條, 只言於五哭相者告事畢, 而其有拜送賓之節可知也. 若此者甚多. 此齊衰不及殯, 又哭 · 三哭, 旣云免袒成踊, 則奔父不及殯條, 又哭 · 三哭, 雖只言括髮成踊, 其袒可知也. 何可以彼條偶無袒字, 遂以此袒爲衍文乎? 小記曰, "三日而五哭三袒", 其義甚明.

번역 『유편』에서 말하길, 이곳에 나온 2개의 단(袒)자에 대해서 소에서는 모두 연문이라고 여겼는데, 아마도 그렇지 않은 것 같다. 「분상」편에서는 모두 교차하여 거론해서 상호 그 뜻을 드러내도록 했다. 자최복으로부터 그 이하의 자들이 묘로 가서 주인과 함께 성용을 하고 습을 한다고 했다면, 부친의 상에서 분상을 하여 묘로 갔을 때 비록 습을 언급하지 않았지만 단과 습을 한다는 사실을 알 수 있다. 분상을 하지 못한다는 조목에서 다섯 번째 곡을 할 때 빈객에게 절을 하고 빈객을 전송하며 앞서 했던 것처럼 한다고 했다면, 영구가 빈소에 머물러 있을 시기까지 당도하지 못했다는 두 조목에 대해서 단지 다섯 번째 곡을 할 때 의례의 진행을 돕는 자가 그 사안이 모두 끝났다고 아뢴다고만 말했지만, 빈객에게 절을 하고 빈객을 전송하는 절차가 포함된다는 사실을 알 수 있다. 이와 같은 경우는 매우 많다. 이곳에서 자최복을 입는 자들이 영구가 빈소에 머물러 있을 시기까지 당도하지 못했을 경우 두 번째 곡을 하고 세 번째 곡을 할 때 이미 문 · 단 · 성용을 한다고 했다면, 부친의 상에 분상을 했으나 영구가 빈소에 머물러 있을 시기까지 당도하지 못했다는 조목에서도 두 번째 곡을 하고 세 번째 곡을 할 때 단지 괄발과 성용만 말했지만 단을 하게 된다는 사실을 알 수 있다. 그런데 어찌하여 그 조목에 때마침 단(袒)자가 없다고 하여, 이곳에 나온 단자를 연문으로 여길 수 있단 말인가? 『예기』「상복소기(喪服小記)」편에서는 "3일 동안 다섯 차례 곡을 하고, 세 차례 단을 한다."[1]라고 했으니 그 뜻이 매우 분명하다.

補註 ○按: 類編以二袒字爲非衍者, 儘明白可從. 而但小記所言, 乃泛言奔喪之禮, 奔喪者之又哭·三哭皆袒, 不必遠引小記而篇內已具矣. 此章則乃齊衰以下, 葬後奔喪之禮, 而奔親喪不及殯章, 又哭·三哭無袒字, 故註疏家不察其錯擧互見, 反以此袒字爲衍文也. 然則所引小記不足爲葬後奔喪, 又哭·三哭, 猶袒之證. 只以禮意推之, 雖是葬後旣免, 且踊, 則獨殺其袒, 似無是理.

번역 ○살펴보니, 『유편』에서는 2개의 단(袒)자를 연문이 아니라고 여겼는데, 이것은 매우 명백한 설명으로 따를 수 있는 주장이다. 다만 「상복소기」에서 언급한 내용은 분상의 예법을 범범하게 말한 것으로, 분상을 하는 자가 두 번째 곡을 하고 세 번째 곡을 할 때 모두 단을 한다는 것에 있어서는 멀리 「상복소기」편의 기록을 인용할 필요가 없으니, 「분상」편에 이미 그 내용이 모두 기술되어 있기 때문이다. 이 문장의 내용은 자최복으로부터 그 이하의 상복을 착용하는 자가 장례를 치른 이후 분상을 하는 예법에 해당하는데, 부모의 상에 분상을 했으나 영구가 빈소에 머물러 있을 시기까지 당도하지 못했다는 장에서는 두 번째 곡과 세 번째 곡을 할 때 단(袒)이라는 글자가 기록되어 있지 않다. 그렇기 때문에 주소가들은 교차하여 거론해서 상호 그 뜻을 드러낸다는 것을 살피지 못하고, 도리어 여기에 나온 단자를 연문이라고 여겼던 것이다. 그러나 인용한 「상복소기」편의 내용은 장례 후 분상을 한 자가 두 번째 곡을 하고 세 번째 곡을 할 때 여전히 단을 한다는 증거로 삼기에 부족하다. 다만 예의 뜻으로 미루어보면, 비록 장례를 치른 이후 이미 문을 한 상태이고 또 용을 했다면, 유독 단에 대해서만 없앤다는 것은 아마도 이러한 이치는 없을 것이다.

---

1) 『예기』「상복소기(喪服小記)」: 奔父之喪, 括髮於堂上, 袒降踊, 襲絰于東方. 奔母之喪, 不括髮, 袒於堂上降踊, 襲免于東方. 絰卽位成踊, 出門哭止, 三日而五哭三袒.

「분상」 11장

참고-經文

聞喪不得奔喪, 哭盡哀. 問故, 又哭盡哀. 乃爲位, ①括髮袒成踊. 襲絰絞帶即位, 拜賓反位成踊. 賓出, 主人拜送于門外, 反位. 若有賓後至者, 拜之成踊送賓如初. 於又哭, 括髮袒成踊. 於三哭, 猶括髮袒成踊. 三日成服. ②於五哭, 拜賓送賓如初.

번역 상의 소식을 접했지만 곧바로 분상을 하지 못한다면, 곡을 하여 슬픔을 다한다. 그런 뒤 돌아가신 연유를 묻고 재차 곡을 하여 슬픔을 다한다. 그리고 곧 자리를 마련하여 머리를 묶고 단(袒)을 하며 용(踊)의 절차를 마무리한다. 습(襲)하고 질(絰)을 하며 교대(絞帶)를 하고서 자리로 나아가고, 빈객에게 절을 하며 자리로 되돌아와서 용(踊)의 절차를 마무리한다. 빈객이 밖으로 나가면, 주인은 문밖에서 절을 하며 전송하고, 자신의 자리로 되돌아온다. 만약 뒤늦게 도착한 빈객이 있다면, 그에게 절을 하고 용(踊)의 절차를 마무리하며 빈객을 전송하는데, 앞서 했던 것처럼 한다. 두 번째 곡을 할 때에는 머리를 묶고 단(袒)을 하며 용(踊)의 절차를 마무리한다. 세 번째 곡을 할 때에는 여전히 머리를 묶고 단(袒)을 하며 용(踊)의 절차를 마무리한다. 삼일 째가 되면 성복(成服)을 한다. 다섯 번째 곡을 할 때에는 빈객에게 절을 하고 빈객을 전송하는데, 앞서 했던 것처럼 한다.

① ○括髮袒成踊[止]絞帶.

補註 鄭註: 不於又哭乃絰者, 喪至此踰日, 節於是可也.

번역 정현의 주에서 말하길, 두 번째 곡을 할 때 하지 않고 곧 질(絰)을 한다는 것은 상사의 절차가 이 시기에 이르러 해당하는 날짜를 벗어났으니, 이 시기에 간략히 하는 것이 옳다.

② 於五哭.

補註 鄭註: "言五哭者, 以迫於公事, 五日哀殺, 亦可以止." 疏曰: "明五哭之後, 不復朝夕有哭, 以五哭斷之."

번역 정현의 주에서 말하길, "'오곡(五哭)'을 언급한 것은 공적인 업무를 처리하는 것이 급하며, 5일째가 되면 애통함이 줄어들게 되므로, 또한 이 시기에 곡을 그칠 수 있다."라고 했다. 소에서 말하길, "오곡을 한 이후에는 재차 아침저녁으로 곡을 하지 않는다는 사실을 나타내니, 오곡(五哭)으로 그 시기를 나눈 것이다."라고 했다.

「분상」 13장

참고—經文

自齊衰以下, ①所以異者免麻.

번역 자최복(齊衰服) 이하의 자가 분상을 했는데, 상이 끝난 뒤에 도착한 경우, 차이를 보이는 것은 문(免)을 하고 허리에 마(麻)로 만든 질(絰)을 두르는 것이다.

① ○所以異者免麻.

補註 按: 此麻字, 亦兼絰帶而言之.

번역 살펴보니, 여기에 나온 '마(麻)'자 또한 질과 대를 겸해서 말한 것이다.

「분상」 14장

참고—經文

①凡爲位, 非親喪, 齊衰以下皆卽位哭盡哀, 而東免絰卽位, 袒成踊. 襲, 拜賓反位, 哭成踊. 送賓反位, 相者告就次. ②三日五哭卒, ③主人出送賓. 衆主人兄弟皆出門, 哭止, 相者告事畢, 成服拜賓. ④若所爲位家遠, 則成服而往.

번역 무릇 곡하는 자리를 마련할 때, 부모의 상이 아니라면 자최복(齊衰服) 이하의 상에서는 모두 마련한 자리로 나아가서 곡을 하여 슬픔을 다하고, 동쪽으로 가서 문(免)과 질(絰)을 하고 자신의 자리로 나아가고, 단(袒)을 하고 용(踊)의 절차를 마무리한다. 습(襲)을 하고 빈객에게 절을 하며 자신의 자리로 되돌아와서 곡을 하고 용(踊)의 절차를 마무리한다. 빈객을 전송하고 자신의 자리로 되돌아오면 의례 진행을 돕는 자는 임시숙소에 나아가도록 알린다. 3일째에 다섯 번째 곡하는 일을 마치면, 주인은 밖으로 나와서 빈객을 전송한다. 나머지 형제들과 친족형제들은 모두 문밖으로 나오면 곡하는 것을 그치고, 의례 진행을 돕는 자는 일이 모두 끝났음을 아뢰며, 성복(成服)을 하고서 빈객에게 절을 한다. 만약 자리를 마련한 집이 거리가 멀다면, 성복을 하고서 찾아간다.

① ○凡爲位[止]以下.

補註 按: 此吐, 諺讀大誤.

번역 살펴보니, 이곳의 토를 『언독』에서는 매우 잘못 달았다.

② 三日五哭卒.

補註 按: 陳註所解, 本出鄭註, 而疏曰, "前文五哭成服之後, 乃云五哭, 故數成服後日之哭爲五哭. 此云三日五哭, 是三日之內五哭, 故數夕哭爲五哭. 經文不同, 故鄭註亦異."

번역 살펴보니, 진호의 주에 나온 해석은 본래 정현의 주에서 도출된 것이지만, 소에서는 “앞에서 3일째에 다섯 번째 곡을 한다는 것은 성복을 한 이후에 ‘오곡(五哭)’이라고 했다. 그렇기 때문에 성복을 한 이후에 곡하는 것까지 합하여 오곡이라고 한 것이다. 이곳에서는 3일째에 다섯 번째 곡을 한다고 했는데, 이것은 3일 이내에 다섯 번째 곡을 한다는 뜻이다. 그렇기 때문에 저녁에 곡하는 것까지 합산하여 다섯 번째 곡이 되는 것이다. 경문이 다르기 때문에 정현의 주 또한 차이를 보인다.”라고 했다.

補註 ○鄭註又曰: “凡云五哭者, 其後有賓, 亦與之哭而拜之.” 疏曰: “此總結從上以來四處五哭之文也.”

번역 ○정현의 주에서 또 말하길, “무릇 ‘오곡(五哭)’이라고 했는데, 그 이후에 빈객이 찾아왔다면, 또한 그와 함께 곡을 하고 그에게 절을 한다.”라고 했다. 소에서 말하길, “이것은 앞에서부터 4곳에서 ‘오곡(五哭)’이라고 한 문장에 대해 총괄적으로 결론을 맺은 것이다.”라고 했다.

③ 主人出[止]拜賓.

補註 類編曰: 此二十四字當爲衍文. 蓋旣曰爲位, 則是不奔喪也. 旣不奔喪, 則主人出送賓, 衆主人出門等事, 皆不倫貫. 註以爲旣奔喪, 則喪家之主人爲之出送賓云. 旣奔喪一句, 是陳氏自下之字, 非經文也. 且無拜賓之節, 而直云出送賓, 文理亦踈. 且若曰旣奔喪, 則齊衰以下奔喪之節, 已見上文, 不當於此疊出也.

번역 『유편』에서 말하길, 여기에 나온 24개의 글자는 마땅히 연문에 해당한다. 이미 “자리를 마련했다.”라고 했다면 이것은 분상을 하지 못한 경우이다. 이미 분상을 하지 못했다면, 주인은 밖으로 나와 빈객을 전송하거나 중주인이 문밖으로 나온다는 등의 사안은 모두 순차에 맞지 않는다. 주에서는 이미 분상을 했다면, 상가의 주인이 그를 대신해서 밖으로 나와 빈객을 전송한다고 했는데, ‘기분상(旣奔喪)’이라는 구문은 진호가 직접 붙인 말이며 경문의 기록이 아니다. 또 빈객에게 절을 하는 절차가 없는데 단지 나와서 빈객을 전송한다고 했다면 문장의 흐름이 또한 거칠게 된다. 또 이미 분상을 했다고 말했다면, 자최복 이하의 자들이 분상을 하는 예절은 이미 앞의 문장에 나오므로, 이곳에 중복으로 나타나서는 안 된다.

補註 ○按: 此章乃未奔喪之禮, 而反有主人及衆主人, 且成服拜賓, 反在告事畢之下, 俱極可疑. 類編歸之衍文者, 似是, 而成服拜賓四字, 則存之, 亦可耶.

번역 ○살펴보니, 이 문장은 아직 분상을 하지 못했을 때의 예법에 해당하는데, 도리어 주인이나 중주인이라는 말이 기록되어 있고, 또 성복을 하고서 빈객에게 절을 한다는 것이 반대로 일이 모두 끝났음을 아뢴다는 문장 뒤에 기술되어 있으니, 이 모두는 매우 의심스러운 대목이다. 『유편』에서는 이것들을 연문으로 귀결시켰는데, 아마도 옳은 것 같다. 다만 '성복배빈(成服拜賓)'이라는 네 글자는 남겨 두어도 괜찮을 것 같다.

④ 若所爲位[止]而往.

補註 按: 古經此作別段, 不連書, 蓋覆解上文齊衰以下, 或未卽奔哭之事也.

번역 살펴보니, 『고경』에서는 이 구문을 별도의 단락으로 기술하고 연결해서 기록하지 않았으니, 앞에서 자최복 이하의 내용에 대해 재차 풀이한 것이거나 곧바로 분상을 하지 못했을 때의 사안일 것이다.

참고-集說

人臣奉君命以出, 而聞父母之喪, 則固爲位而哭, ①其餘不得爲位也. 此言非親喪, 而自齊衰以下亦得爲位者, 必非奉君命以出, 而爲私事未奔者也. 此以上言五哭者四, 前三節言五哭, 皆止計朝哭, 故五日乃畢. 獨此所言三日五哭卒者, 謂初聞喪一哭, 明日朝夕二哭, 又明日朝夕二哭. 幷計夕哭者, 以私事可以早畢, 而亟謀奔喪故也. 曰主人出送賓者, 謂旣奔喪至家, 則喪家之主人爲之出送賓也. 所謂奔喪者非主人, 則主人爲之出送賓是也. 衆主人兄弟, 亦謂在喪家者. 成服拜賓者, 謂三日五哭卒之明日爲成服, 其後有賓, 亦與之哭而拜之也. 前兩節五哭後不言拜賓者, 省文耳. 若所爲位者之家道遠, 則成服而後往亦可, 蓋外喪緩, 可容辨集而行也.

번역 신하가 군주의 명령을 받들어 외지에 나가 있다가 부모의 상 소식을 접하게 된다면, 진실로 자리를 마련하여 곡을 하는데, 나머지 경우에는 자리를 마련할 수 없다. 이곳에서 부모의 상이 아니라면 자최복(齊衰服) 이하의 상에서는 또한 자리를 마련할 수 있다고 했는데, 이것은 분명 군주의 명령을 받들고 외지로 나가지 않은 것이며, 개인적인 일로 인해 아직 분상을 하지 못한 경우이다. 이곳 구문까지 '오곡(五哭)'이라고 말한 것은 네 번인데, 앞의 세 문단에서 '오곡(五哭)'을 말한 것은 모두 아침에 곡하는 것만을 계산한 것이다. 그렇기 때문에 5일째가 되면 모두 마치게 된다. 그런데 이곳에서만 유독 3일째에 다섯 번째 곡하는 일을 끝낸다고 했으니, 최초 상의 소식을 접했을 때 첫 번째 곡을 하고, 그 다음날 아침과 저녁에 두 차례 곡을 하며, 또 그 다음날 아침과 저녁에 두 차례 곡을 한다는 뜻이다. 즉 저녁에 곡하는 것까지 함께 합산을 하니, 사적인 일로 인해 조기에 마칠 수 있고, 하루라도 빨리 분상을 하고자 계획하기 때문이다. "주인이 밖으로 나와서 빈객을 전송한다."라고 했으니, 곧바로 분상을 하여 집에 도착하면, 상가의 주인은 그를 위해 밖으로 나와서 빈객을 전송한다는 뜻이다. 즉 분상을 하는 자가 주인이 아니라면, 주인이 그를 위해 밖으로 나와서 빈객을 전송한다는 뜻이다. 나머지 형제들과 친족형제들은 또한 상가에 남아있던 자들을 뜻한다. 성복(成服)을 하고 빈객에게 절을 한다는 말은 3일째 다섯 번째 곡을 하는 일이 끝난 다음날 성복을 하고, 그 이후에 빈객이 찾아오면 또한 그와 함께 곡을 하고 그에게 절을 한다는 뜻이다. 앞의 두 문단은 다섯 번째 곡을 한 이후에 빈객에게 절을 한다고 말하지 않았는데, 문장을 생략해서 기록했기 때문이다. 만약 자리를 마련한 집이 거리가 멀다면, 성복을 한 이후에 찾아가는 것 또한 괜찮으니, 외상(外喪)에 대해서는 다소 느슨하게 해서, 복장을 갖춰서 길을 떠나는 것도 수용할 수 있다.

① **其餘不得爲位也.**

補註 疏曰: 銜君命者, 唯父母之喪, 乃敢顯然爲鄰列之位. 齊衰以下輕喪, 不敢以私害公, 不敢顯然爲位也.

번역 소에서 말하길, 군주의 명을 받들고 있는 경우, 오직 부모의 상에 대해서만 감히 분명하게 대열을 맞춘 자리를 마련할 수 있다. 자최복 이하의 상에서는 상의 수위가 낮으니, 감히 사적인 일로 인해 공적인 업무에 피해를 주어서는 안 되고, 감히 명확히 구분되는 자리를 마련할 수 없다.

補註 ○按: 陳註, 蓋本於疏說.

번역 ○살펴보니, 진호의 주는 아마도 소의 주장에 근거한 것 같다.

「분상」 17장

참고-經文

①哭, 天子九, 諸侯七, 卿大夫五, 士三. 大夫哭諸侯, 不敢拜賓. 諸臣在他國, 爲位而哭, 不敢拜賓. 與諸侯爲兄弟, 亦爲位而哭. 凡爲位者壹袒.

번역 곡을 할 때 천자에 대해서는 9일 동안 9번 하고, 제후에 대해서는 7일 동안 7번 하며, 경과 대부에 대해서는 5일 동안 5번 하고, 사에 대해서는 3일 동안 3번 한다. 대부가 옛 군주를 위해 곡을 할 때에는 감히 빈객에게 절을 하지 않는다. 신하들 중 명령에 따라 다른 나라에 나가 있는 자들은 자신의 군주를 위해 자리를 마련하여 곡을 하지만, 감히 빈객에게 절을 하지 않는다. 제후와 형제가 되는데 다른 나라에 거주하는 자들 또한 자리를 마련하여 제후에 대해 곡을 한다. 무릇 자리를 마련하는 경우에는 한 차례 단(袒)을 한다.

① 哭天子九[止]士三.

補註 鄭註: 此臣聞君喪而未奔, 爲位而哭尊卑日數之差也. 士亦有屬吏, 賤, 不得君臣之名.

번역 정현의 주에서 말하길, 이 내용은 신하가 군주의 상 소식을 접하였지만 아직 분상을 하지 못하여, 자리를 마련해서 곡을 함에 신분의 차이에 따라 날수에 차등이 있다는 뜻이다. 사에게도 또한 그에게 소속된 말단 관리들이 있는데, 사는 신분이 미천하므로 군주와 신하라는 명칭을 쓸 수 없다.

補註 ○按: 鄭註只如此, 而疏則元無所釋, 或云此謂哭踊之數, 非謂日數, 與雜記上, 公七踊, 大夫五踊, 士三踊, 正合. 或云天子七日而殯, 諸侯五日而殯, 大夫三日而殯, 士二日而殯, 皆除死日計之, 則天子實八日殯, 幷成服日爲九日, 哭餘倣此, 未詳孰是.

번역 ○살펴보니, 정현의 주에서는 단지 이와 같이만 설명했고, 소에서는 애초에 이에 대한 해석이 없다. 어떤 자는 이곳에서 곡과 용을 하는 수는 날마다 하는 수치를 뜻하는 것이 아니며, 『예기』「잡기상(雜記上)」편에서 "제후의 상에서 용은 7번 하고 대부의 상에서 용은 5번 하며, 사의 상에서 용은 3번한다."[1]라고 했던 말과 맞아 떨어진다고 주장한다. 또 어떤 자는 천자는 7일이 지나서 빈소를 마련하고, 제후는 5일이 지나서 빈소를 마련하며, 대부는 3일이 지나서 빈소를 마련하고, 사는 2일이 지나서 빈소를 마련한다고 하는데, 이 모두는 죽은 날은 제외하고 계산한 것이니, 천자는 실질적으로 8일째에 빈소를 마련하며, 성복을 하는 날까지 합하면 9일이 되고, 곡이나 나머지 것들도 이것을 본뜬 것이라고 주장하는데, 누구의 주장이 옳은지는 모르겠다.

참고-大全

①山陰陸氏曰: 凡喪親, 始死哭, 不以數, 則士明日朝暮哭, 又明日成服之朝哭, 所謂三哭者此歟. 大夫明日, 又明日朝莫哭, 又明日朝哭, 凡五哭. 諸侯朝莫哭, 如大夫, 又三日朝哭, 凡七哭於是殯. 天子朝莫哭, 如諸侯, 又四日朝哭, 凡九哭於是殯. 凡爲位者壹袒, 上所謂凡爲位, 卽位袒成踊, 是也.

번역 산음육씨가 말하길, 무릇 부모의 상을 치를 때에는 이제 막 돌아가셨을 때 곡을 하는데, 이것을 곡하는 수치에 포함시키지 않는다면, 사에 대해서는 다음날 아침과 저녁에 곡을 하고, 또 그 다음날 성복(成服)을 하며 아침에 곡을 하니, 세 차례 곡을 한다는 것은 바로 이러한 뜻일 것이다. 따라서 대부의 경우 그 다음날과 또 그 다음날 아침과 저녁에 곡을 하고, 또 그 다음날 아침에 곡을 하여, 총 다섯 차례 곡을 한다. 제후에 대해서는 아침과 저녁에 곡을 하는 것이 대부의 경우와 같은데, 또한 3일째 아침에 곡을 하니, 빈소에서 총 일곱 차례 곡을 한다. 천자에 대해서는 아침과 저녁에 곡을 하는 것이 제후의 경우와 같은데, 또한 4일째 아침에 곡을 하니, 빈소에서 총 아홉 차례 곡을 한다. 무릇 자리를 마련하는 경우 한 차례 단(袒)

---

1) 『예기』「잡기상(雜記上)」: 公七踊, 大夫五踊, 婦人居間; 士三踊, 婦人皆居間.

을 한다는 것은 앞에서 "자리를 마련하고, 자리로 나아가서 단(袒)을 하고 용(踊)의 절차를 마무리한다."고 한 말이 바로 이러한 뜻을 나타낸다.

① **山陰陸氏曰[止]是也.**

補註 按: 士二日而殯, 正是死之三日, 三日成服, 正是死之四日, 此云明日, 又明日成服, 誤矣.

번역 살펴보니, 사는 2일이 지나서 빈소를 마련한다고 했는데, 이것은 죽은 날로부터 3일째를 가리키고, 3일에 성복을 한다는 것은 죽은 날로부터 4일째를 가리키니, 이곳에서 다음날이라고 말하고 또 그 다음날 성복을 한다는 것은 잘못된 해석이다.

「분상」 21장

참고-經文

無服而爲位者, 唯嫂叔. 及①婦人降而無服者麻.

번역 상복관계가 없지만 그 대상에 대해 곡하는 자리를 마련하는 경우는 오직 형수의 상이다. 여자에게 있어서 그녀에 대해 강복(降服)을 하여 상복관계가 없어지는 경우에는 조복(弔服)에 시마복의 환질(環絰)을 두른다.

① **婦人降而無服.**

補註 鄭註: 婦人降而無服, 族姑·姊妹嫁者也.
번역 정현의 주에서 말하길, 부인이 강복을 하여 상복관계가 없다는 것은 족친의 고모나 자매 중 시집을 간 여자들을 뜻한다.

補註 ○按: 陳註去族字, 致人疑惑.
번역 ○살펴보니, 진호의 주에서는 '족(族)'자를 생략했기 때문에 사람들에게 의혹을 일으키게 한다.

참고-集說

鄭氏曰: 正言嫂叔, 尊嫂也. ①兄公於弟之妻則不能也.

번역 정현이 말하길, 경문에서 '수숙(嫂叔)'이라고 한 말은 형수를 높여서 부르는 말이다. 형이 동생의 처에 대해서라면 할 수 없다.

① **兄公[止]不能也.**

補註 疏曰: 爾雅, "婦人謂夫之兄曰兄公." 兄公爲弟之妻, 則不能爲位哭哭之.

번역 소에서 말하길, 『이아』에서는 "부인은 남편의 형에 대해서 형공(兄公)이라고 한다."[1]라고 했다. 형공은 동생의 처에 대해서 자리를 마련하여 곡을 할 수 없다.

---

1) 『이아』「석친(釋親)」: 夫之兄爲兄公, 夫之弟爲叔, 夫之姊爲女公, 夫之女弟爲女妹.

「분상」 22장

참고-經文

凡奔喪, ①有大夫至, 袒, 拜之, 成踊而后襲. 於士, 襲而后拜之.

번역 무릇 분상을 함에 있어서, 상주가 분상을 하여 집에 도착했는데, 조문객 중 대부가 찾아왔다면, 단(袒)을 하고 그에게 절을 하며, 용(踊)의 절차를 마무리한 뒤에 습(襲)을 한다. 조문객이 사라면, 습(襲)을 한 이후에 그에게 절을 한다.

① 有大夫至[止]后襲.

補註 鄭註: 主人袒, 降哭, 而大夫至, 因拜之, 不敢成己禮, 乃禮尊者.
번역 정현의 주에서 말하길, 주인이 단(袒)을 하고 당하로 내려와서 곡을 하는데, 대부가 조문객으로 온다면 그 일에 따라 그에게 절을 하니, 감히 자신이 치러야 하는 예법 절차만 진행할 수 없는 것으로, 곧 존귀한 자를 예우하는 것이다.

補註 ○按: 此節言奔喪者, 括袒, 降哭之時, 大夫或士至, 則拜賓之禮, 有輕重之差也. 陳註欠明.
번역 ○살펴보니, 이곳 문단은 분상을 하는 자가 괄발과 단을 하고 당하로 내려와서 곡을 할 때, 대부나 사가 당도하게 된다면 빈객에게 절을 하는 예법에 경중의 차이가 있음을 나타내고 있다. 따라서 진호의 주는 불분명하다.

「문상(問喪)」 제35편

補註 疏曰: 鄭云, "記善問居喪之禮所由也."

번역 소에서 말하길, 정현은 "질문을 통해 상을 치르는 예법이 유래된 것을 알 수 있게 된 것을 좋게 여겨 기록한 것이다."라고 했다.

「문상」 1장

참고-經文

親始死, 雞斯徒跣, 扱上衽, 交手哭. 惻怛之心, 痛疾之意, ①傷腎乾肝焦肺, 水漿不入口. 三日不擧火, 故鄰里爲之糜粥以飮食之. 夫悲哀在中, 故形變於外也. 痛疾在心, 故口不甘味, 身不安美也.

번역 부모님이 이제 막 돌아가시게 되면, 자식은 관을 제거하고 비녀와 머리싸개만 남기며 신발을 벗어 맨발을 만들며, 심의(深衣)의 앞섶을 허리띠에 꽂고, 두 손을 교차하여 가슴을 두들기며 곡을 한다. 슬픈 마음과 애통한 생각은 콩팥을 상하게 하고 간을 마르게 하며 폐를 태우니, 물이나 음료도 마실 수 없다. 3일 동안 밥 짓는 불을 때지 않기 때문에 이웃 사람들이 그를 위해 된죽과 묽은 죽을 만들어서 그에게 마시고 먹게끔 한다. 슬픔이 마음에 있기 때문에 모습이 겉으로 드러남에 초췌하게 변한다. 애통함이 마음에 있기 때문에 입은 맛을 느끼지 못하고, 몸은 좋은 것을 편안히 여기지 못한다.

① 傷腎乾肝焦肺.

補註 鄭註: 五藏, 腎在下, 肝在中, 肺在上, 擧三者, 而心脾在其中矣.

번역 정현의 주에서 말하길, 다섯 가지 장기 중 콩팥은 밑에 있고 간은 중간에 있으며 폐는 위에 있는데, 이 세 가지를 제시했으니, 심장과 비장은 그 안에 포함된다.

「문상」 3장

참고-經文

婦人不宜袒, 故發胸擊心①爵踊, 殷殷田田, ②如壞墻然, 悲哀痛疾之至也. 故曰, "辟踊哭泣, ③哀以送之", ④送形而往, 迎精而反也.

번역 부인은 단(袒)을 하기가 마땅하지 않기 때문에, 앞쪽의 옷을 젖히고 가슴을 두드리며 작용(爵踊)[1]을 하니, 가슴을 치는 소리가 나서, 마치 무너진 담장과 같이 되어, 슬픔과 애통함이 극심한 것이다. 그렇기 때문에 "가슴을 치고 용(踊)을 하며 곡을 하고 눈물을 흘려서 슬픔으로 전송한다."라고 한 것이니, 시신을 전송하여 장지로 가고, 혼령의 정기를 맞이하여 집으로 되돌아온다.

① ○爵踊.

補註 爵, 與雀同.

번역 '작(爵)'자는 작(雀)자와 같다.

② 如壞墻然.

補註 疏曰: 言將欲崩倒也.

번역 소에서 말하길, 붕괴되어 엎어지려고 한다는 뜻이다.

③ 哀以送之.

補註 鄭註: 謂葬時也.

번역 정현의 주에서 말하길, 장례를 치르는 시기를 뜻한다.

---

1) 작용(爵踊)은 상중(喪中)에 용(踊)을 하는 방법 중 하나이다. 참새가 뛰는 것처럼 하니, 발이 지면에서 떨어지지 않는 것이다.

④ 送形而往迎精而反.

補註 鄭註: 迎其精神而反, 謂反哭及日中而虞.

번역 정현의 주에서 말하길, 혼령의 정기를 맞이하여 되돌아온다는 것은 반곡(反哭)을 하고 그 날에 우제(虞祭)를 지낸다는 뜻이다.

補註 ○楊梧曰: 送形而往者, 形猶在柩也. 迎精而反者, 形魄已歸於地, 唯有精靈而已.

번역 ○양오가 말하길, '송형이왕(送形而往)'이라고 했는데, 부모의 형상은 여전히 영구에 있기 때문이다. '영정이반(迎精而反)'이라고 했는데, 형과 백은 이미 땅으로 되돌아갔고, 오직 정령만 남은 상태이기 때문이다.

補註 ○按: 楊梧以此二句, 合於下節上頭, 比今分節似勝.

번역 ○살펴보니, 양오는 이 두 구문을 뒤의 문단 앞 구문과 합치시켜 보았는데, 지금의 분절방식보다는 나은 것 같다.

「문상」 4장

참고-經文

其往送也, 望望然, 汲汲然, 如有追而弗及也. 其反哭也, 皇皇然, 若有求而弗得也. ①故其往送也如慕, 其反也如疑. ②求而無所得之也, 入門而弗見也, 上堂又弗見也, 入室又弗見也, 亡矣, 喪矣, 不可復見已矣. 故哭泣辟踊, 盡哀而止矣.

번역 장지로 가며 전송할 때에는 아득하고 다급하여 마치 쫓지만 미치지 못하는 것과 같다. 되돌아와 곡을 할 때에는 방황을 하여 마치 찾으려고 하나 찾지 못하는 것과 같다. 그렇기 때문에 장지로 가서 전송할 때에는 그리워하는 것 같고, 되돌아올 때에는 의문을 품은 것 같다. 찾아도 찾을 수 있는 곳이 없으니, 문으로 들어왔으나 그 모습을 볼 수 없고, 당상으로 올라갔으나 또한 볼 수 없으며, 실(室)로 들어갔으나 또한 볼 수 없으니, 없어졌고 잃어서, 다시는 볼 수 없을 따름이다. 그렇기 때문에 곡을 하고 눈물을 흘리며 가슴을 치고 용(踊)을 하여, 슬픔을 다하고서야 그친다.

① ○故其送往[止]如疑.

補註 鄭註: 慕者, 以其親之在前. 疑者, 不知神之來否.

번역 정현의 주에서 말하길, 그리워하는 것은 부모의 영구가 눈앞에 있기 때문이다. 의문을 품는 것은 신령이 찾아왔는지 아닌지 알 수 없기 때문이다.

② 求而無所[止]止矣.

補註 鄭註: 說反哭之義.

번역 정현의 주에서 말하길, 반곡(反哭)의 뜻을 설명한 것이다.

「문상」 5장

참고-經文

①心悵焉愴焉, 惚焉愾焉, 心絶志悲而已矣. 祭之宗廟, 以鬼享之, 徼幸復反也. 成壙而歸, 不敢入處室, 居於倚廬, 哀親之在外也; 寢苫枕塊, 哀親之在土也. 故哭泣無時, 服勤三年, 思慕之心, 孝子之志也, 人情之實也.

번역 마음은 원망스럽게 슬프며, 아른아른하고 한탄스러우니, 마음이 찢어지고 생각은 비통해질 따름이다. 종묘에서 부모에게 제사를 지내는 것은 귀신에 대한 예법으로 흠향을 시키는 것이니, 요행히도 다시 되돌아오기를 바라는 것이다. 무덤을 만들고 되돌아왔으니, 감히 자신이 머물던 방으로 들어갈 수 없어서, 의려(倚廬)에 머무니, 부모가 외지에 있는 것을 슬퍼하기 때문이다. 또 거적을 깔고 흙덩이를 베개로 삼으니, 부모의 시신이 땅속에 있는 것을 슬퍼하기 때문이다. 그래서 곡을 하고 눈물을 흘림에 정해진 때가 없고, 삼년상을 치르니, 그리워하는 마음이며, 자식의 뜻이고, 인간의 정감에 나타나는 실정이다.

① ○心悵焉[止]以鬼享之.

補註 鄭註: "說虞之義." 疏曰: "心悵焉愴焉者, 此明反哭之後也. 祭之宗廟, 以鬼享之者, 謂虞祭於殯宮神之所在, 故稱宗廟."

번역 정현의 주에서 말하길, "우제(虞祭)의 뜻을 설명한 것이다."라고 했다. 소에서 말하길, "마음은 원망스럽게 슬프다고 했는데, 이것은 반곡을 한 이후를 나타내고 있다. 종묘에서 부모에게 제사를 지내는 것은 귀신에 대한 예법으로 흠향을 시키는 것이라고 했는데, 빈소 중 신이 머무는 곳에서 우제(虞祭)를 치르기 때문에, '종묘(宗廟)'라고 지칭했다."라고 했다.

「문상」 7장

참고-經文

或問曰, “①冠者不肉袒, 何也?” 曰, “冠至尊也, 不居肉袒之體也, 故爲之免以代之也. 然則禿者不免, 傴者不袒, 跛者不踊. 非不悲也, 身有錮疾, 不可以備禮也. 故曰, ‘喪禮唯哀爲主矣.’ ②女子哭泣悲哀, 擊胸傷心, 男子哭泣悲哀, 稽顙觸地無容, 哀之至也.”

번역 어떤 이가 묻기를 “관을 쓰게 되면 팔을 걷어 신체를 드러내지 않는 것은 어째서입니까?”라고 하자, 답하길 “관은 지극히 존귀한 복식이니, 관을 쓰게 되면 팔을 걷어 신체를 드러내지 않는다. 그렇기 때문에 문(免)을 시행하여 대신한다. 그렇다면 대머리는 문(免)을 하지 않고, 곱사등이는 단(袒)을 하지 않으며, 절름발이는 용(踊)을 하지 않는다. 이것은 슬퍼하지 않아서가 아니며, 몸에 고질적인 병이 있어서, 예법을 모두 갖출 수 없기 때문이다. 그래서 ‘상례에서는 오직 슬픔만을 위주로 한다.’라고 말한 것이다. 여자는 곡을 하며 눈물을 흘려 비통하고 애통함을 드러내어 가슴을 치고 상심하며, 남자는 곡을 하며 눈물을 흘려 비통하고 애통함을 드러내어 이마를 땅에 닿도록 엎드려서 용모를 꾸밈이 없으니, 애통함이 지극하기 때문이다.”라고 했다.

① ○冠者不肉袒.

補註 疏曰: 冠不居肉袒者, 謂心旣悲哀, 肉袒形褻, 故不可褻其尊服而冠也. 若有吉事而內心肅敬, 則雖袒而著冠也, 郊特牲云, “君袒而割牲”, 是也.

번역 소에서 말하길, 관을 쓰고서 육단(肉袒)을 하지 않는다고 했는데, 마음은 이미 비통하고 애통한 상태이며, 팔을 걷어 신체를 드러내기 때문에, 존귀한 복장을 무람되게 사용하여 관을 써서는 안 된다는 뜻이다. 만약 길한 일이 있을 때에는 마음이 엄숙하고 공경하여, 비록 단(袒)을 하더라도 관을 쓴다. 그렇기 때문에 『예기』「교특생(郊特牲)」편에서는 “군주가 팔을 걷어서 신체를 드러내며 직접 희생물을 가른다."[1]라고 한 것이다.

② 女子哭泣[止]無容.

補註 鄭註: 擊胸傷心, 稽顙觸地, 不踊者若此而可. 或曰男女哭踊.
번역 정현의 주에서 말하길, 가슴을 치고 상심하며 이마를 땅에 닿도록 하는 것은 용(踊)을 할 수 없는 자가 이처럼 한다면 괜찮다. 어떤 판본에서는 "남녀가 곡과 용(踊)을 한다."라고도 기록한다.

補註 ○按: 陳註以擊胸稽顙爲男女不踊者之事者, 蓋本鄭註上一說, 而文勢終有不叶. 愚意此數句, 蓋承唯哀爲主反復其義, 實通免袒踊者, 及不免不袒不踊者而言也.
번역 ○살펴보니, 진호의 주에서는 가슴을 치고 이마를 땅에 닿도록 하는 것을 남자와 여자가 용을 하지 않는 경우의 일로 여겼는데, 아마도 정현의 주에서 말한 앞의 주장에 근거한 것 같다. 그러나 문장의 흐름상 끝내 매끄럽지 못한 부분이 생긴다. 내가 생각하기에 여기에 나온 여러 구문들은 "오직 슬픔만을 위주로 한다."라고 했던 말을 이어받아서 그 의미를 반복해서 설명하는 것으로 실제로는 문·단·용을 하는 경우와 문을 하지 않고 단을 하지 않으며 용을 하지 않는 경우를 모두 통괄해서 말한 것이다.

---

1) 『예기』「교특생(郊特牲)」: 君再拜稽首, 肉袒親割, 敬之至也. 敬之至也, 服也. 拜服也. 稽首, 服之甚也. 肉袒, 服之盡也. 祭稱孝子孝孫, 以其義稱也. 稱曾孫某, 謂國家也. 祭祀之相, 主人自致其敬, 盡其嘉, 而無與讓也.

「문상」 8장

참고-經文

或問曰, “免者以何爲也?” 曰, “不冠者之所服也. 禮曰, ‘童子不緦, 唯當室緦’, ①緦者其免也, 當室則免而杖矣.”

번역 어떤 이가 묻기를 “문(免)이라는 것은 어떤 용도로 사용하는 것입니까?”라고 하자, 답하길 “관을 쓰지 않을 때 착용하는 복식이다. 『예』에서는 ‘어린아이는 상복을 착용하지 않는데, 오직 당실(當室)만이 상복을 착용한다.’라고 했는데, 상복을 착용하는 것은 문(免)을 하기 때문이니, 당실의 경우라면 문(免)을 하고 지팡이를 잡는다.”라고 했다.

① ○緦者其免也.

補註 按: 此言童子當室而爲緦服者, 則得有喪服之免也. 此節重在免上, 劉說歸重在緦, 與經意不應.

번역 살펴보니, 이 문장은 어린아이들 중 당실에 해당하여 시마복을 착용하는 경우라면, 상복의 문을 할 수 있다는 뜻이다. 이 문단의 중점은 문(免)자에 있는데, 유씨의 설명은 중점을 시(緦)자에 두어 경문의 뜻과 호응하지 않는다.

참고-集說

劉氏曰: 已冠者爲喪變而去冠, 則必著免. 蓋雖去冠, 猶嫌於不冠, 故加免也. 童子初未冠, 則雖爲喪亦不免, 以其未冠, 故不嫌於不冠也. 若爲孤子而當室, 則雖童子亦免, 以其爲喪主而當成人之禮也. 如①童子不杖, 以其不能病也, 而當室則杖. 童子不緦, 幼不能知疎遠之哀也, 而當室則緦. 緦者, 以其當室而爲成人之免且杖, 則亦可爲成人之緦矣. 故曰緦者以其免也.

번역 유씨가 말하길, 이미 관례를 치른 자가 상으로 인해 복식의 변화를 주어 관을 제거한다면 반드시 문(免)을 한다. 비록 관을 제거하더라도 여전히 관을 쓰지 않는다는 것에 혐의를 두기 때문에 문(免)을 한다. 어린아이가 아직 관례를 치르지 않았다면, 비록 상을 치르더라도 또한 문(免)을 하지 않으니, 아직 관례를 치르지 않았기 때문이다. 그래서 관을 쓰지 않는다는 혐의를 받지 않는다. 만약 부모를 잃어 고아가 된 상태이고 당실(當室)의 입장이라면, 비록 어린아이라도 또한 문(免)을 하니, 상주를 맡게 되어 성인이 따라야 하는 예법을 치러야 하기 때문이다. 어린아이가 지팡이를 잡지 않는 것은 상례의 절차를 모두 치르지 않아서 피로해질 수 없기 때문이지만, 당실의 경우라면 지팡이를 잡는다. 어린아이는 상복을 착용하지 않는데, 어려서 소원한 관계의 친족에 대해 슬픔을 느낄 수 없기 때문이지만, 당실이라면 상복을 착용한다. 상복을 착용하는 것은 당실의 입장이므로 성인이 해야 하는 문(免)과 지팡이를 잡는다고 했으니, 이 또한 성인이 착용하는 상복을 입을 수 있다는 뜻이다. 그렇기 때문에 "상복을 착용하는 것은 문(免)을 하기 때문이다."라고 했다.

① 童子不杖[止]病也.

補註 見喪服四制.

번역 『예기』「상복사제(喪服四制)」편에 나온다.[1)]

---

1) 『예기』「상복사제(喪服四制)」: 杖者, 何也? 爵也. 三日授子杖, 五日授大夫杖, 七日授士杖. 或曰擔主, 或曰輔病. 婦人・童子不杖, 不能病也. 百官備, 百物具, 不言而事行者, 扶而起. 言而后事行者, 杖而起. 身自執事而后行者, 面垢而已. 禿者不髽, 傴者不袒, 跛者不踊, 老病不止酒肉. 凡此八者, 以權制者也.

「문상」 9장

참고—經文

或問曰, "杖者何也?" 曰, "竹桐一也. 故爲父①苴杖, 苴杖, 竹也. 爲母削杖, 削杖, 桐也." 或問曰, "杖者以何爲也?" 曰, "孝子喪親, 哭泣無數, 服勤三年, 身病體羸, 以杖扶病也. 則②父在不敢杖矣, 尊者在故也. 堂上不杖, 辟尊者之處也. 堂上不趨, 示不遽也. 此孝子之志也, 人情之實也, 禮義之經也. 非從天降也, 非從地出也, 人情而已矣."

번역 어떤 이가 묻기를 "지팡이를 잡는 것은 어째서입니까?"라고 하자, 답하길 "대나무 지팡이나 오동나무 지팡이나 동일한 이치이다. 그러므로 부친의 상을 치를 때에는 저장(苴杖)을 잡으니, 저장은 대나무 지팡이이다. 모친의 상을 치를 때에는 삭장(削杖)을 잡으니, 삭장은 오동나무 지팡이이다."라고 했다. 어떤 이가 묻기를 "지팡이는 어떤 용도로 사용하는 것입니까?"라고 하자, 답하길 "자식이 부모의 상을 치를 때, 곡을 하며 눈물을 흘리는 것이 수도 없고, 삼년상을 치르니, 몸이 병약해지고 쇠약해져서 지팡이로 병약해진 몸을 지탱하는 것이다. 그러나 부친이 생존해 계실 때에는 감히 지팡이를 잡지 않으니, 존귀한 자가 생존해 계시기 때문이다. 또 당상에서는 지팡이를 잡지 않으니, 존귀하신 부친이 머무는 곳에서 훼방을 놓지 않기 위해서이다. 또 당상에서는 빠른 걸음으로 걷지 않으니 다급하게 하지 않음을 드러내기 위해서이다. 이것은 자식의 뜻이고, 인간의 정감에 나타나는 실정이며, 예의에 따른 법도이다. 이것은 하늘로부터 내려온 것이 아니고 또 땅으로부터 솟아난 것도 아니며, 인간의 정감에 따른 것일 뿐이다."라고 했다.

① 苴杖.

補註 按: 苴義, 見間傳註.

번역 살펴보니, '저(苴)'자의 의미는 『예기』「간전(間傳)」편의 주에 나온다.

② 父在不敢杖[止]遽也.

補註 鄭註: "父在不杖, 謂爲母喪也. 尊者在不杖, 辟尊者之處不杖. 有事不趍, 皆爲其感動, 使之憂戚也." 疏曰: "孝子爲母對父之時, 不敢杖, 堂上是父之所在, 故不杖. 堂上不爲喪趍者, 示父以閑暇不促遽. 凡此皆恐感動父情, 使父憂戚也."

번역 정현의 주에서 말하길, "부친이 계신 곳에서 지팡이를 잡지 않는다는 말은 모친의 상을 치르는 경우를 뜻한다. 존귀한 자가 계신 곳에서 지팡이를 잡지 않는 것은 존귀한 자가 있는 곳에서 조심하기 위해 지팡이를 잡지 않는 것이다. 어떤 일을 처리할 때에도 빠른 걸음으로 걷지 않으니, 이 모두는 부친을 동요시켜 우울하고 슬프게 만들기 때문이다."라고 했다. 소에서 말하길, "자식이 모친의 상을 치를 때 부친을 대면하는 순간에는 감히 지팡이를 잡을 수 없으니, 당상은 부친이 계신 곳이기 때문에 지팡이를 잡지 않는 것이다. 당상에서 상의 절차를 재빨리 하지 않는 이유는 부친에게 안정되며 다급히 하지 않음을 보여주기 위해서이다. 이러한 행동들은 모두 부친의 감정을 동요시켜 부친을 우울하고 슬프게 만든다."라고 했다.

禮記補註卷之二十八

『예기보주』 28권

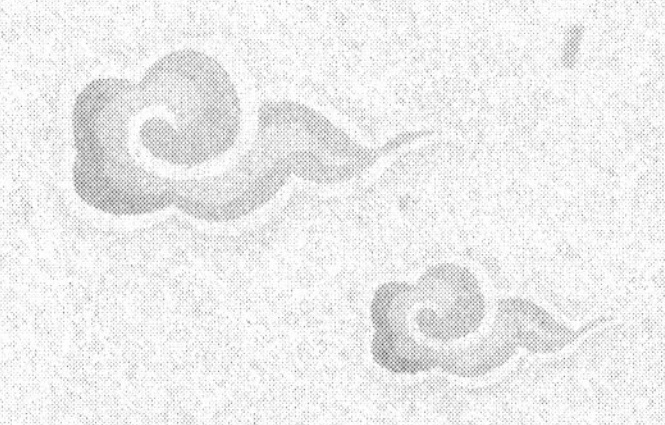

「복문(服問)」 제36편

補註 疏曰: 鄭云, "善問以知有服而遭喪所變易之節."

번역 소에서 말하길, 정현은 "질문을 통해 상복을 착용하고 있을 때 다른 상을 당하게 되어 발생하는 변화의 규범을 알 수 있었던 것을 좋게 여겼다."라고 했다.

「복문」 1장

참고-集說

疏曰: 公子, 諸侯之妾子也. 皇姑, 卽公子之母也. 諸侯在尊① 厭妾子, 使爲母練冠. 諸侯沒, 妾子得爲母大功, 而妾子之妻, 則不論諸侯存沒, 爲夫之母期也. 其夫練冠, 是輕也, 而妻爲之期是重, 故云有從輕而重也. 皇, 君也. 此妾旣賤, 若惟云姑, 則有嫡女君之嫌; 今加皇字, 明非女君, 而此婦尊之與女君同, 故云皇姑也.

번역 소에서 말하길, '공자(公子)'는 제후 첩의 자식을 뜻한다. '황고(皇姑)'는 공자의 모친을 뜻한다. 제후가 생존해 있을 때, 그는 존귀한 신분이므로 첩의 자식에 대해서는 염강(厭降)을 시켜 모친의 상을 치르며 연관(練冠)을 착용하도록 만든다. 제후가 죽은 상태라면 첩의 자식은 자신의 모친에 대해서 대공복(大功服)을 착용할 수 있고, 첩 자식의 처는 제후가 생존해 있거나 이미 죽은 경우를 따지지 않고 남편의 모친을 위해서 기년상(期年喪)을 치른다. 남편은 연관을 착용했으니, 이것은 수위가 낮은 경우에 해당한다. 그런데 그의 처는 기년상을 치르니, 이것은 수위가 높은 경우에 해당한다. 그렇기 때문에 "가벼운 것을 따라서 무겁게 하는 경우가 있다."라고 했다. '황(皇)'자는 군(君)을 뜻한다. 첩은 미천한 신분이지만, 만약 '시어미[姑]'라고만 부른다면 정실인 여군(女君)을 뜻한다는 혐의를 받게 된다. 따라서 '황(皇)'자를 덧붙여서 여군이 아니라는 사실을 드러냈고, 첩 자식의 부인이 시어미를 존귀하게 높이는 것은 여군에 대한 경우와 동일하기 때문에, '황고(皇姑)'라고 했다.

① 厭妾子[止]母練冠.

補註 喪服記: 公子爲其母, 練冠・麻, 麻衣縓緣, 旣葬除之.

번역 『의례』「상복(喪服)」편의 기문에서 말하길, 공자가 자신의 모친의 상을 치르게 되면 연관(練冠)과 마(麻)로 된 질(絰)과 대(帶)를 차며, 마의(麻衣)에 분홍색의 가선을 대고, 장례를 치르면 제거한다.[1)]

---

1) 『의례』「상복(喪服)」: 公子爲其母, 練冠・麻, 麻衣縓緣; 爲其妻, 縓冠・葛絰帶・麻衣縓緣. 皆旣葬除之.

「복문」 3장

참고-集說

疏曰: 公子被厭①不服己母之外家, 是無服也. 妻猶從公子而服公子外祖父母從母緦麻, 是從無服而有服也. 經惟云公子外兄弟, 而知其非公子姑之子者, 以②喪服小記云, 夫之所爲兄弟服, 妻皆降一等; 夫爲姑之子緦麻, 妻則無服. 今公子之妻爲之有服, 故知其爲公子外祖父母從母也. ③此等皆小功之服, 凡小功者謂爲兄弟, 若同宗直稱兄弟, 以外族故稱外兄弟也.

번역 소에서 말하길, 제후의 첩 자식이 염강(厭降)을 하게 되어 자신의 모친 외가 친족에 대해 상복을 착용하지 못하는 것이 상복이 없는 경우이다. 첩 자식의 처는 오히려 그녀의 남편을 따라서 남편 외조부모나 종모에 대해 시마복(緦麻服)을 착용하니, 이것이 상복이 없는 것을 따르는데 상복이 있는 경우이다. 경문에서는 단지 '공자의 외형제'라고만 했는데, 남편의 고모 자식에게는 해당하지 않는다는 사실을 알 수 있는 이유는 『예기』「상복소기(喪服小記)」편에서 남편이 형제를 위해 상복을 착용하는 경우, 처는 모두 1등급을 낮춘다고 했고, 남편은 고모의 자식에 대해 시마복을 착용하여 처는 상복이 없게 되기 때문이다. 현재 제후 첩 자식의 처는 그 대상을 위해 상복을 착용한다고 했다. 그렇기 때문에 그 대상이 남편의 외조부모 및 종모가 됨을 알 수 있다. 이러한 자들은 모두 소공복(小功服)을 착용하는 자들인데, 소공복을 착용하는 자들을 형제라고 말하지만, 같은 종가에 대해서라면 '형제(兄弟)'라고만 부르므로, 외가 친족이기 때문에 '외형제(外兄弟)'라고 말한 것이다.

① ○不服己母之外家.

補註 按: 己母之外家, 當以己母之家看.

번역 살펴보니, '기모지외가(己母之外家)'라는 말은 자기 모친의 집안으로 보아야만 한다.

② **喪服小記云[止]一等.**

補註 按, 小記無此文. 儀禮・喪服記有之, 小字, 恐衍.

번역 살펴보니, 「상복소기」편에는 이 문장이 없다. 『의례』「상복(喪服)」편의 기문에 이 문장이 기록되어 있는데,[1] '소(小)'자는 아마도 연문에 해당하는 것 같다.

③ **此等皆小功之服.**

補註 按: 此謂於夫小功也.

번역 살펴보니, 이것은 남편에게 있어 소공복을 착용하는 대상들을 뜻한다.

1) 『의례』「상복(喪服)」: 夫之所爲兄弟服, 妻降一等.

「복문」 5장

참고-經文

傳曰, "①母出則爲繼母之黨服, 母死則爲其母之黨服", 爲其母之黨服, 則不爲繼母之黨服.

번역 전문에서는 "모친이 쫓겨난 경우라면 계모의 친족을 위해서 상복을 착용하고, 계모가 돌아가셨다면 쫓겨난 모친의 친족을 위해서 상복을 착용한다."라고 했으니, 쫓겨난 모친의 친족을 위해 상복을 착용한다면, 계모의 친족을 위해서는 상복을 착용하지 않는다.

① 母出[止]其母之黨服.

補註 按: 陳註以母死爲繼母死, 以其母爲出母, 極爲謬誤. 小註吳說是也.
번역 살펴보니, 진호의 주에서는 '모사(母死)'를 계모가 죽은 것으로 여겼고, '기모(其母)'를 출모로 여겼는데, 매우 잘못된 해석이다. 소주에 나온 오씨의 주장이 옳다.

補註 ○沙溪曰: 註與吳氏論母死不同, 吳說恐是.
번역 ○사계가 말하길, 주와 오씨가 논의한 '모사(母死)'에 대한 내용이 다른데, 오씨의 주장이 아마도 옳은 것 같다.

참고-大全 臨川吳氏曰: 母出, 亦己母被出而父再娶. 己母義絶, 子雖不絶母服, 而母黨之恩則絶矣, 故加服繼母之黨, 與己母之黨同也. 母死, 謂己母死而父再娶. 己母祔廟, 是父之初配, 雖有繼母, 而子仍服死母之黨, 其服繼母之身, 雖同己母, 而繼母之黨, 則不同於己母之黨, 故不服也.
번역 임천오씨가 말하길, '모출(母出)'은 또한 자신의 모친이 쫓겨나서 부친이 재취를 한 것이다. 자신의 모친은 도의가 끊어졌고, 자식이 비록 모친에 대한 도의를 끊지 못하여 상복을 착용하더라도 모친의 친족에 대한 은정은 끊게 된다. 그렇기 때문에 계모의 친족에 대해서 상복을 착용하여, 자기 모친의 친족에 대한 경우와 동일하게 한다. '모사(母死)'는 자기 모친이 돌아가셔서 부친이 재취를 한 것이다. 자기 모친은 묘(廟)에 합사되었으니, 부친이 처음부터 배향한 것으로, 비록 계모가 있더라도 자식은 돌아가신 모친의 친족에 대해서 상복을 착용하니, 계모 본인에 대해 상복을 착용하는 것이 비록 자기 모친에 대한 경우와 같더라도, 계모의 친족에 대해서라면 자기 모친의 친족과 동일하게 하지 않는다. 그렇기 때문에 상복을 착용하지 않는다.

「복문」 6장

참고-大全

①山陰陸氏曰: 禮, 父之喪旣練, 服其功衰, 母之喪旣葬, 服其功衰, 卽有父之喪旣練矣. 母之喪旣葬矣, 服其功衰, 而帶以故葛帶, 經期之經, 男子重首經, 期之經, 則以母喪尙新故也.

번역 산음육씨가 말하길, 예법에 따르면 부친의 상에서 연제(練祭)를 치른 뒤에는 공최(功衰)를 착용하고, 모친의 상에서 장례를 마친 뒤에는 공최를 착용하니, 부친의 상에서 이미 연제를 치렀기 때문이다. 모친의 상에서 장례를 마친 뒤에 공최를 착용하지만, 이전에 차고 있던 갈포로 만든 허리띠를 두르고, 기년상(期年喪)의 질(絰)을 두르는데, 남자는 수질을 중시하고, 기년상의 질(絰)은 모친의 상으로 인해 새로운 것을 높이기 때문이다.

① ○山陰陸氏曰[止]新故也.

補註 按: 陸氏以期之喪旣葬, 爲可兼母喪旣葬也.

번역 살펴보니, 육씨는 기년상에서 장례를 마쳤다는 것을 모친의 상에서 장례를 마쳤다는 내용까지도 포함할 수 있다고 여겼다.

참고-大全

①藍田呂氏曰: 期之旣葬之葛, 輕於三年之練葛, 故帶其故葛帶. 三年之練除首經, 而期之旣葬未除, 故經期之經. 期之旣葬之功衰, 重於三年之練, 故又服期之功衰.

번역 남전여씨가 말하길, 기년상(期年喪)에서 장례를 마친 뒤에 차는 갈포로 만든 허리띠는 삼년상에서 연제(練祭)를 치르며 차는 갈포로 만든 허리띠보다 중요하지 않기 때문에 이전에 차고 있던 갈포로 만든 허리띠를 찬다. 삼년상에서 연제를 치르면 수질을 제거하는데, 기년상에서는 장례를 마친 뒤에 제거하지 않기 때문에 기년상의 질(絰)을 찬다. 기년상에서 장례를 마친 뒤에 착용하는 공최(功衰)는 삼년상의 연의(練衣)[1]보다 중요하기 때문에 또한 기년상의 공최를 착용한다.

① **藍田呂氏曰[止]功衰.**

補註 按: 呂氏以功衰爲期之功衰, 誤.

번역 살펴보니, 여씨는 '공최(功衰)'를 기년상의 공최로 여겼는데, 잘못된 설명이다.

---

1) 연의(練衣)는 누이는 공정을 가미한 포(布)로 제작한 옷을 뜻한다. 고대에는 부모의 상을 치를 때 소상(小祥)을 치른 뒤에 착용했다.

「복문」 7장

참고-集說

疏曰: 三年喪練後, 有大功喪亦既葬, 亦帶其故葛帶而①經期之葛絰也, 故云亦如之. 小功無變者, 言先有大功以上喪服, 今遭小功之喪, 無變於前服, 不以輕服減累於重也.

번역 소에서 말하길, 삼년상에서 연제(練祭)를 치른 이후 대공복(大功服)을 착용해야 하는 상이 발생했고 또 그 상에서 장례를 마쳤다면, 앞서와 같이 이전의 갈포로 만든 허리띠를 차고, 기년상의 갈포로 만든 질(絰)을 찬다. 그렇기 때문에 "또한 이와 같다."라고 했다. 소공복(小功服)의 상에는 변화가 없다고 했는데, 앞서 대공복 이상의 상복을 착용하고 있는데, 재차 소공복의 상을 당하게 되면, 이전에 착용했던 상복에서 변화를 주지 않으니, 수위가 낮은 상복으로 인해 수위가 높은 상복을 경감시키거나 겹칠 수 없기 때문이다.

① ○經期之葛絰也.

補註 按: 經期之葛絰, 本於鄭註. 而疏曰, "三年練之葛帶, 四寸有餘. 大功既葬者, 首絰四寸有餘, 若要服練之葛帶, 首服大功既葬之葛絰, 則麤細相似, 不得爲五分去一爲帶之差, 故首絰如期之絰, 五寸有餘, 進與期之既葬同也, 故云經期之絰."

번역 살펴보니, "기년상의 갈포로 만든 질(絰)을 찬다."라는 말은 정현의 주에 근본한 것이다. 소에서는 "삼년상에서 연제를 치른 이후의 갈포로 만든 허리띠는 4촌(寸)보다 조금 크게 만든다. 대공복의 상에서 장례를 치른 경우 수질은 4촌보다 조금 큰데, 허리에 연제를 치른 이후의 갈포로 만든 허리띠를 차게 된다면, 머리에는 대공복에서 장례를 치른 이후의 갈포로 만든 질(絰)을 두르니, 거칠고 고운 정도가 서로 비슷하여, 5분의 1만큼 크기를 줄여서 허리띠의 차등을 줄 수 없다. 그렇기 때문에 수질은 기년상의 질(絰)과 함께 5촌(寸)보다 조금 크니, 기년상에서 장례를 치른 뒤의 것과 동일하다. 그렇기 때문에 기년상의 질(絰)을 찬다고 했다."라고 했다.

補註 ○又按: 間傳, 旣練遭大功之喪章註, 宜叅考.

번역 ○또 살펴보니, 『예기』「간전(間傳)」편에서 연제를 마치고 대공복의 상을 당했다고 한 문장의 주에 대해서는 마땅히 참고해야만 한다.

「복문」 9장

참고-經文

①既練, 遇麻斷本者, 於免絰之. 既免去絰, 每可以絰必絰, 既絰則去之.

번역 삼년상에서 연제(練祭)를 치른 이후 마(麻)의 뿌리를 잘라서 질(絰)을 만들게 되는 소공복(小功服) 이하의 상을 당했다면, 문(免)을 할 때 그에 대한 질(絰)을 찬다. 문(免)을 한 이후에는 질(絰)을 제거하고, 매번 질(絰)을 차야만 하는 시기라면 반드시 질(絰)을 차며, 질(絰)을 차는 일이 끝났다면, 제거하고 연제 이후의 복장으로 갈아입는다.

① 既練遇麻斷本章.

補註 鄭註: "雖無變, 緣練無首絰, 於有事則免絰如其倫. 免無不絰, 絰有不免." 疏曰: "免無不絰者, 謂大·小斂之節, 絰有不免, 謂虞·卒哭之節."

번역 정현의 주에서 말하길, "비록 복장의 변화가 없지만 연제(練祭)를 치른 것에 따라서 수질(首絰)을 제거하게 되며, 다른 상사에서 시행할 일이 있다면 문(免)과 질(絰)은 그 규정에 따라 한다."라고 했다. 소에서 말하길, "문을 할 때에는 질을 하지 않는 경우가 없다고 했는데, 대렴과 소렴의 절차를 뜻하며, 질을 할 때에는 문을 하지 않는 경우가 있다고 했는데, 우제와 졸곡의 절차를 뜻한다.

「복문」 10장

참고-集說

疏曰: 言小功以下之喪, 不合變易三年喪之練冠, 其期之練冠, 亦不得易也. 如當緦小功著免之節, 則首絰其緦與小功之絰, 所以爲後喪緦絰者, 以前喪練冠首絰已除故也. 要中所著, ① 仍因其初喪練之葛帶, 輕喪之麻, 本服旣輕, 雖初喪之麻, 不變前重喪之葛也. 稅, 謂變易也. 緦與小功麻絰旣無本, 不合稅變前喪, 惟大功以上麻絰有本者, 得稅變前喪也.

번역 소에서 말하길, 소공복(小功服) 이하의 상에서는 삼년상에서 착용하고 있던 연관(練冠)을 바꾸지 않으니, 기년상의 연관 또한 바꿀 수 없다. 만약 시마복(緦麻服)과 소공복의 상에서 문(免)을 착용해야 하는 절차에 해당한다면, 수질(首絰)로는 시마복과 소공복의 질(絰)을 차니, 뒤에 발생한 시마복의 질(絰)을 차는 이유는 이전 상에서 연관을 하여 수질을 이미 제거한 상태이기 때문이다. 허리에 착용하는 것은 곧 초상에서 연제(練祭)를 치른 이후에 착용하는 갈포로 만든 허리띠를 차는데, 수위가 낮은 상에 차는 마(麻)로 만든 허리띠의 경우, 본래의 상복이 이미 수위가 낮으니, 비록 초상에서 착용하는 마(麻)로 만든 허리띠라 하더라도 이전에 발생한 수위가 높은 상의 갈포로 만든 허리띠를 바꾸지 않는다. '태(稅)'자는 바꾼다는 뜻이다. 시마복과 소공복의 마(麻)로 만든 질(絰)은 뿌리가 없는 것이니, 이전 상에 착용했던 것을 바꾸기에 마땅하지 않으며, 오직 대공복(大功服) 이상의 상에서 착용하는 뿌리가 있는 마(麻)의 질(絰)만이 이전 상의 것을 바꿀 수 있다.

① ○仍因其初喪.

補註 按: 此初喪二字, 解經文初葛帶之初字, 卽指前喪也, 與下雖初喪之初喪不同.

번역 살펴보니, 여기에서 말한 '초상(初喪)'이라는 두 글자는 경문에서 '초갈대(初葛帶)'라고 한 말의 초자를 풀이한 것이니, 이전에 발생한 상을 가리킨다. 따라서 아래문장에서 '수초상(雖初喪)'라고 했을 때와 초상과는 다른 말이다.

「복문」 11장

참고-經文

殤長中, 變三年之葛, 終殤之月筭, 而反三年之葛. 是非重麻, ①爲其無卒哭之稅. ②下殤則否.

번역 대공복의 관계에 있는 자가 장상(長殤)이나 중상(中殤)을 하게 되면 삼년상에서 차고 있던 갈포로 만든 질(絰)을 그의 상에서 쓰는 것으로 바꿀 수 있고, 요절한 자에 대한 복상기간을 끝내면 다시 삼년상에서 차는 갈포로 만든 질로 바꾼다. 이것은 마(麻)로 만든 질을 중시해서가 아니며, 요절한 자에 대해서는 졸곡(卒哭) 때 복장을 바꾸는 예법이 없기 때문에 특별히 허용하는 것이다. 하상(下殤)을 한 경우라면 이처럼 하지 않는다.

① 爲其無卒哭之稅.

補註 按: 期大功初喪之麻, 得變三年之練葛, 及其期大功旣葬, 亦變爲葛, 則反其三年之故葛帶, 而此殤喪, 則終其月筭, 始反三年之葛, 故明之曰此非重此麻也. 只爲殤喪, 無卒哭時, 變葛之節故也. 疏說甚未瑩.

번역 살펴보니, 기년복과 대공복의 초상에서 착용하는 마로는 삼년상에서 연제를 치르고 착용하는 갈로 만든 것으로 바꿀 수 있고, 기년복과 대공복의 상에서 장례를 치르게 되면 또한 갈로 만든 것으로 바꾸게 되니, 삼년상에서 이전에 차고 있던 갈로 만든 대로 돌아가는 것인데, 여기에서 말하는 것은 요절한 자의 상이니, 그에 대한 복상기간을 끝내야 비로소 삼년상에서 차고 있던 갈로 만든 것으로 되돌아간다. 그렇기 때문에 이러한 사실을 명시하여 이러한 경우에는 이러한 마를 중시해서가 아니라고 말한 것이다. 다만 요절한 자의 상에서는 졸곡을 하여 갈로 만든 것으로 바꾸는 절차가 없기 때문이다. 소의 주장은 매우 불명확하다.

② 下殤則否.

補註 按, 鄭註, "下殤則否, 言賤也." 而疏以大功以下之殤解之, 想以齊衰下殤麻有本, 當變三年之葛故也. 然上文殤長中, 註疏旣以大功之長中解之, 則此下殤亦以大功之下殤看, 語意方順. 一說殤長中, 通齊衰之殤而言之, 下殤則否, 言雖齊衰下殤之帶, 不絶本者, 以其年最幼, 故賤之, 不得變三年之葛也.

번역 살펴보니, 정현의 주에서는 "하상(下殤)에 대해서는 그처럼 하지 않는다고 했는데, 미천하다는 뜻이다."라고 했다. 소에서는 대공복으로부터 그 이하의 관계에 있는 자가 요절한 경우로 풀이했는데, 생각해보면 자최복의 관계에 있는 자가 하상을 했을 때 착용하는 마에는 뿌리가 있는 것으로, 본래부터 삼년상의 갈로 만든 것으로 바꿀 수 있기 때문이다. 그런데 앞 문장에서 '상장중(殤長中)'이라고 한 말에 대해 주와 소에서는 이미 대공복에 해당하는 자가 장상이나 중상을 한 경우로 풀이했으니, 여기에서 하상이라고 한 말에 대해서도 대공복 이하의 관계에 있는 자가 요절한 경우로 보아야만 그 의미가 순조롭게 된다. 일설에는 '상장중(殤長中)'은 자최복에 해당하는 자가 요절한 경우를 통괄해서 말한 것이고, '하상즉부(下殤則否)'는 비록 자최복의 관계이지만 하상을 했을 때 그 대는 뿌리를 끊지 않는데, 그것은 그의 나이가 너무 어려서 천시하기 때문이며, 삼년상의 갈로 만든 것으로 바꿀 수 없다는 뜻이라고 한다.

참고-集說

疏曰: 殤長中者, 謂本服大功, 今乃降在長中殤. ①男子則爲之小功, 婦人爲長殤小功, 中殤則緦麻, 如此者得變三年之葛. 著此殤服之麻, 終竟此殤月數. 如小功則五月, 緦則三月, 還反服其三年之葛也. 旣服麻不改, 又變三年之葛, 不是重此麻也. 以殤服質略, 自初死服麻以後, 無卒哭時稅麻服葛之禮也. 下殤則否者, 以②大功以下之殤, 男子婦人俱爲之緦麻, 其情輕, 不得變三年之葛也. 按上文麻有本者得變三年之葛, 則齊衰下殤雖是小功, 亦是麻之有本者. 故喪服小記云, "下殤小功帶澡麻不絶本." 然齊衰下殤, 乃變三年之葛. 今大功長殤麻旣無本, 得變三年之葛者, 以無虞卒哭之稅, 故特得變之. 若成人小功緦麻, 麻旣無本, 故不得變也.

번역 소에서 말하길, '상장중(殤長中)'은 본래의 상복관계는 대공복(大功服)에 해당하지만, 현재 장상(長殤)과 중상(中殤)에 해당하여 수위를 낮췄다는 뜻이다. 남자의 경우 그를 위해 소공복(小功服)을 착용하고, 여자는 장상한 자를 위해 소공복을 착용하며, 중상의 경우라면 시마복(緦麻服)을 착용한다. 이와 같은 경우에는 삼년상에서 차고 있던 마(麻)로 만든 질(絰)을 바꿀 수 있다. 요절한 자를 위한 상복의 마(麻)로 만든 질을 차고 있다면, 요절한 자에 대해 복상기간을 끝내게 된다. 만약 소공복에 해당한다면 5개월 동안 착용하고, 시마복에 해당한다면 3개월 동안 착용하며, 그 기간이 끝나면 삼년상에서 착용하고 있던 갈포로 만든 질을 다시 찬다. 이미 마(麻)로 된 질을 착용한 것을 바꾸지 않고 또 삼년상의 갈포로 만든 질을 바꾸는 것은 마(麻)로 된 질을 중시해서가 아니다. 요절한 자에 대해 복상하는 것은 본래부터 간략하니, 처음 죽었을 때 마로 된 질을 착용한 이후에는 졸곡(卒哭)을 할 때 마로 된 질로 갈포로 된 질을 바꾸는 예법이 없다. 하상(下殤)이라면 그렇지 않다고 했는데, 대공복 이하의 관계에 있는 자가 요절을 하면 남자와 여자는 모두 그를 위해 시마복을 착용하는데, 그에 대한 정감은 낮아서 삼년상에서 차고 있던 갈포로 만든 질을 바꿀 수 없다. 앞 문장을 살펴보면 뿌리가 있는 마로 만든 질로는 삼년상에서 차고 있던 갈포로 만든 질을 바꿀 수 있다고 했으니, 자최복(齊衰服) 이하의 관계에 있는 자가 요절을 하면 비록 소공복에 해당하지만, 또한 뿌리가 있는 마로 만든 질을 착용하게 된다. 그렇기 때문에 『예기』「상복소기(喪服小記)」편에서는 "하상을 하여 단계를 낮춰 소공복을 착용할 때에는 마를 깨끗하게 하여 허리띠를 만들되 뿌리부분은 끊지 않는다."[1]라고 했다. 그러므로 자최복의 관계에 있는 자가 하상을 하게 되면, 삼년상에서 차고 있던 갈포로 만든 질을 바꾼다. 현재 대공복의 관계에 있는 자가 장상을 하였으니, 마로 만든 질에도 본래 뿌리가 없다.

1) 『예기』「상복소기(喪服小記)」: 下殤小功, 帶澡麻不絶本, 詘而反以報之.

그런데도 삼년상에서 차고 있던 갈포로 만든 질을 바꿀 수 있는 것은 우제(虞祭)와 졸곡(卒哭)에서 바꾸는 예법이 없기 때문에, 특별히 복장을 바꿀 수 있는 것이다. 만약 성인이 된 상태에서 죽은 자가 소공복이나 시마복의 관계에 해당한다면, 마로 만든 질에는 본래부터 뿌리가 없기 때문에 바꿀 수 없다.

① **男子則[止]緦麻.**

補註 鄭註: "男子爲大功之殤中從上, 服小功. 婦人爲之中從下, 服緦麻." 疏曰: "此據喪服傳文."

번역 정현의 주에서 말하길, "남자는 본래 대공복을 착용해야 하지만 요절한 자를 위해서 가운데에서 위를 따르게 되어 소공복을 착용한다. 여자는 그를 위해 가운데에서 아래를 따르게 되어 시마복을 착용한다."라고 했다. 소에서 말하길, "이것은 『의례』「상복(喪服)」편의 전문에 근거한 것이다."라고 했다.

② **大功以下之殤.**

補註 按: 疏本文無之字, 恐以字衍, 下之二字互.

번역 살펴보니, 소의 본문에는 '지(之)'자가 없는데, 아마도 '이(以)'자는 연문에 해당하고 '하지(下之)' 두 글자는 호문에 해당하는 것 같다.

「복문」 12장

참고–經文

君爲天子三年, 夫人如外宗之爲君也. ①世子不爲天子服.

번역 제후는 천자를 위해서 참최복(斬衰服)으로 삼년상을 치르고, 제후의 부인은 제후의 외종이 제후를 위해 기년상(期年喪)을 치르는 것과 동일하게, 천자를 위해서 기년상을 치른다. 세자는 혐의를 멀리하기 위해 천자를 위해서 상복을 착용하지 않는다.

① 世子不爲天子服.

補註 鄭註: 遠嫌也. 不服, 與畿外之民同也.

번역 정현의 주에서 말하길, 혐의를 멀리하기 위해서이다. 상복을 착용하지 않는 것은 천자의 수도 밖에 있는 백성들과 동일하다.

참고–集說

諸侯爲天子服斬衰三年. ①外宗, 見前篇. ②諸侯外宗之婦爲君期, 夫人爲天子亦期, 故云夫人如外宗之爲君也. 世子有繼世之道, 不爲天子服者, 遠嫌也.

번역 제후는 천자를 위해서 참최복(斬衰服)을 3년 동안 착용한다. '외종(外宗)'에 대한 설명은 앞에 나온다. 제후의 외종에 속하는 부인들은 제후를 위해서 기년복(期年服)을 착용하는데, 제후의 부인은 천자를 위해서 또한 기년복을 착용한다. 그렇기 때문에 "제후의 부인은 제후의 외종이 제후를 위해 상을 치르는 것처럼 한다."라고 했다. 세자에게는 세대를 계승하는 도리가 포함되는데, 천자를 위해서 상복을 착용하지 않는 이유는 혐의를 멀리하기 위해서이다.

① **外宗見前篇.**

補註 按: 前篇, 指雜記下.

번역 살펴보니, '전편(前篇)'은 『예기』「잡기하(雜記下)」편을 가리킨다.

② **諸侯外宗之婦.**

補註 按: 外宗之婦, 鄭註作外親之婦. 親字爲是. 外親之婦, 卽雜記註所謂若姑之子婦·從母之子婦, 其夫是君之外親, 爲君服斬, 其婦亦名外宗, 爲君服期者也. 若姑·姊妹之女, 舅之女從母, 則是外宗之正親, 而爲君服斬, 故鄭於此以外親之婦亦名外宗者爲解.

번역 '외종지부(外宗之婦)'에 대해서 정현의 주에서는 외친지부(外親之婦)라고 기록했다. '친(親)'자로 기록하는 것이 옳다. 외친지부라는 것은 「잡기」편의 주에서 말한 것처럼 고모의 아들 부인, 종모의 아들 부인과 같은 자들인데, 그녀들의 남편은 군주의 외친이 되어 군주를 위해서 참최복을 착용하고, 그들의 부인에 대해서는 또한 외종(外宗)이라고 부르며, 군주를 위해서는 기년복을 착용하는 자들이다. 고모나 자매의 딸이나 외숙의 딸 및 종모의 경우라면, 외종 중에서도 정친에 해당하고, 군주를 위해서는 참최복을 착용한다. 그렇기 때문에 정현은 이곳에서 외친의 부인이자 또한 외종으로 불리는 자로 풀이한 것이다.

「복문」 13장

참고-大全

①山陰陸氏曰: 言妻, 非見大夫以下. 大夫以下, 爲此三人爲喪主, 不必見也.

번역 산음육씨가 말하길, '처(妻)'라고 말한 것은 대부 이하의 계층에 대해서 나타내고자 함이 아니다. 대부 이하의 계층은 이러한 세 부류의 사람들을 위해 상주가 되므로, 나타낼 필요가 없다.

① ○山陰陸氏曰[止]見也.

補註 按: 鄭註云, "言妻, 見大夫以下亦爲此三人爲喪主也", 故陸說如此.
번역 살펴보니, 정현의 주에서 "'처(妻)'라고 말한 것은 대부 이하의 계층에서도 이러한 세 부류의 사람들을 위해 상주가 됨을 드러내기 위해서이다."라고 했기 때문에, 육씨의 설명이 이와 같은 것이다.

「복문」 17장

참고-經文

凡見人無免絰, 雖朝於君無免絰, ①唯公門有稅齊衰. 傳曰, "君子不奪人之喪, 亦不可奪喪也."

번역 무릇 찾아가서 남을 만나볼 때에는 질(絰)을 벗는 경우가 없으니, 비록 군주에게 조회를 하더라도 질을 벗지 않으며, 오직 지팡이를 잡지 않는 자최복(齊衰服)의 상에서 공문(公門)[1]으로 들어갈 때 자최복을 벗게 된다. 전문에서는 "군자는 남의 상을 빼앗지 않고, 상 치르는 것을 빼앗겨서도 안 된다."라고 했다.

① **唯公門有稅齊衰.**

補註 鄭註: 於公門有稅齊衰, 則大功有免絰也.
번역 정현의 주에서 말하길, 공문에서 자최복을 벗는 경우가 있다면, 대공복(大功服)의 상을 치르는 자는 질(絰)을 벗는 경우도 있다.

참고-集說

見人, 往見於人也. 絰重, 故不可釋免. 入公門雖稅齊衰, 亦不稅絰也, 此①謂不杖齊衰. 若杖齊衰及斬衰, 雖入公門亦不稅.

번역 남을 본다는 말은 찾아가서 남을 만나본다는 뜻이다. 질(絰)은 중대한 복식이다. 그렇기 때문에 질을 벗을 수 없다. 공문(公門)으로 들어가게 되면 비록 자최복(齊衰服)을 벗지만 또한 질은 벗지 않으니, 이것은 지팡이를 잡지 않는 자최복의

---

1) 공문(公門)은 군주가 사는 궁(宮)의 대문(大門)을 뜻한다. '공(公)'자는 군주를 뜻하는 글자이다.

상을 뜻한다. 만약 지팡이를 잡게 되는 자최복의 상이나 참최복(斬衰服)의 상이라면 비록 공문으로 들어가게 되더라도 또한 상복을 벗지 않는다.

① 謂不杖齊衰.

補註 按: 此詳見曲禮下補註.

번역 살펴보니, 이에 대한 자세한 설명은 『예기』「곡례하(曲禮下)」편의 보주에 나온다.

참고-大全

山陰陸氏曰: 經, 重也, 以經該之. 下云唯公門有稅齊衰, 則此言斬衰可知. 然則君子不奪人喪, 亦不可奪喪, 謂奪所重者也. 唯公門有稅齊衰, 言有有不稅也. 大夫以上不稅, ①據士唯公門稅齊衰. 凡所謂稅, 皆暫釋喪服, 反吉服, 若康王麻冕黻裳是也.

번역 산음육씨가 말하길, 질(經)은 중요한 복식이므로, 질을 기준으로 풀이한 것이다. 뒤의 문장에서 오직 공문에서는 자최복(齊衰服)을 벗는 경우가 있다고 했으니, 이곳에서 말한 것은 참최복(斬衰服)을 착용하는 경우임을 알 수 있다. 그런데 군자는 남의 상을 빼앗지 않고 또 상 치르는 것을 빼앗겨서도 안 된다고 했으니, 빼앗는 것은 중요하게 여기는 것을 빼앗는다는 의미이다. 오직 공문에서 자최복을 벗어두는 경우가 있다고 한 말은 벗어두지 않는 경우도 있다는 뜻이다. 대부로부터 그 이상의 계층은 벗지 않으니, 사가 공문에서 자최복을 벗는 경우를 기준으로 한 말이다. 무릇 '탈(稅)'자는 잠시 상복을 벗어서 길한 시기에 착용하는 복장으로 갈아입는다는 뜻이니, 마치 강왕이 마면(麻冕)[2]과 불(黻) 무늬가 새겨진 하의를 입었다[3]

---

2) 마면(麻冕)은 마문(麻絻)이라고도 부른다. 마포(麻布)로 제작을 하였으며, 예복(禮服)에 착용하는 모자이다. 한편 '마면'을 치포관(緇布冠)이라고도 부른다. 『논어』「자한(子罕)」편에는 "子曰, 麻冕, 禮也."라는 기록이 있는데, 이에 대한 주자의 『집

고 한 말이 여기에 해당한다.

① 據士唯公門稅齊衰.

補註 按: 此據檀弓下蟜固而言.

번역 살펴보니, 이것은 『예기』「단궁하(檀弓下)」편에 나온 교고의 일화[4]를 근거로 말한 것이다.

주(集註)』에서는 "麻冕, 緇布冠也."라고 풀이했다. '마면'은 면류관 모양으로 만들기도 하는데, 이것은 대구복(大裘服)에 착용하는 것으로, 곤룡복(袞龍服)에 착용하는 면류관은 아니다. 『순자(荀子)』「예론(禮論)」편에는 "大路之素未集也, 郊之麻絻也, 喪服之先散麻也, 一也."라는 기록이 있는데, 이에 대한 양경(楊倞)의 주에서는 "麻絻, 緝麻爲冕, 所謂大裘而冕, 不用袞龍之屬也."라고 풀이했다.

3) 『서』「주서(周書)·고명(顧命)」: 王麻冕黼裳, 由賓階隮.

4) 『예기』「단궁하(檀弓下)」: 季武子寢疾, 蟜固不說齊衰而入見, 曰: "斯道也, 將亡矣. 士唯公門說齊衰." 武子曰: "不亦善乎! 君子表微." 及其喪也, 曾點倚其門而歌.

「복문」 18장

참고-經文

傳曰, "①辠多而刑五, 喪多而服五. ②上附下附, ③列也."

번역 전문에서는 "죄의 항목이 많다고 하지만 형벌은 다섯 종류이며, 상의 종류가 많다고 하지만 상복은 다섯 종류이다. 각각에 대해서는 위로 붙이고 아래로 붙이기도 하니, 각각의 등렬에 따른다."라고 했다.

① 辠多.

補註 辠, 古罪字.
번역 '죄(辠)'자는 옛 죄(罪)자이다.

② 上附下附.

補註 按: 小註吳氏所解, 勝於本註.
번역 살펴보니, 소주에 나온 오씨의 풀이가 본래의 주보다 낫다.

참고-大全 臨川吳氏曰: 罪多, 如墨辟千, 劓辟千, 剕辟五百, 宮辟三百, 大辟二百之類. 喪多, 如儀禮喪服篇, 斬衰章爲某人等, 齊衰章爲某人等之類. 言罪雖多, 而皆不出乎墨劓剕宮大辟五者之刑. 喪雖多, 而皆不出乎斬衰齊衰大功小功緦麻五者之服. 其或刑書禮書所載不盡者, 以例通之, 由輕而加重, 則附于在上之例, 由重而減輕, 則附于在下之例. 通此二例, 則雖至多之罪至多之喪, 而刑書中之五刑禮書中之五服, 足以該之, 而無不盡者矣.
번역 임천오씨가 말하길, 죄의 항목이 많다는 것은 예를 들어 묵벽(墨辟)은 1,000종류이고, 의벽(劓辟)은 1,000종류이며, 비벽(剕辟)은 500종류이고, 궁벽(宮辟)은 300종류이며, 대벽(大辟)[1]은 200종류라는 부류를 뜻한다.[2] 상의 종류가 많다는 것은 예를 들어 『의례』「상복(喪服)」편에서 '참최장(斬衰

章)'에서 아무개 등을 위해서 착용한다고 말하고, '자최장(齊衰章)'에서 아무개 등을 위해서 착용한다고 한 부류를 뜻한다. 즉 죄의 항목이 비록 많더라도 이 모두는 묵벽 · 의벽 · 비벽 · 궁벽 · 대벽이라는 다섯 가지 형벌에서 벗어나지 않는다. 또 상의 종류가 비록 많더라도 이 모두는 참최복 · 자최복 · 대공복 · 소공복 · 시마복이라는 다섯 종류의 상복에서 벗어나지 않는다는 뜻이다. 간혹 형벌을 기록한 서적과 예법을 기록한 서적에서 수록하고 있는 것으로 처리하지 못하는 경우라면, 예시에 따라서 통괄하니, 가벼운 것으로부터 무거움을 더한다면 상위에 있는 예시에 적용하고, 무거운 것으로부터 가볍게 줄인다면 하위에 있는 예시에 적용한다. 이러한 두 가지 예시를 통해 처리한다면, 비록 지극히 많은 죄목과 지극히 많은 상례에 대해서라도 형법을 기록한 다섯 가지 형벌 조목과 예법을 기록한 다섯 가지 상복 규정을 통해서 충분히 해결하여 적용하지 못할 것이 없게 된다.

③ 列也.

補註 按: 陸音, 列, 或作例, 故此云如字歟.

번역 살펴보니, 육덕명의 『음의』에서는 '列'자에 대해 판본에 따라서는 '例'자로도 기록한다고 했다. 그렇기 때문에 이곳에서 글자대로 읽는다고 말한 것이다.

---

1) 대벽(大辟)은 사형(死刑)을 뜻한다. 오형(五刑) 중 하나이다. '벽(辟)'자는 '죄(罪)'자와 통용되므로, '대벽'은 죄 중에서도 가장 큰 죄를 뜻한다. 따라서 '사형'에 해당한다. 『서』「주서(周書) · 여형(呂刑)」편에는 "大辟疑赦, 其罰千鍰."이라는 기록이 있고, 이에 대한 공안국(孔安國)의 전(傳)에서는 "死刑也."라고 풀이했으며, 공영달(孔穎達)의 소(疏)에서는 "釋詁云, 辟, 罪也. 死是罪之大者, 故謂死刑爲大辟."이라고 풀이했다.

2) 『서』「주서(周書) · 여형(呂刑)」: 墨罰之屬千, 劓罰之屬千, 剕罰之屬五百, 宮罰之屬三百, 大辟之罰, 其屬二百, 五刑之屬三千. 上下比罪, 無僭亂辭. 勿用不行, 惟察惟法, 其審克之.

「간전(間傳)」 제37편

補註 陸曰: 鄭云, "記喪服之間輕重所宜也."

번역 육덕명이 말하길, 정현은 "상복 중 경중의 차이에 따른 마땅함을 기록하였다."라고 했다.

「간전」 1장

참고-大全

臨川吳氏曰: 斬衰服苴, 謂衰裳絰杖, 並苴色也. 苴者, 有子麻, 色蒼黑, 貌之惡似之. 首其內而見諸外, 謂內有哀情, 則外有此惡貌, 如物有頭首在內, 則其尾末見諸外也. 齊衰稍輕於斬衰, 絰不用苴而用枲. ①枲者, 有子麻, 色亦蒼而黑淺. 若苴若枲貌, 各如其絰之色也. 止, 謂止而不動. 貌活動者, 象春之生, 貌靜止者, 象秋之殺. 若止, 謂有慘戚而無歡欣也. 容貌, 謂貌如平常之容. 小功緦麻之服雖輕, 然情之厚者, 貌亦略變於常, 其或不能然, 而但如平常之容, 則情不爲厚, 而亦未至於甚薄. 喪與其哀不足而禮有餘, 不若禮不足而哀有餘. 可也云者, 微不滿之意. 容體, 謂儀容身體形之可見於外者也.

번역 임천오씨가 말하길, "참최복(斬衰服)은 저(苴)를 착용한다."라고 했는데, 상복의 상의 · 하의 및 질(絰)과 지팡이가 모두 저(苴)의 색깔이라는 의미이다. '저(苴)'는 씨를 가지고 있는 마(麻)인데, 검푸른 색깔이며, 추한 모습이 그와 유사하다. "그 내면을 수(首)하여 겉으로 드러낸다."라고 했는데, 내면에 애통한 정감이 있다면, 외적으로 이처럼 추한 모습을 띄게 된다는 뜻이니, 마치 사물 중 머리에 해당하는 것이 안에 있어서 꼬리에 해당하는 것이 밖으로 드러나는 것과 같다. 자최복(齊衰服)은 참최복보다 수위가 조금 가벼워서 질(絰)은 저(苴)를 이용해서 만들지 않고 시(枲)를 이용해서 만든다. '시(枲)'는 씨를 가지고 있는 마(麻)인데, 그 색깔이 또한 검푸르지만 검은색이 보다 연하다. 저(苴)와 같고 시(枲)와 같은 모습은 각각 그것의 질(絰) 색깔과 같다는 뜻이다. '지(止)'자는 멈춰서 움직이지 않는다는 뜻이다. 활동하는 모습은 봄의 생장하는 것을 상징하며, 정지한 모습은 가을의 숙살하는 것을 상징한다. '약지(若止)'는 우울하고 슬프며 기뻐함이 없다는 뜻이다. '용모(容貌)'는 그 모습이 평상시의 모습과 같다는 뜻이다. 소공복(小功服)과 시마복(緦麻服)은 비록 수위가 낮지만 정감이 두터운 경우에는 그 모습에 있어서도 평상시와는 간략하게나마 변화가 일어나고, 간혹 그렇게 할 수 없어서 단지 평상시의 모습처럼만 한다면, 정감이 두텁지 않은 것이지만 또한 너무 박하게 대하는 지경에는 이르지 않는다. “상을 치를 때에는 슬퍼하는 마음이 부족하고, 예(禮)에 대해서는 풍족하게 치르는 것보다는 차라리 예에 대해서 부족한 면이 있더라도, 슬퍼하는 마음을 지극히 하는 것이 더 낫다.”[1]라고 했다. ‘가야(可也)’라고 한 말은 미묘하게 차지 않았다는 뜻이다. ‘용체(容體)’는 겉으로 드러날 수 있는 격식을 갖춘 행동거지와 모습을 뜻한다.

① **枲者有子麻.**

補註 按: 枲是牡麻, 則有字當作無.

번역 살펴보니, ‘시(枲)’는 수컷 마에 해당하니, ‘유(有)’자는 마땅히 무(無)자로 기록해야 한다.

---

1) 『예기』「단궁상(檀弓上)」: 子路曰, “吾聞諸夫子, <u>喪禮, 與其哀不足而禮有餘也, 不若禮不足而哀有餘也</u>. 祭禮, 與其敬不足而禮有餘也, 不若禮不足而敬有餘也.”

「간전」 2장

참고–經文

斬衰之哭, 若往而不反. 齊衰之哭, 若往而反. ①大功之喪, 三曲而偯. 小功緦麻, ②哀容可也. 此哀之發於聲音者也.

번역 참최복(斬衰服)의 상에서 곡을 할 때에는 마치 가서 되돌아오지 않는 것처럼 한 차례 소리를 지름에 다시는 소리를 내지 못할 것처럼 한다. 자최복(齊衰服)의 상에서 곡을 할 때에는 마치 가서 되돌아오는 것처럼 한 차례 소리를 지르지만 참최복의 상만큼 간절하지 않다. 대공복(大功服)의 상에서 곡을 할 때에는 한 차례 소리를 지르며 세 마디를 꺾어 미미한 소리가 계속 맴돌게 한다. 소공복(小功服)과 시마복(緦麻服)의 상에서 곡을 할 때에는 침착하게 애통한 소리만 내도 괜찮다. 이것은 애통함이 소리를 통해 드러나는 것이다.

① 大功之喪.

補註 喪, 古經及通解, 皆作哭.

번역 '상(喪)'자를 『고경』 및 『통해』에서는 모두 곡(哭)자로 기록했다.

② 哀容可也.

補註 按: 此恐謂雖哀而稍有容飾也.

번역 살펴보니, 이 말은 아마도 비록 슬프더라도 조금 용모를 꾸미게 된다는 뜻인 것 같다.

「간전」 3장

참고-經文

斬衰唯而不對, 齊衰對而不言, 大功言而不議, 小功緦麻議而①不及樂. 此哀之發於言語者也.

번역 참최복(斬衰服)의 상을 치를 때에는 응답만 하고 구체적인 말로 대답하지 않고, 자최복(齊衰服)의 상을 치를 때에는 대답은 하지만 먼저 말을 꺼내지 않으며, 대공복(大功服)의 상을 치를 때에는 먼저 말을 꺼내더라도 다른 사안에 대해서 의논하지 않고, 소공복(小功服)과 시마복(緦麻服)의 상을 치를 때에는 다른 사안에 대해서 의논은 하지만 즐거운 일에 대해서는 의논하지 않는다. 이것은 애통함이 말을 통해 드러나는 것이다.

① ○不及樂.

補註 樂音岳.

번역 '樂'자의 음은 岳(악)이다.

「간전」 4장

참고-經文

斬衰三日不食, 齊衰二日不食, 大功三不食, 小功緦麻再不食, 士與斂焉則壹不食. 故父母之喪, 旣殯食粥, 朝①一溢米, 莫一溢米. 齊衰之喪, 疏食水飮, 不食菜果. 大功之喪, 不食醯醬. ②小功緦麻, 不飮醴酒. 此哀之發於飮食者也.

번역 참최복(斬衰服)의 상을 치를 때에는 3일 동안 밥을 먹지 않고, 자최복(齊衰服)의 상을 치를 때에는 2일 동안 밥을 먹지 않으며, 대공복(大功服)의 상을 치를 때에는 3끼를 먹지 않고, 소공복(小功服)과 시마복(緦麻服)의 상을 치를 때에는 2끼를 먹지 않으며, 사가 염(斂)에 참여하게 되면 1끼를 먹지 않는다. 그렇기 때문에 부모의 상을 치를 때에는 빈소 마련하는 일이 끝나야 죽을 먹는데, 아침에는 1일(溢)만큼의 쌀을 사용하고, 저녁에도 1일만큼의 쌀을 사용한다. 자최복의 상을 치를 때에는 거친 밥을 먹고 물을 마시지만 채소와 과일은 먹지 않는다. 대공복의 상에서는 식초나 장을 먹지 않는다. 소공복과 시마복의 상에서는 단술을 마시지 않는다. 이것은 애통함이 음식을 통해 드러나는 것이다.

① ○一溢米.

補註 按: 喪服註, "一溢, 爲米一升二十四分升之一." 陳註每去一升二字, 誤矣. 詳見喪大記補註.

번역 살펴보니, 『의례』「상복(喪服)」편의 주에서는 "1일(溢)은 알곡 1과 24분의 1승(升)이다."라고 했다. 진호의 주에서는 매번 '일승(一升)'이라는 두 글자를 생략하고 있는데 잘못된 설명이다. 자세한 내용은 『예기』「상대기(喪大記)」편의 보주에 나온다.

② 小功緦麻不飮醴酒.

補註 按: 只言不飮酒, 則許食肉可知. 古禮食肉輕於飮酒, 喪大記, "旣葬, 君 · 大夫 · 父之友食之, 則食之, 不避粱肉, 若有酒醴則辭", 是其證也. 家禮成服之日, 五月 · 三月者, 飮酒食肉, 不與宴樂, 則是竝許飮酒也.

번역 살펴보니, 단지 술만 마시지 않는다고 했다면 고기는 먹어도 된다는 사실을 알 수 있다. 고대의 예법에서는 고기를 먹는 것이 술을 마시는 것보다 수위가 낮았다. 그래서 「상대기」편에서는 "장례를 마쳤을 때 군주 · 대부 · 부친의 벗이 음식을 보내서 먹게 한다면 먹는다. 좋은 곡식으로 지은 밥이나 맛있는 고기 요리라도 사양을 하지 않지만, 진한 술의 경우라면 안색으로 나타나니 사양을 해야만 한다."[1]라고 했는데, 이것이 그 증거이다. 『가례』에서는 성복을 한 날과 5개월과 3개월이 지난 시점에 술을 마시고 고기를 먹지만 음악을 듣는 것에는 참여하지 않는다고 했으니, 이것은 술을 마시는 것까지도 허용한 것이다.

---

1) 『예기』「상대기(喪大記)」: 旣葬, 若君食之, 則食之. 大夫 · 父之友食之, 則食之矣. 不辟粱肉, 若有酒醴則辭.

「간전」 5장

참고-集說

疏曰: 孝子①不忍發初御醇厚之味, 故飮醴酒, 食乾肉.

번역 소에서 말하길, 자식은 처음부터 깊고 진한 맛을 차마 추구할 수 없기 때문에 단술을 마시고 말린 고기를 먹는다.

① ○不忍[止]之味.

補註 按: 鄭註, "先飮醴酒食乾肉者, 不忍發御厚味", 故疏解如此.

번역 살펴보니, 정현의 주에서 "우선적으로 단술을 마시고 말린 고기를 먹는 것은 차마 깊고 진한 맛을 추구할 수 없기 때문이다."라고 했기 때문에, 소의 설명이 이와 같은 것이다.

「간전」 7장

참고-經文

父母之喪, 旣虞卒哭, 柱楣翦屛, 芐翦不納. 期而小祥, 居堊室, 寢有席. 又期而①大祥, 居復寢. 中月而禫, 禫而牀.

번역 부모의 상을 치를 때 우제(虞祭)와 졸곡(卒哭)을 마치면 의려(倚廬)의 기둥을 세워 햇빛이 안으로 들어오게 만들고 양쪽으로 두르고 있는 풀들을 잘라서 다듬으며, 하(芐)로 짠 자리를 깔고 자는데 그 끝을 잘라서 가지런하게만 하고 안으로 집어넣지 않는다. 1년이 지나서 소상(小祥)을 치르면 악실(堊室)에 머물며 침소에 자리를 깐다. 다시 1년이 지나서 대상(大祥)을 치르면 거처를 함에 자신이 쓰던 침소로 되돌아간다. 1개월의 간격을 두어 담제(禫祭)를 치르는데, 담제를 치르게 되면 침상에서 잔다.

① 大祥居復寢.

補註 按: 陳氏云此謂大祥後復殯宮之寢, 與喪大記吉祭而復寢者異, 見大記本註.

번역 살펴보니, 진호는 이 문장의 뜻은 대상을 치른 이후 빈궁의 침으로 되돌아간다는 뜻이라고 했는데, 이것은 『예기』「상대기(喪大記)」편에서 "길제를 치른 뒤에는 침소로 되돌아간다."[1]라고 한 말과 차이를 보이며, 그 내용은 「상대기」편의 본주에 나온다.

---

1) 『예기』「상대기(喪大記)」: 禫而從御, 吉祭而復寢.

「간전」 8장

참고-經文

①斬衰三升, 齊衰四升·五升·六升, 大功七升·八升·九升, 小功十升·十一升·十二升, 緦麻十五升去其半. 有事其縷, 無事其布, 曰緦. 此哀之發於衣服者也.

번역 참최복(斬衰服)의 경우 정복(正服)은 3승(升)의 포로 만들고 의복(義服)은 3.5승의 포로 만든다. 자최복(齊衰服)의 경우 강복(降服)은 4승의 포로 만들고 정복은 5승의 포로 만들며 의복은 6승의 포로 만든다. 대공복의 경우 강복은 7승의 포로 만들고 정복은 8승의 포로 만들며 의복은 9승의 포로 만든다. 소공복(小功服)의 경우 강복은 10승의 포로 만들고 정복은 11승의 포로 만들며 의복은 12승의 포로 만든다. 시마복(緦麻服)의 경우 15승에서 그 반을 줄인 포로 만든다. 실에는 가공을 하지만 그것으로 짜낸 포에 가공을 하지 않기 때문에 시마복을 '시(緦)'라고 부른다. 이것은 애통함이 의복을 통해 드러나는 것이다.

① ○斬衰三升.

補註 按: 三升半, 何不擧論? 恐是非全升, 故統於三升歟.

번역 살펴보니, 3.5승에 대해서는 어찌 거론하지 않는 것인가? 아마도 이것은 승의 정수가 되지 않아서 3승이라는 말에 통괄되기 때문일 것이다.

참고-集說

每一升凡八十縷. 斬衰正服三升, 義服三升半. ①齊衰降服四升, 正服五升, 義服六升. 大功降服七升, 正服八升, 義服九升. 小功降服十升, 正服十一升, 義服十二升. 緦麻降正義同用十五升布, 去其七升半之縷. 蓋十五升者, 朝服之布, 其幅之經一千二百縷也. 今緦布用其半, 六百縷爲經, 是去其半也. 有事其縷者, 事謂煑治其紗縷而後織也. 無事其布者, 及織成則不洗治其布, 而卽以製緦服也. 若用爲錫衰, 則加灰以洗治之, 故②前經云加灰錫也. 然則緦服是熟縷生布, 其③小功以上, 皆生縷以織矣.

번역 매 1승(升)은 총 80가닥으로 되어 있다. 참최복(斬衰服)의 경우 정규 복장은 3승으로 만들고, 의복(義服)은 3.5승으로 만든다. 자최복(齊衰服)의 경우 강복(降服)은 4승으로 만들고, 정규 복장은 5승으로 만들며, 의복은 6승으로 만든다. 대공복(大功服)의 경우 강복은 7승으로 만들고, 정규 복장은 8승으로 만들며, 의복은 9승으로 만든다. 소공복(小功服)의 경우 강복은 10승으로 만들고, 정규 복장은 11승으로 만들며, 의복은 12승으로 만든다. 시마복(緦麻服)의 경우 강복 · 정복 · 의복 모두 동일하게 15승의 포(布)를 사용하는데, 그 중 7.5승의 가닥을 제거한다. 15승은 조복(朝服)을 만들 때 사용하는 포이니,[1] 그 폭에 날실로 들어간 것은 1,200가닥이다. 현재 시마복을 만드는 포는 그 절반만 사용한다고 했으니, 600가닥이 날실이 되며, 이것이 반을 제거한다는 뜻이다. "가닥에 사(事)함이 있다."라고 했는데, '사(事)'자는 실을 삶고 가공한 이후에 짠다는 뜻이다. "포에 사(事)함이 없다."라고 했는데, 실을 짜서 포를 만들게 되면 포를 씻거나 가공하지 않고, 곧바로 시마복으로 만든다는 뜻이다. 만약 이것을 이용해서 석최(錫衰)를 만들게 된다면, 잿물에 담가서 세척하고 가공한다. 그렇기 때문에 앞의 경문에서는 "잿물에 담그는 공정을 가미하면 석최가 된다."라고 한 것이다. 그렇다면 시마복은 실을 삶아서 짜낸 생포이고, 소공복 이상은 모두 생실로 짜게 된다.

① 齊衰降服四升.

補註 按: 續通解 · 喪服圖式以爲母三年, 及爲人後者爲其父母, 女適人者爲其父母不杖期, 皆名降服. 以母爲長子, 妾爲君之長子三年, 及父在爲母爲妻杖期, 及爲祖父母 · 世叔父母 · 昆弟衆子 · 昆弟之子適孫不杖期, 皆名正服. 而但父在爲母, 則註之曰父在爲母, 乃降齊衰三年, 而爲

---

1) 『예기』「잡기상(雜記上)」: 朝服十五升, 去其半而緦加灰, 錫也.

杖期, 當是降服. 經傳註疏無明文, 更詳之.

번역 살펴보니, 『속통해』와 『상복도식』에서는 모친을 위해 삼년상을 치르고, 남의 후계자가 된 자가 그 부모를 위해서 상을 치르며, 딸 중 남에게 시집을 간 자가 그 부모를 위해서 지팡이를 잡지 않고 기년상을 치르는 것을 모두 강복(降服)이라고 불렀다. 그리고 모친이 장자를 위해서 상을 치르고 첩이 군주의 장자를 위해서 삼년상을 치르며, 부친이 생존해 계실 때 모친을 위하거나 처를 위해서 지팡이를 잡고 기년상을 치르고, 조부모 · 세숙부모 · 곤제의 중자 · 곤제의 자식과 적손에 대해 지팡이를 잡지 않고 기년상을 치르는 것을 모두 정복(正服)이라고 불렀다. 다만 부친이 생존해 계실 때 모친의 상을 치르는 경우, 자최복으로 삼년상을 치르는 것을 낮춰서 지팡이를 잡고 기년상을 치르는 것으로 하는데, 이것은 강복에 해당한다. 경문과 전문 및 주와 소에는 이와 관련된 명확한 기록이 없으니, 다시 상세히 따져보아야 한다.

補註 ○後按: 楊信齋喪服圖, 則父在爲母杖期, 正入於降服.

번역 ○이후에 살펴보니, 양신재의 『상복도』에서는 부친이 생존해 계실 때 모친의 상을 치르며 지팡이를 잡고 기년상을 치르는 것을 강복에 포함시켰다.

補註 ○又按: 圖父卒爲母三年之爲降服, 似可疑, 而此經下文云爲母疏衰四升, 則其以爲降服可知. 喪服圖曰, "此降服, 乃降斬衰而爲齊衰也." 疏曰, "家無二尊, 屈於父爲之齊衰."

번역 ○또 살펴보니, 『상복도』에서 부친이 이미 돌아가셨는데 모친의 상을 치르며 삼년상을 강복한다고 한 것은 의문스러운 점이 있는 것처럼 보이지만, 이곳 경문 뒤의 문장에서 "모친을 위해 소최(疏衰)를 착용할 때에는 4승의 포로 만든 것을 착용한다."라고 했으니, 강복이 됨을 알 수 있다. 『상복도』에서는 "여기에서 강복이라는 것은 참최복을 낮춰 자최복을 착용하는 것이다."라고 했고, 소에서는 "집안에는 존귀한 자가 2명일 수 없으니, 부친에 대해 굽혀서 모친에 대해서는 자최복을 착용하는 것이다."라고 했다.

② 前經云.

補註 按: 前經, 指雜記下.

번역 살펴보니, '전경(前經)'은 『예기』「잡기하(雜記下)」편을 가리킨다.[2]

③ 小功以上皆生縷.

補註 沙溪曰: 鄙意, 大功以下, 皆熟其縷而成布, 此云小功以上, 皆生縷, 未詳其意.

번역 사계가 말하길, 내가 생각하기에 대공복으로부터 그 이하의 상복은 모두 명주를 숙련하여 포를 만드는데, 이곳에서 "소공복 이상은 모두 생실로 짜게 된다."라고 했으니, 그 의미를 잘 모르겠다.

참고-大全

馬氏曰: 先王因哀以制禮, 則禮有隆殺, 因禮以見哀, 則哀有大小. 凡喪以哀爲主, 此以上凡言哀者六, 自斬衰以至緦麻, 輕重差等, 莫不有當也. 其曰哀之發於容體, 則因容體以爲禮, 哀之發於聲音, 則因聲音以爲禮, 哀之發於言語, 則因言語以爲禮, 哀之發於飮食, 則因飮食以爲禮, 哀之發於居處, 則因居處以爲禮, 哀之發於衣服, 則因衣服以爲禮. 其始也本於哀, 其終也成於禮. 有是哀則不得不行是禮, 有是禮則不得①不致是衰也.

번역 마씨가 말하길, 선왕은 애통한 감정에 따라서 예법을 제작했으니 예법에는 높이고 낮추는 차등이 있고, 예법에 따라서 애통함을 드러내게 했으니 애통함에는 크고 작은 차등이 있다. 모든 상은 애통함을 위주로 하는데, 이곳 구문까지 애통함을

2) 『예기』「잡기상(雜記上)」: 朝服十五升, 去其半而緦加灰, 錫也. / 이 내용은 「잡기상」편에 나온다.

말한 것은 여섯 번이며, 참최복(斬衰服)으로부터 시마복(緦麻服)에 이르기까지 경중의 차등에 마땅하지 않은 것이 없다. "애통함이 용모를 통해 드러나는 것이다."[3] 라고 했으니, 용모를 통해서 예법을 시행하는 것이며, "애통함이 소리를 통해 드러나는 것이다."[4]라고 했으니, 소리를 통해서 예법을 시행하는 것이고, "애통함이 말을 통해 드러나는 것이다."[5]라고 했으니, 말을 통해 예법을 시행하는 것이며, "애통함이 음식을 통해 드러나는 것이다."[6]라고 했으니, 음식을 통해 예법을 시행하는 것이고, "애통함이 거처를 통해 드러나는 것이다."[7]라고 했으니, 거처를 통해 예법을 시행하는 것이며, "애통함이 의복을 통해 드러나는 것이다."라고 했으니, 의복을 통해 예법을 시행하는 것이다. 시작함에는 애통함에 근본을 두었고, 마침에는 예법을 통해 완성하였다. 이러한 애통함이 있다면 그에 맞는 예법을 시행하지 않을 수가 없고, 이러한 예법이 있다면 그에 맞는 애통함을 지극히 나타내지 않을 수가 없다.

① 不致是衰.

補註 衰, 恐哀之誤.

번역 '최(衰)'자는 아마도 애(哀)자의 오자인 것 같다.

---

3) 『예기』「간전」: 斬衰何以服苴? 苴, 惡貌也, 所以首其内而見諸外也. 斬衰貌若苴, 齊衰貌若枲, 大功貌若止, 小功緦麻容貌可也. 此哀之發於容體者也.

4) 『예기』「간전」: 斬衰之哭, 若往而不反. 齊衰之哭, 若往而反. 大功之喪, 三曲而偯. 小功緦麻, 哀容可也. 此哀之發於聲音者也.

5) 『예기』「간전」: 斬衰唯而不對, 齊衰對而不言, 大功言而不議, 小功緦麻議而不及樂. 此哀之發於言語者也.

6) 『예기』「간전」: 斬衰三日不食, 齊衰二日不食, 大功三不食, 小功緦麻再不食, 士與斂焉則壹不食. 故父母之喪, 旣殯食粥, 朝一溢米, 莫一溢米. 齊衰之喪, 疏食水飮, 不食菜果. 大功之喪, 不食醯醬. 小功緦麻, 不飮醴酒. 此哀之發於飮食者也.

7) 『예기』「간전」: 父母之喪, 居倚廬, 寢苫枕塊, 不稅絰帶. 齊衰之喪, 居堊室, 芐翦不納. 大功之喪, 寢有席. 小功緦麻, 牀可也. 此哀之發於居處者也.

「간전」 9장

참고-集說

五服惟斬衰·齊衰·大功有受者, 葬後以冠之布升數爲衰服. 如斬衰冠六升, 則葬後以六升布爲衰. 齊衰冠七升, 則葬後以七升布爲衰也. 謂之成布者, 三升以下之布, 麄疏之甚, 若未成然. 六升以下, 則漸精細, 與吉服之布相近, 故稱成也. 去麻服葛者, ①葬後男子去要之麻絰而繫葛絰, 婦人去首之麻絰而著葛絰也. 葛帶三重, 謂男子也. 葬後以葛絰易要之麻絰, 差小於前, 四股糾之, 積而相重, 則三重也. 蓋單糾爲一重, 兩股合爲一繩是二重, 二繩又合爲一繩, 是三重也.

번역 오복(五服) 중 오직 참최복(斬衰服)·자최복(齊衰服)·대공복(大功服)만이 다른 상복을 받게 되는데, 장례를 치른 이후 관에 사용된 포(布)의 승(升)수에 따라서 상복을 만들기 때문이다. 예를 들어 참최복의 관은 6승으로 만드니, 장례를 치른 뒤에는 6승의 포로 상복을 만든다. 또 자최복의 관은 7승으로 만드니, 장례를 치른 뒤에는 7승의 포로 상복을 만든다. 이것을 '성포(成布)'라고 부르는 것은 3승 이하의 포는 거칠고 성근 정도가 심하여 아직 완성되지 않은 것처럼 보인다. 6승 이하의 경우라면 보다 정밀하고 가늘어서 길한 복장에 사용되는 포와 흡사하다. 그렇기 때문에 '성(成)'자를 붙여서 부른다. "마(麻)를 제거하고 갈(葛)을 착용한다."는 말은 장례를 치른 이후 남자는 허리에 차고 있던 마(麻)로 만든 질(絰)을 제거하고 갈포로 만든 질(絰)을 착용하며, 부인은 머리에 쓰고 있던 마로 만든 질을 제거하고 갈포로 만든 질을 착용한다. "갈포로 만든 대(帶)는 3중이다."라고 했는데, 남자의 경우를 뜻한다. 장례를 치른 이후 갈포로 만든 질로 허리에 차고 있던 마로 만든 질을 바꾸는데, 이전의 것보다 조금 작게 만들며 네 가닥으로 꼬아서 만드는데 겹겹이 겹친다면 3중이 된다. 한 가닥을 꼬아서 만들면 1중이 되고, 두 가닥을 꼬아서 하나의 새끼줄로 만들면 2중이 되며, 두 개의 새끼줄을 재차 합쳐서 하나의 새끼줄을 만드는 것이 바로 3중이다.

① ○葬後男子[止]葛絰.

補註 按: 旣虞·卒哭, 男子則絰帶竝易以葛, 婦人只易絰以葛, 古禮甚明. 而陳註每以男子只易要絰爲說, 已辨於檀弓上及喪服小記補註.

번역 살펴보니, 우제와 졸곡을 마치게 되면, 남자는 질과 대를 모두 갈로 된 것으로 바꾸고, 여자는 단지 질만 갈로 된 것으로 바꾸는데, 이것은 고대의 예법에서는 매우 분명한 사실이다. 그런데 진호의 주에서는 매번 남자에 대해서 단지 요질만 바꾼다고 설명했으니, 이에 대한 변론은 이미 『예기』「단궁상(檀弓上)」편과 「상복소기(喪服小記)」편의 보주에서 설명했다.

補註 ○又按: 疏曰, "直云葛帶三重, 則首絰雖葛, 不三重也." 以此觀之, 首絰之亦爲葛明矣.

번역 ○또 살펴보니, 소에서는 "단지 갈포로 만든 대는 3중이라고 했으니, 수질(首絰)은 비록 갈포로 만든 것이지만 3중으로 만들지 않는다."라고 했다. 이를 통해 살펴보면 수질 또한 갈로 된 것으로 한다는 사실이 명백하다.

「간전」 11장

참고-經文

又期而大祥, 素縞麻衣. 中月而禫, ①禫而纖, 無所不佩.

번역 다시 1년이 자나서 대상(大祥)을 치르면 호관(縞冠)에 소비(素紕)를 단 것을 쓰고 마(麻)로 만든 심의(深衣)를 착용한다. 1개월의 간격을 두어 담제(禫祭)를 치르는데, 담제를 치르게 되면 섬관(纖冠)을 착용하니, 복장에 패용하지 못하는 것이 없다.

① 禫而纖.

補註 鄭註: 纖, 或作綅.

번역 정현의 주에서 말하길, '섬(纖)'자를 다른 판본에서는 침(綅)자로 기록하기도 한다.

補註 ○陸云: 綅, 息廉反.

번역 ○육덕명이 말하길, '綅'자는 '息(식)'자와 '廉(렴)'자의 반절음이다.

참고-集說

疏曰: 二十五月大祥祭, 此日除脫, 則首服素冠, 以縞紕之, 身著朝服而祭. 祭畢而哀情未除, 更反服微凶之服, 首著縞冠, 以素紕之, 身著十五升麻深衣, 未有采緣, 故云素縞麻衣也. 大祥之後, 更間一月而爲禫祭, 禫祭之時, 玄冠朝服. 祭訖, 則首著纖冠, 身著素端黃裳. ①以至吉祭, 平常所服之物, 無不佩也. 黑經白緯曰纖.

번역 소에서 말하길, 25개월째에 대상(大祥)의 제사를 지내서 그 날에 상복을 제거하게 된다면, 머리에는 흰색의 관을 쓰고 흰색의 명주로 가선을 대며, 몸에는 조복(朝服)을 착용하고서 제사를 지낸다. 제사를 끝내더라도 애통한 정감이 아직 사라지지 않아서, 다시 미미하게 흉사를 나타내는 복장으로 갈아입으니, 머리에는 호관(縞冠)을 쓰고 흰색의 천으로 가선을 두르며 몸에는 15승(升)의 마(麻)로 만든 심의(深衣)를 착용하는데, 아직까지 채색된 가선을 두르지 않는다. 그렇기 때문에 "소호에 마의를 착용한다."라고 했다. 대상을 치른 이후 다시 1개월의 간격을 두면 담제(禫祭)를 치르는데, 담제를 치르는 시기에는 현관에 조복을 착용한다. 제사가 끝나면 머리에는 섬관(纖冠)을 착용하고 몸에는 소단(素端)[1]에 황색의 하의를 착용한다. 길제(吉祭)를 치러야 할 때가 되면 평상시에 착용하는 사물에 대해서도 패용하지 못하는 것이 없게 된다. 흑색의 날실과 백색의 씨실로 짠 것을 '섬(纖)'이라고 부른다.

① *以至吉祭[止]珮也.*

補註 疏又曰: 以禫後尙綅冠玄端黃裳, 故知吉祭以後, 始得無所不珮也.
번역 소에서 또 말하길, 담제를 치른 이후에도 여전히 섬관과 현단 및 황색의 하의를 착용하기 때문에, 길제를 치른 이후에야 비로소 패용하지 못할 것이 없게 된다는 사실을 알 수 있다.

補註 ○按: 經文無吉祭字, 疏說可疑.
번역 ○살펴보니, 경문에는 '길제(吉祭)'라는 말이 없으니, 소의 주장은 의심스럽다.

---

1) 소단(素端)은 소복(素服)과 같은 말이다. 흰색으로 만든 상의와 하의를 뜻하며, 상(裳)자와 함께 기론될 때에는 흰색의 상의만을 뜻하기도 한다. 고대에 제후·대부·사가 착용했던 일종의 제복(祭服)이다. 기근이나 재앙이 들었을 때 기원을 하기 위해 착용하는 복장이다.

「간전」 12장

참고-集說

①鄭氏曰: 卑可以兩施, 而尊者不可貳.

번역 정현이 말하길, 미천하게 여기는 것에 대해서는 두 가지를 겹칠 수 있지만, 존귀하게 여기는 것에 대해서는 두 가지를 겹칠 수 없다.

① ○鄭氏曰[止]不可貳.

補註 疏曰: 卑, 謂男子卑要, 婦人卑首. 兩施, 謂施於齊衰, 又得兼斬衰, 以其輕卑之故, 得可以兩施也. 尊, 謂男子尊首, 婦人尊要. 不可貳, 謂事尊正得尊於重服, 不可差貳兼服輕也.

번역 소에서 말하길, '비(卑)'라는 것은 남자는 요대(要帶)를 상대적으로 미천하게 여기고 부인은 수질(首絰)을 상대적으로 미천하게 여긴다는 뜻이다. 두 가지를 겹친다는 말은 자최복의 상에서 차는 것을 두르고 또 참최복의 상에서 차는 것도 함께 겹치니, 상대적으로 덜 중요하게 여기고 미천하게 여기는 것이므로 둘 모두 겹칠 수 있다는 뜻이다. '존(尊)'이라는 것은 남자는 수질을 존귀하게 여기고 부인은 요대를 존귀하게 여긴다는 뜻이다. 두 가지를 겹칠 수 없다는 것은 존귀한 자를 섬길 때에는 중요하게 여기는 복식을 존귀하게 여길 수 있지만, 상대적으로 덜 중요하게 여기는 복식을 함께 착용하여 차이를 보일 수 없다는 뜻이다.

補註 ○按: 輕者包重者特, 恐謂男子要婦人首, 是輕者, 故雖只服齊衰之帶或絰, 而可以兼包斬服在其中. 若男子首婦人要, 是重者, 故斬之絰或帶特施, 而無所兼包也. 以下文麻葛兼服之註疏觀之, 亦可槩知也.

번역 ○살펴보니, "상대적으로 덜 중요하게 여기는 것은 겹치고, 중요하게 여기는 것은 그것 하나로만 한다."는 것은 아마도 남자의 요대와 여자의 수질은 덜 중요한 것에 해당하기 때문에 비록 자최복의 요대나 수질을 차고 있지만 참최복에 해당하는 것도 그 안에 겹칠 수 있다. 남자의 수질이나 여자의 요대인 경우라면 중요한 것에 해당하기 때문에 참최복의 수질이나 요대는 그것 하나로만 착용하고 겹치는 것이 없다는 뜻이다. 아래에서 "마(麻)와 갈포로 만든 질(絰)을 함께 찬다."[1]라고 한 문장의 주와 소를 통해 살펴보면, 이러한 사실을 대략적으로 알 수 있다.

참고-集說

疏曰, "斬衰受服之時, 而遭齊衰初喪. 男子所輕要者, 得著齊衰要帶, 而兼包斬衰之帶. 婦人輕首, 得著齊衰首絰, 而包斬衰之絰, 故云輕者包也. 男子重首, 特留斬衰之絰; 婦人重要, 特留斬衰要帶, 是重者特也." ①愚謂, 特者, 單獨而無所兼之義, 非謂特留也.

번역 소에서는 "참최복(斬衰服)의 상에서 새로운 상복을 받을 때, 이제 막 발생한 자최복(齊衰服)의 상을 당한 것이다. 남자는 허리에 차는 것을 상대적으로 덜 중요하게 여기니 자최복에 차는 요대(要帶)를 차서, 참최복에 차는 요대를 겹칠 수 있다. 부인은 머리에 차는 것을 상대적으로 덜 중요하게 여기니, 자최복에 차는 수질(首絰)을 차서 참최복에 차는 수질을 겹칠 수 있다. 그렇기 때문에 '상대적으로 덜 중요하게 여기는 것은 겹친다.'라고 했다. 남자는 머리에 차는 것을 중요하게 여겨서 단지 참최복에 차는 수질만 남겨두고, 부인은 허리에 차는 것을 중요하게 여겨서 단지 참최복에 차는 요대만을 남겨두니, 이것은 중요하게 여기는 것은 그것 하나로만 한다는 뜻이다."라고 했다. 내가 생각하기에, '특(特)'이라는 말은 그것 하나만 하고 겹치는 것이 없다는 뜻으로, 하나만 남겨둔다는 뜻이 아니다.

① 愚謂.

補註 按: 愚, 陳氏自謂也.

번역 살펴보니, '우(愚)'는 진호 스스로 한 말을 가리킨다.

---

1) 『예기』「간전」: 齊衰之喪, 旣虞卒哭, 遭大功之喪, 麻葛兼服之.

「간전」 14장

참고-經文

齊衰之喪, 旣虞卒哭, 遭大功之喪, ①麻葛兼服之.

번역 자최복(齊衰服)의 상에서 우제(虞祭)와 졸곡(卒哭)을 마쳤는데, 대공복(大功服)의 상을 당한다면 마(麻)와 갈포로 만든 질(絰)을 함께 찬다.

① 麻葛兼服之.

補註 鄭註: "兼, 猶兩也. 不言包・特者, 包・特, 著其義, 兼者, 明有絰有帶耳. 葛者亦特其重, 麻者亦包其輕." 疏曰: "麻・葛兼服之者, 卽前文'輕者包, 重者特'之義."

번역 정현의 주에서 말하길, "'겸(兼)'자는 둘을 뜻한다. 포(包)나 특(特)이라고 말하지 않았는데, 포(包)나 특(特)은 그 의미를 드러내는 것이고, 겸(兼)은 수질(首絰)을 차고 요대(要帶)를 찬다는 뜻을 드러내기 때문이다. 갈포로 만든 것은 또한 중요하게 여기는 것 하나만 하는 것이며 마로 만든 것은 또한 상대적으로 덜 중요하게 여기는 것을 겹치는 것이다."라고 했다. 소에서 말하길, "마와 갈포로 만든 질을 함께 찬다고 했는데, 앞에서 '상대적으로 덜 중요하게 여기는 것은 겹치고, 중요하게 여기는 것은 그것 하나로만 한다.'[1]라고 했던 뜻에 해당한다."라고 했다.

---

1) 『예기』「간전」: 易服者, 何爲易輕者也? 斬衰之喪, 旣虞卒哭, 遭齊衰之喪, 輕者包, 重者特.

참고-集說

①此據男子言之, 以大功麻帶易齊衰之葛帶, 而首猶服齊衰葛經. 首有葛, 要有麻, 是麻葛兼服之也.

번역 이것은 남자에 대한 내용을 중심으로 말한 것이니, 대공복(大功服)에서 차는 마(麻)로 만든 요대(要帶)로 자최복(齊衰服)의 상에서 차고 있던 갈포로 만든 요대를 바꾸고, 머리에는 여전히 자최복의 상에서 차는 갈포로 만든 수질(首絰)을 찬다. 머리에는 갈포로 만든 수질을 차고 허리에는 마로 만든 요대를 차니, 이것은 마와 갈로 만든 질을 함께 착용한다는 뜻이다.

① 此據男子言之.

補註 疏曰: 婦人則首服大功之麻絰, 要服齊衰之麻帶, 上下俱麻, 不得云麻·葛兼服之也.

번역 소에서 말하길, 부인의 경우라면 머리에는 대공복에 차는 마로 만든 수질을 차고, 허리에는 자최복에 차는 마로 만든 요대를 차니, 위아래 모두 마로 만든 질을 차므로, "마로 만든 질과 갈포로 만든 질을 함께 착용한다."라고 할 수 없다.

「간전」 15장

참고-經文

斬衰之葛, 與齊衰之麻同. 齊衰之葛, 與大功之麻同. 大功之葛, 與小功之麻同. 小功之葛, 與緦之麻同. ①麻同則兼服之, 兼服之②服重者則易輕者也.

번역 참최복(斬衰服)의 상에 차는 갈포로 만든 질(絰)은 거칠고 고운 정도가 자최복(齊衰服)의 상에서 차는 마(麻)로 만든 질과 동일하다. 자최복의 상에서 차는 갈포로 만든 질은 거칠고 고운 정도가 대공복(大功服)의 상에서 차는 마로 만든 질과 동일하다. 대공복의 상에서 차는 갈포로 만든 질은 거칠고 고운 정도가 소공복(小功服)의 상에서 차는 마로 만든 질과 동일하다. 소공복의 상에서 차는 갈포로 만든 질은 거칠고 고운 정도가 시마복(緦麻服)의 상에서 차는 마로 만든 질과 동일하다. 마로 만든 질의 거칠고 고운 정도가 동일하다면 함께 착용하고, 함께 착용할 때 중요하게 여기는 것을 착용한다면, 상대적으로 덜 중요하게 여기는 것을 바꾼다.

① 麻同則兼服之.

補註 鄭註: "此章言有上服, 旣虞・卒哭, 遭下服之差也. 唯大功有變三年旣練之服, 小功以下, 則於上皆無易焉. 此言大功之葛, 與小功之麻同, 小功之葛, 與緦之麻同, 主爲大功之殤長・中言之." 疏曰: "謂成人大功之殤, 在長・中也."

번역 정현의 주에서 말하길, "이곳에서는 앞에 발생한 상에서 우제(虞祭)와 졸곡(卒哭)을 치렀는데, 뒤에 발생한 상으로 인에 나타나는 차이를 설명하고 있다. 대공복(大功服)의 상에서만 삼년상에서 연제(練祭)를 치른 뒤의 복식을 바꾸니, 소공복(小功服) 이하의 경우라면 이전에 발생한 상에 대해서 모두 바꾸는 절차가 없다. 이곳에서 대공복의 상에서 착용하는 갈포로 만든 질(絰)은 소공복의 상에서 착용하는 마로 만든 질과 동일하며, 소공복의 상에서 착용하는 갈포로 만든 질은 시마복(緦麻服)의 상에서 착용하는 마로 만든 질과 동일하다고 했는데, 대공복의 관계에 있는 친족이 장상(長殤)이나 중상(中殤)을 한 경우를 위주로 언급한 것이다."라고 했다. 소에서 말하길, "성인(成人)이 된 후 죽었을 때 대공복을 착용해야 하는 친족이 요절을 하여 장상(長殤)이나 중상(中殤)에 해당하는 경우를 뜻한다."라고 했다.

補註 ○按: 主爲大功之殤長·中言之者, 卽服問所謂殤長·中變三年之葛者也.

번역 ○살펴보니, "대공복의 관계에 있는 친족이 장상이나 중상을 한 경우를 위주로 언급한 것이다."는 말은 『예기』「복문(服問)」편에서 "장상이나 중상을 하게 되면 삼년상에서 차고 있던 갈포로 만든 질(絰)을 그의 상에서 쓰는 것으로 바꿀 수 있다."[1]고 한 말에 해당한다.

② 服重者則易輕者.

補註 鄭註: "服重者, 謂特之也. 則者, 則男子與婦人也." 又曰: "凡下服, 虞·卒哭, 男子反其故葛帶, 婦人反其故葛絰, 其上服除, 則固自受以下服之受矣."

번역 정현의 주에서 말하길, "중요하게 여기는 것을 착용한다는 말은 그것 하나만 착용한다는 뜻이다. '즉(則)'이라고 말한 것은 남자와 부인 모두 이처럼 한다는 뜻이다."라고 했고, 또 "뒤에 발생한 상에서 우제(虞祭)와 졸곡(卒哭)을 치르면 남자는 이전에 차고 있던 갈포로 만든 요대(要帶)를 다시 차고, 부인은 이전에 차고 있던 갈포로 만든 수질(首絰)을 다시 차며, 이전의 상복을 제거하게 되면 진실로 뒤에 발생한 상복에서 바뀐 상복을 받게 된다."라고 했다.

補註 ○按: 受, 謂卒哭所受也.

번역 ○살펴보니, '수(受)'는 졸곡을 치르며 받게 되는 상복을 뜻한다.

---

1) 『예기』「복문(服問)」: 殤長中, 變三年之葛, 終殤之月筭, 而反三年之葛. 是非重麻, 爲其無卒哭之稅. 下殤則否.

補註 ○又按: 諺讀服重者下無吐, 未瑩.

번역 ○또 살펴보니, 『언독』에서는 '복중자(服重者)'라는 말 뒤에 토를 붙이지 않았는데, 분명하지 못한 해석이다.

참고-集說

①疏曰: 兼服之, 但施於男子, 不包婦人. 今言易輕者, 則是男子易於要, 婦人易於首也.

번역 소에서 말하길, 함께 착용한다는 것은 단지 남자에게만 적용되며, 여자의 경우는 포함하지 않는다. 이곳에서는 상대적으로 덜 중요하게 여기는 것을 바꾼다고 했으니, 남자의 경우에는 허리에 차고 있는 것을 바꾸고, 부인의 경우에는 머리에 차고 있는 것을 바꾼다.

① **疏曰[止]首也.**

補註 按: 此疏卽解鄭註"則者, 則男子與婦人也."之說者也. 本文兼服之上, 有"前文麻葛"四字, 首也下有"男子婦人俱得易輕, 故云則者, 則男子與婦人也"十九字.

번역 살펴보니, 이곳 소는 정현의 주에서 "'즉(則)'이라고 말한 것은 남자와 부인 모두 이처럼 한다는 뜻이다."라고 한 말을 풀이한 것이다. 본문에는 '겸복(兼服)'이라는 말 앞에 '앞 문장에서 마와 갈로 된 질'이라는 4글자가 더 기록되어 있고, '수야(首也)'라는 말 뒤에 "남자와 부인 모두 상대적으로 덜 중요하게 여기는 것을 바꿀 수 있다. 그렇기 때문에 '즉(則)'이라고 말한 것은 남자와 부인 모두 이처럼 한다는 뜻이라고 말한 것이다."라는 19글자가 더 기록되어 있다.

참고-大全

①張子曰: 兼服之服重者, 則易輕者, 若②斬衰旣練, 齊衰旣卒哭, 則首帶皆葛, 又有大功新喪之麻, 則③與齊衰之首絰, 麻葛兩施之. 兼服之名得諸此, 蓋旣④不敢易斬衰之輕, 以斬葛大於大功之麻也. 又不敢易齊首之重, 輕者方敢易去, 則重者固當存, 故麻葛之絰兩施於首. 若大功旣葬, 則服齊首之葛, 不服大功之葛, 所謂兼服之服重者, 則變輕者, 正謂此爾. 若齊衰未葛, 則大功之麻, 亦止於當免, 則絰之而已. 如此則喪變雖多, 一用此制, 而前後禮大不相乖戾.

번역 장자가 말하길, 함께 착용할 때 중요하게 여기는 것을 착용한다면 상대적으로 덜 중요하게 여기는 것을 바꾼다고 했는데, 만약 참최복(斬衰服)의 상에서 연제(練祭)를 치르고 자최복(齊衰服)의 상에서 졸곡(卒哭)을 마쳤다면, 수질(首絰)과 요대(要帶)는 모두 갈포로 된 것을 차는데, 재차 이제 막 발생한 대공복(大功服)의 마(麻)로 만든 질을 차게 된다면, 자최복에 차는 수질과 함께 마와 갈포로 된 질(絰) 둘 모두 착용한다. 함께 착용한다는 말을 이러한 상황에서 쓸 수 있는 것은 상례 자체에서는 감히 참최복의 복식에서 상대적으로 덜 중요하게 여기는 것을 바꿀 수 없기 때문이니, 참최복에서 착용하는 갈포로 만든 질은 대공복에서 착용하는 마로 만든 질보다도 중요하기 때문이다. 또 감히 자최복에서 중요하게 여기는 수질을 바꿀 수 없는데, 상대적으로 덜 중요하게 여기는 것이라면 바꾸거나 제거할 수 있으니, 중요하게 여기는 것은 진실로 남겨두어야만 한다. 그렇기 때문에 마와 갈포로 만든 질(絰) 둘 모두 머리에 착용하게 된다. 만약 대공복(大功服)의 상에서 장례를 마쳤다면 자최복에 착용하는 갈포로 만든 수질을 차며, 대공복에 착용하는 갈포로 만든 수질을 착용하지 않으니, 이른바 "함께 착용할 때 중요하게 여기는 것을 착용한다면 상대적으로 덜 중요하게 여기는 것을 바꾼다."는 말이 바로 이러한 뜻을 나타낼 따름이다. 만약 자최복의 상에서 아직 갈포로 만든 질로 바꾸지 않았다면 대공복에 착용하는 마로 만든 질은 또한 문(免)을 하는 시기가 되어야만 질을 차게 될 따름이다. 이와 같다면 상례의 변수가 비록 다양하더라도 동일하게 이러한 제도에 따라서 이전과 이후에 발상한 상례에 대해 크게 어긋나지 않게 된다.

① **張子曰.**

補註 按, 此見續通解註, 而初頭有曰, “舊註不可用, 此爲三年之喪以上而言, 故作記者, 以斬衰及大功明之.”

번역 살펴보니, 이 내용은 『속통해』의 주에 나오는데, 첫 부분에는 “옛 주는 따를 수 없으니, 이것은 삼년상 이상의 경우로 말한 것이다. 그렇기 때문에 『예기』를 기록한 자가 참최복과 대공복의 경우로 그 사실을 나타낸 것이다.” 라고 했다.

② **斬衰旣練[止]皆葛.**

補註 按: 斬衰旣練, 齊衰旣卒哭, 皆可以大功新喪之麻變之, 故合而言之, 而其實斬衰旣卒哭, 亦首帶皆葛, 至於旣練, 則首絰已除, 何可曰首帶皆葛乎? 無乃首帶皆葛一句, 只屬齊衰旣卒哭看歟.

번역 살펴보니, 참최복의 상에서 연제를 마쳤고, 자최복의 상에서 졸곡을 마쳤다면, 모두 새로 발생한 대공복의 상에 차는 마로 바꿀 수 있다. 그렇기 때문에 함께 언급한 것인데, 실제로 참최복의 상에서 졸곡을 마치게 되면 수질과 요대 모두 갈로 된 것으로 바꾸고, 연제를 마치게 되면 수질만 제거하게 되는데, 어떻게 수질과 요대를 모두 갈로 된 것으로 한다고 말할 수 있는가? 이러한 뜻이 아니라면 ‘수대개갈(首帶皆葛)’이라는 한 구문은 단지 자최복의 상에서 졸곡을 마쳤다는 것에만 해당하는 것으로 보아야 하는 것이 아니겠는가?

③ **與齊衰之首絰.**

補註 按: 上文兼言斬衰旣練, 齊衰旣卒哭, 而於此只言齊衰之首絰者, 蓋斬衰旣練, 則無首絰故也.

번역 살펴보니, 앞의 문장에서는 참최복의 상에서 연제를 마친 것과 자최복의 상에서 졸곡을 마친 것을 함께 언급했는데, 이곳에서는 단지 자최복의 수질에 대해서만 말했다. 그 이유는 참최복의 상에서 연제를 마치게 되면 수질 자체가 없기 때문이다.

④ 不敢易斬衰之輕.

補註 按: 通解註, 斬衰, 作斬帶, 是.

번역 살펴보니, 『통해』의 주에서는 '참최(斬衰)'를 참대(斬帶)라고 기록했는데, 이 기록이 옳다.

補註 ○按: 張子之意, 似以麻葛竝服於首, 爲兼服之之義, 以大功旣葬, 只服齊葛, 而不服大功之葛, 爲服重者, 則易輕者之義.

번역 ○살펴보니, 장자의 의도는 아마도 마와 갈로 된 것을 모두 머리에 쓰는 것을 겸복(兼服)을 한다는 의미로 여기고, 대공복의 상에서 장례를 마치게 되면 단지 자최복의 갈로 된 것만을 착용하고 대공복의 갈로 된 것을 착용하지 않는 것이 복중(服重)이 된다면 이것은 수위가 낮은 것을 바꾼다는 뜻으로 여긴 것이다.

「삼년문(三年問)」 제38편

補註 疏曰: 鄭云, "善其問喪服年月所由."

번역 소에서 말하길, 정현은 "질문을 통해 상복을 착용하는 기간의 유래를 알게 됨을 좋게 여긴 것이다."라고 했다.

補註 ○類編曰: 當與荀子·禮論參攷.

번역 ○『유편』에서 말하길, 『순자』「예론(禮論)」을 함께 참고해야만 한다.

「삼년문」 1장

참고—經文

三年之喪, 何也? 曰, "稱情而立文, 因以飾群, 別親疎貴賤之節, 而弗可損益也. 故曰, '無易之道也.' 創鉅者其日久, 痛甚者其愈遲. 三年者, 稱情而立文, 所以爲至痛極也. 斬衰, 苴杖, 居倚廬, 食粥, 寢苫, 枕塊, 所以爲至痛飾也. 三年之喪, 二十五月而畢, 哀痛未盡, 思慕未忘, 然而服以是斷之者, 豈不送死有已·①復生有節也哉?"

번역 삼년상이란 무엇인가? 대답해보자면, "정감에 따라 격식을 정하고, 그에 따라서 군중을 수식하여, 친소관계와 귀천의 등급을 구별하니, 더하거나 보탤 수 없다. 그렇기 때문에 '바꿀 수 없는 도이다.'라고 했다. 상처가 큰 자는 고통의 기간이 오래가고 아픔이 심한 자는 낫는 것이 더디다. 삼년이라는 것은 정감에 따라서 격식을 정한 것이니, 지극한 아픔을 극진히 나타내기 위해서이다. 참최복(斬衰服)을 착용하고, 저장(苴杖)[1]을 하며, 의려(倚廬)에 거처하고, 죽을 먹으며, 거적을 깔고 자고, 흙덩이를 베개로 삼으니, 지극한 아픔을 수식하기 위해서이다. 삼년상은 25개월이 지나서 끝나는데, 애통한 마음이 모두 없어지지 않았고 부모를 그리워하는 마음도 잊을 수가 없지만, 복상기간을 이로써 제한한 것은 죽은 자를 전송하는 일에 끝이 있고, 일상사로 되돌아옴에 절차가 있도록 한 것이 아니겠는가?"라고 했다.

① 復生有節.

補註 鄭註: 復生, 除喪反生者之事也.

번역 정현의 주에서 말하길, '복생(復生)'은 상을 끝내고 일상사로 되돌아오는 일을 뜻한다.

---

1) 저장(苴杖)은 부친의 상(喪)을 치를 때 사용하는 지팡이로, 대나무로 만든 지팡이를 뜻한다.

「삼년문」 2장

참고-經文

凡生天地之間者, 有血氣之屬必有知, 有知之屬莫不知愛其類. 今是大鳥獸, 則失喪其群匹, 越月踰時焉, 則必反巡. 過其故鄕, 翔回焉, 鳴號焉, 蹢躅焉, 踟蹰焉, 然後乃能去之. 小者至於燕雀, 猶有啁噍之頃焉, 然後乃能去之. 故有血氣之屬者莫知於人, 故人於其親也, ①至死不窮.

번역 계속하여 대답하길, "무릇 천지 사이에 살아가는 생명체들 중에서 혈기를 갖춘 것들은 반드시 지각이 있고, 지각이 있는 것들 중에는 자신의 부류를 친애해야 할 줄 모르는 것이 없다. 이제 저 큰 조수의 경우를 예시로 든다면, 자신의 무리 중 누군가를 잃게 되면 그 달과 계절을 넘기고서는 반드시 되돌아와 그곳을 배회한다. 옛 고향을 지날 때에는 그곳을 선회하고, 울부짖으며, 머뭇거리고, 배회하니, 그런 뒤에야 떠나가게 된다. 작은 것들 중 참새나 제비에 있어서도 오히려 잠시나마 지저귀는 시간을 가지고, 그런 뒤에야 떠나가게 된다. 그러므로 혈기를 가지고 있는 것들 중에는 사람보다 지각이 뛰어난 것이 없다. 따라서 사람은 자신의 부모에 대해서 죽을 때까지 슬픈 정감을 다하지 못한다."라고 했다.

① ○至死不窮.

補註 陽村曰: 卽終身慕父母之義.

번역 양촌이 말하길, 종신토록 부모를 사모한다는 뜻[1]에 해당한다.

---

1) 『맹자』「만장상(萬章上)」: 大孝終身慕父母. 五十而慕者, 予於大舜見之矣.

참고-集說

鳥獸知愛其類, 而不如人之①<u>能充其類</u>, 此所以天地之性人爲貴也.

번역 조수들도 자기 부류를 친애할 줄 알지만, 사람처럼 그 부류를 충만하게 친애하는 것만 못하니, 이것이 천지의 생명체들 중에서 사람이 가장 존귀한 이유이다.[2)]

① 能充其類.

補註 按: 此孟子·滕文公文, 而與上知愛其類之類, 自不同.

번역 살펴보니, 이것은 『맹자』「등문공(滕文公)」편의 기록인데,[3)] 앞에 나온 '지애기류(知愛其類)'라고 했을 때의 유(類)자와는 다르다.

---

2) 『효경』「성치장(聖治章)」: 曾子曰, 敢問聖人之德無以加於孝乎. 子曰, <u>天地之性人爲貴</u>. 人之行莫大於孝, 孝莫大於嚴父. 嚴父莫大於配天, 則周公其人也.

3) 『맹자』「등문공하(滕文公下)」: 以母則不食, 以妻則食之, 以兄之室則弗居, 以於陵則居之, 是尙爲<u>能充其類</u>也乎? 若仲子者, 蚓而後充其操者也.

「삼년문」 4장

참고-經文

將由夫脩飾之君子與? 則三年之喪, 二十五月而畢, 若駟之過隙, 然而遂之, 則是無窮也. 故先王焉爲之立中制節, 壹使足以成文理, 則①釋之矣.

번역 계속하여 대답하길, "장차 저 문식을 지극히 꾸민 군자를 따르려 하는가? 삼년상은 25개월이 되면 끝나는데, 이것은 마치 네 마리의 말이 끄는 수레가 좁은 틈새를 지나가는 것처럼 빠르지만, 그런데도 그들을 따른다면 이것은 끝이 없게 되는 것이다. 그렇기 때문에 선왕은 그를 위해서 알맞은 제도를 세우고 절도를 제정하여 모두가 예법에 따른 격식과 이치를 이루면 상복을 벗게 했던 것이다."라고 했다.

① 釋之矣.

補註 鄭註: "釋, 猶除也, 去也." 疏曰: "除去其服."

번역 정현의 주에서 말하길, "'석(釋)'자는 벗다는 뜻이며, 제거한다는 의미이다."라고 했다. 소에서 말하길, "상복을 벗는다는 뜻이다."라고 했다.

補註 ○按: 恐是斯已矣之意.

번역 ○살펴보니, 아마도 이것은 "이것으로 그만이다[斯已矣]."라는 뜻인 것 같다.

「삼년문」 5장

참고-經文

①<u>然則何以至期也</u>? 曰, "至親以期斷." 是何也? 曰, "天地則已易矣, 四時則已變矣, 其在天地之中者莫不更始焉, 以是象之也."

번역 그렇다면 어찌하여 1주기에 이르러 복식을 제거하는가? 대답해보자면, "지극히 친근한 자에 대해서는 1주기로 제한을 한다."라고 했다. 이것은 어떤 뜻인가? 대답해보자면, "1주기가 되면 천지도 이미 바뀌었고, 사계절도 이미 변화했으니, 천지 사이에 있는 것들은 다시 시작하지 않는 것이 없어서, 이로써 드러낸 것이다."라고 했다.

① ○然則何以至期也.

補註 按: 鄭註, "言三年之義如此, 則何以有降至於期也? 期者, 謂爲人後者, 及父在爲母也." 疏以鄭爲未盡經意, 而別爲之解曰, "父母本意三年, 何以至期者, 但問其一期應除之義." 愚恐此段問者之意, 蓋言三年猶若隙駟, 則至親何以至期而止也. 答以天地四時之變易曉其義, 則又問曰喪父母期年, 亦可矣, 何以三年也? 以下文由九月以下之問觀之, 其非爲專問親喪, 可知.

번역 살펴보니, 정현의 주에서는 "삼년상의 뜻이 이와 같다면 어찌하여 낮춰서 1년에만 그치는 경우가 있느냐는 뜻이다. 기년상은 남의 집안의 후계자가 된 자가 자신의 부모를 위해 상례를 치르거나 부친이 생존해 계실 때 돌아가신 모친의 상례를 치르는 경우를 뜻한다."라고 했다. 소에서는 정현의 주가 경문의 뜻을 모두 밝히지 못했다고 여겨서 별도로 풀이를 하며 "부모에 대해서는 본래 삼년상으로 치르는데 어찌하여 1년에 이르느냐고 말한 것은 단지 1주기가 되어서 마땅히 제거해야 하는 뜻을 질문한 것이다."라고 했다. 내가 생각하기에 이 단락에서 질문한 자의 뜻은 아마도 삼년이라는 기간도 마치 틈 사이로 네 마리의 말이 끄는 수레가 지나가는 것처럼 빠른데, 지극히 친근한 자에 대해서 어찌하여 1년이 지나면 그치느냐는 뜻이다. 답변에서 천지와 사계절의 변화를 통해서 그 뜻을 일러주었는데, 재차 질문하며 부모의 상을 치를 때에도 1년이면 또한 괜찮은데도 어찌하여 삼년으로 하느냐고 했다. 아래문장에서 9월 이하의 상에 대해서 질문한 것을 통해 살펴보면, 이것은 전적으로 부모의 상에 대해서만 물어본 것이 아님을 알 수 있다.

「삼년문」 6장

참고-經文

然則何以三年也? 曰, "加隆焉爾也, ①焉使倍之, 故再期也."

번역 그렇다면 어찌하여 삼년상으로 하는가? 대답해보자면, "자식이 부모에 대해 융성함을 더하기 때문이니, 배로 하기 때문에 2주기에 이른다."라고 했다.

① ○焉使倍之.

補註 鄭註: "焉, 猶然." 疏曰: "然, 猶如是."

번역 정현의 주에서 말하길, "'언(焉)'자는 연(然)자와 같다."라고 했다. 소에서 말하길, "'연(然)'자는 이와 같다는 뜻이다."라고 했다.

「삼년문」 7장

참고—經文

由九月以下, 何也? 曰, "焉使弗及也. 故三年以爲隆, 緦小功以爲殺, 期九月以爲間. 上取象於天, 下取法於地, ①中取則於人, 人之所以群居和壹之理盡矣. 故三年之喪, 人道之至文者也. 夫是之謂至隆, 是百王之所同, 古今之所壹也, ②未有知其所由來者也. 孔子曰, '子生三年, 然後免於父母之懷. 夫三年之喪, 天下之達喪也.'"

번역 9개월 이하의 상은 어떠한 뜻인가? 대답해보자면, "은정이 미치지 않기 때문이다. 그러므로 삼년상은 융성한 것이라 여기고, 시마복(緦麻服)과 소공복(小功服)의 상은 낮춘 것이라고 여기며, 기년상(期年喪)과 9개월 상은 중간으로 여긴다. 위로는 하늘에서 형상을 취하고, 아래로는 땅에서 법도를 취하며, 중간으로는 사람에게서 법칙을 취하니, 사람들이 함께 모여 살면서도 화락하고 한결같은 이치를 다하게 되는 이유이다. 그러므로 삼년상은 인도 중에서도 지극히 격식을 갖춘 것이다. 무릇 이것을 지극히 융성한 것이라고 부르는데, 이것은 모든 제왕들이 동일하게 따르던 것이며 고금에 상관없이 한결같이 따르던 것인데, 그것의 유래에 대해서 아는 자가 없다. 공자는 '자식이 태어나면 3년이 지나서야 부모의 품에서 벗어나기 때문이다. 삼년상은 천하의 통용되는 상례이다.'"라고 했다.

① ○中取則於人.

補註 疏曰: 若子生三年, 然後免於父母之懷, 故服三年. 人之一歲, 情意變改, 故服一期. 九月・五月・三月之屬, 亦逐人情而減殺, 是中取則於人.

번역 소에서 말하길, 마치 자식이 태어나서 3년이 지난 뒤에야 부모의 품에서 벗어난다는 말과 같다. 그렇기 때문에 삼년상을 치른다. 사람은 한 해가 지나면 정감과 뜻이 바뀐다. 그렇기 때문에 기년상(期年喪)을 치른다. 9개월 상・5개월 상・3개월 상의 부류 또한 사람의 정감에 따라서 경감을 시키는 것이니, 이것이 중간으로는 사람에게서 법칙을 취한 것이다.

② 未有知其所由來.

補註 鄭註: 喩此三年之喪, 前世行良久矣.

번역 정현의 주에서 말하길, 삼년상은 이전 세대부터 지속적으로 시행되었음을 비유한 것이다.

참고-大全

馬氏曰: 期之喪, 達乎大夫, 三年之喪, 達乎天子. 父母之喪, 無貴賤一也. 然而世衰道微, ①狃於習俗, 故雖宰我親受業於孔門, 猶曰三年不爲禮, 禮必壞, 三年不爲樂, 樂必崩, 鑽燧改火, 期可已矣. 雖聖人之善誘, 亦無如之何. 姑曰, 於汝安乎? 女安則爲之. 蓋人情之大不美也如此, 亦豈可以强率以從先王之制哉? 嗚呼! 常人之所行, 而宰我乃獨以爲異, 固孔子所不取. 禮之所載三年問者, 豈亦當時之人疑此爲重歟? 故曰凡天地之間, 有血氣之屬, 大至於鳥獸, 小至於燕雀, 莫不知愛其類, 又況於人乎? 其曰三年之喪, 人道之至文, 百王之所同, 古今之所一, 則爲此書者, 亦有爲而作也.

번역 마씨가 말하길, 기년상(期年喪)은 대부까지 통용되고, 삼년상은 천자까지 통용된다. 따라서 부모의 상은 귀천의 차이에 상관없이 모두 동일하게 따른다. 그런데 세상의 도가 쇠락하고 습속에 잘못 물들었기 때문에 비록 재아처럼 공자의 문하에서 직접 수업을 받은 자라 하더라도 오히려 "삼년 동안 예를 시행하지 않으면 예는 반드시 무너지게 되고 삼년 동안 음악을 연주하지 않으면 음악은 반드시 붕괴될 것이니, 불씨나무를 뚫어서 새로운 불을 취하게 되므로 1년을 하면 그칠 만합니다."라고 말한 것이다. 비록 공자처럼 잘 깨우쳐주었던 자라도 어찌할 수가 없었다. 그래서 일부러 "너에게는 편하게 여겨지느냐? 네가 편안하게 여긴다면 그렇게 하거라."라고 말한 것이다.[1] 사람의 정감이 이처럼 매우 추악한데 어찌 억지로 이끌어서 선왕의 제도를 따르게 할 수 있겠는가? 오호라! 일반인들도 따르는 것을 재아 홀로 이상하게 여겨서 공자가 자세한 설명을 하지 않았던 것인데, 『예기』에서 「삼년문」편을 수록한 것은 또한 당시 사람들이 이러한 제도가 너무 과하다고 의심해서가 아니겠는가? 그렇기 때문에 "천지 사이에 혈기를 갖춘 부류 중 크게는 새나 짐승 작게는 제비나 참새에 이르기까지 자신의 부류에 대해 친애할 줄 모르는 것이 없다."고 했으니, 하물며 사람에게 있어서는 어떻겠는가? "삼년상은 인도 중에서도 지극한 격식이며, 모든 제왕이 동일하게 따른 것이고, 고금에 상관없이 한결같이 따르던 것이다."라고 했으니, 이러한 기록을 작성한 것 또한 이러한 이유로 인해 기록했던 것이다.

① **狃於習俗.**

補註 按: 狃, 舊本作組, 新本作紐, 皆誤.

번역 살펴보니, '뉴(狃)'자를 『구본』에서는 조(組)자로 기록했고, 『신본』에서는 뉴(紐)자로 기록했는데, 모두 잘못된 기록이다.

---

1) 『논어』「양화(陽貨)」: 宰我問, "三年之喪, 期已久矣. 君子三年不爲禮, 禮必壞, 三年不爲樂, 樂必崩. 舊穀既沒, 新穀既升, 鑽燧改火, 期可已矣." 子曰, "食夫稻, 衣夫錦, 於女安乎?" 曰, "安." "女安則爲之! 夫君子之居喪, 食旨不甘, 聞樂不樂, 居處不安, 故不爲也. 今女安則爲之!" 宰我出. 子曰, "予之不仁也! 子生三年, 然後免於父母之懷. 夫三年之喪, 天下之通喪也, 予也有三年之愛於其父母乎!"

「심의(深衣)」 제39편

「심의」 1장

참고-集說

朝服·祭服·喪服, 皆衣與裳殊, 惟深衣不殊, 則其被於體也. 深邃, 故名深衣. 制同而名異者有四焉. 純之以采曰深衣, 純之以素曰長衣, 純之以布曰麻衣, 著在朝服祭服之內曰中衣. 但大夫以上助祭用冕服, 自祭用爵弁服, 則以素爲中衣. 士祭用朝服, 則以布爲中衣也. 皆謂天子之大夫與士也. 喪服亦用中衣. 檀弓云, "練衣, 黃裏縓緣", 是也, 但不得①繼揜尺耳.

번역 조복·제복·상복은 모두 상의와 하의가 달랐는데, 오직 심의(深衣)만은 차이가 없었으니, 몸을 가리는 것이다. 조금의 틈도 없이 깊이 감싸기 때문에 '심의(深衣)'라고 부른다. 옷을 만드는 방법은 동일하지만 명칭이 다른 것은 네 가지이다. 채색된 천으로 가선을 달면 '심의(深衣)'라고 부르며, 흰색의 천으로 가선을 달면 '장의(長衣)'라고 부르고, 포(布)로 가선을 달면 '마의(麻衣)'라고 부르며, 조복이나 제복 안에 착용하게 되면 '중의(中衣)'라고 부른다. 다만 대부 이상의 계급이 제사를 돕게 되면 면복(冕服)을 착용하고, 자신이 제사를 지내게 되면 작변복(爵弁服)을 착용하니, 흰색의 천으로 중의를 만들게 된다. 사는 제사를 지낼 때 조복을 착용하니, 포로 중의를 만들게 된다. 이 모두는 천자에게 소속된 대부와 사를 뜻한다. 상복에도 또한 중의를 착용한다. 『예기』「단궁(檀弓)」편에서 "연의(練衣)를 착용하니, 연의는 황색의 옷감으로 중의의 속단을 대고, 옅은 홍색의 옷감으로 옷깃과 소매의 끝단을 댄 것이다."[1]라고 한 말이 이러한 사실을 나타내지만, 소매를 덧대어 1척(尺)을 가리지는 않을 따름이다.

---

1) 『예기』「단궁상(檀弓上)」: 練, 練衣, 黃裏, 縓緣.

① 繼揜尺.

補註 玉藻: 長中繼揜尺.
번역 『예기』「옥조(玉藻)」편에서 말하길, 장의(長衣)와 중의(中衣)는 소매의 끝부분에 천을 덧대길 1척(尺) 정도 한다.[2)]

참고-集說

①<u>要縫七尺二寸</u>, 是比下齊之一丈四尺四寸爲半之也. 玉藻云, "縫齊倍要", 是也.

번역 허리부분을 봉합한 것은 7척(尺) 2촌(寸)인데, 이것은 하의의 끝부분의 길이인 1장(丈) 4척 4촌과 비교를 해보면 절반이 된다. 「옥조(玉藻)」편에서 "끝부분을 재봉한 것은 허리부분의 너비보다 2배로 한다."[3)]라고 한 말이 이러한 사실을 나타낸다.

① 要縫七尺二寸.

補註 按: 此詳見玉藻"深衣三袪, 縫齊倍要"章註, 可參考.
번역 살펴보니, 이것에 대해서는 「옥조」편의 "심의(深衣)를 만들 때에는 그 허리부분의 둘레를 소매의 끝단 너비의 3배로 만들며, 끝부분을 재봉한 것은 허리부분의 너비보다 2배로 한다."[4)]라고 한 장의 주에 자세히 나오므로, 참고해야만 한다.

---

2) 『예기』「옥조(玉藻)」: <u>長中繼掩尺</u>, 袷二寸, 袪尺二寸, 緣廣寸半.
3) 『예기』「옥조(玉藻)」: 深衣三袪, <u>縫齊倍要</u>, 衽當旁, 袂可以回肘.
4) 『예기』「옥조(玉藻)」: <u>深衣三袪, 縫齊倍要</u>, 衽當旁, 袂可以回肘.

「심의」 2장

참고-集說

劉氏曰: 袼, 袖與衣接, 當腋下縫合處也. 運, 回轉也. 玉藻云, "袂可以回肘", 是也. 肘, 臂中曲節. 袂, 袖也. 袼之高下與衣身齊二尺二寸, 古者布幅亦二尺二寸. 而深衣裁身用布八尺八寸, 中屈而四疊之, 則正方. 袖本齊之, 而①漸圓殺以至袪, 則廣一尺二寸, 故下文云袂圓應規也. ②衣四幅而要縫七尺二寸, 又除負繩之縫, 與領旁之屈積各寸, 則兩腋之餘, 前後各三寸許, 續以二尺二寸幅之袖, 則二尺有五寸也. 然周尺二尺五寸, 不滿今舊尺二尺, 僅足齊手, ③無餘可反屈也. 曰反及反肘, 則接袖初不以一幅爲拘矣. 凡經言短毋見膚, 長毋被土, 及袼可運肘, 袂反及肘, 皆以人身爲度, 而不言尺寸者, 良以尺度布幅有古今之異, 而人身亦有大小長短之殊故也. 朱子云, "度用指尺, 中指中節爲寸, 則各自與身相稱矣." 玉藻, "朝祭服之帶, ④三分帶下, 紳居二焉", 而④紳長制, 士三尺, 則帶下四尺五寸矣. 深衣之帶, 下不可厭髀骨, 上不可當脅骨, 惟當其間無骨之處, 則少近下也. 然此不言帶之制. 玉藻云, "士練帶率下辟"等, 皆言朝祭服之帶也. 朱子深衣帶, 蓋亦彷彿玉藻之文, 但禪複異耳.

번역 유씨가 말하길, '각(袼)'은 소매가 상의와 연결되는 부분으로, 겨드랑이 밑의 봉합된 부분에 해당한다. '운(運)'자는 돌린다는 뜻이다. 『예기』「옥조(玉藻)」편에서 "소매부분은 팔을 그 안에서 돌릴 수 있도록 넓게 만든다."[1]라고 한 말이 이것을 가리킨다. '주(肘)'자는 팔 중 굽힐 수 있는 관절을 뜻한다. '몌(袂)'자는 소매[袖]를 뜻한다. 각(袼)의 폭은 상의와 맞춰서 2척(尺) 2촌(寸)으로 하는데, 고대에 사용되었던 포(布)의 폭 또한 2척 2촌이었다. 심의(深衣) 자체를 마름질할 때 8척 8촌의

1) 『예기』「옥조(玉藻)」: 深衣三袪, 縫齊倍要, 衽當旁, 袂可以回肘.

포를 사용하는데, 가운데를 접고 네 번 겹치면 정사각형이 된다. 소매는 본래 그것과 맞추는데 점진적으로 원형으로 만들며 좁게 해서 소매의 입구 쪽에 이르게 되면 그 너비는 1척 2촌이 된다. 그렇기 때문에 아래문장에서 "소매의 원형은 둥근 자에 맞는다."라고 했다. 상의는 4폭인데 허리의 봉합된 부분은 7척 2촌이고, 또 등 쪽의 중심선을 봉합한 것을 제외하고, 옷깃 측면의 접은 부분과 각각 1촌이 되니, 양쪽 겨드랑이 부분에는 앞뒤로 각각 3촌 정도가 되며, 2척 2촌의 폭을 가진 소매를 연결한다면, 2척 5촌이 된다. 그러나 주나라 때의 척도로 2척 5촌은 오늘날 구척으로 사용하는 2척을 채우지 못하여, 겨우 손의 길이에만 맞출 수 있으며, 반대로 접을 수 있는 남은 부분이 없게 된다. "반대로 접어서 팔꿈치에 이른다."라고 했으니, 소매를 붙일 때 애초부터 1폭을 접을 수 없다. 경문에서는 "옷의 길이가 짧더라도 피부를 드러내는 일이 없었고 길더라도 땅에 닿는 일이 없었다."라고 했고, "각(袼)은 팔꿈치를 돌릴 수 있고, 몌(袂)는 반대로 접어서 팔꿈치에 이른다."라고 했는데, 이 모두는 사람의 몸을 기준으로 치수를 정한 것이며, 구체적인 치수를 언급하지 않았다. 그 이유는 척도와 포의 폭에는 고금의 차이가 있고, 사람의 신체에도 크고 작음 또 길고 짧은 차이가 있기 때문이다. 주자는 "치수는 손가락을 기준으로 하니, 중지의 가운데 마디가 1촌(寸)이 되므로, 각각 그 몸과 서로 맞추게 된다."라고 했다. 「옥조」편에서는 "조복(朝服)과 제복(祭服)의 허리띠는 그 아래의 길이를 3등분하면, 신(紳)은 그 중에서도 2만큼의 길이를 차지한다."라고 했고, "허리띠의 늘어트리는 부분인 신(紳)의 길이에 대한 제도는 사는 3척이다."라고 했으니, 허리띠의 아래 길이는 4척 5촌이 된다. 심의에 차는 허리띠는 아래로 넓적다리뼈에 닿을 수 없고 위로는 겨드랑이의 뼈에 닿을 수 없으니, 오직 뼈가 만져지지 않는 그 사이에 와야 해서, 조금 밑으로 내려가게 된다. 그러나 이것은 대(帶)의 제도를 언급한 것이 아니다. 「옥조」편에서 "사의 허리띠는 명주를 이용해서 만드는데, 홑겹으로 만들어서 양쪽 끝부분을 꿰매며, 늘어뜨리는 끈에만 가선을 두른다."[2]라고 한 말 등은 모두 조복과 제복에 차는 허리띠를 뜻한다. 주자는 심의에 착용하는 대(帶)가 「옥조」편의 기록과 같았을 것이며, 단지 홑겹이냐 겹으로 하느냐의 차이가 있을 따름이라고 했다.

① ○漸圜殺以至袪.

補註 按: 袪, 袖口也.

번역 살펴보니, '거(袪)'는 소맷부리를 뜻한다.

---

2) 『예기』「옥조(玉藻)」: 士練帶, 率下辟.

② 衣四幅[止]各三寸許.

補註 按: 衣四幅, 每幅廣二尺二寸, 則其圍當爲八尺八寸, 而要縫乃七尺二寸, 則所餘一尺六寸, 又除背之負繩左右各一寸, 領旁屈積左右各一寸, 則所餘爲一尺二寸, 分之則爲四箇三寸, 恰爲兩腋之餘, 前後各三寸許也. 然此與家禮違異.

번역 살펴보니, 상의는 4폭이라고 했는데, 매 폭은 그 너비가 2척 2촌이 되니, 그 둘레는 마땅히 8척 8촌이 되어야 하는데, 허리의 봉합된 부분은 7척 2촌이라고 했다면, 나머지는 1척 6촌이 되고, 또 등 쪽의 중심선은 좌우로 각각 1촌이 되고, 옷깃 측면의 접은 부분이 좌우로 각각 1촌이 되니 이것을 제외하면, 그 나머지는 1척 2촌이 되고, 이것을 나누면 3촌짜리가 4개가 되는데, 양쪽 겨드랑이 부분에서 앞뒤로 각각 3촌 정도가 있게 되는 것에 맞는다. 그러나 이것은 『가례』의 기록과는 어긋난다.

③ 無餘可反屈也.

補註 按: 此註恐不然. 袂之長短反屈及肘云者, 似謂袂長恰與手齊, 故反屈之, 則其屈處正當於肘也, 非謂齊手之外, 又有餘長可反屈及肘也.

번역 살펴보니, 이곳 주의 설명은 아마도 잘못된 것 같다. 경문에서 '메지장단반굴급주(袂之長短反屈及肘)'라고 한 것은 아마도 소매의 길이는 손과 맞추기 때문에 반대로 접게 되면 접히는 부분은 팔꿈치 쪽이 된다는 뜻으로, 손의 길이에 맞춘 것 외에 재차 나머지 길이를 반대로 접어서 팔꿈치까지 온다는 뜻이 아니다.

④ 三分帶下紳居二焉[又]紳長制士三尺.

補註 竝玉藻文.

번역 둘 모두 『예기』「옥조(玉藻)」편의 기록이다.[3)]

---

3) 『예기』「옥조(玉藻)」: 幷紐約用組三寸, 長齊于帶. 紳長制, 士三尺, 有司二尺有五寸. 子游曰: "參分帶下, 紳居二焉." 紳·韠·結, 三齊.

참고-大全

嚴陵方氏曰: 袂長短詘之及肘, ①玉藻所謂袂尺二寸是矣. ②袷也, 袪也, 皆衣之名也. 在胳者, 則謂之袼, 在胠者, 則謂之袪, 在末者, 則謂之袂. 帶下毋厭髀, 上毋厭脅, 若是則是當腹間矣. 深衣, 燕服也, 故欲緩急之適如此.

번역 엄릉방씨가 말하길, "소매의 길이는 반대로 접어서 팔꿈치까지 와야 한다."라고 했는데, 『예기』「옥조(玉藻)」편에서 "소매의 통은 1척(尺) 2촌(寸)으로 한다."[4] 라고 한 말에 해당한다. '겁(袷)'이라는 것과 '거(袪)'라는 것은 모두 옷의 한 부분을 뜻하는 명칭이다. 겨드랑이 위쪽에 해당하는 것은 '각(袼)'이라 부르고, 겨드랑이 쪽에 해당하는 것은 '거(袪)'라고 부르며, 끝부분에 있는 것은 '몌(袂)'라고 부른다. "허리띠는 밑으로는 넓적다리 뼈에 닿을 수 없고, 위로는 겨드랑이 뼈에 닿을 수 없다."라고 했는데, 이와 같다면 배의 중간 부분에 와야 한다. '심의(深衣)'는 연복(燕服)[5]을 뜻한다. 그렇기 때문에 넓게 하거나 끼게 하는 것을 이처럼 적당하게 만들고자 한 것이다.

① 玉藻所謂袪尺二寸.

補註 按: 玉藻此語, 似不干於袂長短反屈及肘之說. 方說未曉.

번역 살펴보니, 「옥조」편의 이 말은 아마도 '몌장단반굴급주(袂長短反屈及肘)'라는 말과는 관련이 없는 것 같다. 따라서 방씨의 주장은 이해할 수 없다.

② 袷也袪也.

補註 袷, 當作袼. 呂氏說三袷同.

번역 '겁(袷)'자는 마땅히 각(袼)자로 기록해야 한다. 여씨가 말한 '삼겁(三袷)'에서의 겁자도 이와 같다.

---

4) 『예기』「옥조(玉藻)」: 長中繼掩尺, 袷二寸, 袪尺二寸, 緣廣寸半.

5) 연복(燕服)은 평상시 한가하게 거처할 때 착용하는 복장을 뜻한다. 또한 연회를 할 때 착용하는 복장을 뜻하기도 한다.

「심의」 3장

참고-經文

①制十有二幅, 以應十有二月, 袂圜以應規, 曲袷如矩以應方, 負繩及踝以應直, 下齊如權衡以應平.

번역 12폭의 천을 재단하여 12개월에 맞추고, 소매는 둥글게 하여 둥근 자에 맞추며, 굽어 있는 옷깃은 곱자처럼 되어 사각형에 맞추고, 등 쪽의 봉합된 부분은 발꿈치까지 직선으로 이어져 먹줄과 같은 직선에 맞추며, 하단부의 봉합된 부분은 저울추와 저울대처럼 하여 평형에 맞춘다.

① 制十有二幅.

補註 鄭註: "裳六幅, 幅分之, 以爲上下之殺." 疏曰: "其幅有六, 每幅交解爲二, 是十二幅也."

번역 정현의 주에서 말하길, "하의는 6폭으로 만드는데, 폭을 나눠서 상하의 줄임으로 삼는다."라고 했다. 소에서 말하길, "폭은 6인데, 매 폭마다 교차하여 갈라서 둘로 만드니 12폭이 된다."라고 했다.

補註 ○楊梧曰: 舊說裳之六幅, 每幅分爲二, 近云謂衣六幅, 裳六幅, 是爲十二. 夫裳以六幅布裁爲十二, 不可言十二幅. 又但言裳之幅, 不言衣之幅, 尤不可. 衣裳各六幅, 象十二月之六陰·六陽也, 可從.

번역 ○양오가 말하길, 옛 학설에서는 하의의 6폭을 매 폭마다 둘로 가른다고 했고, 근래에는 상의의 6폭과 하의의 6폭을 합친 것이 12폭이다. 하의의 6폭에 해당하는 포를 갈라서 12개로 만든다면 이것을 12폭이라고 부를 수 없다. 또 단지 하의의 폭만 말하고 상의의 폭을 말하지 않았다는 것은 더욱 불가한 일이다. 따라서 상의와 하의가 각각 6폭이고, 이것은 12개월의 6육음과 6양을 상징한다고 하니, 이것은 따를 수 있는 주장이다.

補註 ○按: 楊說與白雲朱氏說同, 但家禮深衣之制, 衣身與袂共用布四幅, 非六幅也. 旣有朱子定制, 不當容異議也. 朱氏說, 見家禮輯覽.

번역 ○살펴보니, 양씨의 주장은 백운주씨의 주장과 동일하다. 다만 『가례』에 나온 심의의 제도에 있어서 상의의 몸통과 소매는 모두 4폭의 포를 사용하게 되니 6폭이 아니다. 이에 대해서는 이미 주자가 정한 제도가 있으므로 다른 이론을 용납해서는 안 된다. 주씨의 주장은 『가례집람』에 나온다.

참고-集說

袷, 交領也. 衣領旣交, 自有如矩之象. 踝, 足跟也. 衣之背縫, 及裳之中縫, 上下相接如繩之直, 故云負繩也. ①下齊, 裳末緝處也, 欲其齊如衡之平.

번역 '겁(袷)'자는 교차하는 옷깃을 뜻한다. 상의의 옷깃이 이미 교차하고 있으니, 그 자체에 곱자와 같은 형상이 있다. '과(踝)'자는 발꿈치를 뜻한다. 상의의 등 쪽에 있는 봉합부분이 하의의 가운데 있는 봉합부분에 이르기까지 위아래가 서로 붙어서 먹줄의 곧음과 같다. 그렇기 때문에 '부승(負繩)'이라고 했다. '하자(下齊)'는 하의의 끝부분을 꿰맨 곳이니, 저울대가 평형을 이루는 것처럼 가지런히 만들고자 한 것이다.

① 下齊裳末緝處.

補註 末, 今本誤作未.

번역 '말(末)'자를 『금본』에서는 미(未)자로 잘못 기록했다.

「심의」 4장

참고—經文

故規者, 行擧手以爲容. 負繩抱方者, 以直其政, 方其義也. 故易曰, "坤六二之動, 直以方也." 下齊如權衡者, 以安志而平心也. ①五法已施, 故聖人服之. 故規矩取其無私, 繩取其直, 權衡取其平, 故先王貴之. 故可以爲文, 可以爲武, 可以擯相, 可以治軍旅, 完且弗費, 善衣之次也.

번역 그러므로 둥근 자에 맞춘 것은 행동을 할 때 손을 들어서 예법에 따른 행동거지를 나타내게끔 한 것이다. 부승(負繩)과 곱자에 맞춘 옷깃은 이를 통해 정치를 곧게 하고 의리를 반듯하게 하고자 해서이다. 그래서 『역』에서는 "곤괘 육이의 움직임은 곧아서 방정하다."[1]라고 했다. 하단의 봉합된 부분을 저울추와 저울대에 맞추는 것은 이를 통해 마음을 편안하게 하고 뜻을 고르게 하기 위해서이다. 다섯 가지 법도가 이미 적용되었기 때문에 성인이 이 복장을 착용하는 것이다. 그래서 둥근 자와 곱자에 맞추는 것은 삿됨이 없다는 뜻을 취한 것이고, 먹줄에 맞추는 것은 곧다는 뜻을 취한 것이며, 저울추와 저울대에 맞추는 것은 평평하다는 뜻을 취한 것이다. 그렇기 때문에 선왕이 이 복장을 귀하게 여겼다. 그러므로 이 복장은 문(文)이 될 수 있고 무(武)도 될 수 있어서, 예법의 진행을 도울 수 있고 군대를 다스릴 수 있으니, 완비되었으며 또 낭비를 하지 않아서, 조복(朝服)과 제복(祭服) 다음으로 중요한 복장으로 여겼다.

① 五法已施.

補註 按: 五法, 卽上文應十二月・應規・應方・應直・應平也.

번역 살펴보니, '오법(五法)'은 앞 문장에서 12개월에 맞추고, 둥근 자에 맞추며, 사각형에 맞추고, 직선에 맞추며, 평형에 맞춘다고 한 것에 해당한다.[2]

---

1) 『역』「곤괘(坤卦)」: 象曰, 六二之動, 直以方也, "不習无不利", 地道光也.

2) 『예기』「심의」: 制十有二幅, 以應十有二月, 袂圜以應規, 曲袷如矩以應方, 負繩及踝以應直, 下齊如權衡以應平.

「심의」 5장

참고-經文

①具父母·大父母衣純以繢. ②具父母衣純以青. 如孤子, 衣純以素. ③純袂緣·純邊, ④廣各寸半.

번역 부모와 조부모가 모두 생존해 계시다면 옷에 무늬를 그린 것으로 가선을 댄다. 부모만 생존해 계시다면 옷에 청색으로 가선을 댄다. 부친이 이미 돌아가신 자라면 옷에 흰색으로 가선을 댄다. 소매의 입구에 가선을 두르고 앞자락의 측면과 밑에 가선을 두르는데, 그 너비는 각각 1.5촌(寸)으로 한다.

① ○具父母[止]以繢.

補註 疏曰: 具父母, 父母俱在也. 大父母, 亦然. 若其不具, 一在一亡, 不必純以繢也.

번역 소에서 말하길, '구부모(具父母)'는 부모가 모두 생존해 계신 것을 뜻한다. '대부모(大父母)' 또한 조부모 모두 생존해 계신 것을 뜻한다. 만약 모두 생존해 계시지 않아서, 부친이나 모친 중 어느 한쪽만 생존해 계시고 어느 한쪽이 이미 돌아가신 상태라면, 반드시 채색된 것으로 가선을 댈 필요는 없다.

補註 ○語類曰: 繢者, 可以青純畫雲. 雲字, 見沈存中筆談.

번역 ○『어류』에서 말하길, '궤(繢)'라는 것은 청색의 가선에 구름을 그릴 수 있는 것을 뜻한다. '운(雲)'자는 심괄의 『필담』에 나온다.

② 具父母衣純以青.

補註 疏曰: 若父母無, 唯祖父母在, 亦當純以青.

번역 소에서 말하길, 만약 부모가 돌아가셨고 오직 조부모만 생존해 계신 경우라면, 또한 마땅히 청색으로 가선을 대야 한다.

補註 ○語類曰: 偏親旣無明文, 亦當用青.
번역 ○『어류』에서 말하길, 한 부모만 생존해 계신 경우에는 경문에 기록이 없지만, 이러한 경우에도 마땅히 청색의 가선을 대야 한다.

③ 純袂緣純邊.

補註 鄭註: "純, 緣之也. 緣袂, 謂其口也. [釋經文純袂.] 緣, 緆也. [釋經文緣字.] 緣邊, 衣裳之側. [釋經文純邊.]" 疏曰: "解經緣字, 讀爲緆者, 謂深衣下畔也. 故旣夕禮云, '明衣縓綼緆', 鄭註, '在幅曰綼, 在下曰緆.'"
번역 정현의 주에서 말하길, "'순(純)'자는 가선을 댄다는 뜻이다. 소매에 가선을 두른다는 말은 소매의 입구를 뜻한다. [경문에 나온 순메(純袂)를 풀이한 말이다.] '연(緣)'자는 하의의 아랫단을 뜻한다. [경문에 나온 연(緣)자를 풀이한 말이다.] 변두리에 가선을 두른다는 것은 하의의 측면을 뜻한다. [경문에 나온 순변(純邊)을 풀이한 말이다.]"라고 했다. 소에서 말하길, "경문의 연(緣)자를 석(緆)자로 풀이한다고 했는데, 심의의 하단에 다는 가선을 뜻한다. 그렇기 때문에 『의례』「기석례(旣夕禮)」편에서는 '명의(明衣)[1]는 하의의 장식과 아랫단을 분홍색으로 한다.'[2]라고 했고, 정현의 주에서는 '치마의 폭에 있는 장식을 벽(綼)이라 부르며, 아랫단을 석(緆)이라 부른다.'라고 한 것이다."라고 했다.

補註 ○按: 以此觀之, 此謂袂也·緣也·邊也, 皆純之也. 本註呂氏所謂三事者, 是. 陳註以袂緣作一事者, 非是.
번역 ○살펴보니, 이를 통해 보면 이 말은 메(袂)라는 것과 연(緣)이라는 것

---

1) 명의(明衣)는 가장 안쪽에 입는 내의를 뜻한다. 재계를 할 때 목욕을 한 이후에 명의를 착용하며, 시신에 대한 염습(殮襲)을 할 때에도 시신을 닦은 이후 명의를 입혔다.

2) 『의례』「기석례(旣夕禮)」: 縓綼緆.

과 변(邊)이라는 것에 대해 모두 가선을 댄다는 뜻이다. 본주에서 여씨가 '삼사(三事)'라고 말한 것은 옳다. 그런데 진호의 주에서 메연(袂緣)을 하나의 사안으로 여긴 것은 잘못된 설명이다.

참고-集說 呂氏曰: 三十以下無父者, 可以稱孤. 若三十之上有爲人父之道, 不言孤也. 純袂, 緣, 純邊, 三事也. 謂袂口裳下衣裳邊皆純也. 亦見旣夕禮.

번역 여씨가 말하길, 30세 이하의 사람 중 부친이 없는 자는 고아[孤]라고 부를 수 있다. 만약 30세 이상이라면 부친이 되는 도리를 포함하고 있으니, 고아라고 부를 수 없다. '순메(純袂)'·'연(緣)'·'순변(純邊)'은 세 가지 사안을 뜻한다. 즉 소매의 입구, 하의의 아래, 하의의 측면에는 모두 가선을 댄다. 이러한 사실은 『의례』「기석례(旣夕禮)」편에도 나온다.

補註 ○綼, 音卑, 緆, 音昔.

번역 ○'綼'자의 음은 卑(비)이고, '緆'자의 음은 昔(석)이다.

④ 廣各寸半.

補註 鄭註: 廣寸半者, 表裏共三寸矣. 唯袷廣二寸.

번역 정현의 주에서 말하길, 그 너비가 각각 1.5촌(寸)이라면, 겉감과 안감을 합치면 3촌이 된다. 오직 옷깃에 대는 것만 그 너비가 2촌이다.

補註 ○按: 袷廣二寸, 卽家禮所謂領表裏各二寸者也.

번역 ○살펴보니, 옷깃에 대는 것의 너비가 2촌이라고 했는데, 이것은 『가례』에서 이른바 옷깃의 겉과 안은 각각 2촌이라고 한 말에 해당한다.

「투호(投壺)」 제40편

補註 通解目錄曰: 記主人與客燕飮投壺之禮, 鄭以爲實曲禮之正篇, 其事與射爲類.

번역 『통해』「목록」에서 말하길, 주인과 빈객이 연회를 하며 투호를 하는 예법을 기록하고 있는데, 정현은 실제로 『곡례』의 정편에 해당한다고 여겼다. 그 이유는 그 사안이 활쏘기와 같은 부류가 되기 때문이다.

補註 ○按: 此篇通解分爲七節.

번역 ○살펴보니, 「투호」편을 『통해』에서는 7절로 분절하였다.

「투호」 1장

참고-經文

投壺之禮, ①主人奉矢, ②司射奉中, ③使人執壺. 主人請曰, "④某有枉矢哨壺, 請以樂賓." 賓曰, "子有旨酒嘉肴, ⑤某旣賜矣, 又重以樂, 敢辭." 主人曰, "枉矢哨壺, 不足辭也, 敢固以請." 賓曰, "某旣賜矣, 又重以樂, 敢固辭." 主人曰, "枉矢哨壺, 不足辭也, 敢固以請." 賓曰, "某固辭不得命, 敢不敬從?"

번역 투호의 예법에서는 주인이 화살을 들고, 본래 활쏘기의 진행을 돕는 사사(司射)가 채점 기구를 들며, 사람을 시켜서 병을 잡게 한다. 주인이 빈객에게 청하며, "저에게 구부러진 나무로 만든 볼품없는 화살과 주둥이가 휘어진 볼품없는 병이 있는데, 청컨대 이것으로 그대를 즐겁게 해드리고자 합니다."라고 말한다. 빈객은 "그대께서는 맛있는 술과 안주를 차려주셔서 제가 이미 대접을 받았는데 재차 즐겁게도 해주신다고 하니, 감히 사양하고자 합니다."라고 한다. 그러면 주인은 "볼품없는 화살과 병이라 사양할 것이 못되니, 감히 간곡히 청하고자 합니다."라고 말한다. 빈객은 "저는 이미 대접을 받았는데 재차 즐겁게도 해주신다고 하니, 감히 간곡히 사양하고자 합니다."라고 한다. 그러면 주인은 "볼품없는 화살과 병이라 사양할 것이 못되니, 감히 간곡히 청하고자 합니다."라고 한다. 빈객은 "제가 간곡히 사양을 했음에도 허락을 해주시지 않으니, 감히 공경스럽게 그대의 청을 따르지 않을 수 있겠습니까?"라고 한다.

① 主人奉矢.

補註 疏曰: 於阼階上西面.

번역 소에서 말하길, 동쪽 계단 위에서 서쪽을 바라본다.

② 司射奉中.

補註 疏曰: 於西階上北面.

번역 소에서 말하길, 서쪽 계단 위에서 북쪽을 바라본다.

③ 使人執壺.

補註 疏曰: 於司射之西而北面也. 所以皆在西階者, 欲就賓處也.
번역 소에서 말하길, 사사의 서쪽에서 북쪽을 바라본다. 둘 모두 서쪽 계단에 있게 되는 것은 빈객이 있는 곳으로 나아가게끔 하기 위해서이다.

④ 某有枉矢哨壺.

補註 疏曰: 主人謙遜之辭.
번역 소에서 말하길, 주인이 겸손의 뜻으로 한 말이다.

⑤ 某旣賜[止]敢辭.

補註 疏曰: 賓稱主人設酒肴以待己, 是某旣受主人之賜矣. 主人又請投壺樂己, 是重以樂也.
번역 소에서 말하길, 빈객이 주인이 술과 안주를 차려서 자신을 대접해준 것을 말한 것이니, 본인이 이미 주인이 베풀어준 것을 받았다는 뜻이다. 주인이 재차 투호를 하여 자신을 즐겁게 만들고자 청하니, 이것이 거듭하여 즐겁게 한다는 뜻이다.

補註 ○按: 以樂之樂, 卽上樂賓之樂. 通解竝音洛, 今註音岳者, 非.
번역 ○살펴보니, '以樂'의 樂자는 앞에서 '樂賓'이라고 했을 때의 樂자에 해당한다. 『통해』에서는 둘 모두에 대해 그 음이 '洛(락)'이라고 했는데, 현재의 주에서는 그 음이 '岳(악)'이라고 했으니 잘못된 설명이다.

「투호」 2장

참고-經文

①賓再拜受, 主人般還曰, "辟." 主人阼階上拜送, 賓般還曰, "辟."

번역 빈객이 두 번 절하고 화살을 받으려고 하면, 주인은 몸을 뒤로 물리고 옆으로 돌려서, "그러한 예우를 피하고자 합니다."라고 말한다. 주인이 동쪽 계단 위에서 절하여 화살을 전하려고 하면, 빈객은 몸을 뒤로 물리고 옆으로 돌려서, "그러한 예우를 피하고자 합니다."라고 말한다.

① ○賓再拜[止]曰辟.

補註 疏曰: 賓再拜受者, 賓既許主人投壺, 乃於西階上北面再拜, 遙受矢也. 主人般還曰辟者, 主人見賓之拜, 般曲折還, 謂賓曰辟而不敢受. 言此者, 欲止賓之拜也. 於是賓主各就兩楹間, 俱南面, 主人在東, 授矢與賓. 主人阼階上拜送者, 主人既授矢, 歸還阼階上, 北面拜送矢也. 賓般還曰辟者, 與主人義同. 知皆北面者, 鄉飲·鄉射拜受爵·送爵皆北面, 故知亦當北面也.

번역 소에서 말하길, 빈객이 두 번 절하고 받는다고 했는데, 빈객은 이미 주인이 투호를 하자는 요청에 허락을 했으니, 빈객은 곧 서쪽 계단 위에서 북쪽을 바라보며 두 번 절을 하고 멀리 떨어져서 화살을 받으려고 하는 것이다. 주인이 몸을 뒤로 물리고 돌려서 피하고자 한다고 했는데, 주인은 빈객이 절하는 것을 보게 되면, 몸을 뒤로 물리고 옆으로 돌려서 빈객에게 "현재 이러한 예우를 피하고자 하여 감히 받을 수 없습니다."라고 말한다. 이처럼 말하는 것은 빈객이 절하는 것을 그치게끔 하고자 해서이다. 이 시기에 빈객과 주인은 각각 양쪽 기둥 사이에서 서로에게 다가가 모두 남쪽을 바라보게 되는데, 주인은 동쪽에 있으면서 화살을 건네서 빈객에게 전하게 한다. 주인이 동쪽 계단 위에서 절을 하며 화살을 전한다고 했는데, 주인이 화살을 건네게 되면, 되돌아와서 동쪽 계단 위에서 북쪽을 바라보며 절을 해서 화살을 전하게 한다. 빈객이 몸을 뒤로 물리고 돌려서 피하고자 한다고 했는데, 주인이 시행했던 의미와 동일하다. 모두 북쪽을 바라본다는 사실을 알 수 있는 이유는 『의례』「향음주례(鄕飮酒禮)」와 「향사례(鄕射禮)」편에서는 절을 하고 술잔을 받거나 술잔을 보낼 때 모두 북쪽을 바라본다고 했다. 그렇기 때문에 이러한 경우에도 북쪽을 바라보게 됨을 알 수 있다.

「투호」 3장

참고-經文

己拜受矢, ①進卽兩楹間. 退反位, ②揖賓就筵.

번역 주인이 빈객에게 절하여 화살 전하는 일이 끝나서 의례의 진행을 돕는 자로부터 화살을 받으면, 양쪽 기둥 사이로 나아가 투호하는 장소를 살핀다. 그런 뒤에 뒤로 물러나 자신의 자리로 되돌아오고, 빈객에게 읍을 하고 투호하는 자리로 나아간다.

① ○進卽兩楹間.

補註 疏曰: 主人受矢之後, 獨來就兩楹間.

번역 소에서 말하길, 주인이 화살을 받은 이후에는 홀로 양쪽 기둥 사이로 간다.

② 揖賓就筵.

補註 鄭註: "賓席·主人席, 皆南向, 相去如射物." 疏曰: "投壺是射之類, 故知席相去如射物也. 物, 謂射者所立之處, 長三尺, 闊一尺二寸, 兩物東西相去容一弓, 鄕射記云, '物長如笴, 其間容弓.'"

번역 정현의 주에서 말하길, "빈객의 자리와 주인의 자리는 모두 남쪽을 향하도록 설치하는데, 두 자리의 간격은 활을 쏠 때의 자리처럼 한다."라고 했다. 소에서 말하길, "투호는 활쏘기의 부류이다. 그렇기 때문에 두 자리의 간격을 활을 쏠 때의 자리처럼 한다는 사실을 알 수 있다. '물(物)'이라는 것은 활을 쏘는 자가 서 있게 되는 곳을 뜻하는데, 길이는 3척이고 폭은 1척 2촌이니, 두 물(物)은 동서 방향으로 서로 떨어진 거리가 1개의 활을 놓을 수 있을 정도이다. 『의례』「향사례(鄕射禮)」편의 기문에서는 '물(物)의 길이는 화살대와 같으니, 그 사이에는 활을 놓아둘 수 있다.'[1]"라고 했다.

---

1) 『의례』「향사례(鄕射禮)」: 射自楹間. 物長如笴, 其間容弓, 距隨長武.

「투호」 4장

참고-經文

司射進度壺, 間以二矢半, 反位設中, 東面①執八筭興.

번역 사사(司射)가 나아가 병 놓을 장소를 살피고, 빈객과 주인이 투호를 하기 위해 마련한 자리의 남쪽에 두는데, 둘 간의 사이는 화살이 2.5개 들어갈 정도로 벌리며, 서쪽 계단 위에 있는 자리로 되돌아와서 중(中)을 가져다가 설치하며, 동쪽을 바라보고 산가지 8개를 잡고서 일어난다.

① ○執八筭興.

補註 鄭註: "旣設中, 亦實八筭於中, 橫委其餘於中西, 執筭而立, 以請賓俟投." 疏曰: "此約鄉射文, 投壺, 射之類, 故云亦實八筭. 亦者, 亦鄉射也."

번역 정현의 주에서 말하길, "중(中) 설치하는 일이 끝나면 또한 중에 8개의 산가지를 채우게 되는데, 그 나머지 것들은 중의 서쪽에 가로로 놓아두고, 산가지를 잡은 뒤에 일어나서, 빈객에게 청하여 투호를 준비하도록 한다."라고 했다. 소에서 말하길, "이것은 『의례』「향사례(鄉射禮)」편의 문장을 요약한 것이니, 투호는 활쏘기의 부류가 된다. 그렇기 때문에 '또한 중 안에 8개의 산자리를 채운다.'라고 말한 것이다. '역(亦)'이라는 말은 향사례처럼 한다는 뜻이다."라고 했다.

補註 ○鄉射禮: "實八筭於中, 橫委其餘於中西." 疏曰: "八筭者, 人四矢, 一耦八矢. 雖不知中否, 要須一矢則一筭." 下文又曰: "乃射. 若中, 則釋獲者坐而釋獲, 每一个釋筭. 若有餘筭, 則反委之." 又曰: "委餘筭, 禮尙異也. 委之, 合於中西."

번역 ○『의례』「향사례(鄉射禮)」편에서 말하길, "중에 8개의 산가지를 채우며 나머지는 중의 서쪽에 가로로 놓아둔다."[1]라고 했고, 소에서는 "8개의 산가지라는 것은 한 사람이 4개의 화살을 쏘게 되니 한 쌍은 8개의 화살을 쏘게 된다. 비록 적중을 시키느냐의 여부는 알 수 없지만 1개의 화살에는 1개의 산가지를 갖춰야 한다."라고 했다. 아래문장에서는 또 "이에 곧 화살을 쏜다. 만약 적중을 시킨다면, 점수를 계산하는 자는 앉아서 산가지를 내려놓고 명중시킨 화살을 계산하여, 화살 1개가 명중을 할 때마다 산가지 1개를 내려놓는다. 만약 남은 산가지가 있다면 산가지통 서쪽에 있는 산가지와 합쳐서 되돌려 놓는다."[2]라고 했고, 또 주에서는 "남은 산가지를 놓는 것은 예에서는 다름을 숭상하기 때문이다. 놓는 것은 중의 서쪽에 합쳐 놓는다는 뜻이다."라고 했다.

참고-集說

疏曰: 司射於西階上, 於執壺之人處受壺. 來賓主筵前, 量度而置壺於賓主筵之南. 間以二矢半者, 投壺有三處, 室中堂上及庭中也; 日中則於室, 日晩則於堂, 太晩則於庭中, 各隨光明故也. 矢有長短, 亦隨地之廣狹; 中室狹, 矢長五扶; 堂上稍廣, 矢長七扶; 庭中大廣, 矢長九扶. 四指曰扶, 扶廣四寸. 五扶者, 二尺也. 七扶者, 二尺八寸也. 九扶者, 三尺六寸也. 矢雖有長短, 而度壺則皆使去賓主之席各二矢半也. 是室中去席五尺, ①堂上去席七尺, 庭中則去席九尺也. 度壺畢, 仍還西階上之位, 而取中以進而設之. 旣設中, 乃於中之西而東面②手執八算而起.

번역 소에서 말하길, 사사(司射)는 서쪽 계단 위에서 병을 들고 있는 사람이 있는

1) 『의례』「향사례(鄕射禮)」: 釋獲者坐設中, 南當楅, 西當西序, 東面, 興受筭, 坐實八筭于中, 橫委其餘于中西, 南末. 興, 共而俟.

2) 『의례』「향사례(鄕射禮)」: 乃射. 若中, 則釋獲者坐而釋獲, 每一个釋一筭. 上射於右, 下射於左, 若有餘筭, 則反委之.

곳에서 병을 받는다. 빈객과 주인이 투호를 하기 위해 설치한 자리 앞으로 와서 치수를 헤아리고 빈객과 주인의 자리 남쪽에 병을 놓아둔다. 사이는 화살이 2.5개 정도 들어갈 정도로 벌리는데, 투호를 하는 장소는 세 군데이니, 방안과 당상(堂上)에서 하거나 마당에서 하는 경우이다. 한낮이라면 방안에서 하고, 해가 기울면 당상에서 하며, 너무 늦은 때라면 마당에서 하는데, 각각 그 시기에 빛이 있는 곳에서 하기 때문이다. 화살에도 길이의 차이가 있으니, 이것은 또한 시행하는 장소의 크기에 따른다. 방안은 협소하므로 화살의 길이는 5부(扶)이며, 당상은 보다 넓기 때문에 화살의 길이는 7부이고, 마당은 매우 넓기 때문에 화살의 길이는 9부가 된다. 4개의 손가락을 나란히 한 길이를 1부(扶)라고 부르는데, 1부(扶)의 너비는 4촌(寸)이다. 따라서 5부(扶)는 2척(尺)의 길이가 된다. 7부는 2척 8촌의 길이가 된다. 9부는 3척 6촌의 길이가 된다. 화살에는 비록 길고 짧은 차이가 있지만, 병을 두는 자리를 살피게 된다면 모두 빈객과 주인의 자리에서 각각 2.5개의 화살이 들어갈 자리만큼 거리를 벌린다. 이것은 방안에서는 자리에서 5척을 벌리고, 당상에서는 자리에서 7척을 벌리며, 마당에서라면 자리에서 9척을 벌린다는 뜻이다. 병 놓을 자리를 헤아리는 일이 끝나면 다시 서쪽 계단 위의 자리로 되돌아와서 중(中)을 가지고 나아가 설치한다. 중(中) 설치하는 일이 끝나면 중의 서쪽에서 동쪽을 바라보며 손으로 8개의 산가지를 들고서 일어난다.

① 堂上去席七尺.

補註 鄭註: 壺去坐二矢半, 則堂上去賓席・主人席邪行各七尺也.

번역 정현의 주에서 말하길, 병은 투호를 하는 자리와 화살 2.5개가 들어갈 만큼 거리를 벌리니, 당상에서 하게 된다면 빈객과 주인의 자리에서 비스듬한 방향으로 각각 7척(尺)의 거리를 벌린다.

補註 ○按: 鄭只言堂上之法, 而室中五尺, 庭中九尺, 皆同此例. 且鄭云邪行, 則中間但設一壺, 可知.

번역 ○살펴보니, 정현은 단지 당상에서의 규정만 언급했는데, 방안에서의 5척과 마당에서의 9척은 모두 이와 같은 용례가 된다. 또 정현은 비스듬한 방향이라고 했으니, 중간에는 단지 1개의 병만을 설치한다는 사실을 알 수 있다.

② 手執八筭而起.

補註 疏本文曰: 其中裏亦實八筭.

번역 소의 본문에서 말하길, 중의 안에도 8개의 산가지를 채운다.

「투호」 5장

참고―經文

請賓曰, "順投爲入, ①比投不釋, 勝飮不勝者. 正爵旣行, 請爲勝者立馬. 一馬從二馬, 三馬旣立, 請慶多馬." 請主人亦如之.

번역 사사(司射)는 빈객에게 청하며, "화살을 던져 화살의 대가 들어간 것만을 점수로 계산하고, 연속해서 던지면 화살이 들어가더라도 점수로 계산하지 않으며, 승리한 자는 승리를 하지 못한 자에게 술을 권하여 마시도록 해야 합니다. 승리를 하지 못한 자에게 술 권하는 일이 끝나면 승리한 자를 위해 마(馬)를 세우기를 청합니다. 1개의 마(馬)를 세운 자는 2개의 마(馬)를 세운 자에게 자신이 세운 마(馬)를 건네고, 3개의 마(馬)가 서게 되었으니, 마(馬)를 많이 세운 자에게 축하주 권하기를 청합니다."라고 한다. 주인에게 청할 때에도 이처럼 한다.

① 比投不釋.

補註 按: 疏以前旣入而喜云者, 語太曲, 故通解載疏說, 而去此一句, 直曰, "若不待後人投之, 而己頻投, 則其投雖入, 亦不爲之釋筭."

번역 살펴보니, 소에서 "앞서 던진 것이 들어가서 그것을 기뻐하였다."라고 한 말은 매우 왜곡된 말이다. 그렇기 때문에 『통해』에서는 소의 주장을 수록하며 이 구문을 삭제하고, 단지 "만약 이후의 사람이 던질 것을 기다리지 않고 본인이 연속해서 던진다면 던진 것이 비록 들어가더라도 또한 점수로 계산하지 않는다."라고만 했다.

「투호」 6장

참고-經文

①<u>命弦者</u>曰, "請奏貍首, 間若一." 大師曰, "諾."

번역 사사(司射)는 악기를 연주하는 자에게 명령을 전하며, "이수(貍首)라는 시가를 연주하며, 간격을 일정하게 하기를 청합니다."라고 하면, 악관의 수장인 태사(太師)는 "알았습니다."라고 말한다.

① ○**命弦者**.

補註 疏曰: 鄕射初一番耦射不釋筭, 第二番釋筭未作樂, 第三番乃用樂. 投壺發初則用樂者, 以投壺禮輕, 主於歡樂故也.

번역 소에서 말하길, 『의례』「향사례(鄕射禮)」편에서는 첫 번째 화살을 쏠 때 짝이 되어 쏘는 사람은 산가지를 셈하지 않고, 두 번째 화살을 쏠 때 산가지를 셈하지만 아직까지 음악을 연주하지 않으며, 세 번째 화살을 쏠 때가 되어서야 음악을 연주한다고 했다. 투호를 할 때 첫 번째 화살을 던지게 될 때 곧바로 음악을 연주한다고 한 이유는 투호의 예법은 상대적으로 덜 중요하고, 서로 즐거움을 나누는 것을 위주로 하기 때문이다.

참고-大全

嚴陵方氏曰: 以弦歌貍首, 故命弦者奏之. 間者, 樂之節, 欲其①<u>終始相協</u>, 故曰若一.

번역 엄릉방씨가 말하길, 현악기로 이수(貍首)라는 시를 연주하며 노래를 부르기 때문에 현악기를 담당하는 자에게 명령하여 연주하도록 시킨다. '간(間)'은 음악의 악절을 뜻하니, 시작과 끝이 서로 합치되도록 하고자 했기 때문에 "한결같다."라고 했다.

① **終始相棜.**

補註 棜, 當作協.

번역 ‘여(棜)’자는 마땅히 협(協)자로 기록해야 한다.

「투호」 7장

참고–經文

①左右告矢具, 請拾投. 有入者, 則司射坐而釋一筭焉. ②賓黨於右, 主黨於左.

번역 사사(司射)가 좌우에 있는 주인과 빈객에게 화살이 모두 갖춰졌다고 아뢰고, 재차 번갈아가며 화살을 던지라고 청한다. 화살을 던져서 병 안으로 들어간 것이 있다면 사사는 자리에 앉아서 산가지 하나를 바닥에 내려놓는다. 빈객의 무리들은 사사의 우측인 남쪽에 정렬해 있고, 주인에게 속한 자들은 사사의 좌측인 북쪽에 정렬해 있다.

① 左右.

補註 按: 此下伊吐, 恐誤. 當改以奴吐, 或無吐亦可.
번역 살펴보니, 이곳 뒤에 이[伊]토를 붙였는데 아마도 잘못된 것 같다. 마땅히 로[奴]토로 고쳐야 하며, 혹은 토가 없어도 괜찮다.

② 賓黨於右主黨於左.

補註 鄭註: "司射東面立, 釋筭則坐. 以南爲右, 北爲左也." 疏曰: "於右, 謂司射之前稍南. 於左, 謂司射之前稍北."
번역 정현의 주에서 말하길, "사사는 동쪽을 바라보며 서 있고, 산가지를 내려놓게 되면 자리에 앉는다. 남쪽을 우측으로 삼고 북쪽을 좌측으로 삼는다."라고 했다. 소에서 말하길, "우측이라는 것은 사사의 앞쪽에서 조금 남쪽으로 치우친 자리를 뜻한다. 좌측이라는 것은 사사의 앞쪽에서 조금 북쪽으로 치우친 자리를 뜻한다."라고 했다.

補註 ○按: 此謂賓黨之筭, 釋於右, 主黨之筭, 釋於左也. 陳註欠明.
번역 ○살펴보니, 이것은 빈객 무리들의 산가지는 우측에 놓아두고, 주인 무리들의 산가지는 좌측에 놓아둔다는 뜻이다. 진호의 주는 다소 불분명하다.

참고-大全

嚴陵方氏曰: 拾者, 更也, 與曲禮言①拾▼(糸+叏), 喪禮言拾踊, 同義. 賓黨於右, 主黨於左者, 主人尊賓故也. 凡言左右, 則以右爲尊者, 蓋左右以體言, 爲陰故也. 左傳曰, 地有五行, 體有左右.

번역 엄릉방씨가 말하길, '습(拾)'자는 번갈아[更]라는 뜻이니, 『예기』「곡례(曲禮)」편에서 "계단을 한 칸씩 올라간다."[1]라는 말과 상례에서 "번갈아가며 용(踊)을 한다."[2]라고 했을 때의 '습(拾)'자와 뜻이 같다. "빈객의 무리가 우측에 있고, 주인에게 속한 자들이 좌측에 있다."라고 했는데, 주인은 빈객을 존숭하기 때문이다. 무릇 좌우(左右)라고 말했다면, 우측을 존귀한 자리로 여기는데, 좌우를 몸을 기준으로 말하면 좌측은 음에 해당하기 때문이다. 『좌전』에서는 "땅에는 오행(五行)이 있고, 몸에는 좌우가 있다."[3]라고 했다.

---

1) 『예기』「곡례상(曲禮上)」: 主人與客讓登, 主人先登, 客從之, 拾級聚足, 連步以上. 上於東階, 則先右足; 上於西階, 則先左足.

2) 『예기』「잡기상(雜記上)」: 上客臨曰, "寡君有宗廟之事, 不得承事, 使一介老某相執綍." 相者反命曰, "孤須矣." 臨者入門右, 介者皆從之, 立于其左東上. 宗人納賓, 升受命于君. 降曰, "孤敢辭吾子之辱. 請吾子之復位." 客對曰, "寡君命某毋敢視賓客, 敢辭." 宗人反命曰, "孤敢固辭吾子之辱. 請吾子之復位." 客對曰, "寡君命某毋敢視賓客, 敢固辭." 宗人反命曰, "孤敢固辭吾子之辱. 請吾子之復位." 客對曰, "寡君命使臣某毋敢視賓客, 是以敢固辭. 固辭不獲命, 敢不敬從." 客立于門西, 介立于門左東上. 孤降自阼階拜之, 升, 哭, 與客拾踊三. 客出, 送于門外拜稽顙. / 『예기』「분상(奔喪)」: 婦人奔喪, 升自東階, 殯東西面坐, 哭盡哀. 東髽卽位, 與主人拾踊.

3) 『춘추좌씨전』「소공(昭公) 32년」: 故天有三辰, 地有五行, 體有左右, 各有妃耦, 王有公, 諸侯有卿, 皆其貳也.

① 拾▼(糸+殳).

補註 ▼(糸+殳), 是級之誤.

번역 '▼(糸+殳)'자는 급(級)자의 오자이다.

「투호」 8장

참고―經文

卒投, 司射執筭曰, "①左右卒投, 請數." 二筭②爲純, 一純以取, 一筭爲奇. 遂以奇筭告曰, "某賢於某若干純." 奇則曰"奇", 鈞則曰"左右鈞".

번역 투호가 끝나면, 사사(司射)는 산가지를 잡고서 "좌측과 우측이 투호를 끝내셨으니, 점수를 셈하길 청합니다."라고 말한다. 2개의 산가지는 1순(純)이 되니, 1순(純)씩 짝을 지어 취하고, 1개의 산가지만 남는 것은 기(奇)라고 한다. 점수 계산을 끝내면 1개의 산가지를 잡고 아뢰며, "아무개께서 아무개보다 약간의 순(純)이 많습니다."라고 말한다. 두 사람이 낸 산가지 점수 중 동일한 것을 제외하고 남은 것을 합산하여, 남은 것이 짝이 맞지 않으면 "~기(奇)입니다."라고 말하고, 두 사람의 점수가 동일하다면, "좌측과 우측의 점수가 같습니다."라고 말한다.

① 左右卒投請數.

補註 疏曰: 司射請曰, "賓主之黨卒竟投, 請數筭."

번역 소에서 말하길, 사사가 청하며, "빈객과 주인의 무리가 투호를 마쳤으니, 산가지를 셈하고자 청합니다."라고 말한다.

補註 ○按: 請數下當句, 諺讀連之, 誤.

번역 ○살펴보니, '청수(請數)'에서 구문을 끊어야 하는데, 『언독』에서는 뒤와 연결을 했으니 잘못된 해석이다.

② 爲純.

補註 按: 純字, 鄭註無讀作全之說, 全乃陸音也. 鄕射禮註, 純, 猶全也, 陸云如字. 陸音, 亦有彼此之異.

번역 살펴보니, '순(純)'자에 대해 정현의 주에는 전(全)자로 풀이한다는 주장이 없는데, '전(全)'으로 보는 것은 육덕명의 『음의』에 나온다. 『의례』「향사례(鄕射禮)」편의 주에서는 순(純)은 전(全)자의 뜻이라고 했고, 육덕명은 글자대로 읽는다고 했는데, 육덕명의 『음의』에도 두 기록 간의 차이가 나타난다.

참고-集說

疏曰: 純, 全也, 二算合爲一全. 地上取算之時, 一純則別而取之. 一算, 謂不滿純者. 奇, 隻也, 故云一算爲奇. 以奇算告者, 奇, 餘也. 左右數鈞等之餘算, 手執之而告曰, 某賢於某若干純. 賢, 謂勝也. 勝者若有雙數, 則云若干純. 假令十算, 則云五純也. 奇則曰奇者, ①假令九算, 則曰九奇也. 鈞則曰左右鈞者, 鈞, 猶等也, 等則左右各執一算以告.

번역 소에서 말하길, '순(純)'자는 "온전하다[全]."는 뜻이니, 2개의 산가지를 합하여 1전(全)으로 삼는다. 땅 위에 놓인 산가지를 취할 때 1순(純)이 된다면 개별적으로 취한다. 1개의 산가지는 순(純)을 채우지 못한 것을 뜻한다. '기(奇)'자는 외짝[隻]이라는 뜻이다. 그렇기 때문에 "1개의 산가지를 기(奇)라고 한다."라고 했다. 기(奇)인 산가지를 가지고 아뢴다고 했는데, '기(奇)'는 나머지[餘]를 뜻한다. 좌우의 점수를 계산하여 같은 점수를 낸 것을 제외한 나머지 산가지를 손으로 들고서 아뢰길, "아무개가 아무개보다 얼마 정도의 순(純)이 많습니다."라고 말한다. '현(賢)'자는 "승리하다[勝]."는 뜻이다. 즉 승리한 자의 점수가 만약 짝수의 산가지 점수를 냈다면, "얼마 정도의 순(純)입니다."라고 말한다. 가령 10개의 산가지 점수를 냈다면, "5순(純)입니다."라고 말한다. 기(奇)라면 "기(奇)입니다."라고 말한다고 했는데, 가령 9개의 산가지 점수를 냈다면 "9기(奇)입니다."라고 말한다. "균등하다면 좌우가 균등하다고 말한다."고 했는데, '균(鈞)'자는 "같다[等]."는 뜻이니, 점수가 같다면 좌우로 각각 1개의 산가지를 잡고서 아뢴다.

① 假令九筭則曰九奇.

補註 通解曰: 今按孔疏, 此說差勝鄕射賈疏. 然恐或是九筭, 則曰四純一奇也.

번역 『통해』에서 말하길, 현재 공영달의 소를 살펴보니, 이 주장은 『의례』「향사례(鄕射禮)」편의 가공언 소보다 조금 낫다. 그러나 9개의 산가지일 경우 아마도 "4순 1기입니다."라고 말했을 것이다.

補註 ○鄕射禮疏曰: 凡數物, 一二以上得稱若干, 奇則一也, 一外無若干. 而鄭亦云若干奇者, 因純有若干字, 而衍也.

번역 ○「향사례」편의 소에서 말하길, 산가지를 셈함에 있어서 1~2개 이상에 대해서는 '약간(若干)'이라고 부를 수 있고, '기(奇)'의 경우라면 1개일 따름이니, 1개 외에는 몇 개의 것이 없는 것이다. 정현 또한 '약간기(若干奇)'라고 했는데, 이것은 순(純)인 경우 몇 개가 있다는 경우에 따른 것으로, 기(奇)의 경우 '약간(若干)'이라고 말한 것은 연문으로 들어간 글자이다.

「투호」 9장

참고-經文

命酌曰, "請行觴." 酌者曰, "諾." ①當飮者皆跪奉觴曰, ②"賜灌." 勝者跪曰, "敬養."

번역 사사(司射)는 술을 따라주는 자에게 명령하여, "벌주 따른 잔을 돌리길 청합니다."라고 하면, 술을 따라주는 자는 "알았습니다."라고 말한다. 술을 마셔야 하는 자는 모두 무릎을 꿇고서 술이 따라진 잔을 받들고, "하사에 힘입어 술을 마시게 되었습니다."라고 말한다. 승리한 자도 무릎을 꿇고서, "공경스럽게 이 잔을 봉양의 뜻으로 삼기 바랍니다."라고 말한다.

① 當飮者皆跪.

補註 按: 不勝者之黨非一人, 故曰皆跪.
번역 살펴보니, 승리를 못한 자의 무리는 한 사람이 아니기 때문에 "모두 무릎을 꿇는다."라고 말했다.

② 賜灌[又]敬養.

補註 鄭註: "賜灌·敬養, 各與其耦於西階上, 如飮射爵." 疏曰: "勝者與不勝者, 俱升西階, 勝者在東."
번역 정현의 주에서 말하길, "사관(賜灌)과 경양(敬養)은 각각 자신과 짝을 이루었던 자에 대해서 서쪽 계단 위에서 말하게 되니, 활쏘기를 하며 술을 마시는 것과 동일하다."라고 했다. 소에서 말하길, "승리한 자와 승리를 못한 자가 모두 서쪽 계단으로 올라가며, 승리한 자는 동쪽에 있다."라고 했다.

「투호」 10장

참고-經文

正爵旣行, ①請立馬. 馬各直其筭, ②一馬從二馬, 以慶. 慶禮曰, "三馬旣備, 請慶多馬." 賓主皆曰, "諾." 正爵旣行, 請徹馬.

번역 벌주 돌리는 일이 끝났다면, 사사(司射)는 마(馬)를 세우고자 청한다. 마(馬) 세우는 것은 각각에 대해 최초 산가지를 땅위에 내려둔 곳 앞에 두고, 1개의 마(馬)를 세운 것은 승리를 한 자가 세운 2개의 마(馬) 세운 곳에 합하며, 이를 통해 축하한다. 축하하는 예법에서는 사사가 "3개의 마(馬)가 이미 갖춰졌으니, 많은 마(馬)를 세운 자에게 축하주 권하기를 청합니다."라고 한다. 빈객과 주인이 모두 "알았다."라고 말한다. 축하주 돌리는 일이 끝나면, 사사는 마(馬)를 치우고자 청한다.

① ○請立馬.

補註 疏曰: 請爲勝者樹標立其馬也.

번역 소에서 말하길, 승리한 자를 위해서 마(馬)를 세워 표시하겠다고 청한다는 뜻이다.

② 一馬從二馬.

補註 按: 少儀不擢馬之文, 宜叅考. 此外擁矢, 洗而以請, 不角等文, 皆當於少儀叅考.

번역 살펴보니, 『예기』「소의(少儀)」편에서 "상대방의 마(馬)를 빼앗지 않는다."[1]라고 한 말을 마땅히 참고해야만 한다. 이 외에도 화살을 쥐고서 잔을 씻어 청하며 뿔잔을 사용하지 않는다는 기록 등도 모두 「소의」편을 통해 참고해야만 한다.

---

1) 『예기』「소의(少儀)」: 侍射則約矢. 勝則洗而以請, 客亦如之. 不角, 不擢馬.

참고-集說

正禮罰酒之爵旣行, 飮畢, 司射乃告賓主, 請爲勝者樹立其馬. 直, 當也. 所立之馬, ①各當其初釋算之前. 投壺與射禮, 皆三番而止, 每番勝則立一馬. 假令賓黨三番俱勝則立三馬, 或兩勝而立二馬; 其主黨但一勝立一馬, 卽擧主之一馬, 益賓之二馬, 所以助勝者爲樂也. 以慶, 謂以此慶賀多馬也. 飮正禮慶爵之後, 司射卽請徹去其馬, 以投壺禮畢也. 禮畢則行無算爵.

번역 올바른 예법에 따라 벌주를 따른 술잔이 이미 권해지고, 벌주 마시는 일이 끝나면, 사사(司射)는 빈객과 주인에게 아뢰고, 승자를 위해서 그의 마(馬)를 세우겠다고 청한다. '직(直)'자는 "~에 해당하다[當]."는 뜻이다. 마(馬)를 세운 것은 각각 최초 산가지를 내려둔 곳 앞에 둔다. 투호와 활 쏘는 예법에 있어서는 세 번씩 교대로 하게 되면 그치고, 매 차례 승리를 하게 되면 1개의 마(馬)를 세운다. 가령 빈객의 무리가 세 차례 활을 쏘았는데 모두 승리를 했다면 3개의 마(馬)를 세우고, 또는 두 차례만 승리했다면 2개의 마(馬)만 세우고, 주인의 무리들은 단지 한 차례만 승리하여 1개의 마(馬)를 세울 수 있는데, 이처럼 된다면 주인의 무리가 세운 1개의 마(馬)를 가져다가 빈객이 세운 2개의 마(馬)에 보태니, 승리한 자가 즐거워하도록 돕기 위해서이다. '이경(以慶)'은 이로써 마(馬)를 많이 세운 자를 축하한다는 뜻이다. 올바른 예법에 따라 축하주를 마신 뒤라면, 사사는 곧 마(馬) 치우기를 청하니, 투호의 의례가 끝났기 때문이다. 투호의 의례가 끝나면 무산작(無算爵)을 시행한다.

① 各當其初釋筭之前.

補註 按: 釋筭下須添處字義看.

번역 살펴보니, '석산(釋筭)'이라는 말 뒤에는 처(處)자의 의미를 덧붙여서 보아야 한다.

「투호」 11장

참고-經文

①筭多少, 視其坐. 籌, 室中五扶, 堂上七扶, 庭中九扶. 筭長尺二寸. 壺頸修七寸, 腹修五寸, 口徑二寸半, 容斗五升. 壺中實少豆焉, 爲其矢之躍而出也. 壺去席二矢半. 矢以柘若棘, 毋去其皮.

번역 산가지의 수량은 자리에 앉아 있는 사람의 수에 견주어 준비한다. 화살의 경우 방안에서 투호를 한다면 5부(扶)의 길이로 하고, 당상(堂上)에서 한다면 7부(扶)의 길이로 하며, 마당에서 한다면 9부(扶)의 길이로 한다. 산가지의 길이는 1척(尺) 2촌(寸)이다. 병의 목 부분 길이는 7촌이고, 배 부분 길이는 5촌이며 입구의 지름은 2.5촌이며, 용적은 1두(斗)[1] 5승(升)[2]이다. 병 안에는 작은 콩을 채우니, 화살을 던졌을 때 튀어 올라 밖으로 나오기 때문이다. 병은 자리와 화살이 2.5개 들어갈 정도로 벌린다. 화살은 산뽕나무나 가시나무로 만들며 껍질은 제거하지 않는다.

① 筭多少視其坐.

補註 鄭註: 筭用當視坐投壺者之衆寡爲數. 投壺者人四矢, 亦人四筭.

번역 정현의 주에서 말하길, 산가지를 쓸 때에는 마땅히 앉아 있는 자리에 투호를 하게 될 무리의 수에 견주어서 수량을 정해야 한다. 투호를 할 때 각각의 참여자들은 4대의 화살을 사용하니 또한 각각의 사람에 대해 4개의 산가지를 준비해야 한다.

---

1) 두(斗)는 곡식 등의 양을 재는 기구이자, 그 수량을 표시하는 단위였다. 지역 및 각 시대마다 다소 차이를 보이는데, 고대에는 10승(升)이 1두였다.

2) 승(升)은 용량을 재는 단위이다. 지역 및 각 시대마다 다소 차이를 보이는데, 고대에는 10합(合)을 1승(升)으로 여겼고, 10승(升)을 1두(斗)로 여겼다. 『한서(漢書)』「율력지상(律曆志上)」편에는 "合龠爲合, 十合爲升."이라는 기록이 있다.

補註 ○按: 坐下當句, 諺讀連籌字, 大誤.

번역 ○살펴보니, '좌(坐)'자에서 구문을 끊어야 하는데, 『언독』에서는 주(籌)자와 연결을 했으니, 매우 잘못된 해석이다.

「투호」 12장

참고-經文

魯令弟子辭曰, "毋幠, 毋敖, 毋偝立, ①毋踰言. 偝立·踰言有常爵." 薛令弟子辭曰, "毋幠, 毋敖, 毋偝立, 毋踰言. ②若是者浮." ③司射·庭長及④冠士立者, 皆屬賓黨. 樂人及⑤使者·童子, 皆屬主黨.

번역 노나라에는 투호에 참가한 무리들 중 나이가 어린 제자들에 대해서 주의를 주는 말이 있으니, "업신여기지 말아야 하고, 오만하게 굴지 말아야 하며, 등지고 서 있지 말아야 하고, 잡담을 하지 말아야 한다. 등지고 서 있거나 잡담을 하게 되면 일상적인 경우에 따라 벌주를 받게 될 것이다."라고 했다. 또 설나라에는 투호에 참가한 무리들 중 나이가 어린 제자들에 대해서 주의를 주는 말이 있으니, "업신여기지 말아야 하고, 오만하게 굴지 말아야 하며, 등지고 서 있지 말아야 하고, 잡담을 하지 말아야 한다. 이처럼 하게 되면 벌주를 받게 될 것이다."라고 했다. 투호를 할 때 사사(司射)·정장(庭長) 및 관사(冠士)들 중 서 있는 자들은 모두 빈객 무리에 속하게 된다. 악인(樂人)·사자(使者)·동자(童子)는 모두 주인 무리에 속하게 된다.

① ○毋踰言.

補註 按: 踰言, 鄭註及疏, 皆以遠相談話爲解, 蓋謂踰越行位而遙與之言也. 陳註欠精.

번역 살펴보니, '유언(踰言)'에 대해 정현의 주와 소에서는 모두 멀리 떨어져서 서로 잡담을 한다는 뜻으로 풀이를 했는데, 자리를 벗어나서 멀리 떨어져 서로 대화를 한다는 뜻인 것 같다. 진호의 주는 다소 정밀함이 떨어진다.

② 若是者浮.

補註 鄭註: 浮, 亦謂罰也. 晏子春秋曰, "酌者奉觴而進曰, 君令浮. 晏子時以罰梁丘據."

번역 정현의 주에서 말하길, '부(浮)'자 또한 벌을 뜻한다. 『안자춘추』에서는 "술을 따르는 자가 술잔을 받들고 나아가서 '군주께서 벌주를 내리게끔 하셨습니다!'"라고 했다. 안자 당시에 양구거에게 벌주를 준 것이다.

③ 司射[止]主黨.

補註 按: 此二十四字, 舊在上魯鼓薛鼓之下, 下魯鼓薛鼓之上. 陳氏從石梁說移于此.

번역 살펴보니, 이러한 24개의 글자는 옛 판본에 앞쪽의 '노고설고(魯鼓薛鼓)'라는 말 뒤와 뒤쪽의 '노고설고(魯鼓薛鼓)'라는 말 앞[1]에 기록되어 있었다. 진호는 석량의 주장에 따라 이곳으로 옮긴 것이다.

④ 冠士立者.

補註 按: 冠士, 謂士之冠者, 古有士冠禮, 則士亦有未冠者矣. 立者, 註疏無所釋, 小註陳氏謂觀禮者, 亦太泛.

번역 살펴보니, '관사(冠士)'는 사 중에서도 관례를 치른 자들을 뜻하니, 고대에 사 계층에 대한 관례가 있었다면 사 중에는 또한 아직 관례를 치르지 못한 자도 있었던 것이다. '입자(立者)'에 대해서 주와 소에서는 풀이를 하지 않았는데, 소주에서 진씨는 의례의 진행을 살펴보는 자라고 했지만, 이 또한 너무 범범한 설명이다.

1) 『예기』「투호」: 鼓, ○□○○□□○□○○□. 半, ○□○□○○○□□○□○. 魯鼓, ○□○○○□□○□○○□□○□○○□□○. 半, ○□○○○□□○. 薛鼓. 取半以下爲投壺禮, 盡用之爲射禮. 魯鼓, ○□○○□□○○. 半, ○□○○□○○○○□○□○. 薛鼓, ○□○○○○□○□○□○○○□○□○○□○. 半, ○□○□○○○○□○.

⑤ **使者**.

補註 楊梧曰: 卽前使人.

번역 양오가 말하길, 앞에 나온 사인(使人)에 해당한다.

「투호」 13장

참고-經文

①鼓, ○□○○□□○□○○□. 半, ○□○□○○○□□○□○. 魯鼓, ○□○○○□□○□○○□□○□○○□□○. 半, ○□○○○□□○. 薛鼓. ②取半以下爲投壺禮, 盡用之爲射禮. ③魯鼓, ○□○○□□○○. 半, ○□○○□○○○○□○□○. ③薛鼓, ○□○○○○□○□○□○○○□○□○○□○. 半, ○□○□○○○○□○.

번역 북은 ○□○○□□○□○○□으로 친다. 반절은 ○□○□○○○□□○□○으로 친다. 노나라의 북은 ○□○○○□□○□○○□□○□○○□□○으로 친다. 반절은 ○□○○○□□○으로 친다. 설나라의 북도 이처럼 친다. 반절 이하의 것을 취하여 투호의 의례를 시행할 때 절도를 맞추고, 온전히 치는 것으로는 활쏘기의 절도를 맞춘다. 노나라의 북은 ○□○○□□○○으로 친다. 반절은 ○□○○□○○○○□○□○으로 친다. 설나라의 북은 ○□○○○○□○□○□○○○□○□○○□○으로 친다. 반절은 ○□○□○○○○□○으로 친다.

① ○鼓節.

補註 疏曰: 每一圓點, 則一擊鼙. 一方點, 則一擊鼓. 頻有圓點, 則頻擊鼙. 頻有方點, 則頻擊鼓也.

번역 소에서 말하길, 1개의 원점이 있는 곳마다 1차례 비(鼙)를 두드리는 것이다. 또 1개의 방점이 있는 곳마다 1차례 고(鼓)를 두드리는 것이다. 연속해서 원점이 찍혀 있다면 연속해서 비를 두드린다. 연속해서 방점이 찍혀 있다면 연속해서 고를 두드린다.

補註 ○陸曰: ○, 吐臘反, 鼙也. 其聲下, 其音榻榻然. □, 吐郎反, 鼓也. 其聲高, 其音鏜鏜然.

번역 ○육덕명이 말하길, '○'은 '吐(토)'자와 '랍(臘)'자의 반절음으로, 비

(鼙)를 뜻한다. 그 소리가 낮고 그 음은 탑탑(榻榻)처럼 난다. '□'은 '吐(토)'자와 '郎(낭)'자의 반절음으로, 고(鼓)를 뜻한다. 그 소리는 높고 그 음은 당당(鏜鏜)처럼 난다.

② **取半以下[止]射禮.**

補註 楊梧曰: 取·用, 謂魯薛取用, 非後人也. 投壺禮簡, 樂取其半, 射禮隆, 樂取其全.

번역 양오가 말하길, '취(取)'자와 '용(用)'자는 노나라와 설나라에서 취하고 사용했다는 뜻이지 후세 사람들을 뜻하는 것이 아니다. 투호의 예법은 간소하므로 음악에 있어서도 그 절반만 취해서 사용했고, 사례는 융성하였기 때문에 음악에 있어서 전체를 취해서 사용했다.

③ **下魯鼓薛鼓.**

補註 鄭註: 此二者, 記兩家之異, 故兼列之.

번역 정현의 주에서 말하길, 이 두 가지는 두 국가의 차이점을 기록해둔 것이다. 그렇기 때문에 함께 열거해두었다.

| 저자 소개 |

김재로金在魯, 1682~1759

· 조선 후기 때의 학자
· 본관은 청풍(淸風)이고 자는 중례(仲禮)이며 호는 청사(淸沙) · 허주자(虛舟子)이고 시호는 충정(忠靖)이다.

| 역자 소개 |

정병섭鄭秉燮

· 1979년 출생
· 2002년 성균관대학교 유교철학과 졸업
· 2004년 성균관대학교 대학원 유학과 석사
· 2013년 성균관대학교 대학원 유학과 철학박사
· 『역주 예기집설대전』을 완역하였다.
· 『의례』, 『주례』, 『대대례기』 번역과 한국유학자들의 예학 관련 저작들의 번역을 계획 중이다.

譯註

禮記補註 ❽

祭統·經解·哀公問·仲尼燕居·孔子閒居·坊記·中庸
表記·緇衣·奔喪·問喪·服問·間傳·三年問·深衣·投壺

초판 인쇄 2018년 5월 2일
초판 발행 2018년 5월 15일

저 자 | 김 재 로(金在魯)
역 자 | 정 병 섭(鄭秉燮)
펴 낸 이 | 하 운 근
펴 낸 곳 | 學古房

주 소 | 경기도 고양시 덕양구 통일로 140 삼송테크노밸리 A동 B224
전 화 | (02)353-9908 편집부(02)356-9903
팩 스 | (02)6959-8234
홈페이지 | hakgobang.co.kr
전자우편 | hakgobang@naver.com, hakgobang@chol.com
등록번호 | 제311-1994-000001호

ISBN 978-89-6071-750-3 94150
978-89-6071-718-3 (세트)

값 : 36,000원

이 도서의 국립중앙도서관 출판예정도서목록(CIP)은 서지정보유통지원시스템 홈페이지(http://seoji.nl.go.kr)와 국가자료공동목록시스템(http://www.nl.go.kr/kolisnet)에서 이용하실 수 있습니다. (CIP제어번호 : CIP2018013906)